"十四五"时期国家重点出版物出版专项规划项目

中国电力工业史

·可再生能源发电卷·

中国电力企业联合会
中国电机工程学会 编

HISTORY OF
CHINA'S
ELECTRIC POWER
INDUSTRY

中国电力出版社
CHINA ELECTRIC POWER PRESS

图书在版编目（CIP）数据

中国电力工业史. 可再生能源发电卷 / 中国电力企业联合会，中国电机工程学会编. —北京：中国电力出版社，2022.12（2023.12 重印）
ISBN 978-7-5198-7353-0

Ⅰ. ①中⋯ Ⅱ. ①中⋯ ②中⋯ Ⅲ. ①再生能源–发电–电力工业–经济史–中国 Ⅳ. ①F426.61

中国版本图书馆 CIP 数据核字（2022）第 245092 号

出版发行：中国电力出版社
地　　址：北京市东城区北京站西街 19 号（邮政编码 100005）
网　　址：http://www.cepp.sgcc.com.cn
印　　刷：北京盛通印刷股份有限公司
版　　次：2022 年 12 月第一版
印　　次：2023 年 12 月北京第二次印刷
开　　本：787 毫米×1092 毫米　16 开本
印　　张：20.5　　插页 14
字　　数：485 千字
印　　数：1501—2500 册
定　　价：218.00 元

1970 年 12 月 12 日，中国第一座地热发电实验站——广东省丰顺县邓屋地热试验电站 1 号机组并网发电。

1971 年 10 月 1 日，中国第一台 200 千瓦双工质循环机组在河北省怀来县后郝窑地热试验电站发电成功。

（郑克棪 提供）

1974 年，西藏工业局地热发电试验小组使用铁罐将地热温泉口罩住，并引出蒸汽进行发电试验。

（蒋勇 提供）

1977—1991 年，西藏羊八井地热试验电站共投产发电机组 9 台，电站总装机容量 25.18 兆瓦。图为羊八井地热电厂全景。

（蒋勇 提供）

西藏羊八井地热试验电站 1 号机组，由闲置多年的火电机组改成，1977 年 9 月 30 日试运成功。

（蒋勇 提供）

西藏羊八井地热试验电站第一分站全景。1977—1985 年，共安装 1 台 1000 千瓦机组、3 台国产 3000 千瓦地热汽轮发电机组。

（蒋勇 提供）

1979 年 10 月，中国自主设计研发的 3000 千瓦地热汽轮发电机组研制成功。首台机组于 1981 年 11 月在羊八井地热试验电站并网发电（远处为 2 号机组，近处为 3 号机组）。

（吴方之 提供）

1972 年 12 月，江厦潮汐试验电站开始施工，图为建设初期的浙江温岭江厦潮汐电站。

（国家能源集团 提供）

1980年5月4日，庆祝中国第一台双向潮汐发电机组（浙江温岭江厦潮汐试验电站1号机组）正式发电剪彩。

（国家能源集团 提供）

拍摄于1980年的浙江温岭江厦潮汐能发电厂房。

（国家能源集团 提供）

广东省丰顺县邓屋地热试验电站 3 号机组，
1984 年 4 月投运，2016 年停运。

拍摄于 1989 年的中国首批建设的风电场之内蒙古朱日和风电场。

（朱瑞兆 提供）

西藏羊八井地热试验电站第二分站全景。1986—1991 年，共安装一台 3180 千瓦引进机组、四台国产 3000 千瓦地热汽轮发电机组。

（蒋勇 提供）

拍摄于 1991 年的中国早期试验风电场之浙江嵊泗风电场。

（朱瑞兆 提供）

西藏那曲地热试验电站，中国首台引进 1 兆瓦双工质循环地热发电机组。1992 年 6 月开工建设，1993 年 11 月投产。

（吴方之 提供）

2004 年 11 月，华能南澳太阳能光伏发电站与华能南澳风电场构风光互补发电系统新模式。

（华能集团公司 提供）

2006 年，江西华电电力有限责任公司研发了兆瓦级新型地热螺杆膨胀机。

（胡达 提供）

2009 年和 2010 年，龙源电力集团股份有限公司在西藏羊八井建设投产了两台兆瓦级新型螺杆膨胀地热发电机组。

（邓杰 提供）

2011 年 5 月 16 日，中国首座低风速风电场——安徽来安 19.8 万千瓦风电场竣工投产。

（国家能源集团 提供）

2011 年 7 月，中国首台油田伴生地热水发电机组在华北油田成功投运，该机组采用双工质循环螺杆膨胀发电系统，机组容量 400 千瓦。

（胡达 提供）

2012 年 10 月 30 日，华能集团公司自主研发的中国首个超 400 摄氏度太阳能热发电科技示范项目——海南省三亚市华能南山电厂投产。

（华能集团公司 提供）

2012 年 11 月 6 日，国电联合动力技术有限公司自主研发的国内首台扫风面积最大的 6 万千瓦风电机组在山东省潍坊市顺利完成吊装。该风电机组机舱重达 240 吨，安装高度超过 90 米，配套叶片长度为 66.5 米。

2012 年 12 月 5 日，亚洲最大的山地并网光伏电站——华电云南维的并网光伏电站，实现了首批 10 万千瓦太阳能电池方阵并网发电一次成功。

（华电集团公司 提供）

2012 年 12 月 30 日，青海格尔木光伏电站二期 100 万千瓦工程并网发电。

（丁海生 摄）

2013 年 1 月 17 日，国电龙源电力 "河北尚义龙源风电场（150 兆瓦）工程" 项目，荣获 2012—2013 年度中国建筑工程鲁班奖，是中国风电史上产生的第一个鲁班奖。

（国家能源集团 提供）

2013 年 7 月 11 日，联合动力自主研发首台超高海拔风机完成吊装。

（李均森 摄）

▌ 2013 年 11 月 4 日，世界海拔最高风电场——西藏龙源那曲风电场并网发电。

（国家能源集团 提供）

▌ 2013 年 11 月 21 日，世界上海拔最高、建设难度最大、中国第一个大型孤立电网电站——国电阿里 10 兆瓦光伏电站全部投运。

（国家能源集团 提供）

2014年12月1日，中国发电企业投资的首个海外风力发电项目——龙源加拿大德芙林风电场投入商业运行。

（国家能源集团 提供）

2015年6月29日，龙源电力江苏如东海上风电20万千瓦示范项目50台单机4兆瓦风机全部并网发电，标志着国内单机容量最大的海上潮间带风电场建成投产。

（国家能源集团 提供）

2014年12月31日，国家风光储输示范工程二期扩建工程进入运行调试阶段。

■ 2016 年 12 月 11 日，国家风光储输示范工程 2016 年荣获第四届中国工业大奖。

（赵秉忠 赵淑伟 摄）

■ 2017 年 10 月 31 日，中国在非洲的首个集投资、建设、运营为一体的风电项目——龙源电力南非德阿 24.45 万千瓦风电项目并网发电。

（国家能源集团 提供）

■ 2017 年 6 月，中国电建江西电建公司建造的沙漠地面集中式光伏发电站——陕西榆林 300 兆瓦光伏发电项目成功并网发电。

▌2017年11月30日，世界首个分体式海上升压站——龙源江苏大丰20万千瓦海上风电项目升压站建设成功。

（国家能源集团 提供）

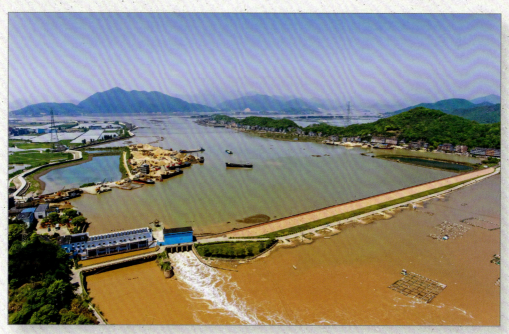

▌2018年浙江温岭潮汐电站全景图。

（国家能源集团 提供）

2018 年，河北献县地热资源梯级综合利用科研基地首期安装了 280 千瓦双工质循环发电机组，发电后尾水提供居民供暖，实现地热能热电联产。

（李健 提供）

2018 年 1 月 13 日，中国首个集装箱式 10 兆瓦地热发电站一期工程四台 500 千瓦发电设备在云南省德宏州瑞丽市成功并网发电。

（胡达 提供）

2018年6月21日，云南兰坪30兆瓦（直流侧容量）扶贫光伏农业科技大棚电站项目成功并网。

（王竞伟 摄）

2018年6月26日，全国首个光伏发电储能项目黄河公司青海共和实证基地光伏储能项目并网发电。

（国家电投 提供）

2018 年 6 月 28 日，国家能源集团为定点扶贫的右玉县建设的 1.49 兆瓦村级扶贫光伏电站正式并网发电。

（国家能源集团 提供）

2018 年 6 月 29 日，中国电建贵州工程公司 EPC 总承包建设的首个水上渔光互补光伏项目——广东湛江鼎瑞渔光一体 100 兆瓦光伏发电项目成功并网。

2018 年 9 月 6 日，西藏羊易一期 16 兆瓦双工质循环地热发电机组，实现并网发电。图为发电站全景。

（黎光军 摄）

2019 年 5 月 23 日，三峡新能源格尔木 500 兆瓦光伏领跑者项目建成投运，标志着光伏平价上网目标的初步实现。

2019 年 11 月 26 日，由华东院勘测设计的江苏九思蒋家沙（H2）300 兆瓦海上风电项目 220 千伏 200 兆瓦海上升压站成功平移安装，是全球首例在海上风电场采用平移方式安装的大型电气平台。

2019 年 11 月 29 日，广东阳江一期海上风电项目首批机组正式并网发电。

2019 年 12 月，山东电建三公司承建的摩洛哥努奥二期 200 兆瓦槽式光热电站项目获国家优质工程奖金奖，成为国内外首个荣获国家优质工程奖的光热工程。

（杜学广 摄）

2020 年 6 月，大唐华银益阳北港长河 10 万千瓦漂浮光伏电站发电能力达到设计值，图为湖南益阳漂浮光伏发电北港长河。

2020 年 11 月 28 日，电建核电公司建设的国家首批光热电站示范项目青海共和项目通过 240 小时试运行。

（电建核电公司 摄）

2020 年 12 月 1 日，由中国电建所属华东院承担勘察设计、华东咨询公司监理的浙江国电舟山普陀 6 号海上风电场 2 区工程获国家优质工程奖金奖。

（华东院 摄）

2021 年 11 月 20 日，国内首个中外合资海上风电项目——国家能源集团国华投资江苏东台海上风电项目成功实现全容量并网发电。

（国家能源集团 提供）

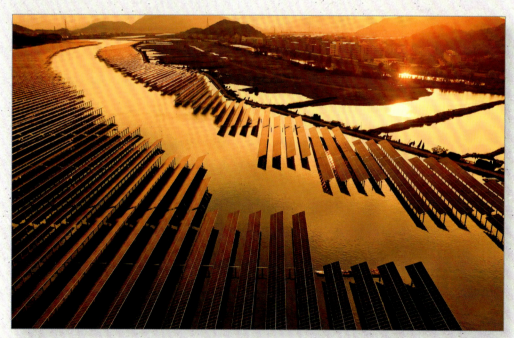

2022 年 5 月 30 日，中国首座潮光互补型光伏电站——国家能源集团龙源电力浙江温岭潮光互补智能电站实现全容量并网发电。这是中国首次将太阳能和潮汐能互补开发的创新应用。

（国家能源集团 提供）

▌2022年5月，浙江温岭潮光互补智能光伏电站图。

（国家能源集团 提供）

《中国电力工业史》
编纂委员会

顾　　问　黄毅诚　史大桢　汪恕诚　柴松岳　吴新雄
　　　　　刘振亚
主　　任　辛保安
副 主 任　杨　昆　张智刚　孟振平　舒印彪　邹　磊
　　　　　温枢刚　刘国跃　江　毅　王　琳　余剑锋
　　　　　晏志勇　宋海良　杨勇平　伍　萱　于崇德
　　　　　安洪光　王抒祥　郝英杰　江宇峰　魏昭峰
　　　　　王志轩
委　　员　金　炜　刘　巍　吴远海　侯国力　陈海斌
　　　　　王　冬　琚立生　徐俊新　杜运斌　魏立军
　　　　　陈　功　胡三高　郑　林　王　锋　林铭山
　　　　　路书军　王　刚　申彦红　李　明　张廷克
　　　　　汪映荣　吴义航
主　　编　于崇德（兼）
副 主 编　郝英杰　江宇峰　张天文　郑　林　孙盛鹏

《中国电力工业史 可再生能源发电卷》
编 纂 委 员 会

顾　　　　问　　舒印彪　郑宝森

主　　　　编　　刘国跃

副　　主　　编　　冯树臣　贾彦兵　张文建　杨　勤　李忠军

　　　　　　　　　唐　坚　刘东远　张滨泉　张朝阳　晏　俊

审　　稿　　人　　肖　兰　亓艳萍　王惠娟　华　峰　胡顺增

　　　　　　　　　张大龙

编纂专家组（以姓氏笔画为序）

　　　　　　　　　石定寰　朱瑞兆　刘志江　李　鹏　杨校生

　　　　　　　　　吴方之　张　源　武　钢　赵玉文　施鹏飞

　　　　　　　　　贺德馨　秦海岩　高　辉　蒋莉萍　蒋祥军

　　　　　　　　　褚景春

编纂工作组组长　　范子超

编纂工作组副组长　陶志刚

编纂工作组成员　　刘智益　陈钰鑫

撰　　稿　　人（以姓氏笔画为序）

　　　　　　　　　刘智益　李星运　李雪临　周　桓　施延洲

　　　　　　　　　贾法勇　曹雁庆　常　浩　雷玉伟　黎　波

参 编 人 员（以姓氏笔画为序）

马丽群　　王　芳　　王振江　　王浩平　　王　婷

方笑菊　　邓　杰　　史以枫　　冯雨晴　　吕雅宁

朱孟喆　　刘长磊　　刘志江　　刘峻岐　　刘　祥

闫春元　　李学峰　　杨铭宜　　杨　超　　肖　希

吴方之　　吴金城　　何杰英　　张　丞　　张荣晓

张济恒　　张雁茹　　陈钰鑫　　范晓旭　　胡　达

姜全越　　袁　凌　　高晓霞　　崔庆庆　　梁　超

韩　冰　　程宇婕　　谢宝瑜

编辑工作组成员　梁　瑶　　曹　荣　　王杏芸　　丁　钊　　王晓蕾

未翠霞　　刘　炽

前 言

中国电力工业史

电力工业是国民经济的重要基础工业，是资金密集型、技术密集型的基础产业，是社会公用事业的重要组成部分。

1882 年 7 月 26 日，中国电力工业诞生。从此，被马克思称为"电气火花"的"无比的革命力量"，降临到具有五千年悠久文明史的中国大地，开启了曲折漫长而又波澜壮阔的电气化进程。随着中国社会历史的变迁，经过数代中国电力工作者的不断努力奋斗，中国电力工业从小到大、从弱到强，历经 140 年的发展壮大，已经跃居世界电力工业先进行列。

中国电力工业的历史是一部国家兴衰史。中国电力工业在其发展的前 60 多年里，发展极其缓慢，技术和装备十分落后。旧中国的电力工业史是一部被列强掠夺、饱受战争创伤的辛酸史。新中国的成立，是中国电力工业迅速崛起的里程碑。从此，中国电力工业走向了欣欣向荣的康庄大道。

新中国电力工业的历史是一部艰苦奋斗史。新中国电力工业是从战争的废墟中起步的，中国电力工作者在一穷二白的基础上，发扬愚公移山的精神，依靠自己的力量和聪明才智，独立自主、自力更生、顽强拼搏、不懈努力，创造了一个又一个辉煌。没有艰苦奋斗，就没有发展壮大的中国电力工业。

新中国电力工业的历史是一部改革发展史。中国电力工业跨越式发展得益于改革开放。改革开放破除了体制机制的障碍和藩篱，调动了电力市场主体的积极性和创造性，极大地解放了生产力；改革开放使中国电力工业从引进资金、设备和技术到走向国际市场，赶超世界先进水平。没有改革开放，就没有走向世界的中国电力工业。

新中国电力工业的历史是一部科技进步史。电力工业是技术密集型产业，技术进步是高质量发展的动力。中国电力工业坚持自力更生与引进、消化、吸收、创新相结合，短短几十年突破了众多重大技术、重大工程、重大装备的难关，在发电、输变电、大电网自动控制等多个领域进入世界先进行列。没有科技进步，就没有高质量发展的中国电力工业。

新中国电力工业的历史是在中国共产党领导下创造的历史。新中国成立之初即明确电力工业是国民经济"先行官"的地位。在中国共产党的领导下，中国电力工业开辟了一条中国特色社会主义的发展之路。"人民电业为人民""能源建设以电力为中心""四个革命、一个合作"能源安全新战略，引导中国电力工业持续健康和高质量发展。电力工业所取得的辉煌成就，是中国共产党领导中国人民从胜利走向胜利在电力行业的光辉写照。

党的十九大提出，2035 年要基本实现社会主义现代化，2050 年要建成富强民主文明和谐美丽的社会主义现代化强国。电力作为社会发展的生产资料，又是生活资料，也是物质文明和精神文明的基础，将伴随社会经济的发展、人民生活水平的提高而不断发展。"十四五"时期，中国已转向高质量发展阶段，将由全面建成小康社会转向全面建设社会主义现代化国家，处于转变发展方式、优化经济结构、转换增长动力的攻坚期。中国电力工业从总量来看已成为世界第一，技术水平和管理水平都已进入世界先进行列，但中国人均占有电量只有发达国家的 60%左右，人均生活用电仅为发达国家的 35%左右。据初步预测，到 2050 年中国达到现代发达国家水平，从电力需求来说，今后 30 年内需再新增发电容量 30 亿千瓦以上；从技术发展来说，在提高电力智能化、自动化水平上，在煤的清洁高效利用与可再生能源的高效转换上，在电能供应质量和可靠性上，在节能环保和综合能源管理上，都需要科技创新和技术升级。这是所有电力工作者的重要职责和伟大使命。电力工业将始终坚持"创新、协调、绿色、开放、共享"的新发展理念，坚持创新驱动战略，加强核心技术攻关，推动服务模式创新，促进中国电力工业高质量发展，为经济社会健康发展提供坚强支撑。

习近平总书记指出，历史是最好的教科书，要在对历史的深入思考中做好现实工作、更好走向未来。要高度重视修史修志，把历史智慧告诉人们，激发我们的民族自豪感和自信心，坚定全体人民振兴中华、实现中国梦的信心和决心。

在庆祝中国共产党成立 100 周年之际，中国电力企业联合会组织电力行业各单位，编纂了《中国电力工业史》。《中国电力工业史》共分《综合卷》《火力发电卷》《水力发电卷》《核能发电卷》《可再生能源发电卷》《电网与输变电卷》《配电卷》与《用电卷》八卷，以生产力为主线，采用编年体的方式，梳理和阐述了中国电力工业萌芽、成长、壮大的发展历程，记录了中国电力工作者依靠自己的勤劳智慧，克服各种艰难困苦，从胜利走向新的胜利，不断攀登世界电力工业高峰，走出一条具有中国特色的电力工业发展之路；讴歌中国电力工业在党的领导下艰苦奋斗、锐意改革、创新发展的历程，赞美中国电力工业取得的辉煌成就，总结经验教训，探讨电力工业发展的自身规律，传承电力文化，弘扬电力精神，提升民族自信。2021 年，党中央决定在全党开展党史学习教育，学史明理、学史增信、学史崇德、学史力行。结合党史的学习，回顾中国电力工业在党的领导下取得的辉煌成就，将激励电力工作者以更加昂扬的姿态，在全面建设社会主义现代化国家的新征程中取得更加优异的成绩。

2017 年年底，《中国电力工业史》的编纂工作全面启动。中国电力企业联合会党委十分重视《中国电力工业史》的编纂工作，建立了完备的组织协调机制和质量审查保障机制。组建了理事长任主任，各副理事长任副主任的《中国电力工业史》编委会，成立了由中电联专职副理事长兼秘书长负责具体协调，理事会工作部、英大传媒投资集团及各电力集团公司相关人员、电力系统老领导、专家组成的编辑部和编审工作机构，成立了以电网企业、发电企业为供稿单位的分编辑部，形成众人修史的良好氛围。编纂工作以史为据，真实记述，准确评述，坚持唯物史观，以习近平新时代中国特色社会主义思想为指导，贯彻落实《关于建国以来党的若干历史问题的决议》习近平总书记在庆祝改革开放 40 周年大会上的讲话等文件精神，参考《中国共产党的九十年》等重要文献，确保重大问题与中央精神保持一致。经过三年多的时间，《中国电力工业史》陆续与读者见面，期望为读者展现一部波澜壮阔的中国电力工业史诗。

本卷为《可再生能源发电卷》，2019年11月启动编纂工作，成立了专业编写组，并组建了由我国可再生能源发电领域资深专家构成的专家委员会，负责审核可再生能源发电行业的历史事件，并对书稿的编写进行把关与指导。

可再生能源是指自然界中能自动再生的能源，是相对于会穷尽的不可再生能源而言的一种能源，包括水能、风能、太阳能、生物质能、地热能和海洋能等，它们是取之不尽、用之不竭的能源。对环境无害或危害较小，而且资源分布广泛，适宜就地开发利用。可再生能源发电是将可再生能源经过发电设施转换成二次能源——电能，再经过输电、变电与配电系统供给用户侧使用的基础产业。在可再生能源行业快速发展、加快减少化石能源使用的背景下，《可再生能源发电卷》单独成册，着重记录非水可再生能源电力工业发展历史，主要有风能、太阳能、生物质能、地热能和海洋能等。可再生能源发电是中国电力工业中极具发展前景的组成部分。中华人民共和国成立以来，中国可再生能源发电经历了从无到有、从小到大、从大到强，走过了不平凡的发展历程，现有的成就是几代从业者不懈奋斗的结果。回顾其发展历程，有辉煌也有低谷，以史为镜照亮未来，相信在双碳目标、新型能源体系规划建设的大背景下，可再生能源发电将迎来新的机遇。

谨向所有关心、支持和参与《中国电力工业史》编纂的领导、专家和工作人员，以及编辑出版人员表示衷心的感谢！由于史料搜集、研究、编纂和校核的工作量巨大，书中难免存在不妥和疏漏之处，希望广大读者批评指正。

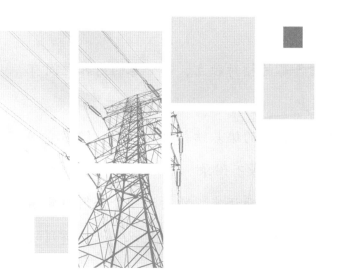

凡　例

一、《中国电力工业史》记述了从 1882 年中国电力工业发端至 2020 年中国电力工业建设和发展的历史过程及经验教训。为了更全面地反映中国电力工业的发展脉络，本书共设八卷，分别是《综合卷》《火力发电卷》《水力发电卷》《核能发电卷》《可再生能源发电卷》《电网与输变电卷》《配电卷》与《用电卷》。

二、各卷均包括前言、凡例、绪论、正文、大事年表、附录、索引。本卷的四编对应四个阶段：第一阶段为中国可再生能源发电的探索阶段，即 1949—1977 年，反映了中国可再生能源发电从无到有初步探索历程；第二阶段为可再生能源发电的初步发展，即 1978—1990 年，反映了中国的可再生能源发电为解决能源、电力短缺问题而得到发展的历程；第三阶段为中国可再生能源发电的稳步发展阶段，即 1991—2004 年，这一时期为中国后期可再生能源发电的快速发展奠定了扎实基础；第四阶段为中国可再生能源发电的跨越式发展阶段，即 2005—2020 年，这一时期随着中国立法与规划的相继出台，可再生能源发电的发展也正式进入快车道，跨入世界先进行列。

三、在内容的叙述上，为保证各卷的相对独立，部分卷的内容之间有交叉，但从各卷的特点出发各有侧重。

四、本书采用编年体方式记述。各卷的编纂结构大体一致，但不尽相同。一般采用编、章、节、目的形式，并设有附录。

五、正文内容使用规范的现代汉语书面语言。所用汉字除必须用繁体字的以外，一律使用国务院2013年6月公布的《通用规范汉字表》所列的汉字。

六、各卷数字的使用，均执行《出版物上数字用法》（GB/T 15835—2011）的规定。

七、书中计量单位，除引用历史上所用的某些单位外，均执行《中华人民共和国法定计量单位》的规定。在表达量值时采用单位的中文符号。

八、书中的机构名称、名词术语等，均以当时的规定为准，对当时确实存在的不统一、不规范的情况，在相应的文中以注释的方式加以说明。

九、书中所列统计数据，一般未包含台湾、香港和澳门地区的数据，相关内容在《综合卷》第十九章中体现。

十、书中注释采用脚注方式，当页编码，不编通码。

第二编　中国可再生能源发电的初步发展（1978—1990）

绪　论

　　人类利用可再生能源历史悠久，利用可再生能源发电可追溯到 19 世纪末的丹麦。中国对可再生能源发电的初步探索始于 20 世纪 20 年代，中国台湾新竹县人罗国瑞于 1921 年在广东潮梅地区建成了中国第一个具有实际使用价值的混凝土瓦斯库❶，点燃了第一盏"中华"牌沼气灯。中华人民共和国成立以后，可再生能源发电在通电不便、缺乏电力供应的广大农村及边远地区开始兴起。1958 年，吉林省白城市研制了第一台风电机组。1959 年 8 月，浙江省温岭县❷沙山潮汐电站竣工。同年，中国成功研制出第一个太阳能电池。1970 年 12 月，中国第一台地热发电机组在广东省丰顺县建成并成功发电。这些从无到有的突破，体现了老一辈科学家艰苦奋斗、大力协同、爱国敬业的精神。

　　改革开放后，特别是迈入新世纪以后，以风力发电、光伏发电为代表的可再生能源实现了跨越式发展。2004 年年底，中国（不含台湾地区）风电装机容量仅为 76.4 万千瓦。在相关政策和市场环境推动下，自 2005 年起，中国风电装机容量实现指数级增长，特别是 2006—2009 年，装机规模连续 4 年实现翻番，到 2010 年年底，中国风电装机规模达到 4182.7 万千瓦，首次超越美国，成为风电装机规模世界第一的大国。中国光伏产业在 2005 年以前还处于示范阶段，2005 年光伏发电装机容量仅 7 万千瓦，在特许权招标项目、"金太阳"和"光电建筑"等工程和光伏产业装备制造不断革新的推动下，光伏产业进入大规模开发阶段。到 2015 年年底，中国光伏装机容量达 4318 万千瓦，成为全球光伏发电装机容量最大的国家。

　　截至 2020 年年底，中国风电装机容量 2.81 亿千瓦，太阳能发电装机容量 2.53 亿千瓦，生物质发电装机容量 2952 万千瓦，风力发电、光伏发电、生物质发电等可再生能源装机容量稳居世界第一。中国已形成较为完备的可再生能源技术产业体系，光伏发电技术快速迭代，多次刷新电池转换效率世界纪录。低风速、抗台风、超高塔架、超高海拔风电技术位居世界前列，10 兆瓦级海上风电机组开始批量生产。可再生能源的快速发展为中国的生态文明建设作出突出贡献，减碳效果逐步显现。新能源产业发展也大大优化了中国的能源结构，成为构建现代经济体系和产业结构优化升级的主导产业和生力军，对于中国产业投资、经济增长、就业增加的带动作用日趋明显。

一、中国可再生能源发电从探索到稳步发展

（一）改革开放前的探索与起步（1949—1977）

　　能源是人类文明进步的基础和动力，关系着国计民生和国家安全，对国家繁荣发展、

---

❶ 俗称瓦斯，瓦斯库即沼气池。

❷ 1994 年 3 月，经国务院批准，撤县设市。

人民生活改善、社会长治久安至关重要。

中华人民共和国成立之初，国家能源基础薄弱，生产水平低，供求关系紧张。能源建设的首要任务是恢复旧中国遗留下来的能源生产，奠定国家能源供应的基础。为了补充能源供应的不足，中国积极发展各种可再生能源，相继对沼气池、太阳灶、风力提水机、中低温地热利用和小型潮汐电站等可再生能源进行了开发和利用。从 20 世纪 50 年代末开始，中国可再生能源发电进入探索起步阶段。风力发电技术实现从螺旋桨式风力发电机到现代风力发电机组研制的转变，离网型风力发电机组已实现小批量产；光伏发电方面，研制了第一个太阳能电池，实现了硅太阳能电池板在航天卫星上的应用；生物质发电方面，建成了国内最大的农业沼气工程。这一时期，中国第一台地热发电机组、中国第一个潮汐电站成功发电。

土法风电、风力发电实验逐渐兴起。20 世纪 50 年代，中国沿海仍在使用古老的风车提水灌田、晒盐，这个时期的绝大部分风车是农民自制的木结构布篷传统风车。在 20 世纪 50 年代末兴起的农具技术革新潮中，农机和水利部门参与研究出现代螺旋桨式风力提水机，同时也研制了微小型风力风电机组，如吉林白城"58"型、3-22 型发电机组和江苏水利厅设计院象山型、海丰型风力发电机组等。但由于当时经济和技术条件的限制，多数风力发电机组在试运行后不久就损坏，研制工作亦随之中断。20 世纪 60 年代至 70 年代，为了解决海岛和偏远地区用电问题，机械部组织有关科研单位相继研制了 30 瓦、50 瓦、100 瓦、1 千瓦、2 千瓦及 10 千瓦离网型风力发电机组，并投入了小批量生产。同时浙江省对并网型风力发电机组进行了研发和探索，1972 年 7 月，浙江省试制的 FD13 型 18 千瓦风力发电机组样机，开创了中国风力发电长期并网运行的先河。内蒙古草原研究所等单位于 1976 年研制的 FD1.5 型 100 瓦风力发电机组，成为内蒙古自治区第一个定型并投入批量生产的机型，起到了一定的引领和示范作用。

太阳能发电产业探索起步。1959 年，中国成功研制了第一个太阳能电池。1968—1969 年年底，中国科学院物理研究所半导体研究室承担了为"实践一号"卫星研制和生产硅太阳能电池板的任务，生产出了 5690 片 NP 结硅太阳能电池。20 世纪 70 年代，中国开始了对太阳能热发电的研究，"八五"期间，科技部开始对关键部件在技术上给予研发支持。"十五"期间，中国科学院电工研究所、工程热物理所等科研机构和相关企业加大对光热发电技术的研究力度，但当时的科学技术发展水平制约了中国太阳能光热发电技术的研发。

生物质能发电的探索始于沼气发电。早在 20 世纪 20 年代，中国就有了沼气发电的商业化应用。罗国瑞于 1921 年点燃了第一盏"中华"牌沼气灯。1929 年，罗国瑞在广东汕头市新兴路 42 号开办了中国第一个沼气推广机构——汕头市国瑞瓦斯汽灯公司，标志着早期中国沼气以商业化方式走向市场。1931 年，公司迁址上海，并先后更名为中华国瑞瓦斯总行、中华国瑞瓦斯全国总行。几年之内，分行和用户发展到粤、闽、江、浙、赣、皖、湘、鄂、鲁、豫、陕、滇等省。1942 年，因总行所在上海蓬莱国货市场抵制日货，遭日军纵火烧毁，总行随之停办，依附于总行的各分行也相继关闭，宣告中国沼气利用的第一个高潮时期的终结。中华人民共和国成立初期，沼气作为一种适合农村环境的可再生能源，长期受到重视和利用。一些地区把废料发酵后产生沼气，利用沼气取代薪材使用，不仅提高了生物质能的利用效率，还减少了其对环境的影响，改善了农村卫生状况。1958年，中国经历了沼气发展的第二个小高潮，其中，广东省番禺县建成了国内最大的农业沼气工程——番禺市桥沼气发电站。1960年，中国研发了小型生物质气化发电技术——60千瓦稻壳气化发电系统，并列入科技部"七五"重点攻关项目。1998年10月，中科院广州能源研究所研发的首台兆瓦级气化发电试验机组投产运行。

地热发电探索始于20世纪70年代。1970年12月，中国第一台86千瓦地热发电机组在广东省丰顺县汤坑邓屋建成并成功发电。随后在河北省怀来县后郝窑、江西省宜春县温汤、广西壮族自治区象州县热水村、湖南省宁乡县灰汤、山东省招远县汤东泉和辽宁省盖县熊岳先后建设了7座小型地热发电试验电站，共计9台机组。由于所用发电设备不是按照地热流体参数进行专门研制，而是由旧汽轮机改用，难以调试，运转不够正常，机组净出力小，热效率很低。实践证明，低温地热发电技术上可行，但经济效益并不显著。除湖南省灰汤和广东丰顺各有一台机组分别运行至1993年和2016年，其他机组在70年代末相继停运。

海洋能发电从潮汐能发电开始。中国潮汐电站建设始于20世纪50年代中期，当时在中国沿海各省掀起了一股开发潮汐能的热潮。据1958年10月召开的中国第一次潮汐发电会议统计，当时全国共建成小型潮汐电站41座，在建的还有88座。这些潮汐电站最大的为144千瓦，最小的仅5千瓦。此阶段建成的潮汐电站，仅有浙江省温岭县的沙山电站和福建省长乐县的筹东电站长期运行发电。1970年前后，中国沿海第二次出现兴建潮汐电站的热潮，这批潮汐电站的规模比前一批大，多数为100~200千瓦。其中规模较大、设计施工较规范、由国家投资建设的两座电站，分别是浙江省江厦潮汐电站和山东省白沙口潮汐电站。20世纪50年代至70年代建成的小型潮汐电站数量虽多，但由于建站前对自然环境条件调查不充分，论证不足，建站后又出现库区泥沙淤积严重，水轮机设备简陋、质量不过关，对海水腐蚀、海生物污损没有采取有效措施等问题，从而导致这些潮汐电站在建成不久后就陆续关停废弃。从中华人民共和国成立初期到"十一五"末，海洋能技术经历了较为缓慢的发展过程。在此期间，中国海洋能技术发展没有总体的规划布局，缺乏明确的目标任务，欠缺有效的技术支撑服务体系，只有有限的几所大学和研究机构坚持自主研究，技术创新乏力。由于没有持续的资金支持，部分研发的海洋能发电装置在海试之后再无力继续改进，产业化步伐缓慢。

从整体上看，在改革开放以前，受技术水平、资金等条件限制，中国的可再生能源主要发展方向集中在离网风力发电和沼气发电上，这一时期的新能源技术含量不高，大多处于研发和利用的初级阶段，无法实现大规模应用，对改善环境发挥的作用有限。可再生能源政策也散见于各地、各部门的文件中，未形成系统的政策体系，难以对经济和社会产生重要影响。但这一时期的学习和探索，初步锻炼了中国可再生能源技术队伍，为可再生能源的开发建设积累了宝贵的经验。

（二）中国可再生能源发电的初步发展（1978—1990）

1973 年石油危机后，能源问题日益引起国际社会的关注，很多国家提出应着力发展可再生能源和新能源，作为未来长远发展的替代能源。1980 年前后，国务院先后批准组建了中国科学院能源研究所（现国家发展改革委能源研究所）、成都沼气科研所、广州能源研究所、北京能源研究所、甘肃太阳能研究所和辽宁能源研究所等能源研究机构，并在中央政府的综合部门设立了可再生能源处，开始全面研究和部署可再生能源发展问题。1981 年 8 月，由联合国主持在肯尼亚首都内罗毕首次召开了联合国新能源和可再生能源会议，会上通过了《促进新能源和可再生能源的发展与利用的内罗毕行动纲领》。1984 年4 月，国务院成立了农村能源领导小组，统一协调农业部、国家计划委员会（简称国家计委）、国家科学技术委员会（简称国家科委）、水利电力部等部门，利用可再生能源解决农村能源供应问题，制定了"因地制宜、多能互补、综合利用、讲求效益"方针，这一提法至今仍具有指导意义。

1984 年 9 月 28 日，国家领导人对《发展风力发电在内蒙古草原具有战略意义》一文做出重要批示："在技术上好好对他们进行帮助，力争造出世界第一流小型风力发电机。"从此，内蒙古草原上掀起了离网型风电开发的热潮。为落实中央领导的指示，风力机械研制生产进度不断加快。1984 年 12 月 31 日，国务院农村能源领导小组与中华人民共和国机械工业部联合发文《关于成立风力机办公室的通知》（<84>机发函联字 2798 号），明确风力机办公室由机械工业部负责日常业务指导。1985 年，机械工业部中国农牧业机械公司成立风力机械处，受机械部农机局委托，负责小型风力发电行业的管理工作。这是国家首次专门设立负责管理风电发展的部门。国家科委在"七五"科技攻关计划中，大力支持风力发电机械的研制和开发，除继续完成 100、200、300 瓦风力发电机组研制外，还结合引进国外的技术和样机研制了 500 瓦、1 千瓦、2 千瓦、5 千瓦、10 千瓦、55 千瓦风力发电机组。一系列措施促使离网型风力发电技术得到空前的发展、推广和应用。截至 1989 年年底，中国生产各种小型风力发电机组的企业共 38 个，可批量生产 30、50、100、200、300、500、1000 瓦等总计 7 种小型风力发电机组，年生产能力达 3 万台，当年生产各种小型风力发电机组 16 649 台，中国保有量达 11 万台。骨干生产企业有内蒙古动力机厂、内蒙古商都牧机厂和太原国营汾西机器厂（884 厂）等，到 1989 年中国小型风力发电机组年生产量、保有量、年生产能力均居世界之首，小型风力发电产业初具规模，部分机组还出口国外，离网型风电机组进入技术成熟和使用推广阶段。

20 世纪 80 年代中期到 90 年代初，中国并网型风电场建设经历了技术示范运行阶段。1986 年，引进 3 台丹麦维斯塔斯（Vestas）公司 55 千瓦风电机组，在山东荣成建成中国首个示范风电场。1986—1989 年，通过中外合作交流，国外捐助等形式引进国外风电机组，相继建成新疆达坂城、福建平潭岛、内蒙古朱日和、广东南澳和浙江泫泗等示范风电场。这些示范风电场的建设，验证了风力发电并网技术的可行性，为并网型风电的商业化开发铺平了道路。

20 世纪 70 年代后期到 90 年代初，中国地热发电是在西藏自治区得到了发展壮大。

地热发电技术研发采取了科研和生产相结合的方式,针对西藏羊八井电站生产和建设过程中出现的技术问题,边建设,边研究。西藏羊八井地热试验电站建设项目被列为国家"五五"和"六五"计划期间的重点工程。1977 年,中国第一台兆瓦级地热发电机组在西藏羊八井试运成功,但在试运期间存在机组振动和井中结垢等问题,经过科研人员的技术攻关得以解决,为后续西藏羊八井扩建地热试验电站奠定了基础。1981—1985 年,经过四年多的科技攻关,涉及热力系统、发电设备研制、防腐、结垢、回灌及监测等关键技术,共完成了 30 余份技术总结和科研成果报告,形成了中国独立自主的地热发电技术路线,具有重大的社会效益和经济效益,为中国地热发电事业培养了一大批人才。1977—1991 年,西藏羊八井地热发电站共投产发电机组 9 台,总装机容量 25.18 兆瓦。羊八井地热试验电站成功发电,填补了中国中高温地热资源大规模发电开发利用的空白,在国内外地热发电领域发挥着重要的示范作用。这是中国依靠自己的力量,在世界屋脊创造的奇迹,是当时世界上海拔最高的地热电站,被誉为"世界屋脊的一颗明珠"。1984 年,西藏阿里建成了朗久地热发电站,装机容量 2000 千瓦。1993 年,西藏那曲建成了那曲地热发电站,装机容量 1000 千瓦。三座地热发电站均投入商业运营,对支持西藏经济建设发挥了重要作用。这段时期成为中国地热发电的一个小高潮,之后中国中低温地热资源直接利用得到较大发展。囿于利于发电的高温地热资源开发潜在容量小,主要分布在交通条件较差的西藏自治区、云南西部山区,开发成本高、难度大,因此地热发电开发在此后的很长一段时间归于沉寂。

20 世纪 80 年代初期,中国光伏工业尚处于雏形。太阳能电池的年产量一直徘徊在 10 千瓦以下,价格昂贵,除了作为卫星电源,地面太阳能电池仅用于小功率电源系统,如航标灯、铁路信号系统、高山气象站的仪器用电等,功率一般在几瓦到几十瓦之间。1984 年,日本京瓷公司制造并捐赠 10 千瓦太阳能单晶电池板,在甘肃省兰州市榆中县园子岔乡安装建成发电,这是中国第一座离网光伏电站。1986—1990 年,中国先后从美国、加拿大等国引进了 7 条太阳能电池生产线,中国太阳能电池的生产能力由年产 200 千瓦提升到 4.5 兆瓦。

早在 20 世纪 80 年代,西方发达国家就开始进行循环流化床锅炉燃生物质燃料的研发工作,并且已有多个实际应用项目。中国的一些科研单位和锅炉厂在早期也进行了比较深入的研究,先后开发出纯燃蔗渣锅炉、蔗渣煤粉混燃锅炉、造纸厂用碱回收锅炉和棕榈锅炉等,这些锅炉已经形成系列产品。2005 年前,以广西、广东主要甘蔗产区的制糖企业为主,建设了一批小型蔗渣发电自备电厂,这些电厂主要以消耗制糖过程中的蔗渣剩余物为目的。由于产业规模小,在技术、设备、产业链等方面都没有形成规模。至 2005 年,全国蔗渣发电约 170 万千瓦。虽然这些机组普适性有限,但依然为后续生物质直燃、混燃技术提供了数据支撑和参考依据。

20 世纪 70 年代末,继潮汐能之后,潮流能、波浪能、温差能和盐差能等海洋能均在中国开展了原理性发电试验研究。其中,1978 年,在浙江舟山成功海试的中国首个潮流能发电原理样机是民间自发研制的。1982 年起,哈尔滨工程大学持续开展了潮流能基础理论研究与水动力性能试验研究,并在国家"九五"科技攻关项目支持下,历时五年多在浙江省岱山县龟山航门水道建成中国第一座漂浮式潮流能电站,为后续系列化潮流能发电机组研制提供了宝贵经验。1983 年,中国科学院广州能源研究所研制出中国首个商业化的振荡水柱式波浪能发电装置,实现批量化生产并出口到国外。"七五""八五"和"九五"期间分别研制了中国首个千瓦级、十千瓦级和百千瓦级波浪能发电装置。国家海洋技术中心开展了不同传动方式的重力摆式波浪能发电装置研究,并分别在山东小麦岛和大管岛开展示范应用。

综合来看,可再生能源发电技术发展与技术成熟度、成本和资源禀赋相辅相成,不同能源利用形式发展差异较大。风力发电技术通过技术引进、自主研发等方式率先在小型(离网型)风力发电机组上取得突破,并在内蒙古等风能资源较好的偏远地区得到广泛应用。同时,引进国外风电机组进行了并网示范风电场的建设,为并网风电场的商业化开发创造了条件。地热发电在西藏自治区小范围展开,走的是中国独立自主研究的技术路线,三座地热发电站均投入商业运营,引发了中国地热发电小高潮。太阳能电池由于价格昂贵,除了作为卫星电源,在地面上仅用于小功率电源系统,规模很小。生物质发电虽然在纯燃蔗渣锅炉、蔗渣煤粉混燃锅炉、造纸厂用碱回收锅炉和棕榈锅炉等领域生产了系列产品,但应用范围很小,无法形成规模。

(三)中国可再生能源发电的稳步发展(1991—2004)

1991 年 6 月,能源部在北京召开中国风力发电建设规划会议,提出"九五"期间中国风电装机力争达到 100 万千瓦的目标。并就开展风电机组国产化研制、风电与电网关系等问题作了重要指示,此次会议吹响了中国风力发电步入工业化进程的号角。1992 年,能源部成立了中国首家专业风能开发公司——中国福霖风能开发公司,拉开了中国风电场商业化开发的序幕。

为了推进风电场建设和风电机组国产化,国家相关各部委出台了一系列举措。

1994 年,电力工业部(简称电力部)制定了《风力发电场并网运行管理规定(试行)》,规定"电网管理部门应允许风电场就近上网,并收购全部上网电量","风电场上网电价按发电成本加还本付息、合理利润的原则确定","高于电网平均电价部分,其价差采取均摊方式,由全网共同承担",这些优惠政策有力地支持了风电事业的发展。1989 年为推动大型风电机组国产化,机械电子工业部批准成立中国农业机械工业协会风力机械专业分会,"八五"期间,组织并派人去德国学习风力发电技术,与胡苏姆造船厂制造了 10 台 HSW−250T 型机组。1994 年,航空航天工业部成立了北京万电责任有限公司,专门从事大型风电机组研制,1996 年,北京万电责任有限公司引进了奥地利皮尔公司(PEHR)600 千瓦风电机组技术。水利部着重风电场建设,1989 年,建成新疆达坂城风电一场,1996 年,在新疆布尔津建成风水互补供电系统。

国家科委在风电机组研究方面做了大量工作,"六五""七五""八五"期间,均有风电机组科技攻关项目,其中对 55、200 千瓦风电机组的研制,投入了大量资金,取得了宝贵经验。国家经济贸易委员会(简称国家经贸委)在 1994 年第一批"双加工程"中设立了新能源示范工程专项，安排风力发电项目 8 个，投资近 12 亿元，装机规模 12 万千瓦，意在通过工程的实施，引进国外先进技术，走技贸结合的道路，实现大型风电场建设规模化和产业化，逐步实现设备制造的国产化。2000 年，国家经贸委推出"国债风电"国家重点技术改造计划项目，该项目以市场为导向，以工程为依托，在引进消化吸收国际先进技术的基础上，不断提高开发具有自主知识产权的风力发电设备，形成批量生产能力，降低风力发电设备的造价，增强中国风力发电设备制造业的国际竞争能力。国家计委着力推动项目建设和设备国产化，于 1996 年推出"乘风计划"和"中国光明工程"，前者支持中国风电场建设和大型风电机组的国产化，后者推动光伏行业和离网型风电机组发展，解决偏远地区供电问题。2002 年，国家计委启动"送电到乡"工程，通过光伏发电或小型风力发电解决西部 7 省（自治区）700 多个无电乡的用电问题。

在"中国光明工程"和"送电到乡"工程等国家项目的有力推动下，解决了内蒙古、甘肃、新疆、西藏、青海、四川、河北和陕西八省（自治区）23 万无电户用电问题。不仅为远离电网的人们带来了光明，也为中国刚刚萌芽的光伏产业提供了市场。2003 年 12 月 19 日，保定英利新能源有限公司的多晶硅太阳能电池及应用系统项目，通过国家发展和改革委员会（简称国家发展改革委）验收并全线投产，多晶硅太阳能电池年产量为 3 兆瓦，总投资近 3 亿元，是中国最大的太阳能电池项目。该项目的投产，标志着中国多晶硅太阳能电池研发、生产等技术达到了国际先进水平，提升了中国在该领域的国际地位，填补了中国不能商业化生产多晶硅太阳能电池的空白。2004 年 8 月，深圳国际园林花卉博览园 1 兆瓦并网光伏电站建成发电。该电站是亚洲最大的并网太阳能光伏电站，为中国太阳能技术的发展起到良好的示范作用。

20 世纪 90 年代至 21 世纪初，中国并网型风电场实现了从技术示范到商业化运行，中国风电场建设得到了较大发展，但仍以进口风电机组为主。截至 2004 年年底，除台湾地区外，中国风电装机规模约 76.4 万千瓦。同时，为了降低风电场项目造价，减少对进口风电机组的依赖，在国家相关部委的支持下，风电企业对风电机组国产化进行了尝试，期间完成了 55、200、600 千瓦和 660 千瓦等风电机组的研制，积累了经验，培养了专业人才，为之后的风电产业化发展奠定了基础。这期间，光伏发电在"中国光明工程"和"送电到乡"工程的带动下，建成中国最大的多晶硅太阳能电池项目，并开始了示范项目和商业化项目的建设，为光伏发电的产业化发展奠定了基础。

二、中国可再生能源发电的发展成就

自《中华人民共和国可再生能源法》简称《可再生能源法》实施以来，中国进入了可再生能源快速发展时期，市场规模不断壮大。可再生能源开发利用取得明显成效，水力发电、风力发电、光伏发电等能源种类累计装机规模均居世界首位。可再生能源在能源结构中占比不断提升，能源结构朝着清洁化、优质化方向发展，为中国经济快速发展提供了重要保障。截至 2020 年年底，中国非水可再生能源发电装机占比由 2005 年的 0.6%提高到 2020 年的 25.7%，非水可再生能源发电量占比由 2005 年的 0.1%提高到 2020 年的 11.3%。

非水可再生能源发电实现了从"可有可无"到"举足轻重"质变，可再生能源的替代作用日益显现，清洁能源消费比重持续增加，成为中国清洁能源供应的中坚力量。

在全球变暖、地球环境日益恶化的形势下，中国政府积极参与有关气候变化问题国际公约谈判，2005 年，《京都议定书》正式生效，清洁发展机制（CDM）应运而生，为发展中国家可再生能源项目开发降低了门槛。2006 年 1 月 1 日，《可再生能源法》正式实施，为可再生能源的发展提供了政策和法律支持，中国可再生能源建设发展进入快车道。

（一）可再生能源开发建设规模不断迈上新台阶

1. 风电场建设井喷，装机容量实现指数级增长

2003 年，全国第一次风电建设工作会议在北京香山召开，对全国风能资源评价、大型风电场预可行性研究等工作进行了部署和安排，拉开了风电产业化发展的序幕。同年，中国政府启动风电特许权项目招标，推动大型风电项目建设。2003—2007 年，共开展了五期风电国家特许权项目招标，最终确定了 18 个风电特许权招投标项目，总装机容量 3400兆瓦。在风电场规模化开发过程中，土地开发、电网架设、配套设施的集约化利用带来了建设成本的下降。风电的规模化开发也促进了广大投资企业的投资热情，除了国有大型电力能源企业之外，地方国资企业、各类民营企业和风机制造企业等纷纷进入风电领域，投资风电的主体呈现多元化发展。

2005 年，国家发展改革委发布《关于风电建设管理有关要求的通知》，规定"风电设备国产化率要达到 70%以上，不满足设备国产化率要求的风电场不允许建设"。外资风电制造企业纷纷来中国建厂，中国企业则通过风电机组许可证购买、国内外联合设计、自主研发等方式研制国产化风电机组。到 2007 年，本地化风电机组市场份额达到 55.9%，首次超过进口风电机组。2008 年新增本地化风电机组市场份额为 75.6%，有近 70 家企业进入并网风力发电机组整机制造行业，其中国有企业、国有控股公司 29 家，民营制造企业23 家，合资企业 8 家，外商独资企业 10 家。中国逐步完成了从技术引进、消化吸收、联合设计、技术咨询到自主研发的风电技术发展历程。

2008 年，国家发展改革委提出在甘肃酒泉、新疆哈密、河北、吉林、内蒙古东部、内蒙古西部、江苏等风能资源丰富区建设 7 个千万千瓦级风电基地的目标。2010 年年底，增设山东沿海千万千瓦级风电基地，形成 8 个千万千瓦级风电基地，风电产业在短时间内迅速向规模化、产业化发展。

根据全球风能理事会（GWEC）统计数据，2020 年年底全球风力发电累计装机容量为 7.43 亿千瓦，其中，中国（不含香港、澳门、台湾）装机容量为 2.81 亿千瓦，占比为37.8%，是排名第二的美国（装机容量为 1.22 亿千瓦）的 2.3 倍，中国风力发电装机容量稳居世界第一。

2. 光伏产业迎来发展黄金时代

中国光伏产业还处于示范阶段，2005 年光伏发电装机仅 7 万千瓦，当年光伏发电量约 7300 万千瓦时，占全部发电量的 0.03‰，在能源总量中的比重为 0.02‰。2009 年后，

两期特许权招标加快了集中式光伏电站开发进程，"金太阳"和"光电建筑"工程推动了分布式光伏市场。"十一五"后期，光伏产业进入大规模开发阶段。2013年国家确立分类光伏标杆电价政策，进一步加快了光伏发电开发进程。中国光伏发电产业从装备制造到市场规模均处于全球领先水平。据国际能源署（IEA）发布的全球光伏报告，截至2020年年底，全球累计光伏装机容量为7.60亿千瓦，其中，中国（不含香港、澳门、台湾）装机容量为2.53亿千瓦，占比为33.3%，是排名第二的美国（装机容量为0.93亿千瓦）的2.7倍，中国光伏装机容量领先全球。

3. 生物质发电步入快速发展期

2005年以前，中国生物质发电以沼气发电、蔗渣，以及极少量的农林废弃物气化发电为主，生物质直燃发电规模较小，2004年，龙基电力集团公司引进国际先进的生物直燃发电技术。2006年，建成国内第一个以农林剩余物为燃料的规模化生物质直燃电厂。2012年7月，国家能源局发布了《生物质能发展"十二五"规划》，制定了2015年实现农林生物质直燃发电装机800万千瓦、沼气发电装机200万千瓦的目标。在产业规划、电价政策等扶持下，中国生物质发电得到了快速发展。根据国际可再生能源机构（IRENA）数据，截至2020年年底，全球生物质发电总装机容量达到1.33亿千瓦，其中，中国装机容量达到2952万千瓦，占比为22.2%，连续三年位列世界第一。

可再生能源相关产业作为战略性新兴产业，已经成为内蒙古、新疆、黑龙江、甘肃、青海等风、光资源大省（自治区）的支柱性产业之一，在优化当地经济结构、贡献财政收入及创造就业机会等方面发挥了重要作用。

风电市场快速发展。2005年年底，除台湾地区外，中国已建成61个风电场，累计风电装机1864台，装机规模达到126.6万千瓦，占全国电力装机容量的0.24%。已建风电项目均为陆上风电项目，分布在15个省（自治区、直辖市、特别行政区），其中装机容量最大的项目为宁夏青铜峡邵岗风电场，装机容量为11.2万千瓦。2005年风电总发电量为16亿千瓦时，占全国总发电量的0.06%，中国风电年装机容量与年发电量快速增长。截至2020年年底，中国（不含香港、澳门、台湾）风电累计并网容量达2.81亿千瓦，占全部电源总装机容量的12.8%，连续11年位居全球第一。其中，海上风电累计并网容量达到900万千瓦，呈现加速发展态势。2020年，中国风电年总发电量4665亿千瓦时，较2005年增长了近293倍，占全部电源总发电量的比重提高到6.1%。

光伏发电发展引领全球。2005年以前，中国光伏行业处于成长起步阶段，技术和市场均在国外。《可再生能源法》实施以来，中国光伏行业经历了产业化发展阶段和进入规模化发展阶段，通过国际合作和技术创新，取得了举世瞩目的成就。中国光伏发电产业从装备制造到市场规模均处于全球领先水平。截至2020年，全国光伏发电累计装机容量达到2.53亿千瓦，约占电源总装机容量的11.5%，较2005年提高了约3600倍；2020年，全国光伏发电量达到2611亿千瓦时，较2005年提高了约3580倍，占全部电源总发电量的3.4%。

其他可再生能源亦有长足的进步。生物质能发展成绩斐然，截至2020年，中国生物质发电装机 2952 万千瓦，2020 年，中国生物质发电量 1326 亿千瓦时，占全部发电量的 1.7%。地热和海洋能等应用技术有了大幅提升。浅层地热利用技术日趋完善，中深层地热利用不断发展，干热岩地热利用技术进入实验阶段。海洋能领域的潮汐能、潮流能以及波浪能等利用技术也有不同程度的进展。舟山建成的中国第一座潮流能电站，填补了中国潮流能发电的空白，为可再生能源资源利用起到了积极的示范作用。

（二）可再生能源发电技术实现了从跟随模仿到并行、引领的转变

改革开放以来，中国可再生能源科技创新能力和技术装备自主化水平显著提升，资源利用效率不断提高，利用模式呈现多元化发展，已逐步从可再生能源利用大国向可再生能源技术产业强国迈进。

中国可再生能源在发展改革实践中，坚持把创新作为根本动力，发挥了科技创新支撑引领能源高质量发展的重要作用，走出了一条具有中国特色的能源发展之路。经过引进吸收和自主创新，中国可再生能源技术装备水平显著提升，关键零部件基本实现国产化，相关新增专利数量居于国际前列，建立了完备的清洁能源装备制造产业链，实现了能源技术装备从"小散弱"到整体达到国际先进水平的历史性跨越。风电机组制造基本上实现了系列化、标准化和型谱化，具备最大单机容量达 10 兆瓦的全系列风电机组制造能力；高海拔、低温、冰冻、台风等特殊环境的适应性和并网友好性显著提升；低风速风电开发的技术经济性明显增强。海上风电装备基本实现国产化，自主研发了一系列海上风电场设计、施工技术，研制了一批专用的海上风电施工机械装备，海上风电勘测设计、施工能力不断提升。光伏组件产能稳居世界第一，光伏电池转换效率不断刷新世界纪录。"互联网＋"智慧能源、储能、综合能源服务等一大批能源新技术、新业态、新模式加快培育、蓬勃兴起，代表性典型工程相继建成。

（三）可再生能源成为全球能源转型和气候治理的亮丽名片

受能源资源禀赋的影响，中华人民共和国成立初期，煤炭占全国能源消费总量的比重始终在 90% 以上。改革开放后近 30 年时间里，这一比重基本在 70% 以上。党的十八大以来，中国政府把节能贯穿于经济社会发展全过程各领域，加快推动形成能源节约型社会，传统能源利用方式加速转变，清洁低碳转型步伐明显加快。2020 年年底，国务院新闻办公室发布的《新时代的中国能源发展白皮书》显示，2012 年以来，中国能源生产和利用方式发生重大变革，基本形成了多轮驱动的能源稳定供应体系，以能源消费年均 2.8% 的增长支撑了国民经济年均 7% 的增长。清洁能源占能源消费总量比重达到 23.4%，比 2012 年提高 8.9 个百分点，水电、风电、太阳能发电累计装机规模均位居世界首位。能源的绿色发展对碳排放强度下降起到了重要作用，中国 2019 年碳排放强度比 2005 年降低 48.1%，提前实现了 2015 年提出的碳排放强度下降 40%～45% 的目标。

2020 年，中国风力发电、光伏发电量约为 7276 亿千瓦·时，相当于替代 2.22 亿吨标准煤［按 2020 年火电厂供电平均煤耗 305.5 克标准煤/（千瓦·时）计］，对减轻大气污染和减少温室气体排放发挥了重要作用。发展可再生能源已成为中国落实能源安全新战略、构建清洁低碳安全高效能源体系的重要内容，成为推动能源转型、实现经济高质量发展的重要贡献力量，同时也是中国作为应对气候变化国际合作的参与者、贡献者、引领者

的亮丽名片。

（四）能源体制实现了从计划管理到市场为主的转变

能源是中国历次经济体制改革的重点领域。中国能源立法工作经历了漫长的探索，1995 年以来相继颁布实施《中华人民共和国电力法》（简称《电力法》）、《中华人民共和国煤炭法》《可再生能源法》等法律。改革开放以来，中国对可再生能源生产经营、价格、投融资、外贸、管理体制等进行了大刀阔斧的改革，有效竞争的市场结构和市场体系不断健全完善。完成了政企分开、厂网分开、主辅分离等标志性改革任务，电力市场化建设覆盖全国、纵深发展；深化能源领域"放管服"改革，能源治理方式由项目审批为主向战略、规划、政策、标准、监管、服务并重加快转变。能源改革和法治建设协同推进，能源法律体系不断完善。覆盖战略、规划、政策、标准、监管、服务的能源治理机制基本形成，能源体制机制改革稳步推进。

（五）国际合作实现了从相对封闭到全方位开放合作的转变

多年来，中国积极服务对外开放大局，全面发展同世界各国的能源交往合作，着力推进"一带一路"能源合作，广度深度不断拓展，创建了共商共建共享的发展新格局。积极参与二十国集团、亚太经合组织、金砖国家等多边机制下的能源国际合作，与 90 多个国家和地区建立了政府间能源合作机制，与 30 多个能源领域国际组织和多边机制建立了合作关系。2012 年以来，中国先后成为国际可再生能源署成员国、国际能源宪章签约观察国、国际能源署联盟国等。秉持人类命运共同体理念，积极推动全球能源低碳转型，携手应对全球气候变化。通过"一带一路"以及南南合作等机制，帮助广大发展中国家提高电力普及率，改善大气环境质量和控制温室气体排放。

作为全球最大的可再生能源市场，中国可再生能源市场规模扩大带来成本下降，可再生能源的利用门槛大幅度降低，加速了全球能源低碳转型进程，为可再生能源在世界范围内的蓬勃发展作出贡献。

（六）发展成果实现了以人民为中心的转变

可再生能源在为经济社会发展提供清洁电力的同时，对减少大气污染物的排放，带动地区经济发展，拓宽创业渠道，增加就业岗位，助力脱贫攻坚，解决无电地区用电问题等方面也发挥了重要作用。国际可再生能源署与国际劳工组织联合发布的《2021 年可再生能源就业报告》显示，2020 年，全球可再生能源就业人数达到 1200 万人。其中，中国可再生能源就业人数约 468 万人，占全球可再生能源就业人数的 39%。风电和光伏行业是促进可再生能源就业市场持续增长的主力。2020 年全球光伏、风电行业的就业人数分别达到了 400 万人、125 万人，稳定带动了可再生能源就业市场的发展。可再生能源行业每年新增创业公司近百家，尤其以电动汽车和储能系统为主。

农村能源是乡村振兴的重要载体。农村地区能源绿色低碳转型，对于保障农业生产和农民生活用能需求、巩固拓展脱贫攻坚成果、促进乡村振兴和农业农村现代化具有重要意义。"十三五"时期，中国创新实施光伏扶贫，累计建成 2636 万千瓦光伏扶贫电站，惠及415 万贫困户，成为农村地区搬不走的"绿色银行""阳光银行"，为决战决胜脱贫攻坚作出了积极贡献。

三、中国可再生能源发电的发展经验

总结中国可再生能源发展历程,可以看出,可再生能源具有独特的发展规律。准确把握可再生能源发展趋势和规律,总结发展经验,对促进可再生能源高质量发展具有重要意义。中国在可再生能源领域取得了诸多成就,其强劲发展的背后有着多重推动因素。

(一)贯彻落实绿色发展战略,推进可再生能源发电产业健康发展

中国可再生能源发电产业从无到有,从弱到强,从百废待兴到跻身全球新能源领域的先进行列,是贯彻落实国家绿色发展战略最鲜活的佐证。随着中国对生态环境、能源转型的日趋重视,可再生能源发电产业将为建设美丽中国、实现伟大中国梦作出更大贡献。

自 20 世纪 70 年代发生世界石油危机以来,以供应安全为主要出发点的能源安全观开始登上能源舞台,各国开始投入大量经费研究可再生能源利用途径。20 世纪 80 年代初期,可再生能源开发利用列入国家重点科技攻关计划,可再生能源发电技术开始探索式发展。

1994 年,国务院审议通过《中国 21 世纪议程》,自此可持续发展战略成为中国的基本国策之一,其中推进新能源发展是中国可持续发展战略重要内容。"八五""九五"计划相继对新能源技术研发和推广提出要求,明确发展新能源产业的战略意义。在此阶段,新能源行业主要是培育产业制造、推进规模化发展、保障能源安全、促进经济社会持续健康发展。

"十五""十一五"规划纲要分别指出,要加强行业规范和引导,实现新能源产业规模化、产品标准化、技术国产化、市场规范化,在"九五"规划成果的基础上进一步巩固技术、培育成熟的新能源市场;加快可再生能源开发利用,提高可再生能源在能源结构中的比重。

"十二五""十三五"规划纲要相继把非化石能源比重增加、生态环境质量总体改善和碳减排作为经济社会发展目标,并首次提出绿色是永续发展的必要条件。党的十八大、十九大将生态文明建设放在更加突出的战略位置,提出推进能源生产与消费革命,加快能源产业转型升级,发展新能源成为加快能源结构调整,打赢防范化解重大风险、精准脱贫、污染防治三大攻坚战的中坚力量。

(二)完善政策框架和管理体系,指导新能源产业协调发展

逐步完善的法律法规体系、规划管理体系、行业政策体系,有效地保障和支持了中国可再生能源的发展,开创了风力发电、光伏发电装机规模位居全球首位、装备技术不断提升的局面,为推动能源转型升级奠定了坚实的基础。

不断完善支持可再生能源发展的法律法规体系。为鼓励和支持可再生能源发展,中国于 2006 年正式实施《可再生能源法》,2009 年又对《可再生能源法》进行了修订完善,构建了支持可再生能源发展的五项重要制度,即总量目标制度、强制上网制度、分类补贴制度、费用分摊制度和专项资金制度,对促进可再生能源发展的法律制度和政策措施做出了较为完备的规定。此后各项可再生能源政策法规相继出台,与《可再生能源法》相辅相

成，可再生能源领域的法律法规得到不断丰富和细化。中国新能源领域的法律法规体系从无到有，逐步完善。

形成系统性、全局性的规划管理体系。中国已经形成推进可再生能源发展的综合性和专业性、中期性和长期性、全局性和地区性相结合的分阶段、多层次的立体式规划体系。从《可再生能源发展"十一五"规划》到《可再生能源发展"十三五"规划》，从《可再生能源中长期发展规划》到《新能源产业振兴和发展规划》，不仅明确了中国可再生能源发展的总体目标，还就一些具体产业设定了中长期发展目标和任务，对于实现新能源与环境、经济的协调发展，有着举足轻重的作用。

建立多维度的行业管理体系。相继出台可再生能源项目开发、建设、并网、运行管理及信息监管等各关键环节的管理规定和技术要求，完善可再生能源技术标准体系，建立产业检测认证、产业信息监测和评价体系，形成了规范、公平的行业政策环境，保障可再生能源产业的持续健康发展。

陆续制定和完善了风力发电、太阳能发电、生物质发电等可再生能源上网电价政策，并根据技术进步和成本下降情况，适时调整上网电价；开展平价上网示范工作；结合行业发展需要先后两次调整可再生能源电价附加征收标准，扩大支持可再生能源发展的资金规模，完善资金征收和发放管理流程。

建立可再生能源开发利用目标引导和全额保障性收购机制、可再生能源电力绿色证书交易机制，探索可再生能源就近消纳试点，从技术、政策、市场、机制等方面协同发力，促进可再生能源优先发展和公平参与市场交易。

（三）全方位创新，推动新能源产业可持续发展

创新是可再生能源产业的源头活水，是产业持续发展的不竭动力，为可再生能源产业的发展提供了内生动力。从可再生能源的发展历程来看，中国可再生能源的发展离不开创新驱动。通过对关键技术的攻关和重点装备的研发，实施科技创新示范工程，中国可再生能源逐步从设备进口和技术引进过渡到自主研发、自主设计、自主建造、具有自主知识产权的国际先进技术，科技水平迈入世界电力强国行列。

规划引导，培育企业技术创新能力。通过制定相关鼓励政策，在经济和管理等方面提供有利条件。《可再生能源中长期发展规划》指出要积极推进可再生能源新技术的产业化发展，建立可再生能源技术创新体系，支持国内研究机构和企业在可再生能源核心技术方面提高创新能力，在引进国外先进技术基础上，加强消化吸收和再创造，尽快形成自主创新能力。《可再生能源发展"十一五"规划》提出，初步建立可再生能源技术创新体系，具备较强的研发能力和技术集成能力，形成自主创新、引进技术消化吸收再创新和参与国际联合技术攻关等多元化的技术创新方式，鼓励国内企业开展风电技术自主创新和引进再创新。《可再生能源发展"十二五"规划》提出全面提升可再生能源技术创新能力，建立国家、地方和企业共同构成的多层次可再生能源技术创新模式，形成具有自主知识产权的可再生能源产业创新体系。《可再生能源发展"十三五"规划》指出，推动可再生能源产业自主创新能力建设，促进技术进步，充分发挥企业的研发创新主体作用。

以问题为导向推进技术创新。通过创新驱动，引领产业技术进步，以问题为导向，以市场需求为着力点，推动可再生能源产业可持续发展。自"六五"开始，国家科技攻关计划、"863"计划、"973"计划安排了专项资金，支持风能、太阳能、生物质能、地热能和海洋能等可再生能源技术研究及产业化发展。通过"双加工程""乘风计划""中国光明工程""国债风电""送电到乡"和"特许权项目"等举措推进风电、光伏项目建设和装备国产化。大力支持国家财政专门设立可再生能源专项资金，支持开发利用相关的科学技术研究、标准制定和示范工程等项目，促进可再生能源开发利用设备的本地化生产。

建立优胜劣汰的市场环境，促进行业技术进步和产业升级。通过市场支持和试验示范，以点带面，加速新能源技术成果向市场应用转化和推广，推进新能源技术进步、成本下降、补贴减少，最终实现平价上网，有力地推动了全产业链提质增效，高质量发展，对缓解补贴压力，提高市场竞争力具有重要意义。

中国积极推进可再生能源新技术的产业化发展，建立可再生能源技术创新体系，支持研究机构和企业在可再生能源核心技术方面提高创新能力；在引进国外先进技术基础上，加强消化吸收和再创造，形成自主创新、引进技术消化吸收再创新和参与国际联合技术攻关等多元化的技术创新方式，具备了较强的研发能力和技术集成能力；建立国家、地方和企业共同构成的多层次可再生能源技术创新模式，形成了具有自主知识产权的可再生能源产业创新体系。

（四）合作共享，助力新能源产业国际化发展

中国注重对标国际可再生能源标准，接轨国际可再生能源先进技术，参与国际可再生能源市场竞争，形成具有国际竞争力的产业。相继建立了与世界各国政府、企业和科研机构之间的对话、协商和沟通机制，形成了首脑会谈确立战略框架，职能部门提供政策支持，地方政府、科研机构和企业具体落实的合作态势。制定《可再生能源与新能源国际科技合作计划》，促进发达国家先进技术向发展中国家转移以及发展中国家之间的技术转移，建立国际交流平台，支持中国先进、实用的能源技术走向国际市场。

新形势下，国际能源合作呈现新趋势，共建"一带一路"成为能源合作新亮点。通过"一带一路"绿色合作，向其他国家展示可持续的发展框架，分享经验，使其消除对传统高碳增长模式的依赖，追求更低排放、低污染的创新、高效的发展道路，推动全球低碳发展转型。通过与世界各国加强在新能源领域的技术交流与合作，主持或参与国际电工委员会（IEC）标准的编制，推动标准互认，共享先进技术与管理经验。中国传统能源产业升级和能源服务业的快速发展，也为技术领先国家提供更多的市场机会。通过深化全球供应链布局和专业化分工，加强可再生能源技术研发和商业模式方面的创新，降低可再生能源技术应用成本，扩大全球范围内相关技术和产品的市场空间，减少温室气体排放，促进经济繁荣和创造就业机会，实现全球经济的再平衡。

中国二氧化碳排放力争于2030年前达到碳达峰，努力争取2060年前实现碳中和，是中国政府统筹国内国际两个大局作出的重大战略决策，是着力解决资源环境约束突出问题、实现中华民族永续发展的必然选择，是构建人类命运共同体的庄严承诺。实现碳达峰、碳

中和，不可能毕其功于一役。中国将破立并举、稳扎稳打，在推进新能源可靠替代过程中逐步有序减少传统能源，确保经济社会平稳发展。展望未来，中国可再生能源要立足新发展阶段、贯彻新发展理念、构建新发展格局，坚定不移走生态优先、绿色低碳的高质量发展道路，加快推进"四个革命、一个合作"能源安全新战略，着力构建清洁低碳、安全高效的能源体系，为全面建设社会主义现代化国家提供坚实可靠的能源保障。中国可再生能源要制定更加积极的可再生能源发展目标，大力推动新时代可再生能源大规模、高比例、高质量、市场化发展，推动可再生能源从能源绿色低碳转型的生力军成长为碳达峰、碳中和的主力军，为构建清洁低碳、安全高效的能源体系提供坚强保障。

第一编

中国可再生能源发电的初期探索

（1949—1977）

1949 年，中华人民共和国成立，中国可再生能源的利用翻开了新的历史篇章。1949—1977 年是各项事业艰苦奋斗、积极探索的成长期，也是可再生能源进行早期探索的发展期。相较于传统的火力发电，可再生能源具有清洁环保、可循环利用的优点，在电力需求日渐增加的背景下，受到了越来越多的关注，相关的研究工作也逐步开展，并取得了一定的研究成果，为之后可再生能源发电的发展壮大提供了先决条件。中国对可再生能源发电的探索，主要集中在风力发电、太阳能发电、生物质能发电、海洋能发电以及地热能发电几个方面。

中国对风能的利用可谓历史悠久。直至中华人民共和国成立，在江苏省仍然存在着借助传统风车利用风能进行生产工作的现象。在中华人民共和国成立后的近 30 年中，中国各地研究机构先后尝试研制风电机组，其中的代表有浙江研制 18 千瓦并网型风电机组、青海省海西州水电局研制 FD1.5 型 30 瓦风电机组、中国农业机械研究院研制 FD4 型 1000 瓦、FD20 型 30 千瓦风电机组等，这些风电机组的研制奠定了风力发电的发展基础。

中国太阳能分布广泛且总量巨大。中华人民共和国成立后，将太阳能发电中的关键部分——半导体科学技术列入国家 1956 年制定的《1956—1967 年科学技术发展远景规划纲要》，并在之后成功拉制硅单晶，进而研发了多种太阳能电池。1975 年太阳能电池厂的建成与 1979 年中国太阳能学会的成立，标志着太阳能发电行业逐步向正规化迈进。

中国的生物质能与海洋能利用研究也有了一定的进展。生物质发电技术早期的探索主要针对气化发电形式，体现在沼气发电的研究；海洋能发电技术方面则主要体现在对潮汐能的利用，国家先后建立了江厦潮汐电站、白沙口潮汐电站与海山潮汐电站。

中国对地热资源的开发和利用做了大量细致的工作，中华人民共和国成立后，随着地质普查找矿工作的开展，地质部水文地质工程地质局等单位，开始对温泉及矿泉进行调查，1959 年，编制了中国第一幅《全国矿泉分布图》。20 世纪 70 年代，在已有温泉的周围地区和重要城市市区开展了多种地热勘查，陆续探明了一批可供开发的地热资源，保障了国家和地方开发利用地热资源的需要。据此，广东丰顺邓屋、河北怀来后郝窑等 7 座地热试验电站先后建成，为以后地热能应用积累了经验。

从中华人民共和国成立到改革开放前，中国在可再生能源发电领域不断进行探索，虽然没有形成特别大的规模，但是这段时间的研究与积累，对后来可再生能源发电行业的快速发展打下了基础；所取得的创新性成果，在以后可再生能源发展道路上发挥了重要的作用。

第一章

中国可再生能源发电的萌芽
（1949—1958）

中国可再生能源发电的萌芽最早能够追溯到 20 世纪早期，早在 20 世纪 20 年代就开始了对生物质发电的推广应用。1929 年，广东省汕头市国瑞瓦斯气灯公司成立，标志着早期中国沼气以商业化方式走向市场。

中华人民共和国成立后，党和政府更加重视科学技术的发展和可再生能源的开发、利用。为了满足改善人民生产生活条件、大力发展国家科技事业的需求，中国开展了对风能提水机、微型风力发电机组和太阳能电池的早期探索研究。

为了提高科学技术的发展水平，改变科学技术落后的局面，中国于 1956 年开始实施《1956—1967 年科学技术发展远景规划纲要》。这是中国第一个科学技术发展规划，是国家发展科学技术事业的一次成功管理实践，是中国发展科技事业的一项重大战略举措。该规划的成功实施使中国补全了学科门类并拉近了与世界先进科技水平的距离，对国家科技、国防、经济和社会发展产生了深远的影响，在中国科学技术发展史上具有里程碑意义。

半导体科学技术列入《1956—1967 年科学技术发展远景规划纲要》，中国科学院应用物理研究所半导体研究室在国家支持下，开展了太阳能光伏电池的研究。中国科学院应用物理研究所半导体研究室 1957 年成功拉制了中国第一根锗单晶，1958 年成功拉制了中国第一根硅单晶，为中国半导体事业的发展奠定了基础。

从 1958 年开始，中国试制了若干十千瓦级三叶片螺旋桨式、两叶片螺旋桨式微型风电机组，积累了风能开发利用的早期经验，从一定程度上解决了中国东南沿海和西北部偏远地区的电力供应问题。

中华人民共和国成立初期，中国开展了部分地区的地热勘查工作。1956 年地质部水文地质工程地质局成立了热矿泉水研究组，开始了北京市和河北省等地的资源研究工作。

虽然对于可再生能源发电的研究刚刚起步，还处于萌芽状态，但这一阶段中国在风力发电、生物质发电、太阳能发电方面前沿性的探索，对中国可再生能源的发展具有开创性的意义，奠定了中国可再生能源发展的基础。

第一节 生物质发电与风力发电的早期尝试

在现代工业时代开启之后，人类开始了利用生物质发电技术的探索。由于生物质燃料含水量高，影响了燃烧的稳定性并且伴随着大量的能量损失，而且在收集、储运过程中存在容易变质腐烂、自燃等问题，因此，生物质燃料在很长一段时期内难以作为优良的发电燃料来使用。为解决生物质热值低、能量分散且密度低、不利于收集运输的难题，世界各国进行了大量研究探索，相继发展出沼气发电、气化发电、直燃发电等不同的发电形式。以丹麦为首的发达农业大国，利用生物质资源广泛分布的特性，率先进行了生物质直燃技术的研究，并成功将该技术推广至全球范围。

中国的生物质发电技术虽然起步滞后于国外几十年的时间，但依然取得了突破性进展。20世纪20年代，以汕头市国瑞瓦斯气灯公司为代表，中国开始了利用沼气发电的应用及商业化探索，为后续生物质能发电奠定了一定的基础。

20世纪50年代，为了摆脱原始的劳动方式，改善生产生活条件，中国各地研制出多种小型利用风能提水和发电的装置，同时古老且具有中国特色的垂直轴风力机——"走马灯"式风车仍然在江苏、吉林等省使用。江苏省内运行着大量的风力提水机组，这些机组都是农民自制的竹木结构的布篷简易风车，主要用于提取海水制盐、农田灌溉。

在这一时期，中国开始了对利用风资源进行发电的技术研究，研制成功了以"58"型风电机组为代表的几种型号的微型风电机组并发出了电力。随着国家能源结构变化和技术进步，这一时期的风力发电机组虽然已退出了历史舞台，但此期间对风轮型式以及控制方式所做的大量理论探索和实践，对后来风力机械的研究起到了一定的参考作用。

一、汕头市国瑞瓦斯气灯公司

中国是发现沼气最早的国家之一，早在20世纪20年代就对其进行了推广利用。1921年，中国台湾新竹县人罗国瑞在广东潮梅地区建成了国瑞天然瓦斯库，供全家煮饭、照明之用，这是中国第一个具有实际使用价值的混凝土瓦斯库。

1929年，罗国瑞在广东汕头市新兴路42号开办了中国第一个沼气推广机构——汕头市国瑞瓦斯气灯公司，标志着早期中国沼气以商业化方式走向市场。1931年，该公司迁址上海并先后更名为"中华国瑞瓦斯总行""中华国瑞瓦斯全国总行"。1932年，中华国瑞瓦斯总行在上海各报刊登的广告就打出了"垃圾点灯，废物利用"的环保口号。经过几年发展，分行和用户发展到广东、福建、江苏、浙江、江西、安徽、湖南、湖北、山东、河南、陕西、云南等省，并建设了一批罗氏沼气池。国瑞瓦斯气灯公司的成立为沼气在中国的综合利用推广奠定了基础。1942年，因中国国瑞瓦斯总行所在地上海蓬莱国货市场抵制日货，遭日军纵火烧毁，总行随之停办，依附于总行的各分行也相继关闭，宣告中国沼气利用第一个高潮时期的终结。之后大部分沼气池均废弃，只有极少数罗氏沼气池依然存在。

19

1932 年，广东省揭阳市揭东县玉湖镇玉联村村民纪悦来家建了沼气池，直到 2000 年仍可产气使用。

二、微型风电机组发电

20 世纪 50 年代，中国东部和南部沿海各省（江苏、浙江、福建、山东等），以及新疆、内蒙古等地区煤、油、电供应紧张，而这些地区风力资源十分丰富，如何结合当地的实际情况来满足人民生产生活需求是十分迫切要解决的问题。

20 世纪 50 年代后期，中国开始了风力发电技术的研究工作。从 1957 年开始，江苏、吉林、辽宁、安徽、新疆等地安装了一些功率 1 千瓦以下、风轮直径 10 米左右的风力提水机和微型风电机组。

1958 年，中国第一台型号为"58"型风电机组在吉林省白城市问世。此机组为两叶片螺旋桨式，风轮直径 3 米，功率 0.67 马力（约 0.49 千瓦）。同年，江苏省水利厅设计院试制出六叶片布篷式、三叶片螺旋桨式、两叶片螺旋桨式风电机组，风轮直径 1.3～16.8 米，功率 120 瓦～20 千瓦。除此之外，吉林省白城专署水利处等单位成功研制 3－22 型三叶片螺旋桨式风电机组，风轮直径 22 米，功率 123 马力（90 千瓦）；中国农机研究院研制 FD－2.5 型两叶片螺旋桨式风电机组，风轮直径 2.5 米，功率 0.55 马力（400 瓦）。

虽然由于技术方面的问题以及其他原因，这些微型风电机组没有实现长期运行，但是它们的研制为后来中国风力机组的研发提供了宝贵的经验。

第二节　太阳能电池的试制

中华人民共和国成立伊始，科技发展迫在眉睫。1949 年 11 月，中国科学院（简称中科院）和其他科研机构相继成立，着力发展国家科技事业。为了更加系统地引导科学研究为国家建设服务，中央政府开始着手制定中国第一部中长期科技规划——《1956—1967 年科学技术发展远景规划纲要》。在周恩来总理的领导下，国务院成立了科学规划委员会，调集了几百名专家学者参加规划编制工作。1956 年 12 月 22 日，中共中央批准了《1956—1967 年科学技术发展远景规划纲要（修正草案）》，这标志着中华人民共和国成立后的第一个科学技术发展远景规划进入全面实施阶段，中国开始了大踏步追赶世界先进科学技术水平的历程。

一、半导体科学技术列入国家科技规划

太阳能拥有着巨大的发电潜力，成为国家的重点关注领域。半导体科学技术被列入了《1956—1967 年科学技术发展远景规划纲要》，中国开始了自主研制半导体材料的历程。在国家的支持下，中国科学院物理研究所半导体研究室成立。在此之后拉制成功了中国第一根锗单晶并研制出国内首块硅单晶。从成功研制第一片晶体硅光伏电池开始，中国的太阳能光伏产业开启了从无到有、从空间到地面、由军用到民用、由小到大、由单品种到多

品种以及光电转换效率由低到高的艰难而辉煌的发展历程。

1956 年，第一部科学技术发展规划《1956—1967 年科学技术发展远景规划纲要》开始实施，该规划从 13 个方面提出了 57 项重大科学任务、616 个中心问题，从中进一步综合提出了 12 个对科技发展更具关键意义的重点任务。

其中，半导体科学技术被列为国家新技术四大紧急措施之一，计划在 12 年内不仅可以制备和改进各种半导体器材，创造新型器件，并扩大它们的应用范围；而且在半导体的基本性质与新材料的研究上都展开系统的、广泛的工作。首先保证尽快地掌握各种已有广泛用途的半导体材料和器件的制备技术，同时进行与制备技术密切相关的研究工作，在此基础上逐步开展更基本进而更深入的研究，以扩大半导体技术的应用范围并创造新型器件。在开始阶段，解决锗的原材料和提纯问题，掌握和发展锗以及硅电子学器件的制造与应用技术是首要任务。力争在一两年内能掌握制造纯锗单晶体的方法以及明确实验室内制造几种放大器的工艺过程，二至三年后开始大量生产各种类型的锗的器件。其他如光电和热电器件、发光和磁性材料，以及铁电体等问题都应当首先掌握并改进已有的制备技术，然后逐步深入研究。从此，中国半导体技术发展有了明确的任务和目标，为太阳能电池的研制打下了技术基础。

二、中国的第一根硅单晶诞生

根据《1956—1967 年科学技术发展远景规划纲要》，国家对半导体事业的发展采取了集中力量重点突破的措施。从 1956 年开始，在以下两个方向上集中了精兵强将开展攻关。在教育方面，实施五校联合办学，在北京大学成立了半导体专业，抽调了来自北京大学、复旦大学、南京大学、厦门大学和吉林大学 5 个学校的学生集训；在研究方面，将研究人员集中在一起，成立了中科院应用物理研究所半导体研究室，进行半导体设备、半导体材料、半导体器件和半导体测试的科研攻关。

1957 年秋，半导体研究室成功拉制了中国第一根锗单晶；1957 年年底到 1958 年年初，研制成功了中国第一批锗合金结晶体管，掌握了锗单晶的掺杂技术，达到了器件生产的要求。1958 年，中国最早的生产晶体管的工厂——中国科学院 109 厂成立，从事锗高频晶体管的批量生产。同时，半导体研究室也在进行硅单晶的研制，解决了在拉制单晶硅过程中因坩埚底部温度过高而引起的"跳硅"等难题。1958 年 7 月，被视为半导体工业、半导体材料行业发展历史的开端之一。中国的第一根硅单晶诞生，并在 1958 年中国科学院举办的科研成果展览会上展出，使中国成为继美国和苏联之后世界上出现的又一个可以独立自主，自己拉制硅单晶的国家。

硅单晶的研制成功后，半导体研究室于 1959 年迅速转入硅晶体管和硅太阳能电池的试制。1961 年，中国第一台开门式硅单晶炉制造成功，并于 1962 年正式启动拉制工作，中国第一根无位错的硅单晶拉制成功。1962 年 10 月，经国际专家鉴定，这个砷化镓单晶的电子迁移率达到了当时国际最高水平。

中国成功拉制第一根硅单晶，为中国半导体建立完整的、具有独立自主核心技术的半导体工业体系，以及太阳能电池的研制奠定了坚实基础。

第二章

中国可再生能源发电的研发起步

（1959—1977）

　　20 世纪 70 年代初，第一次石油危机的出现引起了世界各国政府对寻找新能源替代产品的重视，中国也在这一时期开始对可再生能源发电的研发。

　　在风力发电方面，开始研制离网型风电机组，内蒙古成功研制了几种小型风力发电机组并投入小批量生产，为中国的风力发电工作积累了宝贵的经验。内蒙古自治区草原面积辽阔，牧民居住分散，交通不便，人口密度低，单点能耗小，无法靠拉电网解决牧民用电问题，严重制约了牧民生产和生活质量的提高及地区生产力的发展。因此，内蒙古是中国最早开展风力发电试点的地区，也是中国小型风力发电的发源地。

　　在太阳能利用方面，首次成功将太阳能电池应用于"实践一号"卫星❶上，开启了中国太阳能电池在外太空空间站的应用。之后，全国太阳能利用经验交流会的召开和中国太阳能学会的成立，让中国太阳能的发展有了更加专业科学的指导。

　　在生物质发电方面，一些小型沼气发电试验项目陆续建立。有别于化石能源存在资源枯竭的风险，生物质燃料的利用是可以循环再生的，这对于长久依赖煤炭、石油的国家来说，是一片尚未触及开发的"蓝海"，也为农林废弃物提供了良好的消纳途径，可以实现环保和经济的双赢。

　　在地热能利用方面，时任地质部部长李四光，积极倡导对中国地热能的勘查、开发和利用，掀起了中国地热能的第一次开发热潮。1970—1977 年，中国在广东丰顺、河北怀来、江西温汤、广西象州、湖南灰汤、山东招远、辽宁熊岳 7 个地方建设了小型地热发电试验电站。1970 年 12 月，中国第一个地热电站在广东省丰顺县邓屋建成；1971 年 10 月，河北省怀来县后郝窑地热试验电站采用中国第一台双工质循环机组投产运行。

　　除此之外，中国还陆续建立了江厦、白沙口和海山潮汐电站，填补了潮汐发电的空白。

　　这一阶段是中国多种可再生能源发电起步的阶段，虽然遇到了不少困难，但是积累了经验，也取得了一些成果，为可再生能源发电以后的发展探明了道路。

---

❶ "东方红一号"卫星是中国发射的第一颗卫星，"实践一号"卫星是用"东方红一号"备份装载着当年设计的太阳能电池供电系统成功发射的，是中国"实践"系列科学探测与技术试验卫星中的第一颗，同时也是中国发射的第二颗人造卫星。

第一节　现代风力发电机组试制

20 世纪 60 年代，基于西北边远地区及东南沿海海岛居民用电问题的实际需求，中国对离网型风力发电机组进行了持续性研究。60 年代至 70 年代，中央气象局气象科学研究院❶、中国农业机械化科学研究院、青海省海西州水利电力局❷、甘肃省酒泉地区科学技术委员会等单位先后在离网型风电机组研制方面进行了探索。同时，机械部组织有关科研单位深入探讨了中国牧区及沿海地区风力资源状况、科研重点及地区需求，并投入资金进行产品开发。根据需要研制的 30 瓦、50 瓦、100 瓦、1 千瓦、2 千瓦及 10 千瓦风力发电机组投入了小批量生产。

内蒙古研制风力发电装置，首先开始于群众自发的研制活动，然后当地政府开始组织，研制成功了几种离网型风力发电机组并投入应用。1976 年，内蒙古草原研究所成功研制 FD1.5 型 100 瓦风力发电机，成为自治区第一个定型并投入批量生产的机型，起到了一定的引领和示范作用。1978 年，内蒙古自治区成立了风能研究所，开展小型风力发电机的复合材料桨叶、变桨距风轮、低速直驱永磁电机以及整机结构型式的设计、研究与试验工作，发挥了内蒙古在发展风力发电过程中的先驱作用。东南沿海研制了离网型风力发电机组，并在海岛进行了应用。1972 年，浙江省研制出 FD13 型 18 千瓦风电机组样机，开创了中国风力发电长期并网运行的先河。浙江省还先后研制成功 13 种不同规格的风力发电机组，在省内各海岛进行试验。

在这一阶段，科研单位与生产企业密切沟通合作，从引进国外风力发电机组到自行设计，成功研制了几种小型风力发电机组，为中国的风力机械研制工作积累了丰富的经验。

一、离网型风电机组的研制

从 20 世纪 60 年代起，为了解决西北边远地区及东南沿海海岛居民用电问题，中国在早期微型风力发电机组研制的基础上，持续开展更稳定、可靠的风电技术探索。

1965 年，中国农业机械化科学研究院开始研制 FD20 型 30 千瓦风力发电机组，由黑龙江省水产船舶修造厂试制。该机型 1969 年在黑龙江省兴凯湖水产养殖场进行初步运行发电试验，后因故研究中断。1968 年，由中国农业机械化科学研究院设计、江苏省兴化县农机厂试制的 FD4 型 1000 瓦风力发电机组研发工作完成。

1975—1983 年，国家气象局气象科学研究院先后试制了 3 台 QFD3.6 型 1000 瓦风力发电机样机，应用于福建省九仙山气象站和山西省五台山气象站。该机在海拔 2900 米、低温、高湿和大风等气候条件下的五台山气象站连续运行 4000 多小时，经受了 3 次 40

---

❶ 1982 年 4 月 24 日，更名为国家气象局气象科学研究院，1991 年 6 月 25 日，更名为中国气象科学研究院。
❷ 1978 年，青海省海西州人民政府成立海西州水利电力局。1984 年，更名为州水利局。

米/秒以上高风速条件的考验，结构可靠，性能良好，达到了全天候运行。该机型 1983 年 8 月由国家气象局主持鉴定。

1980 年，甘肃省酒泉地区科学技术委员会承担的省重点科研项目 FD10 型 10 千瓦风力发电机组研制成功。甘肃省科学技术委员会邀请中国科学院电工研究所、内蒙古畜牧机械研究所、清华大学、合肥工业大学以及浙江、福建、黑龙江、内蒙古、新疆、青海等省（自治区）有关科研单位对样机进行了鉴定。该机组风轮直径为 10 米，采用三桨叶布置，风速范围在 4～22 米/秒，在额定转速 1500 转/分钟时，电机功率为 10 千瓦。该机组陆续生产了 10 台，应用在甘肃省安西县❶桥子牧场等地。

青海省海西州水利电力局研制了 FD1.5 型 30 瓦风力发电机组，该机型于 1982 年 7 月由青海省海西州科学技术委员会主持鉴定，并在 80 年代初期小批量生产使用，主要安装在青海德令哈、天俊等地。该机型为两叶片，风轮直接装在发电机轴上，利用蓄电池储能，结构简单。采用机头上偏转保护兼停机方式，尾翼起到调向作用。整体机组通过重力控制，风速过大时能够实现自动停机。

二、离网型风电机组投入小批量生产

1970 年，内蒙古锡林郭勒盟阿巴嘎旗查干诺尔公社下乡知识青年曾玉成自购材料进行风力发电试验，以木板做桨叶，用旧汽车直流发电机做电机，组装成了一台微型风力发电机，经试验发出了电。由于这台装置结构简单，木质桨叶强度较差，使用不久就损坏了，但作为内蒙古草原上出现的第一个风力发电装置，仍有其重要的历史意义。此后，在 1971 年至 1975 年期间，群众自发进行风电试验的活动蓬勃兴起。1971 年 10 月，镶黄旗宝格都勿拉公社哈拉淖尔大队利用 1 台报废的赤峰产 FGW-6 型 5 马力（3.68 千瓦）风力提水机和损坏的 3 千瓦发电机进行改装并开展风力发电试验。正镶白旗乌宁巴图公社音吐大队也是利用 1 台废弃的 FGW-6 型 5 马力（3.68 千瓦）风力提水机改制成风力发电机做试验。巴彦淖尔盟❷乌拉特中旗巴音牧场下乡知识青年武绍亮利用自行车钢圈等零件和木制桨叶做了 1 台 30 瓦的微型风力发电机组，在 1976 年 1 月获得成功，用于牧民家庭照明。阿巴嘎旗科技局研制了风轮直径 2 米、4 个桨叶的风电机组，输出功率 220 瓦，共造出 20 台机组。由于风轮及传动箱均为木制，体积很大，不坚固，安装使用后多被大风吹坏，不久即被淘汰。此外，东乌珠穆沁旗一工人也研制出了两台功率为 10 瓦的微型风电机组，锡林浩特第二中学师生试制了用机械发条储能的小风电机组，镶黄旗一林场干部设计研制了 1 台 300 瓦的小型风电机组，太仆寺旗贡宝力格公社蒙古族知识青年用木板、铁板、铁皮等制作的微型风电机组也发出了电，群众自发研制的风力发电装置，多是就地取材，技术尚不完善，抗大风能力差，性能效率很低，不久都自生自灭了。但它们是内蒙古地区风电行业发展闪烁的火花，启迪了人们对风力发电的思考。同时，也引起了有关部门对这一

---

❶ 2006 年更名为瓜州县。

❷ 2003 年 12 月 1 日改为巴彦淖尔市。

新生事物的关注和重视。

1972 年年初，内蒙古自治区革委会水利电力局在锡林郭勒盟了解到群众自发进行风力实验，认为这是解决牧区用电的新路子，指示局农电处给予 8 万元经费支持，并派技术人员到锡林郭勒盟阿巴嘎旗和镶黄旗地区，协助旗有关单位组织小型风力发电装置的研制试验。在阿巴嘎旗安装了一种 350 瓦硅整流小型风电机，风轮直径 1.5 米，3 桨叶，以 1:5 齿轮增速，配 180 安·时蓄电池。试制了 3 台，其中 1 台安装在旗科技局院内，另 2 台分别装在白音乌拉大队和白音吐嘎公社试用。镶黄旗研制了一种 350 瓦硅整流风电机组，风轮直径 2.2 米，两桨叶，以皮带轮增速（1:7），配 168 安·时铅酸蓄电池。该旗还研制了 1 台 550 瓦硅整流风力发电机，风轮直径 2.8 米，3 桨叶，改进之后的风电机组结构简化，质量减轻。内蒙古电管局农电处与镶黄旗农机所合作，从 1972 年开始，在哈拉淖大队试验的基础上，对设备进行改进。改进后风机运行平稳，正常风速时能达到设计出力，调速调压基本可行，但仍不能保持恒定，且无法蓄能，在无风或小风时不能工作，供电可靠性差，系统结构复杂，每台造价高达 9500 元，不便推广，于 1975 年终止试验。

1972 年，第一机械工业部（简称一机部）将风力发电的研究试验列为部管重点科研项目，以"风力发电装置研究"课题（编号：部 721260）下达给内蒙古农牧业机械化研究所，并联合一机部机械农机所、天津电气传动设计研究所、上海电器科学研究所和内蒙古电机变压器厂等单位，组成风力发电"三结合"（即领导干部、工人、技术人员三结合）研制小组，设计制造了 1 台 FD12-12 型水平轴风力发电机。该机采用齿轮变速箱升速，电气传动调速，尾车调向，塔架为钢架，高 13 米。1974 年，自治区引进了两台澳大利亚邓赖特公司生产的 BP 型 2 千瓦高速风力发电机，以内蒙古农牧业机械化研究所为主进行研究，参加的单位有商都农牧业机械厂、商都拖拉机电机厂、呼市二中整流元件厂。通过对原机做性能测试，对测绘图纸和局部进行改进，试制出样机 2 台，定为 FD4-2 型风力发电机，其中 1 台安装在苏尼特右旗桑宝力格公社白音乌拉大队做现场使用考核试验。该机型体积小、质量轻，结构简单，维修方便，采用无刷交流发电机硅整流电机输出不产生电磁干扰，自动调速结构灵活，运转平稳，振动较小。但设计风速偏高，电能输出效率较低，手动停车结构不完善，迎风调节性能欠佳。1977 年 1 月下旬，一机部委托内蒙古机械局对内蒙古农牧业机械化研究所等单位研制的 FD-4 型风力发电机主持召开了技术鉴定会，一机部、农林部、铁道部、国家气象局和内蒙古自治区有关单位参加。鉴定认为，样机经受了生产实践考核，其各项性能指标满足原设计和使用要求，同意基本定型，并同时进行小批量生产和多点试验。

1975 年以前研制的风力发电装置，基本上都是利用现成的材料设备改装而成的，结构缺陷难以避免，性能、效率较差，故都未能成为可以推广应用的定型产品。按照风力发电的空气动力条件和技术要求设计制造正规的风力发电机，开始于内蒙古农机研究所研制的 12 千瓦机组和内蒙古草原研究所研制的家用微型机。1975 年，内蒙古草原研究所（驻锡林浩特）根据农林部下达的任务，承担了以牧区蒙古包为服务对象的小型风力发电装置的研制任务，经深入牧区和工厂调查，广泛征求意见，于 5—7 月设计出 FG-1.3 型风力发电机，8—9月与商都农牧机械厂合作完成两台样机试制。该机组结构简单，质量轻，便于搬运和安装。其中1台样机安装在1户牧民的蒙古包旁做考核，运行正常，供电可靠，经受10级大风没有损坏。1976年，内蒙古草原研究所与清华大学电力工程系和商都农牧机械厂合作，对FG-1.3型风力发电机进行改进，研制出第二代FG-1.5型机，改进后的机组风轮直径增至1.5米，发电机为无刷励磁硅整流电机，采用制动结构限速和自动刹车，输出功率提升到100瓦，运行可靠性大为增强。之后经过多次改进，机组结构更趋合理，性能进一步改善，成为自治区第一个定型并投入批量生产的机型，型号定为FD1.5型100瓦。

1978年，内蒙古电管局按照水利电力部风力发电科研协调座谈会的要求，并由水利电力部科技司以（77）技电字第176号文下达并承担了研制风力发电机组的任务，确定首先试制1台由华东电力设计院设计的FD13型18千瓦发电机。在此之前，由浙江省各有关单位负责制造的第一台样机，于1972年7月9日建成发电，安装在绍兴县东升公社松丝大队的雄鹅峰上，运行正常。内蒙古试制第二台，需按内蒙古的风况和使用条件对原设计图纸局部修改，此项工作由华东电力设计院负责、内蒙古电管局配合进行。针对第一台样机的缺点，第二台样机加大了机座平台旋转盘直径，升高了尾翼，稳定性有明显改善；采用直升机退役的螺旋桨做风轮叶片，长度比原设计加长，风轮直径为16米，额定功率增至20千瓦。样机由乌彦淖尔盟水电局机械修配厂制造，1979年已加工出风机的机械部件和塔架，后因液压和电气部分尚未完成，该工作因故中断，直到1986年正式恢复。乌彦淖尔盟风力发电研究所负责将已加工的部件组装，补充了所缺的部件，配备了1台20千瓦同步发电机。为保证输出电压稳定，由东北电力学院协作设计了1套电气自动调压系统，该机组定名FD16-20Ⅰ型。1987年试制完成第二台样机，配以20千瓦异步发电机作并网运行使用，定为FD16-20Ⅱ型。这是自治区研制的两台单机容量最大的风力发电机，安装在该研究所集宁风机测试场进行性能测试和运行考核。

1980年，根据内蒙古科委安排的任务，由锡林郭勒盟风能利用研究所牵头，包头电机厂、南京航空学院、中国船舶总公司汾西机器厂协作，共同研制FD1.4型50瓦和FD2型100瓦两种微型风力发电机。两种机型都是采用玻璃钢桨叶2片，变桨距调速，尾翼板顺风；永磁三相硅整流发电机，以蓄电池储能。首批机组在牧区的使用考核与测试结果表明，其各项性能指标均达到或超过原设计要求，机组具有结构简单、质量轻、拆装维修方便、运行可靠等特点，适合无电地区农牧民家庭购买使用。1982年12月，由内蒙古科委主持，通过了对这两种机组的技术鉴定，随后投入了批量生产和推广应用。80年代以来，研制的风电机组有内蒙古自治区的风力发电装置，还有呼和浩特牧机研究所与内蒙古动力机厂的FD2型100瓦机组和FD2.5型200瓦机组，此外还有内蒙古动力机厂从法国引进的5千瓦风电机组、商都牧机厂从瑞典引进的WG2.4型750瓦机组等。

离网型风力发电机组的早期应用使内蒙古草原第一次有了电能带来的光明。除供牧民家庭照明、听收音机和放映电影之外，还用作电围栏的电源、载波电话机电源，风力发电的研发深受牧民群众的欢迎。

三、18 千瓦并网型风电机组的研制

1971 年年初，浙江省科委组织相关单位科技人员，进行了 18 千瓦风力发电机组的设计和研究工作。

1972 年 7 月 9 日，浙江省绍兴粮油机械加工厂试制了 1 台 FD13 型 18 千瓦风电机组样机。该样机由华东电力设计院、浙江省机械研究所❶、浙江省水电设计院等 7 家单位联合设计。它是利用退役的 115 型直升机旋翼截短作风轮叶片，装配成 1 台风轮直径为 13 米的水平轴风电机组，额定功率 18 千瓦，安装在浙江绍兴县东升人民公社大队所辖的雄鹅峰试运行，供附近农村用电。在断续运行近 300 小时后，这台机组因管理不善而停机。1976 年 11 月拆迁至舟山嵊泗县，加以改进完善后，于 1977 年 11 月安装在菜园镇，用作海水淡化装置的电源。1983 年 10 月，该机组改造增容至 22 千瓦，1984 年 5 月正式并网运行，一直运转到 1986 年 8 月，开创了中国风电机组长期并网运行的先河。

20 世纪 70 年代，浙江省还先后研制成功 13 种不同规格的风电机组，在省内各海岛进行试验，并选取其中一些较为成熟的风力发电机进行扩大试点。试点的风力发电机大致有三种型式：容量在 10 千瓦以下的小型风力发电机，配备蓄电池供海岛居民生活用电；容量在几十千瓦的中型风力发电机，与地方电网并网运行，作为补充电源；中型风力发电机，与容量相近的柴油机并列运行，并称为风/柴供电系统，用来节约发电燃料，为风力发电的利用进行了有益的尝试。

第二节　太阳能电池的研发和初始应用

20 世纪 50 年代到 60 年代末，中国开展了太阳能电池的早期研究。1956 年成立的中国科学院物理研究所半导体研究室先后成功研制了中国第一根锗单晶和第一根硅单晶。60 年代开始，中国太阳能电池进入了一个新的发展阶段。在此期间，中国科学院半导体研究所、天津电源研究所、上海长宁电池厂、西安交通大学等研制出了多种型号的太阳能电池，电池效率大幅提高。

1960 年 9 月 6 日，中国科学院半导体研究所在北京成立，开启了中国半导体科学技术的发展之路。1968—1969 年年底，该所成功完成了"实践一号"卫星用硅太阳能电池板的研制和生产任务。

70 年代，中国的光伏产业处于空间应用与地面应用初始阶段。1971 年 3 月，中国首次成功地将太阳能电池应用于发射的第二颗卫星——"实践一号"上，进入空间应用阶段，在 8 年的寿命期内，太阳能电池功率衰降不到 15%，"实践一号"卫星的长期电源系统、长期温控系统、长期遥测系统获得 1978 年全国科学大会成果奖。1975 年，全国第一次太

---

❶ 浙江省机电设计研究院前身。

阳能利用工作经验交流大会在河南安阳召开，推动了中国太阳能利用工作的发展。1975年，宁波、开封先后成立太阳电池厂，1979年开始用半导体工业的次品硅生产单晶硅太阳能电池，使太阳能电池成本明显下降，在海港浮标灯上应用，打开了地面应用的市场，太阳能电池的应用开始从空间降落到地面。1979年9月，中国太阳能学会在西安成立，成为中国太阳能研发机构之间，以及中国与国际太阳能组织之间的纽带与桥梁。

20世纪80年代以前中国的光伏产业尚处于雏形阶段，未形成真正的产业。在这个时期，太阳能电池的年产量一直在10千瓦以下且价格昂贵。由于受到价格和产量的限制，市场发展缓慢，除了作为卫星电源，在地面上太阳能电池仅用于小功率电源系统，如航标灯、铁路信号系统、高山气象站的仪器用电、电围栏等，功率一般在几瓦到几十瓦之间。这个时期的探索，为中国太阳能产业的发展打下了坚实的基础。

一、中国早期的多种太阳能电池研发

1958年，天津电源研究所❶、中国科学院物理研究所半导体研究室分别设立太阳能电池研究课题；1959年，中国科学院物理研究所半导体研究室研制成功第一片有实用价值的太阳能电池；1960年，天津电源研究所用酸洗冶金粉熔成多晶硅锭，制成太阳能电池雏形，效率为1%。

1958—1965年，中国科学院物理研究所半导体研究室研制出的PN结电池效率突飞猛进，10毫米×20毫米电池效率稳定在15%，达到国际水平。1968年中国科学院物理研究所半导体研究室承担了空间太阳能电池预先研究，1969年中国科学院物理研究所半导体研究室停止了硅太阳能电池的研发。

1971年，西安交通大学开始研究晶体硅太阳能电池。同年，云南师范大学成立太阳能研究所，成功研发绒面、双面化学镀镍电极的低成本电池。

1973年，天津电源研究所首次采用硅橡胶囊封构技术，为天津航道局研制十多只太阳能电池航标灯，每只功率1千瓦，在高盐雾环境成功运行数年。1973年，天津电源研究所、长春应用化学研究所等单位开展以聚酰亚胺膜为衬底的硫化镉薄膜电池研究，效率最高6%，但在潮湿环境下衰降的问题难以克服，几年后终止了研发。

20世纪70年代中期，上海长宁电池厂开始研究太阳能电池，经过十多年的发展，成为上海航天局811所，先后为中国"风云一号"气象卫星、"资源一号"卫星、"风云三号"卫星等低轨道卫星研制生产太阳能电池。天津电源研究所重点为"东方红二号""东方红三号""东方红四号"系列地球同步轨道卫星研制生产太阳能电池。

1975年，南开大学开始非晶硅薄膜太阳能电池研究。1975—1976年，西安交通大学为华山气象站研制两台气象站光伏电源。

---

❶ 现为中国电子科技集团公司第十八研究所。

二、太阳能电池的首次成功应用

"实践一号"卫星是中国"实践"系列科学探测与技术试验卫星中的第一颗，同时也是中国发射的第二颗人造卫星，该卫星电源使用的是中国科学院物理研究所半导体研究室研制的太阳能电池。

在 1965 年前后，中国科学院，以及其他有关研制单位对卫星新采用的一些关键技术和部件开展了预先研究工作，并先后解决了电源系统中太阳电池片和镉镍蓄电池的可靠组合等一系列技术问题，从而使"实践一号"卫星的研制程序简化，研制周期缩短，而且提高了可靠性。1967 年，中国科学院半导体研究所受国防科工委的委托，参与执行"651"科研任务。"651"是中国人造地球卫星工程的代号，中国科学院半导体研究所主要负责为"651"科研任务研制光伏电池，协助中国空间技术研究院发射卫星，此时太阳能发电对于发达国家而言都是前沿领域。1968 年 7 月至 11 月，中国科学院半导体研究所完成太阳能电池的批量生产，总投片数 5690 片，成品 3350 片，电池成品率为 62%。

"实践一号"卫星星体是直径 1 米的近球形 72 面体，上下半球梯形各安装了 14 块（28面）贴有耐长期高电粒子辐照的 N/P 型硅太阳能电池板，卫星主要载荷有两个：G-M 计数器和铍窗积分电离室。1968 年上半年设计卫星方案，1969 年年底"实践一号"卫星开始模装，1970 年 5 月确定最后的正样状态，随后各分系统又进行了大量试验。1971 年 1月 3 日起运前往酒泉发射试验场，1971 年 3 月 3 日由"长征一号"运载火箭从酒泉卫星发射基地发射升空。"实践一号"卫星进行了高空磁场、X 射线、宇宙射线和外热流等空间物理环境参数的测量，还进行了硅太阳能电池供电系统、主动式无源热控制系统等长寿命卫星技术的试验。

"实践一号"卫星的设计寿命为 1 年，实际在太空中工作了 8 年，在 8 年的寿命期内，太阳能电池功率衰降不到 15%，太阳能电池在"实践一号"卫星的应用，开启了中国太阳能电池在外太空空间站的应用。1978 年，"实践一号"卫星的长期电源系统、长期温控系统、长期遥测系统获得全国科学大会成果奖。

三、全国太阳能利用经验交流会召开

1973—1974 年第一次石油危机期间，石油价格飞涨，让全世界都感觉到石油等化石能源终有一天会枯竭，必须寻找替代的新能源。因此，许多国家尤其是工业发达国家，重新加强了对太阳能及其他可再生能源技术发展的支持，在世界上再次兴起了开发利用太阳能的热潮。1973 年，美国制定了政府级阳光发电计划，太阳能研究经费大幅度增长，并且成立太阳能开发银行，促进太阳能产品的商业化。日本也在 1974 年公布了政府制定的"阳光计划"，投入了大量人力、物力和财力。这股开发利用太阳能的热潮，对中国也产生了较大影响。1975 年，由中国科学院牵头，成立了全国太阳能协调组，将相关部门组织起来，一起规划研究太阳能，协调组办公室设在中国科学院科技办公室。太阳能协调组成立后就立即组织力量进行调研，积极筹备召开第一次全国太阳能利用经验交流会。

1975 年 7 月 15—25 日，国家计委和中国科学院在河南省安阳地区召开了全国太阳能利用经验交流会，参加会议的有全国各省、市、自治区、直辖市计划、科技部门的负责同志，各地区太阳能利用研究、试制和推广单位以及国务院有关部委和部队的同志，共三百余人。会上来自上海、北京、天津、江苏、甘肃等地区 15 个单位和部门介绍了开展太阳能利用的经验，并讨论形成了《全国太阳能科技发展十年规划（1975—1985 年）》上报国务院，通过国务院批转全国各地和部门。由于受到"文化大革命"的影响，《全国太阳能科技发展十年规划（1975—1985 年）》并未得到立即实施。

第一次全国太阳能利用经验交流大会进一步推动了中国太阳能事业的发展。会后，太阳能研究和推广工作纳入了中国政府计划，获得了专项经费和物资支持。一些大学和科研院所纷纷设立太阳能课题组和研究室，有的地方开始筹建太阳能研究所，积极研究太阳能热水器、太阳能干燥器、太阳能制冰机、太阳能蒸馏器、太阳灶等技术和产品，并进行推广，进一步推动了中国太阳能事业的发展。同时，中国积极建立与国际社会的联系，参加国际交流活动，宣传太阳能利用的成果。

四、中国最早的光伏企业

1975 年，开封、宁波先后成立太阳能电池厂，这是中国最早的光伏企业。太阳能电池制造工艺模仿早期空间电池的生产工艺，太阳能电池的应用开始从空间降落到地面。当时，国际上已经把新能源放在非常重要的位置，而中国的新能源事业还处于起步阶段。

开封太阳能电池厂是中国第一个专业化硅太阳能电池生产厂，是中国太阳能电池技术开发中心成员单位和骨干企业。开封太阳能电池厂的前身为 1964 年建厂的街道生产小组，1970 年从事硅材料生产，1975 年开始研制和生产单晶硅太阳能电池。20 世纪 80 年代引进了国内第一条太阳能电池生产线。

宁波太阳能电源厂的前身为宁波硅材料厂，始建于 1966 年，1978 年改名为宁波太阳能电源有限公司。主要生产太阳能电池、太阳能组件，以及各种规格控制器和逆变器，年生产能力达 250 兆瓦，开启了中国光伏产业的大门。作为中国第一家光伏企业，宁波太阳能电源厂迅速占据了中国太阳能光伏组件产品 80%的市场份额。

五、中国太阳能学会成立

1979 年 1 月 20 日，国家科委新能源专业组筹备组在北京成立。2 月上旬，应联合国邀请，国家科委派代表赴日本东京出席国际太阳能会议。会上，中国与国际太阳能学会建立了联系。同年 5 月，中国科技代表团访问美国，参观了美国的新能源科研机构和产业，并出席了在亚特兰大召开的国际太阳能年会。这次访问美国，为筹建中国太阳能学会和加入国际太阳能学会奠定了基础。8 月，北京市计委、市革委会财贸办公室、市科委共同决定成立北京市太阳能研究所（简称北太所），10 月北太所成立，龚堡担任所长。

1979 年 8 月 31 日至 9 月 6 日，经国务院批准，由国家科委、国家经委联合在西安召开了中国太阳能学会成立暨全国第二次太阳能利用经验交流会，大会选举产生了第一届理事会，推选王补宣❶为首届理事长。中国太阳能学会隶属中国科学技术协会，是在民政部登记注册的全国性学术团体，于 1980 年 7 月加入国际太阳能学会，1981 年，国际太阳能学会（ISES）设立中国分会。

中国太阳能学会为普及可再生能源知识，提高科技工作者的学术水平，充分发挥了群体的力量，为中国可再生能源事业的发展做好参谋、当好助手，成为联系科技人员的桥梁和纽带；同时，学会开展了一系列具有开拓性、创新性的活动，开创了多个第一。中国太阳能学会举办了全国第一个太阳能科普知识宣讲团、第一次全国太阳能学术交流活动、第一个培训太阳能科技人员的太阳能热利用理论班，还创办了中国第一本太阳能学术刊物《太阳能学报》和第一本太阳能科普期刊《太阳能》杂志，起草了中国第一个太阳能热利用的技术标准《平板型太阳能集热器试验标准》。1983 年 6 月，中国太阳能学会应西藏自治区政府邀请，组织专家在西藏拉萨、日喀则、那曲、山南等地进行了一个多月的太阳能咨询、考察技术服务工作，咨询团在当地举办了多次科普报告会、技术培训班、技术交流等活动，为西藏太阳能利用奠定了基础。

伴随太阳能、风能、生物质能等可再生能源快速发展以及《可再生能源法》的研究、制定和颁布实施，2005 年 12 月，由中国太阳能学会提出，经中国科协、民政部批准，中国太阳能学会更名为中国可再生能源学会。

第三节　生物质发电技术的开端

20 世纪末，随着生物质能源产业的发展，生物质作为一个专业概念被提出，并开始得到系统的产业化开发。70 年代末，随着各国对生物质发电技术的重视，以高效直燃为主，沼气发电、气化发电为辅的生物质发电体系逐步形成。丹麦率先研发的农林生物质高效直燃技术被联合国列为重点推广项目。1981 年，日本利用北九州市日明下水处理场安装的燃烧沼气式发动机和一台 200 千瓦的发电机进行发电试验，借此测算沼气发电的效率和经济性。90 年代以来，德国在间歇式干法沼气发酵技术的研发上又取得了新的进展。德国颁布实施《可再生能源优先法》以来，沼气发电的工程数量迅速增加。1992 年德国沼气发电工程的总数就达到了 139 家。

中国早在 20 世纪 50 年代就开始了小型生物质气化发电技术的研究，尝试开发了以 60 千瓦稻壳气化发电系统为代表的几个示范项目。但是受到技术、价格等多方面因素的影响，都没有形成产业化发展。60 年代到 70 年代，中国掀起了兴建农村小型沼气池的热潮，全国共建成 600 多万口沼气池，并陆续在北京市、广东省佛山市、浙江省绍兴市进行了沼气发电试验项目的探索，为中国生物质发电规模化开发打下了基础。

---

❶ 王补宣（1922.2—2019.8），中国著名的热工教育家，工程热物理学科的开拓者和传热学学科带头人，清华大学教授。1979 年创建中国太阳能学会，并连任两届理事长（1979—1987），1980 年当选为中国科学院院士（学部委员）。

一、中国小型生物质气化发电的起步

20 世纪 70 年代，世界能源危机迫使各国寻找替代性能源，沼气发电技术在这个时期应运而生。随着化石燃料资源的日渐萎缩和交易市场需求的膨胀，人类对于沼气利用及发电技术的探索也在不断深入。

中国在能源困难的 20 世纪 50 年代，也曾使用这种方法驱动汽车和农村排灌设备。从 20 世纪 60 年代起开始小型生物质气化发电技术的研究开发，代表产品是 60 千瓦稻壳气化发电系统。但由于系统热效率低下且气化气净化带来的含焦废水二次污染问题，气化发电技术一度被放弃。迫于能源与环保压力，1987 年气化发电重新提上议程，并列入科技部"七五"重点攻关项目。1992 年，中国林科院林产化工研究所的成果"林区生物质气化集中供气试点"的研究获农业部科技司验收通过。该成果利用林区丰富的常被视为废料的采伐剩余物、木片等，制成木煤气，经净化后用管道输送至各居民用户，作为生活炊事热源。如今仍有不少 160 千瓦和 200 千瓦级的气化发电机组正在运行，如辽宁省能源研究所于 2006 年 6 月在意大利建成的流化床生物质气化发电系统，原料采用木屑或稻壳，机组容量 160 千瓦。1998 年 10 月，中科院广州能源所完成国内首台兆瓦级气化发电试验机组，该机组采用 1 兆瓦级的生物质循环流化床气化——内燃机发电系统。

虽然时有生物质气化发电示范项目落地，但受焦油处理和燃气轮机改造技术等多方原因掣肘，气化发电成本依然高昂，制约了生物质气化发电的发展，也成为后期技术突破的主攻方向。

二、沼气发电试验项目的建设

中华人民共和国成立后，政府多次组织推广沼气利用技术。20 世纪 60 年代末到 70 年代，中国出现了兴建沼气池的热潮，全国共建成 600 多万口沼气池，多为农村小型家用沼气池。1979 年，国务院成立全国沼气建设领导小组，组织进行沼气利用技术的研究推广。

利用燃烧沼气为动力，直接驱动发动机和发电机以代替石油的研究历史在中国起步也很早。1958 年，在广东番禺建成了当时最大的农业沼气工程——番禺市桥沼气发电站，装机容量 44 千瓦。同年，北京电力设计院在北京六铺炕建立了一个沼气发电站试验田，沼气发酵池的容积为 100 米^3，所产生的沼气可供 5 千瓦煤气机发电。同期，上海市西郊区建成了"五一"天然沼气发电站。1974 年 3 月，广东省佛山市环境卫生管理处的职工将原有的军桥集粪场改建成一座装机容量 40 千瓦的小型试验电站，进行了产气、贮气和发电的反复试验，为大型沼气池的建设、管理及沼气发电技术成熟积累了经验。

1977 年 9 月，浙江省绍兴市新昌县中采公社在实现大队沼气化的基础上，自力更生，土法上马动工新建两个 20 米^{3}沼气池，用原有 175 柴油机带动了 3 千瓦异步发电机，实用 25 瓦灯泡 67 只，100 瓦灯泡 5 只，输出实际功率 2.2 千瓦。从 1977 年 11 月 18 日沼气发电以来，运行正常，满足了全大队社员照明的要求。

第四节　低温地热资源发电的试验探索

1904 年，意大利的拉德瑞罗用地热驱动一台 0.75 马力（552 瓦）的小发电机，供 5 个 100 瓦的电灯照明，1913 年，世界上第一座 250 千瓦地热电站在意大利拉德瑞罗投入商业化运行。随后，美国、新西兰、日本、澳大利亚和墨西哥等国也相继建立了地热发电站。1970 年，中国广东省丰顺县邓屋地热实验电站成功发电，使中国成为世界上第八个拥有地热发电的国家。

在 20 世纪 50 年代，中国开展了温泉资源调查和重点地区地热资源勘查。在北京市城区发现了地热田，并开展了地下水井的测温和地球物理勘查等研究工作；在天津市开展了"地热会战"，发现了王兰庄和万家码头两个地热异常区，进行了重力勘测和地温测量等研究工作；在其他省份（自治区、直辖市）也陆续探明了一些地热资源。先后编制了《中国温泉辑要》《北京市昌平县小汤山矿泉水文地质勘测报告》以及《全国矿泉分布图》，为后续的地热发电试验探索提供了依据。

在资源勘测与分析的基础上，中国开始了地热发电站的建设。除广东省丰顺县邓屋地热试验电站并网发电以外，1970—1977 年，还在河北怀来、江西温汤、广西象州、湖南灰汤、山东招远、辽宁熊岳建设了地热发电试验电站。这些地热发电试验机组基本采用旧汽轮机改造发电，地热流体温度均在 100℃以下，机组容量在 50～300 千瓦之间，其中，在江西温汤镇建成了世界最低温度（水温 67℃）的 50 千瓦地热发电试验机组。地热试验电站有的采用单级闪蒸发电，有的采用双工质循环发电。在此期间，有关科研单位对这两种地热发电方式进行了试验探索研究。这些小型地热电站的运行实践进一步证明，67℃以上的地热水均可以发电。除了湖南灰汤和广东丰顺分别在 1993 年和 2016 年因设备老化而停运外，其余电站均在 70 年代末因为没有经济效益等原因而停运。这些项目和工作，为中国以后地热能源的开发利用进行了宝贵的经验积累和技术积累。

一、中国温泉分布图的编制

1952 年 8 月，地质部成立，地热和水文地质工作归地质部水文地质工程地质局主管。1956 年，地质部水文地质工程地质局成立热矿水研究组，开展了大量的地热勘查工作，主要是勘查出埋藏浅、水温高的地下水，用于发电、供热取暖、农业生产、医疗和提取工业原料等。

温泉是地热资源的直接显示。中国是温泉广布和利用温泉历史悠久的国家，中国地质和地热工作者曾多次编制了小比例尺的中国矿泉或温泉分布图。

1956 年由章鸿钊编写的[1]《中国温泉辑要》出版，书中搜集整理涉及中国当时 26 个

---

[1] 章鸿钊（1877.3—1951.9），字演群，中国近代地质学奠基人之一，杰出的地质学家、地质教育家、地质科学史专家，参与筹建中国地质学会，并任首届会长。

省（自治区、直辖市）的温泉点共 972 处，其中温泉温度高于 50℃的有 229 处。为了建立和扩建温泉疗养院，1956 年开始对温泉进行了调查，选定全国 15 个温泉疗养院地址，包括北京小汤山、辽宁汤岗子、广东从化等地，由地质部组织水文地质专业队伍进行热矿水勘查评价。地质部水文地质工程地质局 901 队对北京市小汤山温泉地区进行热矿水勘查，进行了地质、水文地质调查、水化学采样分析，投入勘探孔 26 眼，总进尺 4281.33 米，最深的钻孔深 534 米，全部工作在当时的苏联专家指导下进行，于 1958 年编制完成了《北京市昌平县小汤山矿泉水文地质勘测报告》。1957 年，地质部水文地质工程地质局 904 队（山东省地质局 801 水文地质工程地质大队前身）对山东省即墨温泉镇、临沂汤头、威海市等地开展了温泉勘查工作。随后几年，福建省、浙江省、河南省、广东省等地质局开展了温泉医疗热矿水调查。1959 年，地质部水文地质工程地质局首次编制完成了《全国矿泉分布图》。20 世纪 60 年代以后，对中国矿泉分布图多次进行修改补充。1985 年，中国首次向国际能研讨会提交的国家报告中公布的温泉数量为 2412 处。1993 年出版了《中国温泉资源（1:600 万中国温泉分布图说明书）》，展示了中国温泉资源潜力及其开发利用前景。

《中国温泉资源（1:600 万中国温泉分布图说明书）》的编制，全面了解了中国各省区温泉分布情况，划分出中国最主要地热资源远景开发区域，为中国地热能开发和利用提供了依据，保障了国家和地方开发利用地热资源的需要。

二、广东省丰顺县邓屋地热试验发电站

广东省是缺煤的省份之一，但是广东地热资源蕴藏丰富，当时已知热泉 234 处，其中温度大于 80℃有 11 处，因而积极开发地热，利用地下热水是解决能源短缺的一个好办法。丰顺县是广东省地热资源较丰富的县份之一，露头温泉多处可见，县城汤坑就因有温泉汤湖而得名。1968 年，广东省地质局综合大队开始组织对邓屋地下热水进行普查和地热勘查钻探，完成了 60 眼钻孔，钻探总进尺 7885 米，确定了丰顺地热发电项目。

1970 年广东省成立地热会战小组，由当时的广东省电力公司、广东省科技服务站、地质部地质科学研究所、一机部电器科学研究所、广东省水文站等十多个单位的专家、学者和科技人员组成，于 1970 年下半年开始在丰顺县邓屋热田筹建地热试验电站。国家地质部划拨了 10 万元筹建资金。地热会战小组在反复试验的基础上，从勘查、设计到机组发电，仅用 4 个月时间，完成机组建设。1970 年 12 月 12 日，广东省丰顺县邓屋地热试验电站 1 号机组并网发电。试验电站获 1978 年全国科学大会奖和 1979 年广东省科学成果奖。

1 号机组采用单级闪蒸发电系统，该系统是将地热井开采出来的地热湿蒸汽送入分离器进行汽水分离，分离后的蒸汽进入汽轮发电机做功发电。20 世纪 50 年代，新西兰首次利用地热湿蒸汽闪蒸发电系统，这种发电系统一般利用 150℃以上的地热热水较为经济。

湿蒸汽地热资源分布较广，并很快在世界各地得到了推广应用。由于一级闪蒸蒸汽发电系统效率较低，之后发展了多级闪蒸（一般为二级）获得蒸汽进行发电来提高热效率，但是，由于广东丰顺地热水温度太低，再多的闪蒸级数也不能提高热效率。机组设计出力为 86 千瓦，地热水温为 91℃，实际最高出力为 72 千瓦，厂用电率高达 56%，机组热效率很低。北京大学地质地理系在 1973 年《勘察技术资料》期刊上发表的文章做了如下总结："丰顺县电网容量约为 1300 千瓦，以水电为主，每逢冬春旱季电力很紧张，甚至县城照明也难供应，这时不得不烧木炭、柴油以应急需。但在 1971—1972 年冬春时节，刚刚投产不久的广东丰顺地热电站以 30 千瓦左右净出力向电网送电，担负起了县城照明、广播等用电，同时电站循环冷却排水与发电后地热废水混合后约 320 吨/小时的排水用于当地农田灌溉。由于水温高，有肥效，可以不施或少施化肥，促稻谷早熟多产。电站消耗的厂用电实际上完成了扬水站的功用。"

为了进一步提高热能利用率和扩大电站机组装机容量，1972 年 5 月，由广东省科技局地热研究室、华南工学院等单位提出采用双工质循环发电技术的设计方案。广东省水电局和省科委拨款 40 万元，开始建设 2 号机组。1978 年 12 月，200 千瓦双工质循环试验机组建成投运，机组采用异丁烷作为中间介质。投运后，夏季高温时机组出力下降较大，厂用电率高达 45%～53%，机组热效率没有达到预想的效果，实际机组净出力只有 100 千瓦左右，经济性较差。另外，中间介质来源和运输较为困难，加之又是易燃易爆化学品，存在生产运行和安全问题。

1982 年 12 月，在广东省科委和电力局的支持下，由中国科学院广州能源研究所负责再建一台 300 千瓦的地热发电机组（3 号机组）。该机组重新采用单级闪蒸发电系统，地热水生产井井深 800.81 米，用深井泵抽水，地热水井口的温度为 91℃，流量 230 吨/小时，采用冷凝器和闪蒸器高位布置的方式，省去了排水泵和冷凝泵，减少了厂用电，厂用电率约为 38%。由于地热流体矿化度低，仅在闪蒸器底部有结垢，每年结垢厚度小于 1 厘米，采用定期人工方式进行除垢处理。1984 年 4 月，3 号机组正式并网运行。

1 号和 2 号机组投产运行不久就停运，3 号机组运行时间最长，直到 2016 年才停运。1984—2003 年，3 号机组运行小时数达 154 692 小时，年平均利用率达 88.2%，年运行小时数大部分在 7300 小时以上，有几年超过 8000 小时。每年发电毛收入约 113 万元。同时，广东省丰顺县邓屋地热试验电站充分利用地热发电后的排放尾水，用于温泉酒店、农灌育秧、烘干催芽、热水养殖和热水漂染等地热直接利用项目，每年可产生约 840 万元毛利，经济环境效益十分显著。3 号机组的长期稳定运行表明，采用单级闪蒸地热发电系统，结构简单，运行可靠性较高，但由于地热水温度较低，用于纯发电经济性较差。因此，对中低温地热资源，采用地热发电后的尾水进行梯级利用方式，运行成本将大大降低。广东丰顺邓屋地热试验电站也是中国第一个地热能梯级利用的成功案例。

广东省丰顺县邓屋地热试验电站成功发电，开启了中国地热发电事业的序幕，弥补了中国地热发电的空白，也使中国成为世界上第八个拥有地热发电的国家。

三、中国第一台双工质循环地热发电试验机组投运

河北省有不少温泉出露地区，如怀来、阳源、赤城、承德、邢台等。1971年年初，由计委地质局、水利电力部、燃化部、卫生部等所属单位及北京大学组成怀来地区地热调查研究组，并展开了全面工作。在地热勘探方面，做了重力、电法、人工地震、磁法等物探工作，进行了地质普查、地质构造、地热水水文观测及地热水化学等工作。经探测，怀来县后郝窑的温泉水温度较高，具有较大的开发潜力。

1971年2月，在国务院科教组领导下，根据水利电力部（71）水电研字第3号文规定，选取怀来县后郝窑村附近建设一座200千瓦的地热试验电站。电站建设项目由北京大学地质地理系地质部地质科学研究院地质力学研究所、西安热工研究所[1]参加，下花园电厂负责施工和安装调试。

20世纪60年代末，双工质循环发电系统首先在苏联帕拉唐卡（Paratunka）得到应用，并建成世界上第一套500千瓦的双工质循环发电站。河北怀来地热发电系统采用双工质循环发电系统，亦称有机工质朗肯循环系统（ORC）。双工质循环发电系统是将地热水的热量传递给低沸点工质进而产生高压气体，高压气体进入汽轮机做功发电。由于这种发电系统适合用于中低温地热发电，理论上地热能源热利用率要比闪蒸发电系统高，而且中低温地热资源分布更广，推广应用非常方便，因此，这一发电系统的试验研究意义重大。

河北怀来地热发电项目利用河北省涞源县的一台停产的700千瓦低压蒸汽轮机。根据北京大学提供的设计热水温度为85℃、热水流量约为185吨/小时，选用氯乙烷为循环工质，计算最佳进气参数，汽轮机的转速由原来6500转/分钟改为1500转/分钟，通过设计计算，对汽轮机的通流部分进行改造，大幅度改变通流部分面积，改造后地热汽轮机的铭牌出力为200千瓦。

1971年10月1日，中国第一台200千瓦双工质循环机组在河北省怀来县后郝窑地热试验电站发电成功。机组运行实际热水温度78℃，流量120吨/小时，实际出力116千瓦。1972年11月，地热电站进行了热力系统的改进。热水温度78℃，热水流量180～200吨/小时，电站出力达到200千瓦，厂用电率36.3%。同时，怀来地热试验电站利用发电后的尾水做了育秧种稻的试验，修建了地热水温室，种植蔬菜，以及修建温泉疗养院，地热资源的综合利用效益显著。

河北怀来双工质循环地热发电装置试验成功，证明利用温度100℃以下地下热水采用双工质循环地热发电系统在技术上是可行的，但由于当时发电设备性能较差和机组厂用电率偏高，经济性比预计的要差很多，还有低沸点工质具有一定的毒性和易燃易爆性，这些技术难题都需要进一步研究。

---

[1] 1965年设立西安热工研究所（1965—1977年），后隶属关系和名称多次变更，2003年，随着国家电力体制改革和企业重组，更名为西安热工研究院有限公司。

第五节　潮汐能的开发利用

海洋中蕴藏着巨大的能源，海洋能主要有潮汐能、潮流能、波浪能、温差能和盐差能五种主要的型式。对于海洋能发电技术研究国外已有 100 多年的历史，中华人民共和国成立到改革开放以前，中国的海洋能开发利用主要是以潮汐能为主。1958 年，中国沿海各省掀起了一股开发潮汐能、利用潮汐能发电的热潮，开展了第一次潮汐能资源的调查工作。据 1958 年 10 月召开的中国第一次潮汐发电会议统计，当时全国共建成小型潮汐电站 41 座，在建的还有 88 座。这些潮汐电站最大的为 144 千瓦，最小的仅 5 千瓦。1961 年，因遭遇自然灾害，国民经济进入调整期，科研规划实施进程推迟，潮汐电站建设项目也趋于停顿。但在短短几个月时间里，全国范围内从广东到山东沿海还是建成了 40 余座小型潮汐电站。由于装机规模很小，机电设备简陋，此阶段建成的潮汐电站仅有浙江省温岭县的沙山电站和福建省长乐县的筹东电站长期运行发电。

1970 年前后，中国沿海第二次出现兴建潮汐电站的热潮，这批潮汐电站的规模比前一批大，多数为 100～200 千瓦。其中规模较大、设计施工较规范、由国家投资建设的两座电站，分别是浙江省江厦潮汐电站和山东省白沙口潮汐电站。白沙口潮汐电站早在 1958 年就被纳入建设规划，1970 年 10 月获批建设，1978 年 8 月正式并网运行。江厦潮汐电站的建设在 1969 年提出，1972 年 3 月立项，同年 12 月动工，1979 年年底完成主体工程建设，1980 年 5 月至 1985 年 12 月，5 台机组先后并网，装机总容量 3200 千瓦。此阶段长期运行的电站除江厦和白沙口外，还有浙江的海山、岳浦，江苏的浏河，广西的果子山潮汐电站等。其中，1975 年 10 月建成投产的海山潮汐电站至今仍在运行。

中国早期开发建设的小型潮汐能电站，虽然大部分都没有达到预想的效果，没有发挥出应有的作用，但是此阶段开展了若干探索性的试验，为将来大规模开发利用海洋能打下了基础。

一、白沙口潮汐电站

1958 年，山东省水利厅就组织有关单位对沿海一些港湾进行查勘，编制了胶州湾潮汐电站规划报告、山东省潮汐电站规划报告，并帮助荣成县蚧口渔业社建成装机为 10 千瓦的山东第一座小型潮汐电站，但由于工程质量不高，不久即被冲毁。同年 10 月，山东省水利厅组成由省内外 12 个单位参加的查勘组，重点查勘五龙河口、乳山口、胶州湾、成山头以及荣成、文登等县的部分海湾，提出对各港湾进行开发的意见和建议，现乳山市海阳所镇金港海湾和白沙口湾，被圈定为修建中国第一批，也是亚洲第一批潮汐发电站的建设地点。

查勘之后，经中共山东省委同意，确定以乳山口为山东省潮汐发电试点，并委托南京水科所和北京勘测设计院分别承担电站的试验研究及规划设计，山东省水利厅也派员参加。同年年底，山东省水利厅组织力量对乳山口的潮位、潮流等进行了综合性水文同步测验。1959 年，以北京勘测设计院为主提出乳山口潮汐电站东西双库（即高库、低库）单向全日发电的初步方案，设计中采用蓄能水库的办法，以维持全日连续发电和出力均匀。

20 世纪 70 年代，中国掀起了建设潮汐发电站的高潮，位于乳山口内白沙口湾的白沙口潮汐电站就是在这一大背景下动工兴建的。山东省水利勘测设计院、青岛海洋研究所、山东省水利学校、烟台市水利局、乳山县水利局组成联合设计组进行电站设计，还聘请了天津电气传动研究所帮助设计水轮机。1970 年 10 月，白沙口潮汐发电站建设方案获批准，确定由国家投资、水利部门建设。1971 年 2 月，电站的拦海大坝建成。1973 年 12 月，电站厂房完成建设。1978 年 7 月，1 号机组和 2 号机组安装完毕，8 月 1 日正式发电，并入烟台地区电网运行。1983 年 4 月 18 日，水利电力部二局（北京）修造厂制造的 3 号机组和 4 号机组投入运行。

1984 年以后，白沙口潮汐电站在当时的水利电力部、国家经委、解放军总参测绘局等单位的资助及大力支持下，以电养电，多种经营，先后办起了 6 个场（厂），包括虾养殖场、扇贝养殖场、贝类增殖研究所、渔轮修造厂、宾馆、冷藏厂。

1986 年白沙口潮汐电站收入达 48 万元，1987 年纯利润达 90 万元。此外，还设立了外海捕捞的船队、站内运输的车队及风能观测站、潮汐观测站，兼进行泥沙淤积对策等科研项目的研究工作。当时国家科委海洋专业组把这里作为中国北方低潮差潮汐能开发重点科研项目的研究地点。

1987 年 5 月，由杭州发电设备厂改型加工的 5 号机组和 6 号机组也安装完毕。1987 年 9 月，5 号机组和 6 号机组并网发电。至此，白沙口潮汐电站历时 17 年终于全部建成，总装机容量 960 千瓦。至机组安装全部完成时，白沙口潮汐发电站共投资 425 万元。但由于泥沙淤积导致库容萎缩、水轮机腐蚀严重。1990 年，5 号机组和 6 号机组停运。

白沙口潮汐电站采用单库单向落潮发电，平均潮差仅 2.48 米，在中国潮差较小的地区建成发电，年发电量约为 200 万千瓦·时。该站一个突出的特点是库区综合利用多种经营，在电站统一管理下在库区开展多种水产养殖获得了很好的收益。

白沙口潮汐电站属于靠近外海的海湾型电站，具有湾口小和工程量少等优点，也同时具有泻湖的地形地貌，也有稳定性差、外海波浪作用强烈、泥沙运动活跃等缺点。由于电站进水口和尾水渠面向开阔海域，海底和沿岸泥沙在波浪作用下，向岸边和沿岸迁移，致使泥沙堆积，形成沙丘，涨潮时影响进水，落潮时因尾水位抬高降低了发电水头，严重影响出力。同时水库上游有白沙河径流挟带泥沙注入，建站后 10 多年淤积量超过 50 万米^3，严重威胁电站的寿命。尽管边研究边治理耗费了不少资金，但并未彻底解决所有问题，2009 年白沙口潮汐电站停止运行。

二、江厦潮汐电站

江厦潮汐电站，位于浙江省温岭市乐清湾北端的江厦港。乐清湾地区蕴藏着丰富的潮汐能源，潮差较大，从中央到地方都积极支持在此建设潮汐发电试点工程。江厦港平均潮差高，海水含沙量低，各项自然条件适合潮汐发电试点工程，而且又可以利用当地正在建设的围垦工程。

1969 年 11 月 28 日，温州市革命委员会撰写了《关于要求在浙江乐清湾勘测设计潮汐发电厂的报告》，并上报水利电力部和浙江省革命委员会。1970 年 7 月 30 日，水利电力部下发〔1970〕水电电字第 17 号文，指示水利电力部第十二工程局革命委员会立即着手研究利用潮汐发电以适应沿海地区工农业发展用电的需要，同时要求在浙江省革委会的领导下，对潮汐资源进行查勘，提出规划，选择试点工程，搞好勘测设计工作。1970 年 8 月，水利电力部第十二工程局对选择乐清湾作为潮汐电站试点工程的可能性、工程效益和工程规模进行初步查勘。10 月，水利电力部第十二工程局革委会向水利电力部和浙江省革委会上报《关于选择乐清湾为潮汐电站的试点工程的查勘报告》。

1971 年 12 月 18 日，水利电力部第十二工程局革委会和温岭县革委会共同向国家科委、水利电力部和浙江省革委会上报《关于建造潮汐发电试点工程——江厦电站的报告》，希望能将此项目列入 1972 年国家科研计划和基建计划。1972 年 1 月 10 日，浙江省革委会生产指挥组向国家科委和水利电力部报送《关于要求建造温岭江厦潮汐试验电站的报告》。3 月 10 日，国家计委在〔1972〕计字第 27 号《一九七二年科学技术发展计划》中，确定水利电力潮汐电站为 1972 年重要科学研究项目，电站规模 3300 千瓦，项目承担单位为浙江省温岭县革委会和十二工程局。

1973 年 2 月，浙江省水利电力局召开电站工程指挥部筹备会议，决定工程主管单位为省水利电力局，技术负责单位为水利电力部第十二工程局，施工负责单位为温岭县革委会，并商定工程指挥部组成人员。3 月，水利电力部科技司召开江厦工程技术协调会议，审定有关工程规模、水能参数和机组特性。明确电站规模为 6 台机组，单机容量 500 千瓦，装机总容量 3000 千瓦；机组型式为双向潮汐灯泡贯流式，设计水头 3 米，水轮机转轮直径 2.5 米，有双向发电、双向泄水 4 种运行工况。电站年发电量 1050 万千瓦·时，年发电历时 5292 小时。

1974 年 3 月，水利电力部第十二工程局勘测设计队编制完成《江厦潮汐发电工程扩大初步设计书》。同年 9 月，浙江省水利电力局在温岭召开江厦潮汐发电工程扩大初设现场审查会，扩大初设通过。

江厦潮汐试验电站工程于 1972 年 12 月开始施工。1973 年开始，施工计划由工程指挥部根据机组发电期限编制。由于设计、设备、资金等不能满足工程需要，施工计划无法严格执行，到 1979 年年底才完成主体工程建设。

1980 年 4 月，江厦潮汐电站 1 号机组安装成功。5 月 4 日，1 号机组正式并网发电，6 日，交付电站运行。17 日，《人民日报》在头版刊登关于 1 号机组发电的报道。1984 年 4 月，3 号机组并网发电。1983 年 5 月，国家科委、水利电力部和浙江省人民政府共同确定电站一期工程的 2 号机组发电工程和二期工程的建设为"六五"国家科技攻关重点项目。2 号机组于 1985 年 9 月 22 日并网发电，4、5 号机组分别于同年 12 月 6 日和 22 日并网发电。至此，电站共安装 5 台机组，装机总容量 3200 千瓦。

1986 年 5 月，电站二期发电试验因在"六五"国家科技攻关中成绩显著，受到国家计委、国家科委、国家经委和财政部表彰。同年 6 月，被评为"六五"国家科技攻关先进单位。1987 年 4 月，"江厦潮汐试验电站设计和研究课题"获第二届国家科技进步二等奖。

从 1986 年开始，江厦潮汐电站转入边生产边完善阶段。1988 年，电站提出建设 6 号机组的设想，经过多年努力，2005 年，6 号机组获批建设。

江厦潮汐试验电站的工程设计从潮汐发电的要求出发，兼顾发电和围垦的效益，运行实践证明电站选址正确，工程设计合理。作为国家重点科研项目，对预定的各项研究课题开展深入科学试验，取得的成果满足了工程建设和电站运行的需要，也为今后更大规模开发潮汐能源提供了丰富的经验。

三、海山潮汐电站

玉环县❶海山潮汐电站位于浙江省乐清湾中部的茅埏岛南端。20 世纪 70 年代初，海山公社为解决海岛用电问题，自筹资金，因地制宜，在南滩村建设 45 千瓦单库、单向潮汐电站，设计装机容量为 2×75 千瓦。1973 年 7 月，按浙江省水利厅批准的双库、单向要求，潮汐电站于 1975 年 9 月建成，同年 10 月第一台 75 千瓦水轮机组建成投产，年发电量 15 万千瓦·时。

1984 年 5 月，海山潮汐电站被列为浙江省中小潮汐电站关键技术研究攻关项目，进行工程改造，扩建西方庵水库建成 55 千瓦蓄能电站，克服潮汐能的间歇性，解决电站小潮位不能进水发电的问题。1986 年 12 月，海山潮汐电站实现全潮发电，并增装第二台 75 千瓦机组，水轮机型号为 ZDLM-80，发电机型号为 TSN75-8/59。建成一站三库连续发电的新型潮汐电站，年发电量达 21 万～24 万千瓦·时，1988 年 1 月并入县电网运行。

1996 年，海山潮汐电站进行再次改造，设计装机容量为 2×100 千瓦，实际扩容为 2×125 千瓦，年发电量达到 33 万～38 万千瓦·时，水轮机型号为 GTK114-LM-80，配 SF125-14/85 型发电机。因 1975 年机组投产时采用涂料防腐方式，水下部分金属体腐蚀严重，1996 年改造后采用了外加电流、牺牲阳极及导电涂料混合防腐的措施。

海山潮汐电站 1992 年通过省级鉴定，荣获浙江省中小水电站关键技术成果奖，1994 年荣获联合国信息促进系统中国国家分部"创造发明科技之星奖"，2001 年被列入浙江省级文物保护单位。海山潮汐电站的建成，为中国综合开发潮汐能积累了经验，为海岛经济发展和人民生活条件改善作出了重要贡献。

---

❶ 2017 年 4 月，经国务院批准，撤销玉环县，设立县级玉环市。

第二编

中国可再生能源发电的初步发展

（1978—1990）

　　在农村、偏远地区能源供应问题凸显的大背景下，中国开始了可再生能源开发建设的有益探索。1978 年 3 月，全国科学大会在北京召开。国务院副总理方毅在工作报告中指出："要广开能源，抓紧进行太阳能、地热、风力、潮汐、受控热核聚变等能源的研究"。同年底，党的十一届三中全会将国家工作重心转移到以经济建设为中心的轨道上来。随着中国经济的快速增长，能源短缺成为经济发展的瓶颈。1979 年 12 月，中国首次能源政策研究座谈会在杭州西湖边汪庄召开，提出了要积极发展核能、水电等替代能源。会后成立了中国能源研究会，并向国务院呈送了《缓解中国能源危机的十三条建议》。1980 年，国家领导人视察中国的西北部地区后，向科技部提出了要解决偏远地区农牧民用电问题的批示。科技部组织专家对这些地区进行考察后，提出了发展小型风力发电机解决偏远地区农牧民供电问题的方案。1982 年，中国将新能源技术开发列入国家重点科技攻关计划，第一次将新能源纳入国家能源发展战略。1984 年，国务院成立农村能源领导小组，统一协调农业部、国家计委、国家科委、水利电力部等部门，利用可再生能源解决农村能源供应问题，提出了有效解决农村能源问题的"因地制宜、多能互补、综合利用、讲求效益"的方针。

　　风力发电迎来了快速发展。国内《中国风能资源分布和区划图》从无到有，垂直轴风机的研制和风力发电实验站的建立都实现了零的突破；与此同时，国际与中国政府企业的合作也在如火如荼进行当中。联合国开发计划署资助中国建设首座风力发电试验场，中德开展农村可再生能源利用示范合作等项目都极大地促进了中国风力发电行业的进展。中国自己建设的福建平潭示范风电场、新疆达坂城示范风电场、内蒙古朱日和示范风电场、浙江嵊泗风电场等分别建成并网发电，在风电发展史上具有重要意义。中国风力机械标准化技术委员会等第三方组织的成立，也很好地推动了风力发电行业的发展。

　　地热利用方面，标志性成果是西藏羊八井地热电站的成功。西藏是中国重要的生态安全屏障、战略资源储备基地。西藏和平解放以后，随着各项建设和经济的发展，生产力和人民生活水平的提高对电的需求日趋强烈。电力建设直接影响着西藏自治区内工农业的发展，关系到社会局势的稳定和经济发展。西藏地处青藏高原，水能资源极其丰富，其蕴藏量居全国首位，当时已建成了几百座各种类型电站和拉萨火电厂。由于西藏地区水电站的年利用小时数低，冬季引水渠道结冰，每年停机长达 3 个月之久，冬季以火电为主。西藏缺乏煤、油和气等燃料资源，拉萨火电厂用轻柴油发电，轻柴油由青海冷湖运至格尔木，再通过输油管线送到拉萨，成本很高，国家每年得为火电厂付出上千万元补贴。在生活燃料方面，藏族人民以牛粪和草根为主。

　　根据中国科学院青藏高原综合科学考察队对西藏全区地热普查结果，西藏地热能资源丰富。20 世纪 70 年代，中国对青藏高原地区进行了首次大规模综合性科学考察，涵盖地质构造、古生物、地球物理、气候与动植物研究等 50 多个专业，其中地热资源普查是其中一项重要内容。1973—1976 年，中国科学院青藏高原综合科学考察队，对西藏全区地热进行了普查。西藏至少有 612 个水热活动区，综合科学考察队实地考察了其中的 354 个。编辑出版《西藏地热》《横断山区温泉志》和《西藏温泉志》等书刊，共收录温泉 1655

处，根据水热地球化学资料计算，其中大于 150℃ 的高温水热系统 110 余处。1976 年，地质部地质科学研究院地质力学研究所承担国家重点项目"青藏铁路（格尔木—拉萨）沿线水文地质工程地质综合普查及 1:20 万编图"，在格尔木—拉萨沿线，重点对水文地质和地热资源进行调查，经过两年的工作，取得大量宝贵资料，为后期地热开发提供了科学依据。1977 年，中国第一台兆瓦级地热发电机组在西藏羊八井试运成功，试运期间存在机组振动、井中结垢和废水回灌等问题，经过科研人员的技术攻关得以解决，为后续西藏羊八井扩建地热试验电站奠定了基础。

在浙江舟山等地，潮流能发电、波浪能发电也实现了从无到有的突破。中国第一座10 千瓦离网光伏电站在甘肃建成；从国外引进了 7 条太阳能电池生产线，提高了太阳能发电能力，中国出现了多种可再生能源并举的发展局面。

第三章

可再生能源早期研发与初步应用
（1978—1983）

1978 年 5 月 18 日，著名科学家钱学森在给中国空气动力研究与发展中心（简称气动中心）科技部副部长韩志华的信中提出，应开展风力发电中的空气动力学研究。不久，在气动中心低速所成立了风能研究课题组，开始风能利用的研究工作。由此，风力发电试验逐渐兴起。研究机构和高校、制造厂三结合，相继开展了风力发电的技术性研究工作，标志着中国已向现代风电机组研制迈进。1977—1985 年，浙江嵊泗岛、北京八达岭、福建平潭等风力发电试验站相继诞生，以八达岭风电试验站最为有名，成为这一阶段中国风电探索活动最具标志性的成果。

这一时期，中国先后研制生产了微型和 1～200 千瓦风电机组，以户用微型机组技术最为成熟，100、150、200、300、500 瓦微型机系列定型和批量生产，产品质量良好，不但可满足中国需要，还远销国外。至 1998 年年底，中国安装微型机组 178 574 台，容量约计 1.7 万千瓦。有实用价值的离网式小型风电机组发展较快，有 1.2、2.5、5、7.5 千瓦和 10 千瓦，采用以销定产、小批量生产的模式。

20 世纪 80 年代中后期，中国的小型风力发电机形成了规模化生产能力，在内蒙古等偏远地区推广小型风力发电机近 20 万台，对解决边远地区农、牧、渔民基本生活用电起到了重要作用。其中，内蒙古在政策、科技研发、商业模式创新、推广及人才培养等方面都形成较为完整的体系。同时，并网风电试验也日趋活跃，一批企业如国营汾西机器厂、商都牧业机械厂、浙江省乐清机械厂因试制风电机组产品而闻名，拉开了并网风电场开发建设的序幕，开启了可再生能源产业化道路。

20 世纪 70 年代至 90 年代初，中国主要在西藏进行了中高温地热发电开发利用。70 年代初，中国对青藏高原地区进行了首次大规模综合性科学考察，证实了西藏地热资源很丰富，发现了著名的羊八井、羊易、宁中曲才和那曲等一批地热田。西藏缺乏煤、油和气等燃料资源，中央立即决定将地热能开发利用作为解决西藏能源建设的战略性措施，并将地热发电项目列为国家重点工程。在全国电力系统大力支持下，在边摸索、边学习、边建设中，独立自主地完成了西藏羊八井和西藏阿里朗久地热电站的建设。对地热发电站的设计、建设和生产运行的关键技术问题，经过多个科研院所的联合攻关，基本得到了解决，形成了中国独立自主的中高温水热型资源地热发电技术路线，成功研制出国产地热发电设备。从 1977—1991 年，中国在西藏羊八井投产 9 台机组，装机容量 25.18 兆瓦，在西藏阿里朗久投产 2 台机组，装机容量 2 兆瓦，在西藏投运的地热发电总装机容量 27.18 兆瓦，占中国地热发电装机容量的 95%。到 1991 年年底，羊八井地热试验电站全部建成投产，电站装机容量占拉萨电网的 34.94%。90 年代，羊八井地热试验电站夏季发电量约占拉萨电网的 40%，冬季达到 60%，年利用小时数达到 6000 小时以上。截至 2019 年 9 月，共完成发电量 34.09 亿千瓦·时，为西藏的经济社会发展、社会稳定和提高广大人民群众生活水平作出了重大贡献。西藏羊八井地热电站长期稳定安全的运行经验表明，地热发电具有负荷稳定、年利用小时数高、不受季节和气象条件影响的优势。

这一时期，海洋潮流能、波浪能发电试验机组相继问世，海洋能开发利用向前迈进了一大步。

第一节　风力发电机组的研发与技术进步

20 世纪 80 年代，中国开始了风力发电机组的实验和生产、研究工作，为中国风力发电机组制造奠定了基础。

这一时期，一些科研单位和生产厂家研制风力发电机组取得了较大进展。既包括单机容量从 0.05～10 千瓦的单机风力发电机，也包括容量达到 10～100 千瓦的风力发电机，其特征是以设计、制造微小型离网式风力发电机为主，这类风力发电机的共同特点是采用少叶式流线型翼型组成的风轮，叶片多采用玻璃纤维复合材料模制而成。风力发电机具有自动对风、自动调速、自动停机等优点，机头通常设置升速装置，绝大部分通过向蓄电池充电作为蓄能手段。个别机型在设计时考虑了与柴油机并网运行问题，以达到节省柴油或解决柴油发电供应不足的问题，主要应用于海岛、边防哨所、气象站等。

小型风力发电机组又包括水平轴和垂直轴两种。垂直轴风力发电机组起动风速通常低于 3 米/秒。主要可以分为 3 种类型，即萨布纽斯型（Savonius）风力发电机组、涡轮型风力发电机组以及达里厄型（Darrieus）风力发电机组。前两种属于阻力型风力发电机组，该类型风力发电机组风能利用率低，启动转矩大；达里厄型风力发电机属于升力型风力发电机组，这类型风力发电机组风能利用率较高，启动转矩较小。根据形状的不同，达里厄型风力发电机组可以分为 Φ 型和 H 型。1980 年，中国空气动力学研究与发展中心研发的 Φ6-2kW 型风力发电机组，开创了中国垂直轴风力发电机组研究的先河。随后，在西安交通大学、复旦大学和同济大学的支持下，由部队和上海模斯电子设备有限公司（MUCE）研发出了世界上首台 H 型垂直轴风力发电机组。在以后的 5 年时间里，他们又研发了 0.2～100 千瓦风力发电机组。

1981 年，中国公布了第一张《中国风能资源分布和区划图》，为中国风能开发和利用提供了资源依据。这一时期，中国空气动力学研究会开展了多项风洞试验和机组的研发；清华大学、沈阳机电学院、浙江机械研究所、南京航空学院等多个相关科研院所参与中国风力发电试验、开发与对外交流；福建平潭县进行了 55 千瓦风力发电机组的试制；西北部边远地区也进行了小型离网型风力发电机组的应用。这一时期的研究和试验，取得了宝贵的风力发电机组设计、制造经验与技术积累。

一、第一张《中国风能资源分布和区划图》公布

20 世纪 70 年代初，环境污染问题逐渐受到国际社会的关注。到 70 年代末，国外已经开始进行太阳能和风能资源的有关研究，而这一领域在中国仍然是空白。

1979 年，中国气象科学研究院朱瑞兆[1]参加世界气象组织的世界气象年度大会，听了有关风能和太阳能资源评估的报告，认识到中国应当研究风能资源。回国后他组织科研队伍，计划对中国的风能资源进行研究。他的这一计划得到了国家科委的支持，"中国风能资源计算和区划"被列入国家"六五"科学技术攻关项目。这项工作主要是利用已有气象站实测风速资料得到风速的年（月）频数和风速累积频数，研究风能功率密度的计算模型。通过研究，朱瑞兆团队认为韦伯尔概率分布更能精确反映中国风速的频数，故将韦伯尔分布确定为中国风能计算模式。风速的概率密度函数的参数确定后，还可以计算风能的可利用小时数等风能参数。朱瑞兆带领科研队伍，收集了中国 700 个气象站 30 年有关风能的资料。受当时计算条件的限制，每个气象台站用 30 年的风速资料计算风能功率密度较为困难，经过对比分析后，采取选择一个最大风速年、一个最小风速年和一个平均风速来代表 30 年的风速状况，最后选择 3 年的风资源数据，计算处理了 800 万个样本数据后，得出了中国陆上 10 米高度有效风能储量数据，技术可开发量为 1.6 亿千瓦，以及风能功率密度和出现的百分率、有效风能功率密度、风速的年累积小时数等参数。

1981 年，朱瑞兆带领科研队伍用一年多的时间完成了中国第一张《中国风能资源分布和区划图》，给出了有效风能密度、有效风力出现时间百分率、全年 3～20 米/秒风速小时数、全年 6～20 米/秒风速小时数 4 张分布图。这张图一直沿用至今，作为风力发电厂选址等的重要依据，为中国风能的大规模开发利用奠定了基础。

风能资源勘测是风能产业赖以发展的基础工作。此后，中国在风能资源勘测、分析计算和区划方面一直在进行更新工作。1983 年，按照有效风能功率的大小、风速的年累积小时数的多少，结合天气气候背景、地形等，将中国分为了风能丰富区、较丰富区、可利用区和欠缺区四个区划。中国风能资源计算模式和中国风能资源分布和区划，为中国风能开发提供了科学依据。

二、中国空气动力研究与发展中心研发风电机组并开展风洞试验

1978 年，气动中心低速所成立了风能研究课题组，开始风能利用的研究工作。

---

[1] 朱瑞兆（1931.10—），国家气象局研究员，中国能源研究会理事。长期从事可再生能源规划和政策制定工作。曾组织"七五""八五""九五"和"十五"可再生能源科技攻关项目。

气动中心地处四川省绵阳市，是当时中国最大的空气动力试验与研究机构，也是中国最早、最系统研究风能相关空气动力学问题的机构。气动中心经过调研，确定将垂直轴风力发电机的空气动力性能研究作为风能利用研究工作的起步。

垂直轴风力发电机的研究工作分为两个阶段，第一阶段是进行 3 米 Φ 型垂直轴风力发电机样机性能研究，第二阶段是进行 6 米 Φ 型垂直轴风力发电机研制。

1979 年，气动中心开始研制 6 米 Φ 型垂直轴风力发电机，同年 10 月，第一台样机安装在四川安县进行野外运行试验。其风轮由 3 个叶片和一根中轴组成，叶片平面形状呈 Φ型，近似于一根两端固立的绳索旋转时在离心力作用下自然形成的形状。风轮叶片直径 6米，风轮高度 6.5 米，叶片采用玻璃钢材料。本装置选用 Z3-42 型直流发电机，其额定转速为 1500 转/分，额定功率 4 千瓦。电机配有自动磁场调节恒频稳压装置，当风速或负载发生变化时，它能以 110 伏的稳定电压给蓄电池充电。

1980 年 7 月，第一台样机在风洞中进行了试验，测得风能利用系数为 0.37，风速为 8米/秒时，风电机组输出功率为 2 千瓦，达到了设计要求。1980 年 12 月，该机型开始小批量生产，并投入运行，安装在了江苏江阴、内蒙古锡林郭勒盟、四川安县和西藏那曲等地，进行了自然风条件下的考核运行，证明风轮机的系统设计是成功的。1983 年，完成了 10 台小批量生产。1985 年，生产了 15 台并投入运行。

气动中心也开展了小型水平轴风力发电机的研究，进行了包括 250 瓦小型水平轴风力发电机研制和 500 瓦小型水平轴风力发电机的研制。为了满足中国广大农牧地区生活用电的需要，1982 年 6 月，气动中心承担了 250 瓦小型水平轴风力发电机的设计任务。1984年 12 月，样机在气动中心 12 米×16 米风洞试验段中进行性能试验。该机型于 1986 年初运往新疆和浙江等省（自治区）进行野外考核运行，并根据运行中暴露的问题进行改进。性能试验表明风力发电机在风速小于 3 米/秒时启动，风速为 6 米/秒时输出功率 250 瓦，风能利用系数大于 0.40。从 1986 年 1 月开始，该风力发电机在山东烟台进行野外考核运行，至 1986 年 10 月止，共正常运转 3000 余小时。1986 年 10 月通过技术鉴定，其后该机共生产了 15 台。

1988 年 8 月，根据用户的需求，气动中心又设计了一种 500 瓦水平轴风力发电机，设计指标是在风速小于 4 米/秒时启动，在风速 8 米/秒时输出功率 500 瓦，风能利用系数≥0.4。1989 年，完成加工后在气动中心风洞进行了初次性能试验，结果表明，该机型功率特性达到了设计指标。

气动中心拥有 6 种小型风力发电机相关技术全部的自主知识产权，对 30 多种国产小型风力发电机组进行了研究或气动性能检测。此外，气动中心还对新概念风能转换装置进行研究，承担小型风力发电机组的风洞性能测试任务、风力发电机组基础课题研究等，包括风轮气动设计和性能计算程序、风力发电机翼型气动手册、上仰式风力发电机、小型风电场规划方法研究、风力发电机叶片表面压力分布测量和偏转气动力试验研究等。在风力发电机研制过程中，风洞试验在其中起到了重要的作用。

三、清华大学研制 Φ 型垂直轴风电机组

1975 年，内蒙古草原研究所邀请清华大学帮助设计制造离网型风力发电机，以解决蒙古包家庭用电问题。此后，清华大学电机工程系与内蒙古商都畜牧机械厂共同试制了 50 瓦、100 瓦的离网式微型风力发电机。

1979 年 3 月，清华大学完成了 Φ6 型 4 千瓦垂直轴风电机组的并网运行和离网运行两种发电机组的设计方案。该机型由浙江电力修造厂、北京玻璃钢研究所负责制造，于 1980 年 6 月完成首台并网样机的制造，安装于北京八达岭风力发电试验站，这是中国首台变极双速异步风力发电机的并网运行。离网运行风电机组的样机，安装在浙江镇海笠山风电试验站。该机组采用直流发电机，可直接对蓄电池充电，既可向直流负载供电，也可通过逆变器转成交流供电。

1982 年 10 月，清华大学热能工程系和科学院电工所，在水利电力部列车电业局保定列电基地、北京玻璃钢研究所协作下，研制成功 Φ 型 5 米垂直轴风轮发电机组。技术鉴定认为：已经达到并超过原设计要求的 8 米/秒风速下电功率 1 千瓦（实测为 1.4 千瓦），能安全运行，可用于独立发电。主要性能指标已达到同类型小型机组的国际先进水平，值得推广应用。

1982—1986 年，清华大学和德国合作研发了 30 千瓦、直径 12 米的 Φ 型垂直轴风电机组。这是中国在风力发电机组研制方面第一个和国外合作的项目。进入 90 年代后，中国大部分风力发电机组都朝着水平轴方向发展。清华大学在研制时作了多种技术方案的探索，为后来中国中小型风力发电机组的强势发展提供了技术支持。

四、福建平潭县试办 55 千瓦风力发电实验站

平潭县地处台湾海峡与海坛海峡之间的突出部，因"狭管效应"，风力资源丰富。1976 年，平潭县成立风力发电实验站，成为中国最早成立风力发电试验机构的地方之一。次年，平潭县科学技术委员会向福建省提出试办 55 千瓦风力发电站的报告，经水利电力部和福建省科学技术委员会同意将其列为"六五"计划重点科研项目。该电站由福建省电力试验研究所、福建省机械研究所、平潭县风力发电实验站等协同设计。1978 年 8 月，通过初步设计审查，交付福州发电设备厂制造。FDS21 型 55 千瓦机组风轮为水平轴下风向布置，风轮叶片采用直升机的退役叶片，自动调速调向。塔架高 16.2 米，为空心圆柱形混凝土结构。

1981 年 12 月，FDS21 型 55 千瓦风力发电机组制造完成，设计风速 12.5 米/秒，额定功率 55 千瓦，风轮转速 50 转/分，发电机转速 1000 转/分，采用同步发电机集成电路程序控制系统。该项目成为平潭首个风力发电试验项目，是当时国内自行设计、制造并运行的最大风力发电机组。1982 年 3 月在平潭县城乌石山安装，当年 5 月开始进行调试。调试过程中因处理桨叶等问题又反复进行多次修改，1989 年 1 月调试成功。1990 年 12 月，经国家能源部组织鉴定，获得能源部科技进步奖三等奖。FDS21 型 55 千瓦风力发电机组

的研制为中国中型风电机组的发展提供了技术积累。

五、八达岭风力发电试验站的建设

为了进行中小型风电机组试验研究，利用中小型风机解决无电地区人民用电问题，1979 年，水利电力部列车电业局在北京延庆长城脚下的西拨子建设了八达岭风力发电试验站。1983 年，中央领导视察八达岭风力发电试验站，要求水利电力部把风力发电等可再生能源管起来。八达岭风力发电试验站交由华北电力科学研究院负责建设，全名为华北电力科学研究院八达岭风力发电试验站。目标是建设成为中国风电科研、试验、技术交流、培训四个中心。为落实中央领导关于加快中国风力发电事业发展的指示精神，1990 年 7 月 14 日，能源部批复《八达岭风力发电试验站发展规划》，投资 204.5 万元建立两个中心——风力发电测试中心和情报信息中心。

八达岭风力发电试验站距北京市区 65 千米，处于两山的峡口内，主要安装约 20 台容量 50 瓦～50 千瓦离网型和并网型、水平轴和垂直轴、上风向与下风向、"外罩"风道式、风力提水机等各种类型风力发电机样机进行试验和技术鉴定。同时，试验站具备 600 千瓦以上大型并网机组的检测能力，曾开发海岛风光储联合系统的检测系统，完成了几十种型号的大、中、小型风机各类试验鉴定工作，并承担国家"八五""九五"和"863"计划攻关任务。该试验站还承担了风电机系统和风电场 SCADA 监控系统有关的测试，以及国家及行业标准的编制，八达岭风电发电实验站对中国的风电事业发展起到了重要的示范和推动作用。

六、风能专业委员会成立

1981 年 9 月 4—9 日，中国风能利用学术讨论会在北京举行，这是中国风能领域首次举办的多学科协作、研讨、交流活动，在本次会议上成立了风能专业委员会筹备组。

1981 年 12 月，中国科协批复成立风能专业委员会（简称风能专委会），并明确为中国空气动力学研究会❶和中国太阳能学会下属的学术机构。专业委员会由主任、副主任和委员组成，下设秘书处和若干个专业组，秘书处作为常设的办事机构负责日常工作。

1982 年 5 月 5—10 日，风能专委会在浙江宁波召开成立大会，来自 63 个单位的 71 名代表参加会议。会议由南京航空学院空气动力学系主任、空气动力学研究所所长、空气动力学研究会副会长戴昌晖主持。会上交流了中外风电机组研究情况，拟定了工作计划。戴昌晖先后担任两届风能专业委员会主任委员，贺德馨、陈启民、邓慎康和高先声担任副主任委员，陈良康担任秘书。

风能专委会成立后不久就接受了国家科委的委托，对"六五"期间中国新能源（风能）攻关项目进行论证，组织实施和技术鉴定工作，并对《1986—2000 年中国新能源（风能）规划》提出了设想。从"七五"开始，中国风能利用纳入了国家科技发展规划。同时，风

---

❶ 1989 年更名为中国空气动力学会。

能专委会组织中外学术交流和技术合作，开展地方调查研究、学术交流、技术培训与科普教育，并出版内部刊物和报告。1982 年，风能专委会编辑出版了《风能通讯》，至 1988 年共出版了 26 期。

1985 年 8 月 3—6 日，由中国太阳能学会和美国太阳能学会联合主办的国际太阳能、风能会议暨国际可再生能源展览会在北京举行，会展吸引了 23 个国家（地区）300 余名中外代表参加。这一时期，风能专委会还开展了赴西藏、新疆、甘肃、青海、内蒙古等地区的调查研究，并先后在西藏、广东、福建、浙江、山东、辽宁和黑龙江等省区组织风能学术交流和开展技术咨询活动，在西部地区组织了三次利用风能开发西北和"力学与西部开发"的学术会议。当时，各省的领导都亲自到会，听取专家的建议，对这些地区后来的风能开发利用起到了积极的推动作用。

1997 年，风能专委会正式划归中国太阳能学会管理。2002 年，科技部批准风能专委会可以以"中国风能协会（CWEA）"名义对外开展交流工作。风能专委会成为中国风能行业对外开展交流与合作的窗口平台，成为国际风能领域重要成员单位。风能专委会对中国风能、太阳能发展起到了很好的推动作用。

七、离网型风电机组的推广应用

中国小型风力发电产业的兴起，主要是用于解决农村及边远地区的供电问题。这个问题一直归农业部及有关部委的农村能源办公室负责，并且许多项目是通过扶贫工程来实现的。农业部在开发"三小电"❶解决无电地区用电问题方面做了大量的工作，特别是在太阳能发电成本还非常高的时期，着力支持小型风力发电产业，从而带动了离网型风电的快速发展。通过在各地成功地开展小型风电项目试点，用户需求被进一步释放出来。尤其是内蒙古地区自发研制风电试验活动频现，引起有关部门的重视。1978 年，内蒙古锡林郭勒盟风能利用研究所成立，成为当时中国第一家单独专门从事风能资源研究、开发、利用和推广的科研单位。1973—1986 年期间，内蒙古先后研制出各种结构形式的小型风力发电机 20 余种，其中有 10 种机型被列为商品化定型产品投入批量生产。

1983 年，水利电力部召开风力发电推广应用试点会议，确定举办风力发电"以小型为主，民办为主，先解决生活用电为主"的方针。根据水利电力部和内蒙古经委的安排，从 1983 年开始，内蒙古电管局组织进行了风力发电应用试点工作。首批试点选在察右后旗的牧区、商都县的半农区、凉城县的山老区和乌拉特中旗的边境牧区。到 1984 年年底，4 个旗县共有 22 处应用试点，共安装风电机组 475 台，装机容量 51.4 千瓦。各试点已投运的设备及时给当地居民供电，有效地解决了照明等诸多生活用电问题。内蒙古风力发电应用主要以新能源综合体应用示范点为主，实行民办公助，即政府补贴、个人和集体共同出资等方式，激励了小型风力发电产业的发展。主要有锡林郭勒盟新能源综合体应用示范

---

❶ "三小电"指小水电、小风电、小光电。

点、旗县民办公助示范和应用试点等。通过配套技术推广、培训当地技术员、建立风电维修专业户等，使得小型风力发电产业逐步建立起来。

西藏风力资源储量丰富，利用风力发电起步较早。1982 年 4 月，那曲县科委从内蒙古商都牧机厂引进并成功安装了一台 FD-4 型 2 千瓦风力发电机组，后又引进并成功安装了 21 台 2 千瓦、1 台 100 瓦风力发电机。1984 年年初，那曲地区从山西太原 884 厂购买了 100 台 FD2-100 型风力发电机，分别在当时那曲县的红旗公社和德吉公社建了两个风力发电示范村。1984 年，国家投资 232 万元，在那曲修建了 3 座建筑面积为 1146.5 米² 的风能试验站。1983—1984 年，那曲县从内蒙古、青海引进 35 台 2 千瓦、400 台 100 瓦、5 台 50 瓦、5 台 30 瓦的风力发电机。同时，西藏其他地区也根据自身情况积极推进风力发电技术，引进的风电机组主要以 1 千瓦以下离网型小型风电机组为主。

小型离网型发电机组在内蒙古、西藏地区的推广应用，解决了部分边远地区的用电难题。

第二节　地热发电技术的研发与应用

从 20 世纪 70 年代末开始，中国地热发电的试验和研究工作主要转移到西藏自治区。为了解决西藏的能源问题，保持西藏经济发展和社会稳定，西藏羊八井地热试验电站建设项目被列为国家 "五五" 和 "六五" 计划期间的重点工程。西藏羊八井地热发电站利用 140℃ 以下的地热水进行大规模发电，在 20 世纪 70 年代国际上尚无先例。1977 年羊八井地热发电站 1000 千瓦机组运行发电后，也遇到了与世界其他地热电站同样存在的流体输送、防腐、结垢、回灌及监测等难题。

在西藏羊八井地热试验电站建设期间，羊八井地热发电技术项目列入国家 "六五" 科研攻关项目，全国多个科研院所进行了联合攻关。从 1981—1985 年，经过四年多的科技攻关，攻克了涉及热力系统、发电设备研制、防腐、结垢、回灌及监测等关键技术，共完成了 30 余份技术总结和科研成果报告，形成了中国独立自主的地热发电技术路线，具有重大的社会效益和经济效益，为中国地热发电事业培养了一大批人才。

1977—1991 年的 14 年间，西藏羊八井地热试验电站共投产发电机组 9 台，其中，7 台 3 兆瓦地热汽轮发电机组为自主研发的国产机组，电站总装机容量 25.18 兆瓦。电站建设过程中，开展了废水回灌工程，实现了地热废水全部回灌，探索在实现地热资源可持续开发利用的同时，解决废水排放环境问题。羊八井地热试验电站成功发电，填补了中国中高温地热资源大规模发电开发利用的空白，在国内外地热发电领域发挥着重要的示范作用。

在中国地热发电开发和利用过程中，联合国开发计划署及新西兰、冰岛、意大利、日本政府在资金、技术和人才培养方面给予帮助和支持，提高了中国地热发电技术水平。

一、西藏羊八井地热试验电站建成投产

西藏羊八井地热田位于念青唐古拉山中部的羊八井盆地，海拔 4300 米，距离拉萨市西北约 90 千米。1976 年 5 月，中国科学院青藏高原综合科学考察队向西藏自治区提交了 1975 年年度考察报告《西藏羊八井地热资源初步评价》，圈定热田面积 6.8 千米 ^{2}，热田可装机容量 15 万千瓦。

1975 年 9 月 9 日，中央代表团在参加庆祝西藏自治区成立十周年活动时，听取了西藏电力工业建设汇报。代表团在给中央的汇报中，提出"把羊卓雍湖水电站列入长远规划，尽快建设羊八井地热电站"的建议。同年 9 月 23 日，西藏自治区批准了羊八井地热田的开发，将开发羊八井地热电站列为自治区重点科研项目，并成立了"九二三"工程领导小组，拉开了羊八井地热试验电站建设的序幕。

1976 年 2 月，水利电力部和中国科学院联合召开首次全国地热发电工作会议。会议分两个阶段，第一阶段在长沙举行，第二阶段在拉萨召开。拉萨会议专题讨论羊八井地热试验电站建设问题。会议做出了《关于羊八井地热试验电站建设中的几个问题的决定》，计划将四川内江电厂（现为内江电力修造厂）闲置的汽轮机组，作为羊八井 1 号机组。该机组原系上海汽轮机厂 AK-2.5 型 2500 千瓦机组，根据当时提供的地热资源的初步参数，改建成容量为 1000 千瓦的 N1.0-4.2/145 型地热机组。地质勘探任务由地质部门承担，改造设计由河北电力学院承担，改造加工由内江电厂承担，安装施工由下花园发电厂承担。

1977 年 9 月 30 日，中国第一台兆瓦级地热发电机组——西藏羊八井 1 号地热发电试验机组试运行成功。1 号机组的试验成功，揭开了西藏利用浅层地热资源发电的序幕，奠定了羊八井地热田以传统的扩容蒸汽循环为基础的发电模式，积累了地热田开发、运行和推广的经验，形成了如空心机械通井装置除垢等一些特定问题的有效处理方法，为后来设计和制造两级扩容系统的地热汽轮机组提供了大量的运行试验数据，对后续国产机组的顺利投产具有重要指导意义。1985 年，1 号机组停运并报废，累计共发电 1065.16 万千瓦·时。

1980 年 3 月，中共中央书记处在北京召开西藏工作座谈会（第一次西藏工作座谈会议），提出"要充分利用水力、地热等资源，发展动力和燃料工业"。1981 年 8 月底，国家科学技术委员会和西藏自治区人民政府在拉萨市联合召开羊八井地热试验电站技术论证会，围绕工程建设中存在的主要技术问题进行了详细分析和论证。

1981 年 11 月，羊八井地热试验电站第一台国产 3000 千瓦 3 号机组并网发电。第一台地热汽轮发电机组由青岛汽轮机厂制造，施工设计单位为西南电力设计院，由四川省电力建设三公司、河北省下花园发电厂和青岛汽轮机厂联合安装，通过 110 千伏高压输电线路（降压为 35 千伏）线路送至拉萨市。

1982 年 11 月和 1985 年 9 月，羊八井地热试验电站国产 3000 千瓦第二台 2 号机组和第三台 4 号机组相继并网运行。至此，羊八井地热试验电站第一分站建设完成，第一分站装机容量达到 10 兆瓦。1985 年 9 月 2 日，国务院副总理李鹏赴西藏羊八井地热试验电站视察和指导工作，题词"开发地热资源，进行科学试验，积累地热建设和生产经验，为西

藏工农业建设提供电力。开展综合利用，造福西藏人民"❶。

1986 年 3 月，羊八井地热试验电站 5 号机组并网发电。1988 年 12 月和 1989 年 2 月，羊八井地热试验电站 6 号和 7 号两台 3000 千瓦国产机组相继并网发电。同年，地质矿产部中南石油局第四普查大队在羊八井北区施工的一口地热井，在 985.9 米深处井下测得水温达 202.2℃，证明羊八井深部存在高温热储，为进一步开发提供资源依据。

1990 年 7 月，中共中央总书记江泽民视察羊八井，听取了西藏地热开发利用情况的汇报，为地热试验电站题词"开发地热资源，造福西藏人民"。

1990 年 12 月和 1991 年 2 月，羊八井地热试验电站 8 号和 9 号两台 3000 千瓦国产机组相继并网发电。1991 年 8 月，羊八井地热试验电站与地热开发公司分离，划归拉萨电业局管理，更名羊八井地热发电厂。

羊八井地热试验电站投产后，随着装机容量的增加，发电量逐年增加。到 1991 年，羊八井地热试验电站装机容量 24.18 兆瓦（1 号机组 1985 年退役），占拉萨地方电网的 34.94%，发电量占拉萨地方电网的 54.92%；1993 年，发电量占拉萨地方电网的 63.45%，为历年最高值。1994 年以后，年发电量基本维持在 1 亿千瓦·时以上水平，年运行 6000 小时以上。1998 年前，羊八井地热发电厂发电量居拉萨地方电网之首，夏季发电量约占电网的 40%，冬季约占 60%，是拉萨供电的重要支撑。

二、羊八井地热发电技术列入国家"六五"科研攻关项目

早在 1975 年，水利电力部派出工作组进藏调查，提出建议将羊八井地热资源的开发利用列为国家重点科技项目。1982 年，西藏羊八井地热协调小组在拉萨召开"落实国家'六五'西藏羊八井地热发电科研攻关现场会议"，会议明确科研攻关项目由水利电力部西安热工研究所归口负责。科研攻关项目参加单位有：西藏水电厅地热工程处、水利电力部西安热工研究所、水利电力部西南电力设计院、四川电力试验研究所、西藏水电厅地热发电试验电站、西藏水电厅地热能科学研究所、机械部上海材料研究所和机械部武汉材料保护研究所。

1981—1985 年，经过四年的科技攻关，攻克了涉及地热流体输送系统、防腐、结垢、回灌及监测等关键技术，编写了《羊八井地热发电技术科研成果总结报告》（共 31 个附件）。主要科研攻关内容和研究成果包括：① 热力系统和设备的改进与完善，显著提高了地热发电经济性。主要有井口装置和设备的改进，汽轮机保安系统改进，以及循环水系统、真空抽汽系统的改进。② 3000 千瓦机组热力性能考核试验和电站最佳运行方式研究。首次进行地热机组热力性能考核试验、生产井监测和流量特性和电站最佳运行方式研究。③ 地热流体输送技术试验研究。包括单相汽、水分别输送技术，汽水两相输送技术。④ 1000 千瓦机组达不到铭牌出力的原因分析与改进。⑤ 除垢、防垢试验研究。包括机械捅井除垢技术，井下注射阻垢剂方式及其效果的试验研究，磁化器和防垢涂料等其他除垢防垢试

---

❶ 西藏自治区电力工业志编委会：《西藏自治区电力工业志》[M]，民族出版社，1995 年，第 241 页。

验研究。⑥ 材料防腐试验研究。⑦ 地热发电二期工程的设计改进。⑧ 不凝气体分析。
⑨ 地热废水回灌试验研究。⑩ 探讨适用羊八井的组合式地热发电装置。

羊八井地热发电的特点除了在地理位置上海拔最高和自然条件极为恶劣以外，技术上
的主要特点如下：① 在世界大型地热电站中，地热水温度最低，井口温度仅 130～140℃。
② 生产井碳酸钙结垢严重。国外如新西兰、意大利等地热开发先进国家，均遇到类似羊
八井这样的热田因结垢问题而未开发。③ 热力系统采用先进的二级扩容循环和混压式汽
轮机；地热流体输送方式为汽、水分别输送以及按生产井参数高低分为二组管网，适合于
羊八井浅层地热资源情况，使地热流体压力为 0.2～0.4 兆帕的所有生产井都能充分发挥其
发电能力。④ 利用地热发电后排放的废水和热田边缘的地热井进行采暖供热，建成大面
积地热温室 4 万米^2，年产蔬菜 50 万千克；建成温泉度假村和风湿病治疗中心，助力当地
脱贫攻坚。地热能发电及综合利用成果显著。

1985 年 7 月，"六五"科研攻关项目羊八井地热发电技术通过水利电力部和西藏自治
区人民政府组织的技术鉴定。会议认为，羊八井地热发电技术科研成果作为国家重大科学
研究项目的阶段性成果，对西藏具有重大经济效益和推广应用价值。在海拔 4300 米的高
原上开发利用地热资源并解决了一系列技术难题，实现了地热发电机组长期稳定安全发电
的目标，在国际上开创了先例，地热发电系统采用了两级扩容发电方式，汽水两相分别输
送，以及机械捅井装置等技术发明，使地热机组的热能利用效率由原来的 4% 提高到 6%，
厂用电率小于 12%，大大提高运行经济性，达到国际先进水平。另外，地热废水回灌试
验、硫化氢气体的分析、测量和排放的方法等科研成果，具有重大的环境效益。羊八井地
热发电技术荣获 1986 年水利电力部科学进步奖一等奖，1987 年获国家科技进步奖一等奖。
羊八井地热发电技术成果已全部应用到羊八井地热电站的机组改造和建设中，对于中国地
热发电建设，具有很好的推广与借鉴价值。

三、国产地热汽轮发电机组的研制和升级换代

地热发电的基本原理与常规火力发电相同，所不同的是，推动地热汽轮机运转的蒸汽
直接采自地下，含有大量的容易结垢的矿物质。羊八井地热田地热井口流体是湿蒸汽，需
要经过汽水分离，以及扩容闪蒸后产生饱和蒸汽，才能进入汽轮机做功。

1977 年，国家计委给一机部下达了开发设计国产地热汽轮发电机组的任务，青岛汽
轮机厂❶负责研制地热汽轮机，济南生建电机厂负责配套生产发电机。这是中国首次设计
和制造这种地热发电汽轮机组。

接到任务后，青岛汽轮机厂成立了地热汽轮机设计制造领导小组。在领导小组指导下，
厂里成立了专门的设计研究组，调配最好的技术人员，全力投入研发。1978 年 6 月，在
北京由一机部、水利电力部两部联合主持召开了扩容器和汽轮机初步设计审查会议，通过
了初步设计的审查。1979 年 10 月，完成了产品设计、试制和厂内空载性能试验。1979

---

❶ 1997 年改名为青岛捷能汽轮机股份有限公司。

年 10 月，由青岛市重工局主持，召开了厂内试制鉴定会，机组通过了厂内试制和试验鉴定，机组型号定为 D3-1.7/0.5，简称 D3 机。

D3 机是中国自主设计研发的地热汽轮发电机组，也是当时运行在世界海拔最高地区（4300 米）的地热汽轮发电机组。机组采用两次闪蒸扩容系统和混压凝汽式汽轮机，其设计蒸汽参数为：一次进汽压力为 0.17 兆帕，干度为 0.995，流量为 22.7 吨/小时；二次进汽压力为 0.05 兆帕，干度为 0.995，流量为 22.8 吨/小时；汽轮机排汽压力为 9 千帕。机组额定发电机输出功率为 3000 千瓦。该型号地热汽轮发电机组获得 1979 年国家科技进步三等奖，填补了国内地热汽轮发电机组的空白。

1983 年 2 月 22 日，第一台国产 3000 千瓦机组经过一年多来的运行实践考验后，西藏自治区工业厅作了如下的评价："已投入运行的 2 台 3000 千瓦机组及附属设备，经过一年多来的运行实践考验，证明性能良好，基本适合热田使用，只需略加改进和完善。再建新电站装机，主机组不必重新选型或试制"。青岛汽轮机厂提供的设备已能达到长期安全稳定运行，得到了用户的高度评价。

西藏羊八井地热试验电站前几台 3000 千瓦地热汽轮发电机组均为国产机组，在系统设计、运行控制等方面与国际先进水平还有较大差距。为了引进消化吸收国际先进地热发电技术，1986 年 3 月，西藏羊八井地热试验电站引进地热快装机（5 号机组），机组容量为 3180 千瓦。汽轮发电机组由日本富士公司制造，其他电气设备和辅助设备由美国制造。该机组系统设计、汽轮机及辅助设备设计以及控制系统，在当时均处于世界先进水平。1988 年年底，青岛汽轮机厂派出以总工程师为领队的 6 人专家小组，到羊八井电站实地考察了引进的日本快装地热发电机组。青岛汽轮机厂根据羊八井已安装运行的几台国产 3000 千瓦地热机组调试和运行经验，结合日本富士公司地热机组的优点，在羊八井地热电站第 8 号和第 9 号机组的设计方面作了较大改进。主要改进设计包括：第一、二次地热蒸汽进汽管径由 $\phi600$ 改为 $\phi400$，全新设计了扩容分离器，汽轮机通流三、四级叶片增加了防腐涂层，改变了密封系统的材质，手动盘车改为电动盘车，简化了主汽门的操作方式等。特别是采用了青岛汽轮机厂全新设计制造的扩容分离器，较好地解决了前五台 3000 千瓦地热汽轮发电机组通流部分易结垢的问题。改进后，机组的大修期也由原来的 1 年延长到 3 年左右，运行的经济性和安全性得到了较大的提高。

1981—1991 年，青岛汽轮机厂共为西藏羊八井地热试验电站制造了 7 台 3000 千瓦机组，机组能够适应流体参数低、结垢物质含量高的地热资源。通过优化后的热力系统，热能有效利用率达到 6%，厂用电率低于 12%（不含回灌），技术指标达到世界先进水平。

从 2005 年开始，青岛汽轮机厂针对印尼地热资源特点专门设计制造了第二代 3000 千瓦等级的蒸汽型地热汽轮机。该机型直接利用地热干蒸汽，一次进汽，采用公用底盘、单层布置、整体发运，控制器采用数字式电液调节系统，极大地提高了自动化控制水平。

从 2013 年开始，青岛汽轮机厂针对非洲肯尼亚地热资源和开发环境，专门开发设计了第三代集装移动式井口地热电站汽轮机。该机型采用高转速汽轮机，通过齿轮减速箱减速后驱动汽轮发电机组发电。由于采用高转速设计，汽轮机体积大大减少，便于汽轮机组装和整体运输，有效保证了汽轮机组的质量和安装效率。

四、西藏羊八井地热电站废水回灌试验和工程建设

西藏羊八井地热试验电站发电后的废水还有较高的温度，为 70～80℃，同时包含大量的砷、氟等有害元素，如果废水直接地面排放，会对环境造成影响。一方面，会造成河水水质问题和热污染，影响下游人畜饮水和水生生物；另一方面，造成地下水位持续下降，不但会使地热资源浪费，而且会导致地热资源枯竭，并产生地面沉降等一系列次生地质灾害。西藏羊八井地热电站并网发电后，开始认识到了地热开发带来的环境问题。1982 年 2 月，在北京召开的羊八井地热发电科研协调会提出，采用地热废水回灌的方法解决环境污染问题，同时希望通过回灌解决地面沉降和延长热田使用寿命。

1985 年和 1986 年分别进行了两次回灌试验研究，在两次试验的基础上，制订了羊八井热田下一阶段的工业性废水回灌工程方案，它兼有消除污染和保护热田的双重目的，回灌的原则如下：① 回灌点远离热田中心，短期内不会给热田带来冷却效应。② 回灌点应位于热田外边缘，其含水层温度低于废水温度。③ 回灌点地层应有好的或比较好的渗透性。④ 最大限度地利用现有设施。

1988—2017 年，羊八井地热田共进行了四期工业性回灌工程。第一期工业性回灌工程从 1988 年开始至 1990 年完成。第一期回灌工程共配置了两口回灌井，回灌量约占全部地热废水量的 25%。在第一期工业性回灌工程实施的同时，安装了羊八井地热田动态监测系统。通过连续监测，获得生产井地热流体和回灌井废水的压力、温度和流量，监测采灌平衡情况，地热田参数变化情况等。第二期工业性回灌工程从 1991 年开始至 1994 年完成。第二期回灌工程共配置了八口回灌井，回灌能力达 2000 吨/小时，实现了羊八井电厂的废水全部回灌。由于多个回灌井口地下裂隙发育程度不高，回灌量越灌越少，出现储层堵塞现象，难以达到废水全部回灌的设计能力。1999—2002 年和 2012—2017 年，分别又进行了第三期和第四期工业性回灌工程，恢复了废水全部回灌的能力。

通过开展废水回灌工程，探索在实现地热资源可持续开发利用的同时，解决废水排放环境问题。西藏羊八井地热田废水回灌试验和工程建设是中国第一次大规模的地热发电废水回灌工程。事实证明，要实现地热资源的和谐可持续开发利用，就要做到"只取热不取水"。回灌是解决地热发电环保问题经济有效的方法，同时还是解决地热流体参数下降、水位下降等问题的最有效措施。

五、联合国开发计划署援助中国地热资源勘探、开发和利用

在国家有关部委的大力支持下，中国地热发电的对外合作，从科技交流开始发展到争取外援、引进设备和人员培训，逐步扩大合作范围。联合国开发计划署和意大利政府分别在 1981 年和 1988 年对中国西藏地热资源勘探、开发和利用提供了二期无偿援助。

1981 年，中国与联合国开发计划署（UNDP）签订《中国地热资源勘探、开发和利用协议》（CPR/81/011 项目），联合国开发计划署和意大利政府无偿援助 300 万美元用于勘

探、开发利用羊八井地热田。这是西藏引进利用外资的第一个项目。1983 年，受联合国委托，意大利国家电力公司（ENEL）和阿夸特（AQUATER）公司承担协议中的主要合作项目，即西藏羊八井地热热储和生产工程的研究。合作内容包括：了解和评价现有羊八井地热田全部资料；研究生产井和非生产井的情况；地热流体的地球化学和同位素分析；探索解决结垢和腐蚀的最佳途径；对现有地面装置进行试验分析并提出最佳优化改造建议；钻屑、岩心、水和气体的实验室分析；数据处理和热储模型；对提高现有地热电站出力提出建议。1985 年 10 月，第一期地热合作项目圆满完成，提交了《西藏羊八井地热田的热储和生产工程的研究最终报告》及 9 个附件报告。

为了加快开发西藏丰富的地热资源，1989 年 5 月，援助西藏第二期地热合作项目（CPR/88/007 项目）开始实施，联合国开发计划署和意大利政府无偿援助共计 816.5 万美元，其中联合国开发计划署 516.5 万美元，意大利政府 300 万美元，用于西藏那曲双工质循环地热电站建设、羊八井深层热储勘探及电站完善化和宁中地热田的勘探。1993 年，引进以色列奥玛特（ORMAT）公司 1 兆瓦那曲双工质循环地热电站建成投产发电。

联合国开发计划署和意大利政府的二期无偿援助项目，对羊八井等多个地热资源进行了全面评估，提出了羊八井热田优化开采和地面设施进行系统优化改造等建议。另外，项目无偿援建了一台兆瓦级双工质循环地热机组，为中国地热发电作出了贡献，同时为中国培养了一批地热开发和利用专业人才。

第三节　多种海洋能发电研究全面起步

20 世纪 70 年代末，中国对于海洋能源发电的开发利用有了进一步的发展。继海洋潮汐能之后，潮流能、波浪能、温差能和盐差能等海洋能均在中国开展了原理性发电试验研究。其中，1978 年在浙江舟山成功海试的中国首个潮流能发电原理样机是民间自发研制的，得到了国内专家的充分肯定。1982 年起，哈尔滨工程大学持续开展了潮流能基础理论研究与水动力性能试验研究，为后续中国首座潮流能电站的建成奠定了基础。1983 年，中国科学院广州能源研究所研制出中国首个商业化的波浪能发电装置。此阶段的海洋潮汐能、潮流能以及波浪能发电都取得了实质性成果，而温差能和盐差能发电，尚处于实验室原理性研究阶段。

一、浙江舟山首次潮流能发电试验

1977 年 9 月，浙江省舟山市沥港镇平倭农机厂职工何世钧受《人民日报》刊载的《科学的春天》和即将召开全国第一次科学大会的鼓舞，结合位于东海之滨的舟山海岛严重缺乏能源的历史背景，向舟山市科委提出《开发存在于舟山诸多水道中的潮流能发电，解决舟山缺电问题》的建议书面报告。生长在海边的他因了解舟山众多水道中的潮流资源条件，并且具有研究试验过风力发电的知识和经验，得到市领导的重视和支持。

根据当时的初步考察估算,在舟山几十条具有开发价值的水道中可供开发利用的潮流能总功率有 240 多万千瓦。何世钧具体提出的建议是：舟山西堠门水道具有每秒 3 米以上的潮流流速,特别是老虎山小岛两侧的潮流能预估功率（不影响主航道情况下）可达 24 万千瓦。设想以老虎山为基础,在小岛两侧各建一座五个机位的潮流发电站,最大水深 70 米的水道中安装直径 20 米的水轮机各 5 台,在叶轮轴壳中装液压泵,潮流推动水轮机通过增速器带动液压泵驱动液压马达、发电机工作。上述设想经上会讨论后认为理论上成立,但考虑到这毕竟是前人还未实践过,况且巨大的工程费用舟山市也承担不起,市领导向何世钧建议,可先搞个小型原理模型试验,证明它的可行性,然后再论证规模化开发的具体实施方案问题。

根据建议,何世钧按原方案作了 1:10 的缩比,设计了原理试验模型机组。机组载体采用十多米长的小机动船,小船的锚泊系统通过浮桶与锚及锚链连接。水轮机直径为 2 米,是用船用螺旋桨改造而成的。水轮机支撑轴固定在船舷两侧的支撑架上,支撑架和水轮机可以收放,方便小船试验及回港。液压泵及油马达、发电机等安装在船上。经过近 3 个月的制造及海试准备,到 1978 年 3 月 17 日该潮流能发电机组正式发电,第一次点亮了装在船上的 50 只 100 瓦电灯泡。浙江省科委组织了国内专家对该潮流能发电装置做现场指导。专家组对该潮流能发电装置给予了充分的肯定和鼓励,提出了修改建议,指导了试验要点,传授了理论和工程方面的知识。何世钧的潮流能发电装置成为当时海洋能的一个亮点,专家组公认何世钧是潮流能发电海试第一人。3 月 18 日,全国第一次科学大会在北京开幕,舟山市科委用电报向科学大会报喜,报告在舟山西堠门水道第一次用潮流能发出了电力。何世钧潮流能发电原理样机初试成功,发电功率 5 千瓦,证明了潮流发电的可行性。

二、中国首个投入商业化应用的波浪能发电装置

20 世纪 80 年代初,波浪能发电研究非常活跃,很快从上海扩展到广州、北京、大连、青岛、天津和南京等地,从事波浪能发电研究的单位有十几个。其中,中科院广州能源研究所自建所以来,40 多年里一直持续研发波浪能发电技术,成功研制了系列化波浪能发电装置,其中包括中国首个商业化应用的波浪能发电装置。

1983 年 12 月,中科院广州能源研究所研制出新型的航标灯用 BD101 型波浪能发电装置。该装置安装在直径为 2.4 米灯浮标上,于 1984 年 6 月 2 日投放在湛江港外砌洲东南海面进行海上试验。1984 年 7 月 15 日 11 时在殉洲 1 号航标灯上取得第一次发电数据：装置共发电 1024.7 安·时,航标灯共用电 147.7 安·时,发出的电量是航标灯用电量的 6.9 倍；日平均发电 11 瓦左右。随后,BD101 型波浪能发电装置又在珠江口小波浪水域进行试验,装置发电量仍然满足航标灯用电的要求。

1985 年,为适应小波浪区域工作的需要,研制了 BD-102 型波浪能发电装置。安装在直径为 2.4 米的灯浮标和直径为 1.8 米的灯浮标上的两套波力发电装置,于 1985 年 9 月和 1986 年 4 月分别投放在珠江口伶仃水道和崖门附近海面进行海上试验,获得大批试验数据。经交通部航标管理部评定后，BD-102 型装置实现了小批量化生产，在琼州海峡、珠江口分区推广应用，并在渤海、黄海、东海沿岸选点试用。至今该型号波浪能发电装置累计销售约 1000 台，其中部分出口到菲律宾、日本和英国。

BD-102 型波浪能发电装置经后期技术不断优化，发展了 BD-102B 型、BD-102C 型、BD-102G 型。该系列波浪能发电装置均采用可在双向交变气流作用下单向旋转做功的新型对称翼空气透平，波高 0.3 米即可发电满足航标灯用电需求。

1990 年 9 月，中国最大的大型灯船"中水道 1 号"投放在琼州海峡中水道 1 号标位正式运行。该灯船安装了 2 台 BD-102 型波浪能发电装置，为解决大型导航灯船的电源开创了新路。

2003 年，125 台 BD-102C 型波浪能发电装置投放于湛江、泉州等大浪区，总体运行良好。

2008 年研制了 BD104 型波浪能发电装置，随后又发展成为 BD104A 型、BD104B 型、BD104G 型等不同型号。该系列装置采用导流锥高压导流下单向旋转做功的冲动式透平，波高 0.25 米即可发电满足航标灯用电需求。

在海洋可再生能源专项资金支持下，针对航运及海洋开发对航标的需求，中科院广州能源研究所与巢湖市银环航标公司联合承担了船标用波浪能供电技术产品化项目，研制了与航标形成一体化结构的系列化波浪能发电装置"海星"号和"海聆"号，并进行批量生产及应用。

2019 年 4 月，装机功率 90 瓦的波浪能浮标"海聆-100"，通过了中国船级社官方检测，开始在珠海万山海域进行实海况试验。试验过程中，最大海试功率达 108 瓦，生产运维成本较传统的太阳能航标降低 58%。

随着"海聆"波浪能发电技术的逐步成熟，"海聆"号波浪能发电装置开始应用于海洋观测领域。2019 年 12 月 25 日，中国首个波浪能供电观测浮标"海聆-150"投放珠海大万山海域，并搭载多种海洋观测仪器开展应用示范。2020 年 12 月 25 日，"海聆-150"实现在开阔海域全系统无故障连续运行一年，经历了不同季节多种海况及多个台风的考验，传回了数百万条重要实测数据，验证了标体与锚泊系统的安全性、波浪能发电系统的可靠性、海上监测与岸基系统的稳定性。2022 年 1 月，"海聆"号成功应用于海洋牧场天空水一体化监测。波浪能发电装置在海洋观测领域的成功应用，标志着中国在海洋观测原位供电方面迈出了重要一步。

第四节　风电的对外技术合作与交流

20 世纪 80 年代，中国风电并网技术仍处于科研试验阶段，但在丹麦、德国等欧洲国家，风力发电有比较成熟的商业化机组，而且具备一定规模，他们也愿意与中国进行科技合作，于是，政府间的合作项目便应运而生。1979 年中国与联合国开发计划署签署协议，在浙江沿海开发风电场；1981 年中国和联邦德国签署协议，在北京建设可再生能源示范项目，这些政府间合作项目成为中国风电产业发展起步的关键。

一、联合国开发计划署资助中国建设首座风力发电试验场

1979 年年底，中国与联合国开发计划署签订了风力发电试验项目，由联合国开发计划署提供开发资金 93 万美元，中国出资 12 万元人民币。根据联合国开发计划署在浙江沿海建造试验风电场的要求，中国相关部门把风电试验场的具体选址和建设方案交由浙江省电力公司负责。

浙江省电力公司根据当时电网的布局情况，经过对各地风能勘测比较，最终把中国首座风力发电试验场址确定在宁波北仑区甬江入海口南岸笠山顶上，共占地 5514 米²。试验风电场于 1980 年动工，一期装机的两台风力发电机由联合国开发计划署提供，其中一台为美国制造的 10 千瓦风力发电机，另一台为英国制造的 4 千瓦风力发电机，发电后经变频升压并网于当地的 10 千伏配电线路。1981 年 3 月，两台风力发电机正式投入试验运行，交由浙江省电力修造厂负责运行管理，并把每年的试验运行情况报送给联合国开发计划署。笠山风力发电试验场的建成，给浙江电力修造厂研制和开发国产风力发电机提供了一个试验基地，标志着中国并网风力发电开发和利用迈出了实质性的第一步。

1981 年，笠山风电试验场又增装了由浙江省电力修造厂自行研发制造的额定功率为 1 千瓦的国产风力发电机一台，和由该修造厂与清华大学机电系共同研制的额定功率为 4 千瓦的风力发电机一台。

1986 年，联合国开发计划署又提供了由美国生产的三叶片垂直轴式和英国制造可变几何型风力发电机各一台，装机额定功率分别为 51 千瓦和 4 千瓦。1987 年，试验场又新增一台由浙江省电力修造厂研发的风力发电机，额定功率为 1 千瓦。1988 年，由中国科技大学研制的风力发电机进入笠山风电试验场，该电机额定功率为 4 千瓦。截至 1988 年年底，笠山风电场的风电总装机功率达到了 374 千瓦。1990 年，由浙江省电力修造厂研制的 2 台风力发电机安装在该试验场，额定功率分别为 3 千瓦和 4 千瓦。

联合国开发计划署援建的笠山风力发电试验场，最终于 2005 年关闭。这个历经 25 年的中国首座风力发电试验场，总装机功率不大，而其真正发挥的作用在于为中国风电事业的发展提供了经验。该风电场不仅为中国风力发电的运行提供了通过实验得来的大量的科学数据，也为推进中国国产风力发电机发展测试了大量技术数据，为日后中国风力发电机的国产化、大功率化，以及风电场安全运行管理、大功率发电并网技术奠定了基础。

二、中德开展农村可再生能源利用示范合作

1981 年，国家科委和联邦德国研究技术部签订的农村可再生能源利用示范合作项目启动。

第一个中德能源合作项目——中德合作再生能源项目议定书于 1980 年 10 月正式签署。为执行合作协议，联邦德国研究技术部组织了光电、风能、太阳能、生物能及建筑等

方面的专家参加这项工作，国家科委及北京市科委组织了北京市太阳能研究所、电子工业部电源研究所、电子技术推广应用研究所、清华大学电机系、天津大学、清华大学建筑系、土木系以及大兴县的科技专家参加了这项工作。该工作由北京市太阳能研究所牵头，目的是在中国偏远农村地区推广可再生能源。

在双方的科技合作协定中，其中一个项目是在北京大兴义和庄建立中德合作新能源示范村，引进了德国的光伏、光热、太阳能集热器、风力发电等众多技术，这是中国第一次建立国际化新能源示范村。另一个项目是在北京昌平县南邵乡九里山上安装了两台风能装置，其主要元部件由道达尔公司提供。其中一台是水平轴风轮通过液压传运（往返超过300 米）驱动抽水泵抽水，或驱动发电机发电，功率为 3～5 千瓦。另一台是垂直轴风电机组，功率可达 20～30 千瓦。

鉴于清华大学在垂直轴风电机组设计方面的对等技术见解，德方公司同意在中国安装的风电机组要满足变速恒频、并网和离网两种运行方式、离网运行要配备负载调节和精确的控制系统的 3 项技术要求。后来的设计、制造过程表明，德方的投入较大，而且在技术上信守协议。遗憾的是，在当时条件下，这一中德合作的技术成果并没有在中国变成生产力，但通过合作项目，中国在太阳能、风能、生物质能各对口技术领域，实现了中德两国技术经验的交流，加强了科技合作，发挥了很好的示范作用。

第四章

风力和光伏发电技术攻关、引进与示范项目（1984—1990）

改革开放初期，中国缺少风电场开发建设经验，尚未掌握风电并网技术，缺少适用的并网型风电机组。为了更好地开发利用风能，推动中国并网型风电机组的产业化发展，1983—1985 年，国家提出了"引进机组、学习经验、旨在实用和便于推广"的开发利用风能的基本战略方针，以借鉴国外先进经验，填补中国中型风力发电机实用化生产和应用的空白为基本原则，进行并网型技术示范验证以及风电场开发建设。

中国早期的并网型风电机组是通过中外合作交流以及国外捐助形式，先后从丹麦、比利时、瑞典、美国、德国引进一批中小型风力发电机组，并在新疆、内蒙古、山东、浙江、福建，以及广东的岛屿建立了 6 座示范性并网风力发电场。1985 年，由机械工业部投资，在海南省东方县引进了 1 台丹麦维斯塔斯公司生产的 55 千瓦并网型风力发电机组；同年，山东荣成马兰风电场也引进了丹麦维斯塔斯公司生产的 55 千瓦并网型风力发电机组，首次实现了国外商业化风电机组在中国的成功运行，标志着中国风力发电技术进入示范应用阶段，可以作为电力工业的新兴能源，为风力发电发展奠定了基础。在国家"七五"技术攻关的推动下，中国各大科研院所与企业联合进行自主研发，几十千瓦级以及上百千瓦的并网型风电机组研制取得成功，中国具有了完备的 55 千瓦以下风力发电机组系列型号，并成功并网发电，为中国并网型风电机组国产化道路奠定基础。同时，中国第一批并网型技术示范风电场先后在中国风能资源较好地区建成。福建平潭示范风电场、新疆达坂城示范风电场、内蒙古朱日和示范风电场、浙江嵊泗风电场等分别建成并网发电，充分证明了风力发电并网技术的可行性。

中国风力机械标准化技术委员会和中国农业机械工业协会风力机械分会标准化组织的设立，对行业的发展起到了指导、规范的作用。20 世纪 80 年代，中国太阳能光伏也开始了一个发展的新阶段。从国外引进了 7 条太阳能电池生产线，并且国家首次将太阳能光伏列入"六五"科技攻关计划。

1990 年 9 月，国家能源部在内蒙古自治区集宁市召开了中国新能源（发电）工作座谈会，国家计委、国家科委、机电部、农业部等国家有关部门，以及新能源方面的专家和科研、应用及管理部门的代表共 56 人参加了会议。会议总结了"七五"期间中国新能源发电发展成绩，提出了"八五"期间中国新能源发电要逐步扩大示范试验的规模。

中国在中小型风力发电机组以及示范性风电场建设方面取得了进展，在太阳能、光伏方面也初具规模；同时，在国家层面也加大了科技攻关和研发资金的支持力度。为中国风力发电和太阳能、光伏的快速发展积累了经验。

第一节　风能技术攻关与示范项目建成

1986 年，"国家风能开发利用"列入国家"七五"科技攻关计划，推动了小型风力发电机组的国产化研制和推广应用。国家科委、机械工业部组织召开小型风力发电工作座谈会，拟定科技攻关计划，支持风力机械的研制，并由机械工业部风力机械处组织实施"七五"科技攻关项目。通过落实完成国家计委科技司"七五"科技攻关项目，沈阳工业大学研制成功 FD12-15 型微机控制风力发电机组，内蒙古动力机厂风能研究所研制的 60 瓦到 10 千瓦风力发电机组陆续实现国产化，青岛市农业机械研究所试制成功百瓦级风力发电机组，河北省机械科学研究院牵头的 20 千瓦变速恒频风力发电机组通过了国家鉴定。在"七五"科技攻关计划期间，中国共研制出了百瓦级、千瓦级、10 千瓦级以及百千万级风力发电机组，实现了中国风力发电机组 55 千瓦级以下系列品种基本齐全，性能和质量有了很大提高，主要性能指标均达到国际先进水平，并且实现批量生产。

与此同时，1985 年国家气象科学研究院开展了第二次风能资源详查，1988 年进行了中国风能开发利用和布局的可能性研究，通过对 2400 多个气象站的多年平均风速资料的分析，为中国风能开发利用以及布局提供了更加充分的依据。

20 世纪 80 年代末，通过政府间合作，引进国外的风力发电机组，在浙江省台州市大陈岛、山东省烟台市崆峒岛、辽宁省大连市乌蟒岛等进行了联合开发。同时，建成包括山东荣成的中国首座并网示范型风力发电场——马兰风电场、福建平潭岛示范风电场、当时中国乃至亚洲装机容量最大的风力发电场——新疆达坂城风电场、内蒙古朱日和风电场、浙江嵊泗县风电场等。通过风电场的开发建设，学习并逐步掌握了并网型风电机组的技术，中国各大研究机构开始自主研发千瓦级的并网型风力发电机组，并将自主研发的并网型风力发电机组进行试验，为中国研制大中型并网型风电机组打下了一个良好的基础。

这一时期，中国通过自主研制小型风力发电机组、引进中型风力发电机组，提高了中国风力发电技术水平；通过示范风电场的建设，为下一步风力发电的规模化发展积累了必要的经验，打下了一定的基础。

一、国家科委组织落实"七五"科技攻关计划

1984 年，国家科委、机械工业部共同组织召开了全国小型风力发电工作座谈会，拟定了联合攻关计划，制定了产业发展政策和攻关方向；明确了技术鉴定、示范和推广的重要性。

1985 年，机械工业部中国农牧业机械公司（简称机械部农机委）成立风力机械处，

受机械部农机委委托，负责小型风力发电行业的管理工作，主要落实生产企业按照机械部农机委下达的风力发电机组指令性计划的完成情况。随后，机械部农机委下达给内蒙古动力机厂和商都牧机厂年度生产计划 16 000 台，其中指令性计划 11 000 台。

1986 年，国家科委制定了"七五"科技攻关计划并组织落实。在科技攻关计划中规划了 400 万元经费，继续支持风力机械的研制和开发；继续对 100、200、300 瓦风力发电机组进行研制；并结合引进国外的技术研制了 500 瓦、1 千瓦、2 千瓦、5 千瓦、10 千瓦风力发电机组。其中，1 千瓦风力发电机组是以补偿贸易的方式引进美国技术；2 千瓦风力发电机组是参考了澳大利亚的样机，根据中国情况而设计的；5 千瓦、10 千瓦风力发电机组是以许可证方式引进法国埃尔瓦特（Aerowatt）公司的技术，1984 年起已批量生产。

根据风力机械处统计，截至 1989 年年底，中国生产各种小型风力发电机组的企业共 38 个，可批量生产 30、50、100、200、300、500、1000 瓦总计 7 种小型风力发电机组，年生产能力达 3 万台；当年生产各种小型风力发电机组 16 649 台，中国保有量达 11 万台。

通过国家"七五"科技攻关计划的实施，中国自主成功研制出的百瓦级、千瓦级风力发电机组得以应用。其中：

青岛市农业机械科学研究所试制的百瓦级风力发电机组，于 1984 年 8 月在黄岛区竹岔岛安装试运转。1985 年 7 月，又在即墨县女岛安装了一台 250 瓦微型风力发电机组，为岛上渔民供电。该机组在 2.5 级风时可推动桨叶发电，遇到 6 级以上大风可自行调速。此后，又安装了 3 台 150 瓦微型风力发电机组，解决了岛上渔民的照明用电问题。青岛市农业机械科学研究所还启动了成熟型 FD2.4-0.2/7 型风力发电机组的研制与试验，用于解决无电地区用电需求，该机组于 1991 年 1 月 8 日在青岛召开的发电机组科研及产品样机鉴定会上通过鉴定。

内蒙古动力机厂和哈尔滨拖拉机配件厂于 1985 年共同与法国埃尔瓦特（Aerowatt）公司签订了小型风力发电机专有技术合同，引进的机型有 60 瓦、150 瓦、300 瓦、1 千瓦、2.5 千瓦、5 千瓦和 10 千瓦七种机型，实现了 100%国产化。1988 年，内蒙古动力机厂将 2 台 5 千瓦国产化样机安装在山东长门岩岛进行实用性考核试验，实现并联发电试运行，取代柴油发电机，为海岛全天供电。试制的 5 千瓦样机，于 1990 年通过了机械工业部和解放军总后勤基建营房部现场验收鉴定。

沈阳工业大学、丹东市农村能源办和沈阳滑翔机厂共同研制成功 FD12-15 型微机控制风力发电机组。河北省机械科学研究院、中国科学院电工研究所、张家口铣床厂共同承担的国家"七五"科技攻关项目"20 千瓦变速恒频风力发电机组研制"，于 1991 年 5 月 19 日通过农业部、机电部、中科院联合组织的国家鉴定。由山东工业大学牵头，航空工业部 550 厂、山东省科学院、青岛大华机器厂等单位参加研制 55 千瓦风电机组，在设计上借鉴了丹麦 55 千瓦风力发电机组、Vestas-55 千瓦机型和中国机组的先进经验。由长岛电业局与青岛大华机械厂、山东工业大学合作研制的 2 台 55 千瓦风电机（FD-11/55）于 1990 年 10 月投入运行。

"七五"科技攻关计划的实施，推动了中国小型风力发电机组研发的进程。

二、风能资源详查

1985 年，国家气象科学研究院开展了第二次风能资源详查。这次详查针对中国风能资源丰富和较丰富的 19 个省（自治区、直辖市），利用 748 个气象台站连续 10 年（1976—1985 年）的风速资料统计计算出各省的风能资源分布，详细论述了各地区的风能资源状况，计算出中国陆上风能资源理论储量为 32.26 亿千瓦，技术可开发量为 2.53 亿千瓦。据估算，近海（水深 10 米、离海面 10 米高）的技术可开发量约为陆地的 3 倍，即 7.5 亿千瓦。上述资源详查成果对于风电发展发挥了重要作用，获得国家科技进步奖二等奖。后来国家能源局《新能源产业振兴和发展规划》中所规划的 8 个千万千瓦级风电基地和几百个风电场，均位于风能丰富和较丰富的地区，上述成果为中国风电开发布局提供了依据。

1988 年，国家计委委托国家气象科学研究院进行中国风能开发利用和布局的可能性研究。研究在 1983 年《中国风能区划》的基础上进行补充修正，给出中国大、中、小型风力机组可能布局的地区分布。论文《我国风能开发利用及布局潜力评估》作为补充修正的结果发表于 1990 年第一期《太阳能学报》上。

通过对中国 2400 多个气象站的多年平均风速资料的分析，绘制了中国年平均风速分布详图；对照《中国风能区划》结果，除青藏高原外，基本上有着较好的一一对应关系，精细程度有了很大提高。按照中国风力机型谱给定的参数，分别计算了中国 70 余个大、中、小、微型四种类型风力机容量系数，并给出了中国各级容量系数分布图。结合风能资源分区及各地十余年风力开发实践，分析论证了中国各地区风能开发利用及布局的可能性。参加统计的 2434 个气象台站所代表的县、市数，占中国总县、市数的 93%。

风能资源调查数据，为积极稳步地开发利用中国风能资源，更好地制定中国风能利用发展规划提供了依据。

三、离网型风电机组的应用

20 世纪 80 年代中后期，中国的离网型小型风力发电机形成了规模化生产能力，可以进行批量化生产。

内蒙古、新疆、西藏等先后在偏远地区推广小型风力发电机，解决了当地居民的用电需求。

内蒙古的风力发电从 1984 年开始进入有计划的发展阶段，重点是全面推广百瓦级微型风力发电机，以解决牧区和边远地区农牧民家庭用电。内蒙古经济委员会安排 11 家定点风电设备生产厂家，初步形成成套生产供应风电设备的行业雏形，年生产能力达到 3 万台左右。1983 年内蒙古自治区有各种风力发电机组累计 3200 台，通过有计划地组织推广，到 1990 年已达到 8.6 万台。内蒙古自治区 88 个旗县中，有 60 个旗县推广应用了风力发电机组，受益农牧户约 5 万户，其中牧区用上了风电的牧民数已达牧民总户数的 30%。

推广最多的地区是锡林郭勒盟，拥有小型风力发电机组 3 万多台，安装风力发电机最多的两个旗县是乌兰察布四子王旗和伊克昭盟❶杭锦旗，普及率均达到 90% 以上。除满足区内需要，还行销至国内 10 余个省（自治区），并出口至蒙古、德国、印度尼西亚、泰国、新加坡等国家，国际上已具有一定知名度。

新疆风能资源丰富，农村牧区居民居住分散，风电是解决无电村、无电户重要电源之一。1983 年 6 月，水利电力部拨款 3.1 万元，由新疆电力局开展小型风力发电试点工作。1984、1985 年，新疆先后在电网覆盖不到的达坂城、乌鲁木齐县西沟乡达莲湖村、阿克苏乡大河沿村、水西沟乡庙儿沟村等 8 处安装 50～1000 瓦风力发电机 20 台，总容量 2700瓦，解决了 63 户农牧民家庭照明等生活用电。1985 年，山南地区措美县从河南省引进102 台 50～100 瓦风力发电机。1986 年，新疆计委安排外汇指标，引进荷兰风电机组 50台，单机容量为 100、150、200、1000 瓦四种机型。此外，阿勒泰、博尔塔拉蒙古自治州等地也安装了一批户用小型风力发电机。在此期间建设的柴窝堡湖西风电试验站是新疆最早的风力发电场，也是中国规模开发风能最早的风场之一，采用离网型与并网型技术结合。1986 年，日喀则从内蒙古、河北引进 72 台 50～2000 瓦风力发电机，分别安装在日喀则的萨嘎县、岗巴县及江当乡和强久乡。阿里地区于 1990 年引进 10 台风力发电机，共计 24.6 千瓦。至 1990 年年末，西藏自治区风力发电总容量为 223.85 千瓦，能使用容量117.6 千瓦。

同时，在福建、广西、江苏等沿海地区的岛屿进行推广应用，以解决渔民生活和生产用电问题。

福建省在 1984 年分别在平潭、霞浦、南安、莆田、东山等县沿海岛屿与边远渔村，安装了由浙江、山西、内蒙古制造的 50～1000 瓦风力发电机组，为岛上居民提供生活用电。1984—1988 年共有风力发电试验站 56 处，安装各种型号风力发电机组 108台，装机总容量 20.5 千瓦。但因为质量、台风以及盐雾腐蚀等原因，使用 2～3 年即损坏报废。

福州风力机厂与福州能源利用研究所联合研制的微型风力发电机组，1985 年在福清县江阴村试验场通过省级鉴定，投入生产。莆田县❷湄洲岛安装 2 台，使用效果较好；南日乡鳌山岛自筹资金购买 43 台，总容量 13.5 千瓦；盘屿岛自筹资金为岛上居民安装 28台，总容量 8 千瓦。1989 年莆田县全县风力发电装机达 110 台，容量 24.7 千瓦，年发电量 8.64 万千瓦·时，供 311 户 1814 人生活照明用电。1989—1990 年，长乐县长屿岛 300多户渔民装上风力发电机组。平潭县风力发电试验站自制 30 台 150 瓦风力发电机组，分配给岛上边远渔村的渔民使用，1989 年该站风力发电总容量达 1070 千瓦。

广西北海市水利电力局于 1982 年 2 月在涠洲岛海参养殖场安装一台 2 千瓦风力发电机组，并试运成功。1984 年初，在水利电力部、广西水电厅的支持下，开始对涠洲岛的

---

❶ 2001 年 4 月 30 日，改名为鄂尔多斯市。

❷ 2002 年 2 月已撤销，隶属于福建省莆田市。

有关风能资料进行测试、收集、分析整理，得出该地多年平均风速 4.7 米/秒，年利用小时 4500 小时以上的结论。据此，提出了风力发电的布点规划，同时选择了涠洲岛气象站、涠洲水库及斜阳岛三个试验点，安装了风力发电机组 4 台共 5 千瓦，初步解决了 75 户 400 人的照明用电。1985 年 6 月，涠洲岛气象站风力发电试点站，安装一台内蒙古商都风力机械厂制造的水平轴式 FD-4-2000 型风力发电机组，至 1985 年年底共发电 207 千瓦·时，平均每月发电 41.4 千瓦·时。1985 年 11 月，涠洲水库风力发电站安装一台浙江省电力修造厂制造的水平轴式 9FD-1000-1 型风力发电机组，采用单机运行，利用蓄电池 110 伏直流供电，解决了水库管理所 30 人的照明用电。1986 年 5 月，斜阳岛村后山安装了 2 台浙江省电力修造厂制造的 9FD-1000-1 型、额定功率为 1 千瓦的风力发电机组。1987 年 6 月，涠洲镇政府安装了一台湖北黄石风能研究所制造的 SD-4.8-2 型、额定功率为 2 千瓦的风力发电机组。1987 年 12 月，驻岛某高炮连安装了 1 台内蒙古水利机械制造厂生产的 6 米可变几何型、额定功率为 2 千瓦的风力发电机组。此外，合浦县沿海村屯的农、渔民用户，自己安装了 88 台 100～150 瓦的微型风力发电机组，总装机容量 8.85 千瓦。

江苏省可利用的风能资源主要在东部沿海地区、里下河地区和连云港市的东西连岛。江苏省电力工业局先后在盐城、扬州、南通、淮阴、连云港的部分农村，建立风力发电试验点。截至 1990 年，共装机 10 台 3000 瓦，投资 15 万元；年发电量 3050 千瓦·时，供 3 个集体单位和 75 户农民的 126 盏电灯照明和 4 台电视机用电。另外，大丰县方强公社引水地震测试台，安装 100 瓦风力发电全套设备后，使该测试台有了备用电源。

20 世纪 80 年代，离网型小型风力发电机在解决西北部偏远地区和东南沿海用电方面，发挥了十分重要的作用。

四、多个中外合作风电试验示范项目开始建设

20 世纪 80 年代中期中国的并网型示范项目，主要是利用外国政府援助的合作项目。欧洲许多国家都有援助发展中国家的机构和经费，开发利用可再生能源一般是优先考虑的援助项目，而且多是试验示范性质的。

1985 年在西藏自治区成立 20 周年之际，荷兰和丹麦两国政府都表示要赠送风电机组帮助当地居民用电，先后派来风电考察团到西藏那曲实地调查。作为援藏项目，中央政府在那曲建立了风能试验站，提供离网风力发电机组成功推广应用。因为当地没有电网，荷兰与丹麦的并网产品并不适用。

1985 年，浙江省与欧洲共同体签订共同开发大陈岛的新能源开发协议，将大陈岛建设成为以风能、太阳能、潮汐能和生物质能为支撑的综合性新能源示范基地。商定到 1990 年完成六项新能源的开发项目及配套的管理设施，这些项目包括风能、潮汐能、抽水蓄能、上下大陈电缆并网、生物质气化炉燃烧用茅草压制块、太阳能电池开发等。大陈岛成为中国第一座中外合资开发新能源的沿海岛屿。

其中，风电/柴油系统采用 3 台 55 千瓦的丹麦 Bonus-55/11 风力发电机组和 2 台 20

千瓦的国产 ZFD13-20 风力发电机组，配合一台 280 千瓦的柴油发电机，于 1988 年年底建成。系统可实现三种运行方式，即风电/柴油系统供电、风力发电机组独立供电、柴油发电机组独立供电。其中风力发电机组独立供电方式试验成功，但长期运行时可靠性不理想。

1988 年，中英合作烟台市崆峒岛风电/柴油系统，采用 1 台 60 千瓦的风力发电机组，配合一台同容量的 60 千瓦柴油发电机和控制系统。系统控制方式为交替运行模式，按照风况变化来接通或断开负荷，将用户负荷按重要性分为一类、二类、三类。

中德合作内蒙古赛汉塔拉风力机野外试验场，采用 2 台 33 千瓦德国 MAN-SMA-33 型号风力发电机组，2 台 33 千瓦柴油发电机配合，于 1991 年 7 月建成。该系统以风电为主，还配置了蓄电池组及变流器，以减少柴油发电机启动次数，柴油发电机可较长时间停机。整个系统可实现四种运行方式：低风速高负荷时，风电/柴油/蓄电池组系统供电；在风况好时，风力发电机组运行，并向蓄电池组充电；在无风时，柴油发电机/蓄电池组向系统供电；在短时低风速、低负荷时，由蓄电池单独供电。

大连市乌蟒岛风电/柴油/蓄电池组系统，由 1 台 130 千瓦丹麦 Nordtank-130 风力发电机组和一台 75 千瓦及一台 24 千瓦的柴油发电机组成，1993 年建成。本系统以风电为主，油电为辅助（40%）。采用静止整流旋转逆变来进行交直流变换，转换效率 80%。系统以风力发电机组输出功率，蓄电池组实时容量与放电特性和负荷容量为控制量。有 7 种运行方式可供选择，包括风力发电机组独立供电、柴油发电机组独立供电、蓄电池组独立供电、风电/柴油系统供电、风电/蓄电池组系统供电、柴油/蓄电池组系统供电和风电/柴油/蓄电池系统供电。

在中国风电事业发展的初期阶段，实施中外合作风电试验项目，是促进中国风电进一步发展的一条很好的路子。

五、首座并网示范型风力发电场建成

中国首座并网示范型风力发电场——马兰风电场于 1986 年 5 月在山东荣成建成并网发电。马兰风电场隶属山东省荣成市电业局，坐落于胶东半岛最东端的马兰湾畔，由山东省计委与航空工业部投资 59.7 万元兴建。风电场安装了 3 台 55 千瓦风力发电机，总装机容量为 165 千瓦。截至 2009 年年底，马兰风电场已成功运行 23 年，累计发电超过 500 万千瓦·时。直至 2015 年，全部风电机组退役，共运行了 29 年。

马兰风电场选择了 20 世纪 80 年代技术最成熟、机组容量最大的丹麦维斯塔斯 V15 型 55/11 千瓦风电机组作为中国首批示范风电机组。马兰风电场是第一座将国外成熟风电技术引进中国的风电场，且大幅超出其额定运转 20 周年的使用寿命，在中国风能开发历史上具有划时代的意义。

马兰风电场首次实现了国外商业化风电机组在中国的成功运行，标志着中国风力发电技术进入示范应用阶段，可以作为电力工业的新兴电源，为以后风电发展成为重要的"方面军"奠定了基础。

六、福建平潭岛示范风电场建成

福建平潭岛示范风电场是 20 世纪 80 年代政府间合作项目。项目之所以选择平潭岛，是因为平潭岛的风能资源丰富，而且当时那里已经有一个风力发电实验站，曾安装过一台中国研制的 55 千瓦的实验机组，机组使用的是直升机退役的叶片，后来在运行时损坏。

1985 年 3 月，比利时派专家到平潭岛考察，商讨与中国合作建立风力发电站。同年 6 月 7 日，国家科委与比利时科学政策部签订"中比合作福建省平潭风力发电示范场"的科技合作项目，由比利时提供 4 台 200 千瓦风力发电机组（价值 60 万美元），中方负责场地、土建工程及输电变电设施，合作期为 5 年，合作目的是评价风力发电对孤立电网的经济效益，合同要求 18 个月内建成。

1985 年 9 月，平潭县政府成立风力工程指挥部，并确定莲花山为站址，同年 12 月动工。1986 年 8 月机组运抵现场安装，该机组为三叶片、上风向、变桨距调节，风轮直径 22.5 米，在当时是单机容量较大、技术较先进的机型。同年 10 月机组正式并网运行，11 月竣工验收。

该发电机组无人值守，由中央控制室 1 台电子计算机集中控制。机组在运行中抗御过多次台风袭击，仍连续安全发电，至 1990 年年底共发电 420 万千瓦·时。

1988 年 1 月，中国首台自主研制的 FD32-200 型风力发电机组在福建平潭岛风电场完成吊装，这是国产风电设备研制进程中的一个重要探索。该机组国家计委投资 100 万元，地方投资 35 万元，由福建省电力局负责，水利电力部杭州机械设计研究所、福建机器厂、上海玻璃钢研究所、福建省电力试验研究所、平潭县风力发电试验站等单位联合研制。机组为三叶片、下风向、变桨距调节，风轮直径 32 米，额定风速 11.5 米/秒，于 1991 年 3 月安装在平潭岛，进行了长达 3 年多的试验运行。1993 年年初，进行了技术鉴定，鉴定认为机组仍不能作商业性发电运行，需要再投入一定数量资金进行局部改进和完善。经多方通力合作，历经三次调试，在解决应急、变桨距、并网等难题后，机组于 1993 年 12 月 27 日并网发电，2002 年退出运行。该机型的研制成功，标志着中国大型变桨距调节的风力发电机组已日趋成熟，对中国风力发电机组的国产化具有重大的推动作用。

在此期间，通过政府间合作，充分利用外国政府的赠款和设备，启动了风电场建设，不仅积累了大量设备运行经验，而且为中国风电的后续发展培训了专业人才。

七、广东南澳风力发电场建成

广东南澳风力发电场位于南澳县大王山和松岭山。南澳岛与汕头市澄海县隔海相望，地处台湾海峡喇叭口西南端，属于东南季风带，风力资源丰富。根据 1978—1994 年的风速资料分析，南澳风电场年平均风速高达 8.54 米/秒，有效风速时数超过 7000 小时，有效风能密度达 1011 瓦/米^2。

为开发利用丰富的风力资源，发展本地经济，南澳县委、县政府于 1986 年 10 月成立南澳县风能开发指挥部，1989 年 5 月又成立南澳县风力开发公司。在各有关部门的支持帮助下，1989 年 6 月，引进了瑞典 2 台 150 千瓦和 1 台 90 千瓦的风力发电机，安装在大王山风力发电场，这是广东省首座风力发电场。该工程投资 260 万元，平均每千瓦造价 6700 元。1991 年 6 月经国家计委批准，南澳风电进行二期工程建设，引进丹麦 3 台 130 千瓦风力机，安装在大王山毗连的松岭山风力发电场。该工程总投资 347 万元，平均每千瓦造价 8900 元。1992 年 7 月经能源部批准，南澳风电场进行三期工程建设，引进丹麦 6 台 150 千瓦风力机，安装在松岭山风力发电场，并于 1992 年年底建成投产。南澳风力发电场 3 期工程总装机 1680 千瓦，年发电量 450 万千瓦·时，占 1992 年南澳全县总用电量的 45%，经济效益显著，为南澳经济发展和人民生活用电发挥了重要作用，也为广东省乃至全国的风能发电建设摸索了经验。

八、新疆达坂城风电场建成

1985 年，由新疆维吾尔自治区计委组织，新疆维吾尔自治区科委等 9 个单位共同起草了《新疆维吾尔自治区风力发电初步规划》。同年，应欧洲风能协会邀请，水利电力部组团前往英国、法国、丹麦、荷兰等国进行风能考察。考察期间，新疆代表团在丹麦提出购买 10、20、55 千瓦独立运行型风力发电机组，以及 100 千瓦并网型风力发电机组各 1 台。

1986 年乌鲁木齐市郊柴窝堡湖畔建立起新疆第一座大型风力发电试验站，安装 55 千瓦和 100 千瓦风力发电机组，两台机组均由丹麦温康公司（Wincon）引进，这是当时中国水利电力系统从国外引进的容量最大的风力发电机组。另外，阿拉山口试验点安装了从丹麦引进的 20 千瓦和 30 千瓦风力发电机组各 1 台，为边防哨卡供电。

1988 年，丹麦政府通过评估、招标确定了新疆达坂城风电项目，政府赠款 2000 万丹麦克朗，中国政府又投入 670 万元人民币，加快了该项目的建设步伐。1989 年 8 月，隶属于新疆维吾尔自治区水利厅的新疆风能公司达坂城风力发电场工程开工，10 月 24 日建成投产。该厂装有 13 台丹麦柏纳斯 150 千瓦风力发电机组，1 台丹麦温康 100 千瓦风力发电机组，总容量达 2050 千瓦，不仅成为当时中国装机容量最大的风力发电场，在整个亚洲也首屈一指。1996 年新疆风能公司与澳门吴福集团合资，成立了中外合作企业新疆奥得欣新能源发电厂，运转顺利。同年，又参与中德科技合作项目，利用德国政府"黄金计划"援助进行扩建，引进安装了 3 台德国艾恩柏纳斯 450 千瓦风力发电机组、3 台德国亚科布斯 500 千瓦风力发电机组，以及 2 台德国坦科 600 千瓦风力发电机组。此外，还承担了新疆布尔津风电场的设计、安装工作。截至 2000 年年底，累计发电 1.3 亿千瓦·时。

1991 年新疆风力发电厂成立，共有风力发电机 33 台，其中 4 台丹麦柏纳斯 300 千瓦风力发电机组、25 台丹麦诺坦科 300 千瓦风力发电机组（4 台整机进口，21 台组装）、4 台丹麦柏纳斯 500 千瓦风力发电机组，总装机容量达 1.07 万千瓦。1991 年年底成立了能源部新疆风电设计研究所，先后完成了达坂城地区一、二、三期工程（一期工程装机 33 台，容量 1.07 万千瓦；二期工程装机 78 台，容量 4.68 万千瓦；三期工程装机 61 台，容量 3.15 万千瓦）的前期工作、设计、安装和调试。1993 年由新疆风力发电厂和丹麦诺坦科公司合作成立了中丹风能有限公司，从丹麦进口风力发电机组散件，先后在达坂城组装了 23 台诺坦科 300 千瓦风力发电机组。

1995 年，新疆风力发电厂装机容量在中国 14 个大型风电场中首次突破 1 万千瓦，成为中国首家初具规模的万千瓦级风力发电场，这标志着中国的风电产业由试验阶段转向规模发展阶段，为中国风电产业树起了一个新的里程碑。1997 年，由新疆风电设计研究所和新疆风力发电厂联合完成的"大型风电工程的建设与运行技术"，获 1997 年电力部西北电业管理局科技成果一等奖、自治区科技进步二等奖。

1996 年 11 月，新疆天风发电股份有限公司成立，主要承担达坂城地区二期发电改造工程，即通称"双加"工程的建设。该工程采取技贸结合方式，引进风力发电机组主要关键部件和技术，力争通过"双加"工程的实施，促进风力发电设备的国产化。该工程 1997年 3 月基坑开挖，于 12 月 16 日完成安装风力发电组 78 台的艰巨任务。

1998 年 4 月，新疆达坂城风力发电有限责任公司成立，该公司由新疆电力公司、中国电力技术进出口公司、新疆康发电力多经投资有限责任公司投资组建，利用荷兰政府2500 万美元混合贷款，引进 51 台 500 千瓦和 10 台 600 千瓦风力发电机组建设达坂城地区三期工程。截至 2000 年年底，新疆风力发电厂、新疆天风发电股份有限公司、新疆达坂城风力发电有限责任公司 3 家风力发电企业累计发电 5.59 亿千瓦·时。

通过新疆达坂城风力发电场的建设，推动了风电机组国产化的进程。1991 年，新疆维吾尔自治区电力局自筹资金购买的风力发电机组中，引进并消化了风机基础和塔架的生产技术，实现了国产化。1993 年，中丹风能有限公司在风机基础和塔架国产化的基础上，完成了 4 台 300 千瓦风力发电机组的组装。1994 年完成了 19 台 300 千瓦风力发电机组的组装。1996 年，新疆维吾尔自治区电力局成立了 300 千瓦风力发电机组国产化攻关小组，具体负责实施"九五"计划国产化风力发电机组项目。在上海玻璃钢研究所、湘潭电机厂、西安航空发动机集团公司、南京自动化研究所等协作厂家的共同努力下，完成了风力发电机组主要部件开发设计、制造、试运的全过程。1998 年 7 月，国产 300 千瓦风力发电机组在现场完成总装，顺利通过近 600 小时的试运行，这标志着 300 千瓦风力发电机组已基本实现了所有主要部件从设计到制造的国产化。

新疆达坂城风力发电场的建成投产以及风电机组国产化的实现，促进了中国风电行业的快速发展。

九、内蒙古朱日和示范风电场建成

内蒙古自治区居各省区首位，是中国大陆面积最大的风能富集区。内蒙古的风能分布面广、资源丰富、稳定性好、年有效风速持续时间长，也没有沿海地区那种破坏性的台风。所以，建设风电场的基本条件十分优越，发展潜力巨大。

内蒙古电管局农电处从 20 世纪 80 年代中期开始，初选了八大风场了解具体的风速资料，考察建设并网风电场的实际条件。20 世纪 80 年代后期成立风电办公室并组织专业人员到锡林郭勒、乌兰察布、巴彦淖尔实地勘测，成立风能利用研究所、建立风能测试站进行研究。最后选定 10 处适宜开发风电的风场，建立测风塔、安装自动观测仪进行测风，经过几年的实测和参照邻近气象部门的长期气象资料，分析证明这 10 处风场条件都非常好，具有建设几十万千瓦到上百万千瓦并网风电场的条件。

内蒙古朱日和风电站位于锡林郭勒苏尼特右旗，1988 年 12 月，内蒙古电管局批准朱日和风力发电试验站一期工程的建设。1989 年 5 月，朱日和风力发电试验站初步设计通过审查，当年 7 月一期工程开工。1989 年 12 月 30 日，首期单机容量 100 千瓦的 5 台机组顺利并网发电，机型为美国风能公司生产的 Model56-100 型风力发电机。朱日和风力发电试验站后改名为朱日和风力发电站，是内蒙古电管局建设的第一个大型风电试验站，也是内蒙古自治区第一个联网运行的风电试验站。

一期续建工程建设规模 6×100 千瓦，1991 年 7 月开工，1992 年 3 月对 6 台美国风能公司生产的 Model56-100 型风力发电机进行安装，4 月并网发电。该项目被列入国家技术引进和设备进口计划，同时也列入国家引进技术改造现有企业计划。

二期扩建工程建设规模 10×120 千瓦，设备是由杭州发电设备厂与丹麦柏纳斯（Bonus）能源公司合作生产的 HEEW-BONUS120-19.4 型风力发电机组，其中轮毂、平台、塔架、地脚螺栓、发电机由杭州发电设备厂制造，其余零部件均由柏纳斯公司提供，1992 年 12 月，10 台机组并网发电。

三期扩建工程建设规模 4×250 千瓦，1993 年 5 月开工。1993 年 9 月，4 台德国胡苏姆公司生产的 HSM-250T 型风力发电机开始进行安装，9 月并网发电。

四期扩建工程建设规模 3×300 千瓦，1994 年 7 月开工，同年 11 月，开始安装设备，发电机为 3 台丹麦诺坦格（NORDTANK）公司生产的 300 千瓦 NORDTANKNTK-300/31 型风力发电机，11 月并网发电。

五期扩建工程建设规模 10×330 千瓦，2000 年 5 月开工，2000 年 11 月并网发电。该工程项目资金利用西班牙政府贷款 400 万美元，其他资金为企业自筹及银行贷款。设备是由西班牙美德（MADE）公司生产。

朱日和风电场经过五期扩建，到 2002 年年底共安装机组 32 台，装机容量 6900 千瓦，累计发电 7600 万千瓦·时。

朱日和风电场的建成为内蒙古西部电网集宁—二连浩特的 110 千伏输电线路提供了电源支撑点，有利于改善线路末端供电，也为白乃庙金矿、铜矿的扩大开采提供了部分电力。作为国内首批建设的风电场之一，该风电场的建成填补了内蒙古风电科技开发的一项空白，为中国风电场的开发建设积累了宝贵的经验。

十、浙江嵊泗县风力发电场建成

嵊泗县位于长江口和杭州湾交汇处，是舟山群岛一部分，嵊泗列岛岛屿众多，海岛上电力紧缺而风力资源十分丰富。根据历年气象资料统计，浙江嵊泗列岛年平均风速在 7.0～7.2 米/秒。开发风力资源以解决岛上电力不足的问题，具有明显的实际意义。

1987 年，为了增进中国和德国在新能源领域的合作，经两国政府协商确定，德国政府无偿赠送中国 10 台 30 千瓦风力发电机组。经资料考查和论证，决定将这 10 台机组安装在浙江省嵊泗县主岛青山上。在国家计委、中国科学院和浙江省计委的支持和帮助下，嵊泗县政府积极配合，经过中德专家的共同努力，经过 20 天的施工安装，风电站于 1991 年 6 月 29 日建成投产。

这 10 台 30 千瓦风力发电机，轮毂高度 15 米，风轮直径 12.5 米，额定功率 30 千瓦，可在 4~25 米/秒风速下正常运行，抗最大风速 50 米/秒，试运行一天发电量 4000 多千瓦·时。在当地风况下，年发电量 80 多万千瓦·时，经济效益明显。

至 2000 年，10 台机组中 7 台因台风受损、零部件老化，加上许多进口配件已停产等原因而无法更换，风电机组基本处于闲置状态。同时，因风力发电成本较高、销售价格高于内陆电价，最终导致了嵊泗风力发电项目未能形成产业化。

虽然嵊泗风力发电项目仅仅是试验，最终没能形成产业化。但是嵊泗县风力发电场的建成投产大大缓解了当地用电的紧张局面，对推动当地经济发展具有重要意义。嵊泗县风电开发的商业示范，为后来中国建立大、中型风力发电场摸索出可供参考的经验。通过引进、消化、吸收国外风力发电机设计制造和并网技术，提高了中国风能利用水平，为开发中国丰富的风力资源，缓解常规能源的不足作出了贡献。

第二节　太阳能发电装备的引进与技术攻关

中国太阳能光伏发电应用始于 20 世纪 70 年代。80 年代初期，中国光伏产业规模还很小，太阳能电池的年产量一直徘徊在 10 千瓦以下，且价格昂贵。除了作为卫星电源，在地面上太阳能电池仅用于小功率电源系统，如航标灯、铁路信号系统、高山气象站的仪器用电等，功率一般在几瓦到几十瓦之间。

1981 年，首届中国光伏大会在北京举行。同年，中国可再生能源学会光伏专委会在云南师范大学举办首届光伏培训班。1982 年，国家科学技术委员会制定"1981—1985 年第六个五年计划"，首次将光伏列入科技攻关项目，成为光伏行业在中国"五年规划"版图上的起跑线；1986 年国家计委在农村能源"1986—1990 年第七个五年计划"中列出了太阳能电池专题。1982 年，教育部成立地面太阳能电池协作组，十所教育部直属大学参加，进行地面用低成本晶体硅电池和非晶硅薄膜电池的研究。1983 年，中国第一届光伏技术经验交流会在北京召开，系统地总结了中国的光伏技术研究成果。在"六五"（1981—1985 年）和"七五"（1986—1990 年）期间，国家开始对光伏工业和光伏市场的发展给予支持，中央和地方政府在光伏领域投入了一定资金，使得当时中国十分弱小的太阳能电池工业得到了巩固并在许多应用领域建立了示范。

1984 年，日本京瓷公司制造并捐赠 10 千瓦太阳能单晶电池板，在甘肃省兰州市榆中县园子岔乡安装建成发电，这是中国第一座离网光伏电站，该电站改善了当地居民的照明需求，最后成为甘肃自然研究所研究光伏技术的基地。1986—1990 年期间，中国先后从美国、加拿大等国引进了 7 条太阳能电池生产线。这些生产线的建成，使中国太阳能电池的生产能力由年产 200 千瓦提升到 4.5 兆瓦，生产成本也大幅度下降，促进了中国太阳能市场的发展。

20 世纪 80 年代，中国太阳能光伏产业通过生产线的引进，提高了国内的生产规模；同时，国家从科技、资金上给予了支持，逐步培养、提高中国自主的研发能力，为以后的太阳能光伏利用技术的快速发展奠定了基础。

一、光伏科技攻关项目和太阳能电池专题列入国家"六五""七五"计划

1982 年国家科学技术委员会制定《中华人民共和国国民经济和社会发展第六个五年计划》（1981—1985 年），其中首次列入光伏科技攻关项目，成为光伏行业在中国"五年规划"版图上的起跑线；在随后的《中华人民共和国国民经济和社会发展第七个五年计划》（1986—1990 年）中又列出了太阳能电池专题。

早在 1982 年，教育部成立了地面太阳电池协作组，西安交通大学、南开大学、四川大学、北京大学、浙江大学、南京工学院、北京工业大学、兰州大学、山东大学、武汉大学等十所教育部直属高校参加，进行地面用低成本晶体硅电池和非晶硅薄膜电池的研究。光伏产业开始起步，有关光伏的研发项目自此开始有了突破性进展。

1983 年 2 月 27 日—3 月 5 日，由中国太阳能学会光电专业组、中国电子学会化学与物理电源学会、中国宇航学会空间能源专业委员会和电子工业部标准化所、电子技术推广应用所，天津电源研究所联合发起，在北京召开了中国第一届光伏技术经验交流会，比较系统地总结了中国的光伏技术研究成果。

光伏科技攻关项目和太阳能电池专题分别列入国家"六五"计划和"七五"计划，光伏太阳能发电技术研究得到了国家层面的支持，从此开始了一个崭新的局面。

二、第一座离网光伏电站在甘肃兰州建成发电

1984 年，中国第一座离网光伏电站在甘肃省兰州市榆中县园子岔乡建成发电。该电站太阳能单晶电池板由日本京瓷公司制造捐赠，总装机 10 千瓦。该电站给当时的园子岔乡 36 户居民带来光明，基本满足了整个村子每家 2 只日光灯的用电需求。

20 世纪 80 年代末，国家电网将电力送到了该电站所在的小村庄，该电站光伏板被村民拆下来挪作他用。甘肃自然能源研究所与当地政府和村民协商，有偿运回、重建了 7 千瓦左右的光伏电站，留在了研究所做研究用。

该电站原设计是离网运行的电站，运行 13 年后，1997 年更换过一次蓄电池。2004 年，该电站改造成了并网运行模式，采用并网逆变器替换原来的独立逆变器。2013 年，在该电站运行 29 年后，甘肃自然能源研究所曾对其光伏组件数据进行抽测，结果显示功率平均下降 16%，衰减最厉害的光伏组件也不到 20%。至 2020 年，这座光伏电站还在正常发电。

该电站的建成与运行，为中国太阳能光伏的技术研究提供了必要的条件。

三、多条太阳能电池生产线的引进

20 世纪 80 年代初期，受价格和产量的限制，中国太阳能电池市场发展缓慢，除了作为卫星电源，在地面上太阳能电池仅用于小功率电源系统，如航标灯、铁路信号系统、高山气象站的仪器用电、电围栏、黑光灯、直流日光灯等，功率一般在几瓦到几十瓦之间。在"六五"和"七五"期间，中央和地方政府在光伏领域投入资金，太阳能电池工业得到了发展，并在更大规模系统上应用示范，如微波中继站、部队通信系统、水闸和石油管道的阴极保护系统、农村载波电话系统、小型户用系统和村庄供电系统等。

1983—1987 年，中国先后从美国、加拿大等国引进了 7 条太阳电池生产线，包括秦皇岛华美光伏电子有限公司引进美国 1 兆瓦生产线、云南半导体厂引进加拿大 1 兆瓦生产线、宁波太阳能电源有限公司及开封太阳能电池厂购进 1 兆瓦产能部分设备、哈尔滨克罗拉公司购进 1 兆瓦非晶硅设备等。中国太阳能电池的生产能力由 1984 年的 200 千瓦提升到 4.5 兆瓦，这种产能一直持续到 2002 年。实际产量则只有 2 兆瓦左右，价格由"七五"初期的 80 元/瓦下降到 40 元/瓦左右。

秦皇岛华美光伏电子有限公司（简称华美公司）系国营红光电子管厂与秦皇岛电子管厂合资经营的企业，是国内最大的单晶硅太阳能电池专业化制造厂之一。1985 年，华美公司引进美国年产 1 兆瓦单晶硅太阳能电池生产线，为全国供应 30%以上的太阳能电池。遗憾的是，因种种原因，华美公司于 2003 年破产谢幕。

成立于 1986 年 6 月 9 日的哈尔滨—克罗拉太阳能电力公司是美国克罗拉公司和中国哈尔滨汽轮机厂、黑龙江省电影机械厂共同建立的合营企业，成立时引进了全套美国 1 兆瓦非晶硅太阳能电池的技术和生产、测试成套设备。2000 年 3 月，在原哈尔滨—克罗拉太阳能电力公司的基础上进行了资产重组，由哈尔滨哈汽实业开发总公司和哈尔滨通讯设备制造公司共同出资，成立黑龙江哈克新能源有限公司，专业生产非晶硅太阳能电池。哈尔滨—克罗拉太阳能电力公司不断进行非晶硅太阳能电池的新技术、新材料、新工艺、新设备等方面的研究，对非晶硅太阳能电池的应用开发投入大量人力、物力和财力，结束了中国不能生产大面积非晶硅太阳能电池的历史，缩小了中国与发达国家在太阳能电池技术方面的差距。

云南半导体厂 1977 年前主要生产晶体管与集成电路，与云南师范大学太阳能研究所合作后，产品升级换代，开始了太阳能电池的研究。当时只能设计出直径 40 毫米的硅晶电池，几年以后，才达到 75 毫米的水准。1984 年，该厂从加拿大引进美国太阳能源公司 1 兆瓦的太阳能电池生产线。1985 年，这条生产线的组件生产部分开始投入运行，年产 0.5 兆瓦太阳能电池。1987 年，云南半导体厂引进的全部生产线到位，逐步形成了从拉单晶、切硅片、做电池片与组件封装的完整生产线，成为当时中国最大的太阳能电池生产厂家，这一规模一直保持到 2001 年。2004 年，云南半导体器件厂改制成为国有控股的股份制公司，由中国兵器工业集团控股。

这些太阳能电池生产线的引进，促进了中国太阳能技术的进步，促进了中国太阳能事业的发展。

第三节　行业组织机构建设

自 1958 年中国第一台型号为"81"型的风电机组研制成功以来，经过近 30 年的发展，中国风力发电机组设计、制造、测试技术以及风电场开发建设的规模不断进步，与行业发展相适应，服务于中国风力发电的第三方行业组织机构逐步建立。随着风电行业的发展与完善，急需研究与制定风电领域的相关标准，以规范、引导风力发电市场的进一步发展，中国风力发电标准化组织机构应运而生，主要包括中国风力机械标准化技术委员会和中国农业机械工业协会风力机械分会标准化组织。

一、中国风力机械标准化技术委员会成立

1985 年，经国家质量技术监督局批准，中国风力机械标准化技术委员会（简称风标委）成立，在中国国家标准化管理委员会统一管理下，负责中国风电机组标准化工作。

风标委（国家代号 SAC/TC50）与国际电工委员会风能发电系统（IEC/TC88）对口联络，是国家授权的从事中国风电行业风力发电设备（陆上和海上）、风力发电机组的检测认证、风力发电机组的安装和施工、风力发电机组运行和维护、风力发电机组电能质量及风电场的并网要求等标准制定工作。风标委由国家标准化管理委员会和中国机械工业联合会领导和管理。风标委委员单位来自国家有关的行政部门、科研院所、大专院校、风电主机生产厂及零部件厂家和检测认证机构，是中国从事风力发电装备、风力提水装备等专业领域中研究、制定标准和宣传贯彻标准的一支生力军。风标委通过制定协调统一、科学合理的风力机械标准，促进了中国风力机械产品的开发、研制、生产和管理的有序发展，提高了中国风力机械的质量水平和市场竞争能力。风标委自成立以来，在风力机械标准化方面做了大量的工作。

1989—1999 年，机械工业部呼和浩特畜牧机械研究所执行中德政府间科技合作项目，并建立了内蒙古赛汉塔拉野外风电测试场。赛汉塔拉野外风电测试场是符合 IEC 国际标准要求的风力发电机组野外试验验证场地，该测试场可同时安装几十台不同机型的离网型风力发电机组进行测试和可靠性考核。以此为契机，风标委组织企业开始了小型风力发电机组国家标准、机械行业标准的制定工作，以规范市场，保证机组的产品质量。1999—2001 年，为配合"中国光明工程"的实施，风标委组织制定了 30 多项标准，并在内蒙古赛汉塔拉野外风电测试场开展了 10 多家企业近 20 个型号的小型风力发电机组的测试工作。

在小型风力发电机组发展的过程中，风标委最早提出并与台湾标准化部门共同研究制定了 GB/T 29494—2013《小型垂直轴风力发电机组》，该国家标准也是海峡两岸共同制定并互认的第一项标准。该项目荣获 2016 年"中国机械工业科学技术奖科技进步二等奖"。

至 2020 年，风标委已建立了风力机械领域标准体系，涵盖大型并网风力发电机组，

海上风力发电机组，小型风光互补风力发电机组的产品、方法以及基础标准，包括整机、部件、控制系统、运行维护等方面标准。

二、中国农业机械工业协会风力机械分会成立

1989 年 8 月，机械电子工业部批准成立中国农机工业协会风力机械专业协会（后更名为中国农业机械工业协会风力机械专业分会）。8 月 21 日，在辽宁丹东市召开了成立大会。中央有关部委领导及 51 个会员单位 64 位代表参加了会议，选举组成了第一届理事会。

1990 年 7 月，中国农机工业协会风力机械专业协会完成了国家计委资源节约和综合利用司下达的国家重点研究项目——中国微小型风力发电机组效益分析及发展前景的研究任务。1991 年 8 月 14 日，经民政部批准成立了中国农业机械工业协会。中国农机工业协会风力机械专业协会更名为中国农业机械工业协会风力机械分会，隶属于中国农业机械工业协会。1992 年 10 月 17 日，分会组团参加了古巴哈瓦那第十届国际博览会。商都牧机厂生产的 FD2.5-300 型风力发电机组首次在拉丁美洲亮相，深受古巴人民的欢迎。

中国农业机械工业协会风力机械分会的服务范围扩大到并网型大容量风电机组及其零部件、配套产品的制造厂家，进而延伸到新能源制造企业、风力发电场及研究咨询机构，是政府和企业之间的桥梁和纽带。在接受政府部门委托推进各类风电科技项目实施、制定行业标准、进行行业状况调研、提出政策建议等方面做了大量工作，成为中国有影响的风电行业组织之一。

第三编

中国可再生能源发电的稳步发展

（1991—2004）

　　1991—2004 年是中国可再生能源发电改革创新、开拓进取的发展期。可再生能源发电的发展，以改革作为发展动力，以科技创新为引领，依托政策支持提高发展质量，为中国可再生能源发电的科学技术和设备制造赶超世界水平打下坚实基础。

　　从能源长期发展战略的高度来审视，可再生能源既是近期急需补充能源，又是未来能源结构的基础，中国必须寻求出一条可持续发展的能源之路。1995 年 1 月 5 日，国家计委、国家科委、国家经贸委共同制定颁布了《中国新能源和可再生能源发展纲要（1995—2010）》，电力部制定下发了《风力发电场并网运行管理规定（试行）》，国家经贸委实施了"双加"工程。这一系列政策的发布和项目实施，对风力发电发展产生了积极的助推作用，有力促进了风力发电发展由示范应用向规模化、产业化发展阶段的转变。

　　除风力发电产业商业化及风力发电设备国产化的快速发展外，中国光伏发电光热发电技术也得到了蓬勃发展。1996 年 9 月，世界太阳能高峰会议在津巴布韦召开，中国政府积极响应在全球无电地区推行"光电工程"的倡议，于 1997 年由国家计委牵头制定"中国光明工程"计划，并着手中国政府与世界银行合作实施全球环境基金赠款和世界银行贷款的 REDP 项目，支持中国建设具有商业化前景的并网大型风力发电场，促进太阳能光伏系统的市场开发，这是中国当时启动的最大可再生能源国际合作项目。这个项目一是扩大开发中国可再生能源应用领域，加快其产业化进程；二是改善中国能源结构，减轻当时已经十分严峻的环境压力；三是解决电网不能覆盖偏远地区农牧民用电问题，有效促进中国光伏产业进步和发展。

　　在国家一系列政策支持下，中国的生物质直燃发电、海洋能发电的发展也在协调稳步推进。

　　生物质发电，从 20 世纪 70 年代以来，以自配热电厂热电联供为模式，在甘蔗制糖、造纸造板等行业得到广泛应用和发展。生物质发电上网起步于 20 世纪 90 年代，进入 21 世纪后，国家相继出台一系列生物质发电产业政策，为后续生物质发电在中国蓬勃发展提供了有力政策支撑。

　　地热发电，主要受地热资源禀赋、电力需求和激励政策等因素影响。由联合国援助的西藏那曲兆瓦级双工质循环地热示范电站于 1993 年建成后，中国的地热发电从 1994—2008 年，再没有建设一座地热发电站。

　　中国的海洋波浪能和潮流能发电的研发和应用，从 20 世纪 80 年代开始，到 20 世纪末进入活跃期。一是中国科学院广州能源研究所研制出中国首个千瓦级、十千瓦级和百千瓦级波浪能发电装置；二是中国首个商业化波浪能发电装置——小型航标灯，实现批量化生产并出口到国外；三是在浙江省岱山县龟山航门水道建成中国第一座漂浮式潮流能发电站，为后续系列化潮流能发电机组研制提供了宝贵经验。

第五章

风能与太阳能发电的商业化发展
（1991—2004）

20 世纪 90 年代，中国可再生能源的开发和利用尚处于起步阶段。为加强对新能源基本建设的管理，明确划分项目审批和管理权限，国家计委制定了《新能源基本建设项目管理的暂行规定》，并于 1997 年 5 月 27 日颁布实施。该规定明确新能源基本建设项目规模类型，并划分审批以及管理权限。政策营造市场，市场拉动发展。该规定为有序推动新能源项目基本建设，规范新能源发展提供了政策支持。1999 年 1 月 12 日，为进一步规范可再生能源发展，加速可再生能源发电设备国产化进程，国家发展计划委员会、科技部联合发布《关于进一步支持可再生能源发展有关问题的通知》，从项目的立项、资金扶持、并网优惠、定价办法等各方面给予了明确规范。良好的银行贷款政策为可再生能源项目建设提供了资金支持，对可再生能源发展起到促进作用。

1991—2000 年，是中国风力发电产业商业化的开端。随着改革开放的持续深入，中国国民经济进入快速发展时期，社会对电力需求日益增强。但这一时期的电力生产难以满足经济社会快速发展的需要。1992 年前，零散分布在中国各地的风力发电企业，其主要特点是规模较小，探索风力发电技术可行性研究也尚处雏形。为改善能源结构，能源部决定大力开发风力发电。从 1992 年起，在风力发电机组国产化探索中，以中国福霖风能开发公司成立为代表的几个商业化项目相继投产，不断开创中国风力发电技术新领域，特别是在 200～750 千瓦风力发电设备的国产化率已超过 95%，真正实现了属于中国的风力发电专业技术。

"八五"期间，国家对太阳能光伏应用示范项目给予政策支持，使太阳能光伏发电在工业和农村得到广泛应用，应用领域包括微波中继站、通信、水闸、石油管道阴极保护、农村载波电话、小型户用系统和村落供电系统等。1997 年，国家计委牵头制定实施"中国光明工程"计划，由中央拨款 100 亿元，在边远地区大规模应用风能和太阳能项目。国家计委启动"西部省区无电乡通电计划"，通过光伏发电解决西部 7 省区 700 多个无电乡政府所在村镇的用电问题，光伏用量 15.3 兆瓦。通过实施"中国光明工程" REDP 等项目，成功解决了中国西部边远地区农牧民生活用电问题，有力推动了中国太阳能光伏产业商业化发展进程。

第一节　多举措促进风力发电建设

20世纪90年代开始，能源部就着手对全国风电建设进行规划，并成立了专业的风能开发公司。1993年3月，新成立的电力部多次出台政策、组织会议，通过外引内联，加大国际合作的力度等措施，拓宽风力发电合作渠道，推进风力发电建设。

"八五"期间为中国风力发电示范应用阶段，一方面更多的国外风力发电机组落户中国风力发电场，另一方面国产风力发电机组研制取得积极成果。中国风能中心组织浙江省机电设计研究院、杭州发电设备厂、上海玻璃钢研究所、杭州齿轮箱厂等8个单位，承担国家科委"200千瓦风力发电机组研制"项目，在消化吸收国外技术的基础上，进行自主设计研发，历经5年多的艰难攻关，研制出风轮直径24米、失速200千瓦风力发电机组（FD24—200型）。首台样机于1997年4月在辽宁东岗风力发电场试运行，第二批两台样机于1997年12月在南澳风力发电场投入运行。后来该机型再次进行改型设计，开发制造3台250千瓦风力发电机组（FD25—250型），国产化率达到80%。

一、中国福霖风能开发公司成立

1991年6月，能源部在北京召开全国风力发电建设规划会议。会议强调，要把风力发电建设成为中国电力工业的一个方面军，在"九五"期间，中国风力发电装机容量力争达到100万千瓦的目标。1991年年底，能源部决定成立专业风能开发公司，1992年11月14日，中国福霖风能开发公司在国家工商行政管理局注册成立。

中国福霖风能开发公司自成立后与内蒙古电力局、东北电业管理局、华北电业管理局、汕头电力局、南澳县风能开发公司等单位建立了合作关系，共同投资和合作建设、经营风力发电场。

1994年，中国福霖风能开发公司分别投产内蒙古朱日和、广东南澳和大连东岗风力发电场。1998年，中国福霖风能开发公司分别建成汕头南方风力发电场、汕头丹南风力发电场和张家口长城风力发电场。其中汕头丹南24兆瓦风力发电场于1998年6月1日正式投产并网发电，是中国唯一的中外合资企业自筹资金建设项目，也是中国唯一采取BOO（Building-Owning-Operation，建设—拥有—运营）方式的风力发电项目。

1999年，中国福霖风能开发公司与隶属于国家电力公司的龙源电力集团股份有限公司（简称龙源电力）和中能电力科技开发公司进行重组，成为龙源电力的子公司。2004年，中国福霖风能开发公司重新定位，转型从事风力发电等可再生能源的工程咨询、设计和研究，工作内容从前期风力发电规划、可行性研究到风力发电场施工图设计以及风力发电项目后评估工作。

二、电力部大力推进风力发电建设

1993 年 12 月，电力部在汕头召开中国风力发电建设工作座谈会。会上就做好风力发电建设工作，要求各网省电业局做好风力发电发展规划，抓紧组织一批风力发电项目建设。会议呼吁国家相关部委加快风力发电政策出台，改善风力发电建设外部环境。会议提出电网要全部购买风力发电电量，确定合理电价，差价摊入全网售电电价的重要构想。会议提出，到 2000 年实现风力发电装机 100 万千瓦的规划目标。

1995 年 1 月，电力部在北京召开中国风力发电前期工作会议。会议提出 1995—2000 年中国风力发电发展规划，争取到 2000 年年底全国风力发电装机规模达到 130 万千瓦的目标。会议指出，中国风力发电已开始进入产业化发展阶段，风力发电一定要依靠电力企业。在调动各方面积极性办风力发电的同时，一定要把电力局、电力企业推到第一线，成为责任者。会议指出，发展风力发电要以抓风力发电场建设为龙头，通过项目的建设带动风力发电机的制造、科研、设计、教学等，通过风力发电项目的建设带动风力发电的发展。会议强调，风力发电的起步要以中外合作、合资为主开展工作，要通过中外合资办风力发电场、办风力发电机制造厂的形式，加快风力发电发展速度，在发展过程中逐步实现国产化。

1995 年 5 月，电力部在北京组织召开北京国际风力发电会议，这被认为是中国风力发电发展从科研示范向产业化发展转换的一个转折点。会议指出，到 2000 年中国的风力发电装机容量将由 1995 年的 3 万千瓦发展到 100 万千瓦。来自美国、德国、日本及丹麦等 16 个国家和地区的 120 名国外代表和 150 名中国代表参会，会议还进行了风力发电学术交流和招商引资活动。

1995 年 8 月，电力部在新疆维吾尔自治区达坂城召开风力发电建设管理工作座谈会。会议推广达坂城风力发电场装机容量超过 1 万千瓦的经验。1997 年 4 月，电力部在大连召开中国风力发电场建设工作会议。国家计委、国家经贸委、国家科委、外经贸部、机械部等有关部委参加会议。会议强调风力发电进入产业化发展阶段后，要在如何适应市场经济方面做文章，重点要解决优惠政策和机组国产化两个问题，会议就风力发电机组国产化问题提出起点要高、循序渐进、协同作战、尊重市场规律等四条意见。

三、风力发电电价制度确立

1994 年，电力部制定《风力发电场并网运行管理规定（试行）》，规定"电网管理部门应允许风力发电场就近上网，并收购全部上网电量""风力发电场上网电价按发电成本加还本付息、合理利润的原则确定""高于电网平均电价部分，其价差采取均摊方式，由全网共同承担"。《风力发电场并网运行管理规定（试行）》是中国制定的首个风力发电固定电价制度。

1994 年，风力发电与其他行业一样执行 17% 的增值税税率。而煤炭发电可以抵扣煤炭进项税，据测算，实际税负为 8% 左右，风力发电税负约为火电的 2 倍。虽然国家对风能制定有力的支持政策，但在这一时期，由于没有充分考虑新能源在抵扣环节的特殊性，风力发电在税负方面仍高于煤炭等传统能源。1999 年 1 月，国家发展计划委员会、科技部联合发布《关于进一步支持可再生能源发展有关问题的通知》，该通知对风力发电价格形成机制做出规定，可再生能源并网发电项目在项目建议书阶段，应出具当地物价部门对电价的意向函，可行性研究阶段由当地物价部门审批电价（包括电价构成），并报国家发展计划委员会备案。经当地物价部门批准和国家发展计划委员会备案的可再生能源并网发电项目电价，从项目投产之日起实行。还本付息期结束以后的电价按电网平均电价确定。这一内容明确风力发电价格实行审批电价制度，上网电价由各地价格主管部门批准，报国家发展计划委员会备案。审批电价制度进一步明确风力发电价格批准权限与制度流程，风力发电价格在未来的政策改革中也得到了持续优化。

第二节　并网型风力发电设备的国产化

1995—2000 年是中国风力发电设备国产化快速发展阶段。在此期间，《中国新能源和可再生能源发展纲要（1995—2010）》及其实施细则、电力部制定下发《风力发电场并网运行管理规定（试行）》、国家经贸委实施"双加"工程，这一系列政策的发布实施，加速推动风力发电设备国产化发展进程。

"九五"期间，国家计委提出"乘风计划"和"国债风电"项目，倡导国内企业与国外先进风力发电制造商组建合资企业，通过引进、消化、吸收国外风力发电制造技术，实现自主开发、设计、制造大型风力发电机组的能力。在合资过程中，通过学习国外成熟技术，在模仿的基础上再创新，实现设备制造国产化。"乘风计划"及"国债风电"项目，提倡国内风力发电企业组织专业技术人员一方面利用到国外风力发电设备制造企业培训学习的机会，掌握风力发电设备的技术原理和标准，为自主研发做好技术储备；另一方面，在风力发电机组维护过程中，尽快掌握各种大小备件的制造能力，从而降低进口维护成本，实现自主制造零部件能力。1992 年年底到 1995 年，新疆风能有限责任公司在引进国外风力发电机部件并进行组装的基础上，研制出部分 300 千瓦风力发电机组零部件，实现零部件研发制造技术的提升，使国产部件成功安装在国外机组上运行。

为加速消化吸收先进技术，提高国产风力发电机组的开发制造能力，机械工业部于1996 年 7 月 15 日成立"机械工业部风力发电机组国产化工作小组"。2001 年 3 月 6 日，国家科学技术部高新司组织专家组，对"九五"重点科技攻关项目——"大型风力发电系统关键技术的研究"进行国家验收。在政策、各类国家项目工程、合资公司自主技术研发的推动下，风力发电机组逐渐走上了国产化道路。

一、多项政策出台促进风力发电机组国产化

1995 年，国家计委、国家科委和国家经贸委共同制定《新能源和可再生能源发展纲要（1995—2010）》（简称《纲要》）以及《新能源和可再生能源优先发展项目》，指导中国

新能源和可再生能源产业发展。《纲要》提出，要全面推广应用新能源技术，到 2010 年，建立起世界先进水平的工业体系和科研体系，主要技术项目基本达到规模生产水平。

《纲要》指出，要继续抓好小型风机生产、销售、服务工作，同时下大力气提高大型风机的设计能力和制造工艺水平，加速国产化进程，改进风力透平机的特性，集中力量开发 200 千瓦以上风力发电机、风力发电场控制和管理系统，加强和完善风力发电场规划选址和勘察设计工作，建造若干个大型风力发电场，到 2010 年，中国风能开发能力达到 100 万～110 万千瓦（108 万吨标准煤）目标。为实现目标任务，通过两个阶段实施。第一阶段从 1995—2000 年，通过强化科技研制和试点示范工作，使多数新能源技术接近或赶上世界先进水平，其中一些成熟实用技术，要尽快形成产业，扩大应用，进入市场，全面解决边远和海岛等无电地区的用电问题。第二阶段从 2001—2010 年，通过全面推广应用新能源技术，进而建立起世界先进水平的工业体系和科研体系，主要技术项目基本上达到标准生产水平。

《纲要》提出，要在 20 世纪末至 21 世纪初的 10 年间，选择一批对国民经济和生态环境建设具有重大价值的关键技术进行研究开发，其工作重点是加强这些技术的试点示范和科技成果的转化工作，促进产业形成，尽快实现商品化生产和推广应用。

1999 年，国家经贸委发布《关于进一步促进风力发电发展的若干意见》。该意见指出，发展新能源是中国能源建设实施可持续发展战略的需要，对促进电力工业结构调整、减少环境污染、推进技术进步、培育新的经济增长点具有重要意义。文件明确指出，风力发电是中国新能源发电中技术最成熟、最具规模化开发条件和商业化发展前景的发电技术之一，近年来，中国风力发电得到了快速发展，已成为电力工业的组成部分。

按照国家经贸委《关于进一步促进风力发电发展的若干意见》，在质量和价格水平相当的条件下，使用国产设备的风力发电项目优先立项和上网。

在条件成熟时，对新建风力发电场采用国产设备比例予以明确规定。对外商投资建设风力发电场采购的国产装备，按照《国务院办公厅转发外经贸部等部门关于当前进一步鼓励外商投资意见的通知》，可在增值税和企业所得税方面享受优惠政策。同时，为了加快风力发电设备的国产化，要求各省（区、市）及有关部门和单位，都要高度重视风力发电设备的国产化工作，把风力发电建设与风力发电产业培育和风力发电设备国产化目标紧密结合，以风力发电的规模化建设带动风力发电的产业化发展，加快实现风力发电设备的国产化制造目标。

2000 年，国家经贸委印发《关于加快风力发电技术装备国产化的指导意见》，文件明确风力发电技术装备国产化的指导思想是以市场为导向，以工程为依托，在引进、消化、吸收国际先进技术的基础上，不断创新提高，开发具有自主知识产权的风力发电设备。

二、国家计委实施"乘风计划"和"国债风电"项目

20 世纪 90 年代后期，中国政府通过实施"乘风计划"和"国债风电"项目，推动中国风力发电设备制造产业健康快速发展。

"九五"期间，为实现以市场换技术、立足于高起点发展中国风力发电机制造业的目标，支持中国风力发电场建设和大型风力发电机组的国产化，1996 年 7 月 15 日，根据国家计委、国家经贸委、电力部的规划要求，机械部决定成立机械工业部风力发电机组国产化工作小组。

1996 年，国家计委提出"乘风计划"。"乘风计划"的主要任务是进行风能资源详查，完善风力发电场建设"九五"计划和 2000—2010 年计划；拓宽资金渠道，走技贸结合道路，加快风力发电场建设；消化吸收，逐步提高风力发电场设备国产化率；制定扶持政策，编制设备生产规范、风力发电场建设规范及相应技术经济评价方法等。"乘风计划"在"九五"期间，采取技贸结合，实现 300、600 千瓦大型风力发电机组的国产化；国家计委组织"九五"风力发电科技攻关项目的研究，拟用 5 年时间引进技术，消化吸收，自主开发；同时建设 24 万～40 万千瓦的风力发电场。

"国债风电"项目是利用 2000 年国家重点技术改造项目计划（第四批国债专项资金项目），建设 8 万千瓦国产风力发电机组示范风力发电场项目。其中包括内蒙古赤峰供电公司装机 3 万千瓦、辽宁营口供电公司装机 1 万千瓦、大连供电公司装机 1 万千瓦和新疆风能有限责任公司装机 3 万千瓦。其指导思想是以市场为导向，工程为依托，不断提高创新水平，开发具有自主知识产权的风力发电设备，形成批量生产能力，降低风力发电设备造价，增强中国风力发电设备制造业的国际竞争能力。该项目按照"用户牵头，项目依托，风险公担，效益共享"的原则实施，推动"国债风电"示范项目顺利实施。

"乘风计划"和"国债风电"项目进一步促进了中国风力发电技术引进和自主创新。中国风力发电产业正式进入规模化发展阶段。

三、"双加"工程加快风力发电场建设及机组国产化速度

"双加"工程，是国家经贸委在中国技术改造方面，实行的"加大投资力度，加快改造步伐"工程的简称。为适应建立社会主义市场经济体制和扩大对外开放的要求，1994 年 5 月国家经贸委提出，从 1994—1996 年组织实施"双加"工程，即以国家产业政策为依据，以市场需求为导向，以提质降耗、扩大出口、增加有效供给为重点，立足现有企业，选择一批条件好的企业，抓一批水平高的技术改造项目，集中有限资金，加大投资力度，加快技术改造步伐，促进重点行业、企业上水平，为经济持续、快速、健康发展增添后劲。

大型风力发电机的国产化问题，作为中国是否能够真正发展规模性风力发电场的重要问题，被提上议事日程。在这种形势下，"双加"工程计划在三年内，投资 12 亿元，新建和扩建风力发电场规模 12 万千瓦，这对中国风力发电发展起到重要的推动作用。

"双加"工程促进大型风力发电机组国产化的宗旨，是在不降低进口风力发电机技术性能和质量的条件下，用部件国内制造的办法，最大幅度降低设备造价，通过引进、消化、吸收实现自我开发的技术能力。国产化的目的在于掌握生产技术，降低资金成本。"双加"工程实施，对于推进中国风力发电的规模化发展，体现规模效益，培育新型产业，提高技

术水平发挥重要作用。

"双加"工程的资金来源有两部分，一部分是国家技术贷款，一部分是企业自筹。国家经贸委实施"双加工程"，促进了大型风力发电场建设及风力发电机组国产化进程。

1995年11月21日，电力部下发《利用"双加"工程推动大型风电场建设及风电机组国产化的工作意见》，利用"双加"工程对中国风电场发展起到重要的推动作用。

四、国产化技术路线的尝试

为实现风力发电机组技术进步和设备制造国产化，通过成立中外合资公司、安排专家前往国外学习技术等形式进行探索，均取得实质性成效。

120千瓦定桨距风力发电机组国产化。1994年11月，由杭州发电设备厂、浙江机电研究院与丹麦邦诺公司合作生产10台120千瓦定桨距风力发电机组，在内蒙古朱日和风力发电场投产并网运行。该型机组风轮直径19.6米，国产化比率达到30%，这是中国引进国外技术的一次尝试。

200千瓦风力发电机组国产化。1996年4月，沈阳工业大学与鞍山铁塔厂研制的200千瓦风力发电机组在辽宁大连东岗风力发电场安装投运。该机组除叶片为国外制造外，其余部件均为中国制造，国产化比率达到80%。

300千瓦风力发电机组国产化。1992年年底到1995年，新疆电力工业局风力发电总厂在安装丹麦300千瓦风力发电机组中，积极创造条件，对进口部件中国组装及部分300千瓦机组部件的国产化研制工作，先后试制了叶片、轮毂、齿轮箱、电控系统等国产部件。该项目被列为"九五"国家科技攻关项目。在此基础上，由上海蓝天公司（南京高速齿轮股份有限公司、上海玻璃钢研究所等单位投资）研制的两台失速型300千瓦风力发电机组，1998年4月在南澳风力发电场投入运行，当时国产化比率达到85%。

600千瓦变桨距风力发电机组国产化。1994年，中国航天工业总公司及国家航天局成立了北京万电有限责任公司，专门从事大型风力发电机组的研制。北京万电有限责任公司隶属中国运载火箭技术研究院。1996年春，北京万电有限责任公司组织人员到奥地利皮尔公司普赫（PEHR）考察，用50万美元买断奥地利皮尔公司普赫的600千瓦变桨距风力发电机组全套技术，包括叶片资料、阳模及1台样机。同年，北京万电有限责任公司与奥地利皮尔公司普赫签订大型风力发电机组的技术引进合同。在奥地利皮尔公司普赫专家协助和指导下，北京万电有限责任公司最终掌握了碳纤维干法叶片生产工艺，于1998年12月生产出中国首付碳纤维变桨距叶片。在1999年10月完成了WD646-600千瓦风力发电机组样机的总装，1999年12月初，运抵内蒙古风力发电总公司辉腾锡勒风力发电场，于2000年2月22日完成叶片安装。至此，北京万电有限责任公司第一台具有自主知识产权，也是中国第一台600千瓦变桨距风力发电机组，矗立在内蒙古辉腾锡勒风力发电场。通过样机、小批量机组的设计、生产、安装、调试和维修，北京万电有限责任公司培养了一支技术全面的风力发电队伍。

600千瓦风力发电机组国产化。1997年，新疆风能公司购买德国雅各布斯（Jacobs）

公司 10 台 600 千瓦风力发电机组。1998 年 7 月，新疆风能公司成功研制出中国首批国产化率分别达到 33.4% 和 36.5% 的 600 千瓦风力发电机。为了减小各种振动对机组的冲击，此型风机在齿轮箱和发电机下都安装了弹性支撑，较好地吸收振动，提高机组运行的安全可靠性，延长机组的寿命。2000 年，新疆新风科工贸有限责任公司将国产化率从 53% 提升至 72%。1998 年 6 月，根据中国"乘风计划"要求，西安航空发动机（集团）有限公司与德国诺德克斯—巴克·杜尔公司合资成立西安维德风力发电设备有限公司。总投资 420 万美元，主要生产 600 千瓦大型风力发电设备。2001 年，西安维德风力发电设备有限公司年生产能力达到 150 台。同年，首批 10 台 600 千瓦大型风力发电机投产，首批风力发电设备的国产化率为 40%，其余 60% 的零件由国外供应商提供。西安维德风力发电设备有限公司在引进德国大型风力发电机制造技术的基础上，实现主要生产和销售大型风力发电机及相关零部件，改变了中国大型风力发电机依赖进口的局面。2001 年 12 月，上海申新新能源有限公司制造的两台 600 千瓦机组，在辽宁营口风力发电场投入运行。

660 千瓦风力发电机组国产化。在实施"乘风计划"中，中国一拖集团有限公司通过竞标方式成为风力发电设备制造商之一。中国一拖集团有限公司与西班牙美德可再生技术有限公司合作，完成中国首批 20 台西班牙美德 AE46/II–660 千瓦风力发电机组，在辽宁营口仙人岛风力发电场和吉林通榆风力发电场的安装和调试工作。2000 年 6 月 23 日，一拖—美德风电设备有限公司首台国产化 AE46/II–660 千瓦风力发电机组正式下线。2001 年 12 月，一拖—美德风电设备有限公司完成国家"九五"科技攻关计划项目——大型风力发电机组的研制，掌握大型风力发电机组设计制造技术，实现具有 60% 以上国产化率 660 千瓦风力发电机组的大批量生产能力。

第三节　风力发电项目商业化开发

中国风力发电发展是从科研试验、示范项目，逐渐走向商业化应用。在 2000 年前，中国风力发电装机容量仅为 30 多万千瓦，风力发电开发规模也从萌芽初创阶段，逐渐形成以西北、华北、东北、华东、华南五大区域分布为主的商业化发展格局。

"三北"（西北、华北和东北）地区和沿海一带是中国风能资源最丰富的区域。"三北"地区风向稳定，破坏性风速少，地势平坦，交通方便，工程地质条件好，施工便利，是大型风力发电场的最佳风能资源区。其中，西北区域为高原地貌，地表起伏较小，陆地有 3 亿千瓦可开发的风能资源，蕴藏在内蒙古、甘肃、新疆、宁夏等地区。东北区域也是一个非常好的风能资源分布区，其中吉林风能资源分为丰富区和可利用区，这两种类型的分布区域面积大抵相当，辽宁省的风资源主要分布在辽河平原以及辽东半岛。

一、西北区域首座风力发电场在达坂城建成

达坂城位于新疆维吾尔自治区南北疆气流通道，风资源具有储量大、风向稳、风速快、

利用高等优势，全年标准利用小时数可达 3300 小时，远高出中国 2200 小时的平均水平，是新疆维吾尔自治区最优质的风力发电场。

新疆风能有限责任公司利用丹麦政府的 320 万美元赠款，进口丹麦邦诺公司 13 台 150 千瓦失速型风力发电机组与 1 台 100 千瓦风力发电机组，于 1989 年 10 月建成总装机为 2050 千瓦的新疆达坂城风力发电场，成为当时中国乃至亚洲规模最大的风力发电场。1992 年，新疆维吾尔自治区电力局引进丹麦政府混合贷款，开始建设达坂城风力发电场二期，于 1994 年 12 月 25 日建成投运。其装机达到 10.1 兆瓦，装机总容量超过 1 万千瓦，成为当时中国首座万千瓦级风力发电场。其中包括 4 台丹麦邦诺公司 500 千瓦、叶轮直径 35 米的失速型机组。1996 年，新疆风能有限责任公司通过德国"黄金计划"，引进德国两台当时中国单机容量最大的 600 千瓦机组。

"十二五"期间，随着国家对发展新能源政策的倾斜和电网配套设施的完善，新疆达坂城的风力发电发展驶入了快车道。在 2012—2014 年连续三年，新疆达坂城风力发电场装机容量每年都以 24 万千瓦以上的速度增长，2016 年，新疆达坂城风力发电场的并网装机容量达 179 万千瓦，已经是 2010 年末的 3 倍。

二、华北区域风力发电场开发

（一）商都风力发电场

商都风力发电场位于内蒙古自治区乌兰察布市商都县城北 15 千米处，1993 年初开始筹建，1993 年 6 月竣工。初建时为风力发电试验站，建设规模为 5 台 55 千瓦国产试制风力发电机组，属于国家"八五"期间重点科技攻关项目，由机械电子工业部、能源部、山东工业大学、能源部杭州机电设计研究所共同参与，由内蒙古电业管理局组建的风力发电办公室牵头主办，研究风力发电场接入系统技术。商都风力发电场这 5 台机组属于国产试验机型，各方面需要完善和改进，因此容量不在风电场考核指标内。

商都风力发电场是当时中国第一座接入国产风力发电机组并网运行风力发电场，也是内蒙古第二座并网型风力发电场。

1994 年 5 月商都风力发电场二期扩建工程开始建设，机型为丹麦 Nortank-300 型，规模为 12 台 300 千瓦风力发电机组，1994 年 12 月 3 日并网发电。该项目由内蒙古自治区电业管理局和中国福霖风能开发公司各出资一半建设，由内蒙古电力（集团）有限责任公司风力发电研究所负责风力发电场的运行管理。风力发电场通过 1 条 35 千伏输电线路接入内蒙古商都大库伦 35 千伏变电站。1993—2003 年年底，内蒙古商都风力发电场装机容量为 3875 千瓦，年累计发电量可达 6800 万千瓦·时。

（二）锡林风力发电场

锡林风力发电场位于内蒙古锡林郭勒市锡林浩特市宝力根乌拉山上。锡林风力发电项目一期工程建设规模为 4 台 250 千瓦风力发电机组。1995 年 8 月开工，1995 年 12 月初开始安装，12 月 13 日起陆续并网发电。塔架、地脚螺栓组件及塔架内从机头到机组控制器所需电缆均由中国第一拖拉机工程机械公司提供，其余部件由德国胡苏姆造船厂制造。

2000 年，内蒙古锡林风力发电项目二期扩建安装 6 台 330 千瓦风力发电机组，工程于 2000 年 11 月 11 日竣工。2003 年 7 月，安装北京万电有限责任公司生产的 3 台 600 千瓦风力发电机组，由于设备质量存在严重问题，基本处于消除缺陷和保修状态。1995—2003 年年底，内蒙古锡林风力发电场共安装风力发电机组 13 台，装机容量 4780 千瓦。

1996 年 9 月 23 日，内蒙古自治区物价局首次对内蒙古锡林风力发电场 4 台 250 千瓦风力发电机组上网电价按 758 元/（兆瓦·时）批复，对超出电网平均销售电价 364.85 元/（兆瓦·时）的差价部分 393.15 元/（兆瓦·时）在锡林郭勒电网销售电量中分摊加价 4.9 元/（兆瓦·时）。这不仅是在中国率先对风力发电商业化运营的大胆尝试，也表明中国对风力发电的有力支持。它是内蒙古自治区并网大型风力发电由试验型向自主经营、自负盈亏、自我发展商业化过渡的重要标志。

（三）辉腾锡勒风力发电场

辉腾锡勒风力发电场是国家实施新能源战略首批"双加工程"的风力发电专项工程。是内蒙古风力发电"十五"期间发展的重点风电场之一。

辉腾锡勒风力发电场位于内蒙古自治区乌兰察布市察哈尔右翼中旗境内。1996 年，内蒙古电力（集团）有限责任公司得到丹麦政府混合贷款 400 万美元，建设辉腾锡勒风力发电场。1996 年 5 月，辉腾锡勒风力发电场一期工程塔筒由内蒙古电力修造厂生产，风力发电机组由丹麦麦康公司制造，共安装 9 台 600 千瓦风力发电机组。1996 年 10 月 22 日，机组陆续并网投入运行。

辉腾锡勒风力发电场二期工程于 1996 年 10 月由内蒙古电力（集团）有限责任公司、中国南光进出口总公司与丹麦麦康公司签订 2 万千瓦（33 台 600 千瓦）风力发电技术贸易合同。1997 年 4 月 15 日由内蒙古风力发电总公司组织施工，1997 年 5 月 18 日第一台风机吊装。该项工程由内蒙古电力修造厂承担其中 16 台风机散件的组装和全部风机塔筒的制造任务。1997 年 10 月 12 日，33 台风力发电机组全部并网发电，1997 年 11 月 4 日该项目通过国家电力主管部门组织的验收。至此，辉腾锡勒风力发电场装机容量达 2.52 万千瓦。

1998 年 3 月 24 日，国家经贸委、国家计委正式批文，原则同意国家电力公司承担"全球环境基金（GEF）/世界银行中国可再生能源商业化发展促进项目"的风力发电项目，将辉腾锡勒风力发电场列入该项目内容。此项目是国家经贸委在"双加"工程风力发电项目的基础上进行的技术改造扩建项目，其中，在辉腾锡勒风力发电场增加装机容量 10 万千瓦。

1998 年 12 月，得到荷兰政府 420 万美元混合贷款，在辉腾锡勒风力发电场安装投产丹麦 9 台 600 千瓦风力发电机组。1999 年 4 月，在辉腾锡勒风力发电场安装投产丹麦 1 台 600 千瓦风力发电机组。1999 年 12 月，得到美国进出口银行 370 万美元出口贷款，购买美国 10 台 550 千瓦风力发电机组，安装投产在辉腾锡勒风力发电场。2000 年 5 月，在辉腾锡勒风力发电场安装投产北京万电有限责任公司制造的 600 千瓦风力发电机组样机 1 台。2002 年 1 月，与龙源电力合作，在辉腾锡勒风力发电场安装投产德国 9 台 600 千瓦风力发电机组。2002年2月，内蒙古风力发电总公司完成了利用德国政府混合贷款700万马克,在辉腾锡勒风力发电场扩建9台600千瓦风力发电机组项目。投资主体的多元化,为内蒙古风力发电的发展注入新的动力。

2003年8月，内蒙古风力发电总公司与龙源电力再次合作，辉腾锡勒2.6万千瓦风力发电扩建项目开工建设，2004年5月投产。项目首次安装10台当时中国国内单机容量最大的1500千瓦风力发电机组和12台900千瓦风力发电机组。同时，启动了利用荷兰政府混合贷款1600万美元风力发电项目的前期工作，建设规模2.3万千瓦。

经过七期工程建设，截至2003年年底，内蒙古辉腾锡勒风力发电场已安装风力发电机组72台，6种机型，装机容量为4.27万千瓦，风力发电场装机容量在中国当时列第三位。

（四）张北风力发电场

张北风力发电场位于河北省张家口市张北县油篓沟乡茴菜梁村。张北风力发电场一期工程于1996年1月开工建设，安装丹麦生产两台300千瓦风力发电机组，1996年2月8日正式并网发电。1997年3月，利用国家"双加工程"安装德国生产11台300千瓦风力发电机组，1996年4月，安装美国顺风公司生产两台275千瓦机组和1台德国恩德能源公司生产单机容量600千瓦机组。1998年，利用丹麦政府贷款项目，安装8台600千瓦机组。到2002年底，张北风力发电场共安装24台风力发电机组，总装机容量为9850千瓦。

（五）达里风力发电场

达里风力发电场位于内蒙古赤峰市克什克腾旗境内,是由国家电力公司东北电力分公司主管的股份制风力发电场。1999年开工建设，一期工程建设规模为7台750千瓦机组，机组生产厂家是丹麦麦康公司，于2000年1月并网发电。二期工程安装19台风力发电机组，其中，13台750千瓦风机和一期机组属于同一型号、同一厂家，6台660千瓦风力发电机组由西班牙电力公司美德再生能源公司生产，2001年5月并网发电。2003年新增装机43台600千瓦机组，为丹麦尼格麦康公司生产制造。到2003年，该风力发电场共安装风力发电机组69台，装机容量4.476万千瓦。

（六）承德围场红松风力发电场

承德围场红松风力发电场位于河北省承德市围场县红松洼牧场，2000年1月17日，承德围场红松风力发电场一期工程项目建议书经河北省计委批准。2002年1月2日，6台单机容量为600千瓦风力发电机组全部安装完毕，总装机容量为3600千瓦。机组由新疆金风科技股份有限公司（简称金风科技）❶制造，风力发电机类型为双绕组异步发电机，塔架高度40～50米。

---

❶ 1998年成立新疆新风科工贸有限责任公司，2001年完成增资及改制，更名为新疆金风科技股份有限公司。

三、东北区域风力发电场开发

（一）通榆风力发电场

通榆风力发电场位于吉林省白城市通榆县团结乡畜牧场附近。通榆风力发电场一、二期工程总装机容量达到 3.01 万千瓦，其中有 11 台 660 千瓦风力发电机组，38 台 600 千瓦风力发电机组。

通榆风力发电场一期工程于 1998 年 8 月 23 日开工，安装西班牙美德可再生技术有限公司生产 11 台 660 千瓦风力发电机组，装机容量为 7260 千瓦。风力发电机塔筒由中国生产，其中青岛电站辅机厂制造 9 台，长春发电设备总厂制造 2 台。1999 年 10 月 30 日全部竣工投产，填补了吉林省风力发电建设空白。

通榆风力发电场二期工程于 2000 年 6 月 10 日开工，2000 年 12 月 20 日全部竣工投产，建设用时 6 个多月时间，创造当时中国风力发电建设的最短工期。

（二）辽宁风力发电场建设

东岗风力发电场位于辽宁省大连市瓦房店市东岗乡大嘴子村，截至 2002 年年底，该风力发电场共安装 38 台风力发电机组，总装机容量为 2.25 万千瓦。其中，1994 年 11 月，该风力发电场安装 5 台丹麦 300 千瓦风力发电机组，装机容量 1500 千瓦；1996 年 10 月安装 9 台丹麦 550 千瓦风力发电机组，装机容量 4950 千瓦；1998 年利用美国进出口银行无息贷款安装 10 台美国让得公司生产的 550 千瓦风力发电机组，装机容量 5500 千瓦。2002 年 2 月安装 14 台 750 千瓦风力发电机组，装机 10 500 千瓦。

横山风力发电场位于辽宁省大连市瓦房店市长兴岛横山乡。截至 2002 年年底，横山风力发电场装有 20 台 250 千瓦风力发电机，总装机容量为 5000 千瓦。其中，1993 年 8 月安装 4 台 250 千瓦德国风机，装机容量 1000 千瓦；1996 年 6 月安装 16 台 250 千瓦丹麦风力发电机组，装机容量 4000 千瓦。

仙人岛风力发电场位于辽宁省营口市盖州市九垄地乡仙人岛村。1999 年，仙人岛风力发电场利用西班牙政府优惠贷款，安装 9 台西班牙 660 千瓦风力发电机组，装机容量为 5940 千瓦。2001 年 6 月，安装 11 台 600 千瓦风力发电机组，装机容量 6600 千瓦。4 台 1300 千瓦风力发电机组，总装机容量为 1.774 万千瓦。

海洋红风力发电场位于辽宁省丹东市东港市菩萨庙乡海洋红村。2000 年 3 月安装了 28 台丹麦 750 千瓦风机，总装机容量为 2.1 万千瓦。

四、华东区域风力发电场开发

（一）苍南县鹤顶山风力发电场

苍南县鹤顶山风力发电场位于浙江省温州市苍南县境内，总装机容量 1.325 万千瓦。该风力发电项目于 1995 年开工建设，采用两台丹麦生产 500 千瓦风力发电机组，21 台德国生产 600 千瓦风力发电机组，其中功率 600 千瓦的风力发电机组轮毂高度 50 米，风轮直径 50 米，单机重 30 吨，复合材料制造的单片风力发电机组叶片重 1 吨多。

（二）括苍山风力发电场

括苍山风力发电场位于浙江省台州市临海市西郊括苍山脉，于1997年1月5日开工建设，总装机容量达到2.13万千瓦，于1998年6月26日通过国家电力公司组织验收。

括苍山风力发电场装有33台600千瓦风力发电机组和两台国产750千瓦风力发电机组。其中17台风力发电机组由丹麦麦肯积体电路有限公司整机引进，16台风力发电机组由丹麦麦肯积体电路有限公司提供关键部件及技术，由杭州电力修造厂组装。项目于1997年1月开工建设，1998年6月26日并网发电。2006年，通过技改项目，风力发电场扩建安装2台国产750千瓦机组，这是浙江省商业运行的第一个风力发电场。

（三）平潭长江澳风力发电场

平潭长江澳风力发电场位于福建省福州市平潭县海坛岛东北部的海湾内陆芦杨林场内，一期工程装机容量6000千瓦，二期工程装机容量10万千瓦。

平潭长江澳风力发电场一期工程由福建省电力局和平潭县电力公司按6:4的比例共同出资，福建省平潭长江澳风力发电开发有限公司负责建设，一期工程由西班牙政府提供412万美元混合贷款，1999年4月1日开工建设，安装10台600千瓦风力发电机，总装机容量6000千瓦。2000年10月5日全部并网，结束福建省无风力商业发电的历史。

平潭长江澳二期风力发电项目10万千瓦风力发电场是中国政府利用世界银行贷款的最大可再生能源项目。该项目2004年12月获得国家发展改革委批准，龙源电力获得平潭长江澳二期风力发电项目的开发和经营权。龙源电力、山东鲁能发展集团公司、福建和盛集团有限公司、福建风力发电有限公司、平潭县电力公司按55:30:5:5:5的股权比例于2005年5月25日挂牌成立了龙源平潭风力发电有限公司。该工程安装丹麦维斯塔斯公司制造的50台2兆瓦变速恒频风力发电机组，采用一机一变、五机一组方案送电至110千伏升压站，再由110千伏大截面导线接入北厝变电站与福建省电网相联。该项目于2007年12月31日建成投产发电。

（四）东山澳仔山风力发电场

东山澳仔山风力发电场位于福建省漳州市东山县西埔镇冬古村澳仔山上，安装10台600千瓦西班牙生产风力发电机组，总装机容量6000千瓦。该风力发电场于2000年1月正式开工，2000年10月竣工投产发电。该发电场是福建省首个风力发电项目，它在福建省电网统一调度下，由福建省电力工业局收购其全部上网电量。

五、华南区域风力发电场开发

（一）汕头丹南风力发电场

汕头丹南风力发电场位于广东省汕头市南澳县。1997年8月，广东省汕头市南方风能发展有限公司与荷兰国际能源集团公司合作建设24兆瓦风力发电项目。该项目于1998年6月1日正式投产并网发电。该项目是中国当时唯一的中外合资企业自筹资金建设的风力发电项目。

（二）华能南澳风力发电场

华能南澳风力发电场位于广东、福建、台湾三地交界处南澳岛上，是中国首个海岛风力发电场，是中国华能集团有限公司（简称中国华能）第一个可再生能源项目。华能南澳风力发电场共安装 91 台风力发电机组，分三期建设。风力发电场一期于 1999 年 4 月开工，2000 年 7 月投产，共安装 18 台丹麦麦康公司制造的 750 千瓦风力发电机组；二期于 2006 年 6 月开工，2007 年 11 月投产，共安装 53 台丹麦维斯塔斯公司 850 千瓦风力发电机组；三期于 2009 年 11 月开工，2010 年 9 月投产，共安装 20 台浙江运达风电股份有限公司 750 千瓦风力发电机组。

第四节　"中国光明工程"与"送电到乡"工程

"中国光明工程"是通过开发利用风能、太阳能等新能源发电方式，为远离电网的偏远无电地区提供清洁能源。

1996 年 9 月，世界太阳能高峰会议在津巴布韦召开，会议提出在全球无电地区推行"光明工程"倡议。中国政府积极响应，由国家计委牵头制定"中国光明工程"计划，该计划到 2010 年，利用风力发电和光伏发电技术，解决 2300 万边远地区人口的用电问题，同时解决地处边远地区的边防哨所、微波通信站、公路道班、输油管线维护站、铁路信号站的基本供电问题。

2002 年，国家发展计划委员会启动"送电到乡"工程，通过光伏发电或小型风力发电解决西部 7 省区 700 多个无电乡的用电问题。特别是在西藏实施的"中国光明工程"，截至 2005 年，中央政府向西藏投入了 13.68 亿元，建设光伏电站 322 座，解决 318 个无电乡的用电问题。

在这些国家级项目的有力推动下，解决了中国 23 万无电户用电问题。其中，为西藏、新疆、青海、甘肃、内蒙古、陕西和四川等省（区）的共 8.4 万无电户解决了用电问题；由中国政府投资 26 亿元实施的国家"送电到乡"工程，为甘肃、内蒙古、新疆、西藏、青海、四川和陕西的 7.8 万户居民解决了无电问题；投资 4000 万元的"中国光明工程"先导项目、西藏阿里项目、荷兰政府援助的丝绸之路光明工程、日本政府援助的中日绿色能源合作计划以及其他光伏计划，结束了甘肃、内蒙古、西藏、河北、新疆等地近 7 万户人口的无电历史，不仅为远离电网的人们带来了光明，也为中国刚刚萌芽的光伏产业提供了市场。

一、"中国光明工程"制定与实施

1992 年，联合国在巴西召开世界环境与发展大会，会议通过了《里约热内卢环境与发展宣言》《21 世纪议程》等一系列重要文件，把环境与发展纳入统一的框架，确立了可持续发展的模式。世界环境与发展大会之后，中国政府高度重视，提出 10 条措施，明确要"因地制宜地开发和推广太阳能、风能、地热能、潮汐能、生物质能等清洁能源"。

1995 年，国家计委、国家科委和国家经贸委制定了《新能源和可再生能源发展纲要（1995—2010 年）》，明确提出中国在 1995—2010 年新能源和可再生能源的发展目标、任务以及相应的措施。

1996 年，联合国在津巴布韦召开世界太阳能高峰会议，会后发表了《哈拉雷太阳能与持续发展宣言》，会上讨论了《世界太阳能 10 年行动计划（1996—2005 年）》《国际太阳能公约》《世界太阳能战略规划》等重要文件。这次会议进一步表明了联合国和世界各国对开发太阳能的坚定决心，要求全球共同行动，广泛利用太阳能。1997 年，为贯彻中央扶贫工作会议精神，响应 1996 年津巴布韦世界太阳能高峰会议关于在全球无电地区推行"光明工程"的倡议，国家计委牵头制定了"中国光明工程"计划。当时，中国有 7656 万无电人口、16 个无电县、29 783 个无电村，这些人口和地区都远离电网，负荷小而分散，无法用延伸电网的方式供电，无电成为制约当地经济发展的一大障碍。

中国风能、太阳能资源丰富，风能可开发总量 2.53 亿千瓦，年日照时间 2000 小时以上的地区占国土面积的 2/3，通过自主开发和引进技术，中国已能提供多种配套风能发电设备，为实施"中国光明工程"奠定技术基础。

1997 年 5 月 7 日，"中国光明工程"计划正式实施，由中央拨款支持在边远地区大规模应用风能和太阳能的项目，以新的发电方式为那些远离电网的无电地区提供清洁电力。"中国光明工程"初期选择风力发电为突破口，其目标是到 2010 年，利用风力发电为中国有风无电地区的 2300 万人口供电。首期目标是在 5 年内安装风力发电机总容量 40 万～60 万千瓦，为 2000 个无电村、100 个微波通信站建立起发用电系统。

"中国光明工程"实施以来，通过光伏和小型风力发电形式，解决了西部 7 省区（西藏、新疆、青海、甘肃、内蒙古、陕西和四川）无电村的用电问题。其中，国家电力公司在西藏无水利资源的地区先后建设 10 座光伏电站，解决 7 个无电县的工业和生活用电，1.2 万余人从中受益。西藏还建立众多的太阳能道班、学校、边防哨所、气象站和广播电视微波中继站。利用便携式小功率光伏系统，解决了青海及周边地区的 6 万余散居户家庭生活用电问题。青海省还在电网无法延伸也无水利资源的地区，建成 10 个太阳能光伏电站，深受当地干部群众的欢迎。新疆则在亚欧光缆、南北疆光缆等工程必经之无电地区，安装 100 多座无人值守的光伏电站。截至 2005 年，中国共投资 16 亿元，建成 721 座光伏和风光互补电站，光伏发电总量达到 15.5 兆瓦。

二、"送电到乡"工程启动与实施

到 2001 年底，中国尚有 1061 个乡 2 万多个村约 3000 多万人口没有电力供应。这些无电乡村分布在中国西部欠发达的西藏、四川、青海、新疆等省区和交通不便、远离电网、负荷小且分散的偏远山区，通过延伸电网供电很难实现。2002—2004 年，"送电到乡"工程由中央和地方财政共安排近 47 亿元的资金，在西部的 1061 个乡镇，建设了一批独立的光伏、风光互补等可再生能源电站。

2002 年，"送电到乡"工程启动。国家对"送电到乡"工程投资给予适当补助，补助资金由国家计委从国债资金中解决，地方配套资金由各省（区）计委负责落实。"送电到乡"工程资金实行专户管理，专款专存，专款专用。

到 2002 年底，国家投资 26 亿多元，其中国债资金 17.6 亿元，在 699 个无电乡建设了 114 座小水电站、585 座太阳能光伏电站和风光互补电站。这是迄今为止，世界上规模最大的农村无电地区的太阳能光伏发电工程建设。

2003 年，国家投资 20 多亿元，在所剩的 362 个偏远无电乡，建设"送电到乡"工程。到 2003 年底，中国结束无电乡的历史。

"送电到乡"工程是通过在西部偏远无电地区采用光伏发电或风光互补发电，满足边远无电地区农村用电需求的项目。该项目通过解决基层政府、学校、医院和所在地农牧民的基本生活用电问题，促进当地经济发展，改善农牧民群众生活质量，有效地保护了当地的生态环境，同时，带动中国国内光伏产业的发展，为刚刚萌芽的光伏电池产业提供了市场。

第五节　技术进步与科技创新

技术标准和检测认证已经成为检验一个国家风力发电产业发展水平的有效手段，并可以规范市场竞争和引导产业的技术创新，为风力发电制造商提供公平的竞争平台。

在风能开发利用方面，中国积极开展国际项目合作，促进风力发电业务领域快速成长，1995 年，国家计委与德国政府开展的"黄金计划"[1]合作，为加快中国风机国产化进程和培养风力发电专业技术人才发挥了积极作用；1999 年，中国启动"加速中国可再生能源商业化能力建设项目"，该项目是由国家经贸委和国家环保总局联合申请，由全球环境基金支持的建设项目，是联合国开发计划署当时执行的规模最大的技术援助项目。

"九五"期间，将 600 千瓦级国产化风力发电机组研制列入科技攻关计划中，由第一拖拉机厂和新疆风能有限责任公司分别承担，实现 70%国产化风力发电机组的研制目标。1999 年，600 千瓦风力发电机的研制工作成功完成，并通过科技部和新疆维吾尔自治区科技厅组织的联合验收鉴定。1997 年，新疆风能有限责任公司在水利部"948"项目资金的大力支持下，获得德国雅各布斯公司 600 千瓦风力发电机组生产许可证转让，引进零部件生产线，实现国产化大于 70%的 600 千瓦风力发电机组的生产制造，主要技术经济指标达到 20 世纪 90 年代国际先进水平，并于 2000 年具备小批量生产能力。国家"863"计划重点支持课题——中国首台具有世界先进水平及具有自主知识产权的兆瓦级风力发电机组样机，在新疆达坂城风力发电场吊装就位。2001 年，600 千瓦风力发电机组风轮叶片实现国产化，机组国产化率突破 70%，叶片成本大幅下降。2001 年 3 月 6 日，"九五"国家

---

[1] "黄金计划"：1995 年，德国联邦教育科学研究技术部与中国国家计委合作开展，该计划是专门支持发展中国风能和太阳能利用技术与市场发展的科技经贸合作项目。

重点科技攻关项目——"大型风力发电系统关键技术的研究"通过科技部高新司组织的专家组验收。

在太阳能开发利用方面,保定英利新能源有限公司通过引进国外先进的多晶硅铸锭技术和多线切割技术,实现多晶硅电池的批量生产,大幅度降低太阳能电池的生产成本。无锡尚德太阳能电力有限公司（简称尚德电力）投产第一条 10 兆瓦太阳能电池生产线。为了改变并网光伏电站少的状况,国家先后建成了深圳国际园林花卉博览园 1 兆瓦并网光伏发电站和华能南澳 54 兆瓦/100 千瓦风光互补发电站。

一、国际合作促进风电行业技术发展

1995 年,国家计委与德国联邦教育科学研究技术部开展"黄金计划"项目合作。"黄金计划"是德国支持发展中国家风能和太阳能利用技术与市场开发的科技经贸合作项目,并提供设备价格 2/3 的赠款援助。1995—1996 年,中国通过"黄金计划"在风力发电方面共实施 6 个项目,其中新疆风能有限责任公司利用"黄金计划"的 3 个项目扩建新疆达坂城风力发电一场,共接受援款 380 万美元,引进 3 个厂家的 8 台大型风力发电机组,装机容量增加 4050 千瓦。这 8 台风力发电机组分属于各有技术特色的 3 个生产厂家,中国通过消化吸收完全掌握了这些风力发电机的制造技术。

在"黄金计划"项目合作中,中国引入德国胡苏姆船厂制造的 10 台 250 千瓦风力发电机组,分别在内蒙古锡林浩特和海南省东方风力发电场完成安装调试。其中 4 台 250 千瓦机组是第一拖拉机制造厂与德国胡苏姆联合生产的,由内蒙古锡林郭勒盟电建二公司安装在内蒙古锡林浩特风力发电场,于 1995 年 12 月 20 日投产并网。另外 6 台 250 千瓦风力发电机组,于 1996 年 3 月在海南省东方风力发电场建成并网发电。

1999 年,"加速中国可再生能源商业化能力建设项目❶"在北京启动。风力发电场风能资源测量和评价是"加速中国可再生能源商业化能力建设项目"的重要组成部分之一,联合国开发署和全球环境基金同龙源电力合作,于 2002 年在中国 10 个站点安装了风资源监测设备。每个站点典型配置包括 1 座 70 米高测风塔和 3 座 40 米高测风塔,用于数据收集。龙源电力统一负责协调这 10 个站点的数据采集和组织站点维护。该项目纳入国家发展计划委员会制定的国家风力发电发展规划中,并用在多个风力发电场的风能资源测量和评价技术中。

二、600 千瓦风力发电设备实现国产化

1994 年,国务院设立重大项目课题"948"项目,即"引进国际先进农业科学技术计划",将国外的技术和智慧引进中国,通过示范和实践带动中国的技术发展。

经过对大型风力发电机组市场进行调研,对国外风力发电技术、风力发电市场进行

---

❶ 该项目（CPR/97/G31）由全球环境基金（GEF）澳大利亚和荷兰政府提供援助,中国政府和联合国开发计划署共同实施,旨在引进国际上发展可再生能源的先进技术和经验,加速中国可再生能源发展的商业化进程。项目对中国可再生能源事业发展做出了重要贡献。

分析，新疆风能有限责任公司选择 600 千瓦定桨距机型作为技术攻关与引进课题。该项目从 1997 年 9 月起至 1999 年 12 月结束，于 2001 年 8 月通过验收。截至 2002 年年底，已有 10 台 600 千瓦国产化风机在新疆达坂城风力发电一场成功运行 3 年，并有 48 台国产风机投入商业化运行，其中国产化率最高达到 96%，形成一整套 600 千瓦风机零部件加工制造技术标准。

1997 年 4 月，国家科委"八五"科技攻关项目"200 千瓦风力发电机组研制"的首台样机在辽宁省东岗风力发电场试运行，该机组完成了 2000 小时无故障运行。该项目由浙江省机电设计研究院与杭州风力发电设备厂、上海玻璃钢研究所、杭州齿轮箱厂等 8 个单位共同完成。历经 5 年的艰难攻关，浙江省机电设计研究院成功研制出了风轮直径 24 米、失速型 200 千瓦风力发电机组样机。该项目在浙江苍南县通过了由科技部主持的技术鉴定。1998 年 8 月，通过对 200 千瓦风力发电机组的改进，浙江省机电设计研究院开发制造的 3 台 250 千瓦风力发电机组，在广东省南澳风力发电场投入运行，这也是首次在机组生产过程中使用计算机控制技术，成为中国风力发电设备制造进程中的一个新亮点。

三、多晶硅太阳能电池及应用系统示范工程项目投产

1998 年，保定英利集团有限公司承担了由国家计委批复立项的"多晶硅太阳能电池及应用系统示范工程"，该项目是中国第一个年产 3 兆瓦多晶硅太阳能电池及应用系统示范项目，被列入 1999 年"国家高科技产业化发展项目计划"，为旨在解决 2300 万边远地区居民无电问题的"中国光明工程"的配套项目。

1999 年，保定英利集团有限公司、保定天威保变电气股份有限公司与北京中新立业科技投资咨询有限公司共同出资组建合营公司——保定英利新能源有限公司，承担建设国家高技术产业化示范工程的工作。为了保持该项目的技术先进水平，保定英利新能源有限公司与国家计委能源所、中科院电工所、上海交大建立了协作关系，并聘请国内外知名专家作为公司的顾问，为该项目技术引进及后续开发，也为下一步技术和设备国产化打下良好基础。

2003 年 12 月 19 日，多晶硅太阳能电池及应用系统项目通过国家发展改革委验收并全线投产。年产 3 兆瓦多晶硅太阳能电池及应用系统示范工程，总投资近 3 亿元，是当时中国最大的太阳能电池项目，是中国首条具有国际先进水平集太阳能电池、组件、应用系统为一体的多晶硅组件生产线，该项目的建成填补了中国多晶硅太阳能电池产业化生产的空白。项目投产后，英利新能源公司的电池组件封装能力达到 50 兆瓦，电池组件产品的转换效率在 14% 以上。

该项目的投产，标志着中国多晶硅太阳能电池研发、生产等技术达到了国际先进水平，提升了中国在该领域的国际地位，填补了中国不能商业化生产多晶硅太阳能电池的空白。

四、深圳园博园 1 兆瓦并网光伏发电站建成发电

2004 年 8 月，深圳国际园林花卉博览园 1 兆瓦并网光伏发电站建成发电。该电站位

于深圳市福田区竹子林西，占地面积为 0.66 千米²，由深圳市政府投资 6600 万元建造，2004 年 6 月 8 日开工建设，2004 年 8 月 30 日建成发电，北京科诺伟业科技有限公司承建。发电站总容量 1000.322 千瓦，年发电能力约为 100 万千瓦·时，该项目的建成发电，年节省标准煤约 384 吨，年减排二氧化硫约 7.68 吨，年减排二氧化碳 170 余吨。深圳国际园林花卉博览园 1 兆瓦太阳能光伏发电站的建成和成功运行，为中国太阳能技术的发展起到良好的示范作用。该发电站是当时亚洲最大的并网太阳能光伏发电站。

五、华能南澳 58.55 兆瓦/100 千瓦风光互补示范发电站建成投产

2004 年 12 月 8 日，中国第一个风光互补示范发电站——华能南澳 58.55 兆瓦/100 千瓦风光互补风力发电站成功并入当地 10 千伏电网，是当时中国第一个正式商业化运营的风光互补发电电站。

华能南澳 58.55 兆瓦/100 千瓦风光互补示范发电站，包括 58.55 兆瓦风力发电机组和 100 千瓦太阳能光伏发电设备。太阳能光伏发电站位于广东省南澳岛大尖山华能南澳风力发电场一期工程牛头岭风力发电场场区内。站址地势高、日照时间长、空气洁净度好。项目分三期建设，一期工程 1.35 万千瓦，于 2000 年 7 月投入试运行；二期工程 4.505 万千瓦，于 2007 年 12 月并入电网试运行；三期 1.5 万千瓦，于 2010 年 10 月并入电网试运行。

100 千瓦太阳能光伏项目，利用风力发电场内空余土地安装设备，通过场内变配电网络并入电网。项目一、二期工程全部太阳能电池均采用壳牌公司的产品，因为属于试验性项目，一期工程共采用了单晶硅（型号 SQ80）、多晶硅（型号 S75）和 CIS（铜铟硒）薄膜（型号 ST40）三种太阳能电池板。一期工程的逆变器采用德国艾思玛太阳能技术股份公司的分散式并网控制逆变器（简称 SB3000），共 9 个，每相 3 个，构成星形连接；二期工程则采用德国艾思玛太阳能技术股份公司的小型太阳能控制中心（Sunny Mini Central）6000 型，该产品与一期工程所采用的 SB3000 在通信上完全兼容。

该光伏发电站的投产，与华能南澳风力发电场构成了风力发电与太阳能光伏发电风光互补发电系统的新模式，形成新能源空中立体发电格局。该示范性项目的建成，为建设大规模风光互补商业化项目提供了技术和管理经验。

六、REDP 等项目的启动与实施

在光伏产业方面，中国与国际合作的项目有 REDP、"光明工程"先导项目、"送电到乡"计划、丝绸之路照明计划、内蒙古自治区新能源通电工程、"光明工程"德国配套计划（KFW）、德国政府财政援助项目援助计划、边远地区太阳能电气化（加拿大援助项目）、日本 NEDO 援华光伏项目、英国援助 RESCO 项目、中欧合作项目可再生能源部分等。

REDP 是由国家计委、全球环境基金、世界银行发起的中国可再生能源发展项目的简称，由中国政府与世界银行合作实施，旨在运用全球环境基金（GEF）的赠款和世界银行的贷款，支持中国建设具有商业化前景的并网大型风力发电场和促进太阳能光伏系统的市

场开发。项目总体目标是：扩大和开发中国可再生能源的应用领域，加快其产业化进程；改善中国能源结构；解决电网不能覆盖偏远无电地区农牧民的用电问题，以促进当地经济和社会的可持续发展。

REDP 是中国当时启动的最大可再生能源国际合作项目。2001 年 12 月 12 日项目正式生效，执行期为 5 年，结束日期为 2007 年 6 月 30 日。REDP 由风力发电场建设项目、风力发电场机构能力建设项目、光伏项目和技术进步项目等 4 个子项目组成。其中风力发电部分由上海市电力公司负责实施，光伏项目和技术进步项目由 REDP 办公室负责组织实施。REDP 的实施，为推动中国光伏产业进步，提高中国太阳能光伏产品质量，规范光伏利用市场，促进太阳能光伏产业商业化发挥了积极作用。

全球环境基金太阳能光伏发电项目，利用全球环境基金赠款 2200 万美元，支持中国西北地区（甘肃、青海、内蒙古、新疆，以及西藏、四川西北部等地区）发展 20 万～30 万户太阳能光伏发电户用系统（总规模约 10 兆瓦，平均每套系统发电容量为 30～50 瓦），为边远地区无电居民提供电力。其中全球环境基金赠款的 1500 万美元用于直接补贴，平均每瓦补贴 1.5 美元，其余费用由用户承担。同时，700 万美元赠款支持建立太阳能户用光伏发电市场化体系。

全球环境基金技术开发项目，利用全球环境基金 1000 万美元赠款，通过竞标选择承担企业。重点支持大型风力发电和太阳能光伏发电设备关键部件的技术开发和技术引进，加快国产化步伐。国家经贸委于 1994 年向联合国开发计划署提出，用全球环境基金支持中国可再生能源商业化发展能力建设项目。1999 年 3 月，该项目由联合国开发计划署、中国财政部和联合国经济和社会事务部共同签字生效，并于 1999 年 4 月 6 日召开项目启动会正式开始实施。项目总投资为 2583 万美元，其中赠款 1443 万美元。项目引进国际先进可再生能源技术和设备，在山东、浙江、广东、广西等地组织示范项目和相关活动，包括建立风光互补系统、解决偏远地区居民用电问题、工业规模的沼气利用及以废渣为燃料进行热电联产；建立可再生能源工业协会，研究制定可再生能源发展的财政激励政策，帮助企业提高市场开拓能力，加强资源测评。项目实施期为 5 年。

亚洲开发银行可再生能源开发技术援助项目于 1998 年 11 月开始启动，项目主要在广西、广东、河北、江苏、河南、四川和云南等可再生能源资源丰富的省区实施。项目资金总额为 82.6 万美元，其中亚洲开发银行提供日本政府赠款 65.6 万美元。项目涉及可再生能源领域的蔗渣发电、太阳能热利用系统和沼气系统等。项目的主要内容为对所选的可再生能源技术进行技术、财务、经济潜力评价；制定方针和激励政策，完善产品制造标准，促进可再生能源利用；提出增强可再生能源技术竞争力的措施；完成各子项目的技术性、财务性、经济性和环境性评价。

七、中国太阳能光热发电技术研究

中国的光热发电技术研究起步于 20 世纪 70 年代。20 世纪 90 年代末期，科技部门与清华大学、中国科学院等联合加大对光热发电的投入研究和开发，中国的新能源企业、设计公司等纷纷参与，促进了太阳能光热发电技术快速发展。

在"八五"期间，科技部开始对关键部件在技术上给予研发支持。"十五"期间，中国科学院电工研究所、工程热物理研究所等科研机构和皇明太阳能股份有限公司、北京中航空港通用设备有限公司、金风科技、南京春辉科技实业有限公司等企业联合，加大了对光热发电技术的研究力度。

2007 年，国家发展改革委发布《可再生能源中长期发展规划》，将光热发电列入重点发展领域。《规划》明确提出，做好太阳能技术的战略储备，建设若干个太阳能光伏发电示范电站和太阳能热发电示范电站。"十一五"时期，在内蒙古、甘肃、新疆等地选择荒漠、戈壁、荒滩等空闲土地，建设太阳能热发电示范项目。

2008 年，国家发展改革委发布《可再生能源发展"十一五"规划》，将太阳能热发电技术列入"十一五"重点发展的先进适用技术。

第六章

生物质能、地热能与海洋能发电产业协调发展（1991—2004）

中国生物质能政策是国家能源战略的一个重要组成部分，不仅可为优化国家能源结构、保证能源安全供给发挥重要作用，而且在改善农民生产生活条件，提高生活质量，增加收入，拓展农业功能，改善农村生态环境方面也有不可替代的作用。

中国生物质能资源品种多、数量大、分布广，较为适合于能源利用的主要有农业生物质资源，如收获农作物后被残留在农田内的大量秸秆（玉米秸、高粱秸、麦秸、稻草、豆秸和棉秆等），以及农产品加工过程中产生的诸如麦壳、稻壳等，这些过去被废弃或少量利用的物质，在循环经济中成为能源资源。

生活污水和行业生产过程中排出的废水中都富含有机物。经过对20多个主要工业行业1980—2008年公开发表的数据进行调查和统计可知，中国主要工业企业每年排放的有机废水约为8.5亿吨，废渣约为2500万吨。❶城市固体废物、城镇居民生活垃圾、商业、服务业垃圾和少量建筑业垃圾等构成城市固体废物。2004年中国城市垃圾清运量近2亿吨，其作为生物质能转化的资源可获得量为1亿吨。

中国从20世纪70年代后期开始利用高温地热资源发电，先后在西藏羊八井、郎久、那曲等地修建工业性地热发电站，总装机容量28.18兆瓦。其中羊八井地热发电站装机容量25.18兆瓦，截至2004年底共发电17.63亿千瓦·时，在拉萨电网中举足轻重。

中国拥有漫长的海岸线和广阔的海域，蕴藏着丰富海洋可再生能源，海洋潮汐能、波浪能、温差能、盐差能、海流能、化学能的可开发储量分别达到1.1亿、0.23亿、1.5亿、1.1亿、0.3亿、0.18亿千瓦，占世界总储量的百分比处于世界前列。虽然海洋能的储量巨大，但由于海洋能开发技术障碍，其开发利用大多还处于研究和实验阶段，只是对潮汐能和波浪能有一定的开发利用。中国对于波浪能的研究始于20世纪70年代。中国在波浪能发电导航灯标方面的技术处于国际领先水平。在波浪能发电站建设方面，广州能源研究所在1989年建成3千瓦的多振荡水柱型波浪能电站，经过不断研究改良于1996年试发电成功，并已经升级成一座20千瓦的波浪能电站，成功向岛上居民提供补充电源。

中国潮汐能在地理空间分布上十分不均匀，其中河口潮汐能资源最丰富的是钱塘江

---

❶《中国工业分行业统计数据估算：1980—2008》，陈诗一，《经济学（季刊）》，第10卷第3期，2011年4月。

口，沿海潮差最大的是东海。相比于海洋能中其他能源的开发和利用，中国对于潮汐能的开发技术比较成熟。中国潮汐能蕴藏量为 1.9 亿千瓦，其中可供开发的约 3850 万千瓦，年发电量 870 亿千瓦。中国建设数座潮汐能电站，其中以福建省和浙江省最多。建设潮汐能电站不仅能够缓解当地能源紧张，还可以发展水产养殖、围涂、旅游、交通运输等产业，产生巨大经济效益。

第一节　农林生物质直燃发电产业化发展迅速

生物质发电，就是利用秸秆、稻草、蔗渣、木糠等植物燃料直接燃烧或发酵成沼气后燃烧，燃烧产生的热量使水蒸气带动汽轮机发电。生物质发电主要是以农业、林业和工业废弃物为原料，也可以城市垃圾为原料，采取直接燃烧或汽化的发电方式。其中生物质直燃发电具有原料处理相对简单、成本较低等特点，因此得到了较为广泛的应用。同时，中国能源、电力供求趋紧的状况也为进行生物质直燃发电的研究提供了前提条件。

21 世纪初，中国出台一系列生物质发电产业的支持政策，为产业化发展打下了坚实的政策基础。生物质发电技术引进与国家政策制定出台基本处在同一时期，相关行业主管部门的举措为未来生物质发电行业在中国蓬勃发展提供了支撑。

一、生物质直燃发电

作为中国的惠农和节能环保项目，农林生物质直燃发电项目具有深刻的社会意义。20世纪 70 年代以来，自配热电厂的热电联供模式已在甘蔗制糖、造纸造板等行业得到广泛应用和发展。进入 21 世纪后，受国家鼓励生物质发电发展政策的支持，生物质能发电厂得到了快速发展，电厂数量和能源份额都在逐年上升。

西方发达国家早在 20 世纪 80 年代就已经开始进行 CFB（循环流化床）锅炉生物质燃料的研发工作，并且已有多个实际应用项目。中国的一些科研单位和锅炉厂在早期也进行了比较深入的研究，先后开发出纯燃蔗渣锅炉、蔗渣煤粉混燃锅炉、造纸厂用碱回收锅炉和棕榈锅炉，已经形成系列产品。

以农作物秸秆、森林采伐和加工剩余物为主要燃料的生物质直燃发电，在中国开展较晚。2005 年前，以广西、广东主要甘蔗产区制糖企业为主，建设一批小型蔗渣发电自备电厂。这些电厂主要以消耗制糖过程中的蔗渣剩余物为目的。由于产业规模小，在技术、设备、产业链建设等方面都没有形成有规模的研究和推广，至 2005 年，全国蔗渣发电约170 万千瓦。虽然机组普适性有限，但依然为后续生物质直燃、混燃技术提供了数据支撑和查考依据。

2005 年以后，随着生物质发电纳入《可再生能源发展"十二五"规划》，蔗渣发电因地制宜，依靠制糖企业，取得进一步发展。2011 年，广西从政府层面推进蔗渣生物质发电工程建设。通过实施百家制糖企业锅炉和发电机组升级改造工程，2011—2014 年逐步淘汰蒸发量小于 50 吨、蒸汽压力低于 3.82 兆帕的老旧低效锅炉，以及 300 千瓦以下发电机组，升级改造为大容量、高参数的高效节能锅炉和发电机组。随着技术升级，降低了企业用能成本，取得了良好的社会效益和经济效益。

二、生物质能源利用相关政策法规

从 20 世纪 70 年代到 80 年代，中国实施了一系列生物质能源政策，目的是解决中国农村和边远地区的能源需求，以及关于沼气、省柴灶、秸秆供气等农村能源开发利用技术的相关环境问题。

从 20 世纪 90 年代开始，为适应建立社会主义市场经济体制以及实施可持续发展战略的需要，国家各部委制定多个包括生物质能源在内的可再生能源法规。1997 年，国家计委发布《新能源基本建设项目管理的暂行规定》，对中国新能源的中长期发展规划和年度规划的编制主管机构进行明确规定，并明确划分项目审批和管理权限。1999 年，国家环保总局、农业部、财政部、铁道部、交通部、中国民航总局联合制定《秸秆禁烧和综合利用管理办法》，鼓励推广机械化秸秆还田、秸秆饲料开发、秸秆气化、秸秆微生物高温快速沤肥和秸秆工业原料开发等多种形式的综合利用方式。1995 年通过《电力法》、1997 年颁布《中华人民共和国节约能源法》、2002 年修订《中华人民共和国农业法》、2002 年颁布《中华人民共和国清洁生产促进法》等，都涉及生物质能源的开发利用。

第二节　地热发电缓慢发展

地热发电的发展主要受地热资源禀赋、电力需求和激励政策等因素的影响。中国大陆地区适合大规模开发地热发电的高温地热资源，主要分布在西藏、云南西部和四川西部。其他地区的地热分布多以中低温为主，适合开展小型地热发电及地热能梯级利用。

西藏地热试验电站建设始于 1977 年，到 1993 年末，已建成羊八井、朗久和那曲三座地热试验电站。从 1994 年开始到 2008 年的 15 年间，中国的地热发电装机容量零增长。与此相反，2000 年以后，由于石油价格暴涨，为应对气候变化和能源清洁低碳转型，世界各国相继大力实施包括地热发电在内的可再生能源的开发与建设，世界地热发电出现较快增长，尤其是发展中国家增长速度迅速。2004 年年底，全世界地热发电总装机容量约 8900 兆瓦，中国地热发电装机容量停留在 25 兆瓦左右，占世界的 0.3%。西藏已探明的高温地热资源，除羊八井和朗久外，还有羊易、谷露和过过穷热泉等高温地热资源，具有建设大型地热发电站的潜力。1991 年后，由于地热发电风险高、投资大，有限的国家援助资金不足以支持建设新的地热发电站，西藏电力的重心转向羊卓雍湖水电站的建设。云南省腾冲地区已探明的高温地热资源，具有建设百兆瓦级大型地热发电站的潜力。2003 年，原计划在云南腾冲开始建设 48.4 兆瓦地热电站。由于种种原因，项目最终未获国家发展改革委批准。在中低温地热发电方面，20 世纪 70 年代，中国进行初步探索，研发出世界上最低温度的地热发电机组，由于经济上不可行性，20 世纪 80 年代以后，停止了相关的技术研发工作。

20 世纪 80 年代以后，中国中低温地热电站建设已停止，然而，在市场经济需求的驱动下，对地热能直接利用的研究和投资却快速增加。这段时间，大量资金涌入中国地热直接利用产业，主要集中在地热供热、温泉洗浴和医疗、温室种植和水产养殖等具有较高回报率的项目，中国地热直接利用得到快速发展，平均每年以 12% 的速度增长，2000 年，中国地热直接利用量已位居世界第一。2004 年，地热直接利用量达 45 373 万亿焦，占全球 16.6%，地热直接利用设备容量 3687 兆瓦（热功率）。

一、西藏那曲双工质循环地热示范电站建成投产

西藏那曲地热田位于藏北那曲南 2 千米，海拔 4500 米，是一个以温泉为主、出露面积不大的地热田。为充分利用当地地热资源解决那曲镇的电力紧张状况，西藏自治区人民政府决定利用联合国开发计划署（UNDP）援助资金建设一座兆瓦级地热双工质循环示范电站。

为了探明那曲热田范围、热储结构以及资源的储量，西藏地矿局地热地质大队经过 4 年的野外工作，于 1989 年 6 月正式提交《那曲地热田地热资源评价报告》。据估算，采用双工质循环发电方式，发电潜力为 5780 千瓦；采用扩容发电方式，发电潜力 2700 千瓦。

联合国开发计划署在执行第二期（1988—1992 年）援助西藏地热资源的勘探、开发和利用项目时，援款共计 815.6 万美元，主要工作内容是对那曲低焓地热资源采用双工质循环发电进行可行性研究和建设 1000 千瓦示范电站。这项工作主要由意大利阿夸特（AQUATER）公司承担，在中方技术人员配合下，向联合国开发计划署提交了《那曲 1000 千瓦地热电站的可行性报告》。根据该报告，联合国开发计划署正式同意无偿提供 1000 千瓦双循环机组及其配套设备，并正式列入 CPR/88/007 援助项目中❶。根据 CPR/88/007 援助项目分工要求，两口地热生产井的勘探和钻井工作分别由西藏地质矿产局地热地质队和天津市地质矿产局承担。能源部西南电力设计院承担电站可行性研究，负责电站的土建、管道设计以及电网设施等工程。

那曲地热电站于 1992 年 6 月开工建设，1993 年 11 月投产。西藏那曲双工质循环地热示范电站的建成，结束了那曲镇长期无常规稳定电源的历史，在一定程度上缓解了那曲镇用电紧张状况，解决部分当地居民就业问题，促进当地文教、卫生、通信等事业的发展，提高了居民生活水平，并为当地工业经济发展打下一定基础。

1993 年，那曲地热电站投产后，采用两口生产井，一用一备。由于地热流体的矿化度很高，生产井需要安装深井泵以防止流体输送过程结垢。机组正常运行时，深井泵耗电 270 千瓦左右，机组毛发电功率为 1000 千瓦，扣除深井泵耗电和其他厂用电，实际机组

---

❶ 利用联合国开发计划援款对那曲低焓地热资源用于双循环发电进行可行性研究和建设 1000 千瓦示范电站，对羊易地热田地面地质调查和为羊八井北部深层高温热储勘探购置了定向钻具及部分钻探材料，并通过项目的执行进行人员培训和提供有关手段以提高西藏的地热勘探、开发和利用能力，项目 1988 年开始进行，是当年的第 7 个项目。

净输出电功率只有 400 千瓦左右，发电效率较低，经济性并不好。1998 年，那曲双工质循环机组因工质泵泄漏而一直停运，2003 年试图重新启动未成功。机组于 2014 年拆除。自 1993 年投产以来至 1998 年停运，机组共运行约 7000 小时，累计发电量 223 万千瓦·时。

那曲双工质循环地热示范电站是在中国建设的第一台商用大容量双工质循环发电机组。在短短几年停运拆除，留下了经验教训：一方面，深井泵的安装和运行维护需要有丰富经验的技术人员；另一方面，深井泵耗电大，约占毛发电功率的 30%，大大影响电站整体的经济性。发电后的地热废水 70～80℃，采用地面渗透式回灌，没有配套完备的废水回灌设施，造成严重的环境污染。电力线路安装不规范造成电网短路。由于缺乏技术人员，那曲电站设备故障处理不及时，极大影响机组可用率和经济性。

西藏那曲地热试验电站采用的是当时国际上技术最先进的制造商——奥玛特公司的双工质循环发电机组，这也是中国第一次引进该技术用于地热发电。

二、云南腾冲地热发电项目夭折

云南腾冲位于亚欧板块和印度板块的碰撞带上，地下断层非常明显，构造活动强烈，经过漫长的演变，造就了世界上最密集的火山群与热泉群。腾冲县境内 5000 多千米² 的土地上星罗棋布地分布着 90 多座火山，其中有 23 座火山的火山口保存较完整，腾冲被誉为"天然火山地质博物馆"。

1973 年 12 月—1974 年 2 月，北京大学地质地理系地热研究组和西南师范学院地理系与化学系地热调查组、下花园电厂、腾冲县公交局和地震办公室共同组成"腾冲地热联合调查组"，对腾冲地区的地热资源进行实地调查，编著出版《云南省腾冲地区地热资源考察报告》，仅腾冲热海热田就有 100 兆瓦的远景发电装机容量。腾冲县境内地表出露的现代水热活动区共 62 个，构成中国大陆上唯一的高温火山地热区，地下热水温度超过 150℃。1975 年，云南省地质局第 12 地质队在腾冲县热海地热田勘探钻孔。初步估算，云南腾冲地区总发电潜力以百年运行计算为 277 兆瓦。1980 年后，先后有新西兰、美国、英国、意大利、澳大利亚、泰国以及联合国自然循环基金组织的专家到腾冲进行实地考察。中外专家普遍认为，腾冲地热资源丰富，其资源和人文、地理、气候条件都优于西藏的羊八井，是中国唯一的既具有火山又有地热的高温地热区，不仅有开发利用的价值，还有科学研究的价值。

1983 年，云南省电机工程学会和云南省地质学会组织专家召开腾冲地热发电可行性学术讨论，建议将腾冲地热发电研究列入国家科委和云南的科研项目，建设一座 500～1000 千瓦的小型地热实验电站。1986 年，国家科委和地矿部派出地热专家组赴云南腾冲地区考察，由中国能源研究会地热专业委员会主任带队，历经半个月实地考察，会同云南省科委等有关方面，对腾冲高温地热田开发的可行性进行论证。1987 年，云南省地矿局第二水文地质工程地质大队完成《云南省腾冲地区地热发电及综合利用预可行性研究报告》，1988 年，《地热电站项目建议书》通过了国家有关部门专家组的论证，但地热发电项目迟迟未开工建设。

对于云南高温地热发电可行性，能源部科技司专门立项由西安热工研究院负责研究，在1991年和1993年两次派出地热发电专家,并邀请北京大学和中国能源研究会教授专家对高温地热显示进行共同考察,提出在腾冲热海高温地热田率先开发建设地热发电站的建议。1994年12月,中国能源研究会地热专业委员会组织并陪同国家科委、国家计委、国家经贸委和电力部主管新能源的有关领导,赴滇西腾冲、瑞丽等地考察,同有关政府部门商议腾冲地热发电项目立项。1995年3月15—16日,国家科委、国家计委、国家经贸委和电力部在北京联合召开云南腾冲地热开发讨论会,对补充勘探工作要求进行讨论,并将腾冲地热电力开发列入国家新能源开发的重点项目。

1995年10月,云南省科委与以色列奥玛特工业有限公司签订一项合作协议。中以双方同意采取合作方式开发腾冲地热资源。国家科委工业科技司组织"八五"国家科技攻关1995年度加强项目《腾冲热海热田补充勘查工作》,于1998年2月4日开始第一口勘探井ZK201的钻探施工,1998年12月25日完工。1999年4月30日,云南省和以色列奥玛特工业有限公司在昆明签订合作开发腾冲地热电站协议,成立合资公司,合资双方得到了云南省政府有关审批部门和省政府领导的支持。1999年12月30日,云南奥玛特地热开发有限公司注册成立。2003年11月,《云南省人民政府关于请求对中以合资云南奥玛特腾冲48.4兆瓦地热电站项目予以立项的函》上报国家发展改革委。地热电站装机容量48.4兆瓦,年发电量3.67亿千瓦·时,估算总投资1.19亿美元。项目最终未获国家发展改革委批准。

云南腾冲地热发电项目夭折原因,一是2002年云南腾冲被列入"火山地热国家地质公园";二是云南水电资源极其丰富,腾冲是全国驰名的小水电利用示范县,因此对开发地热发电的需求并不强烈。

第三节　波浪能、潮流能发电研究活跃

20世纪80年代到20世纪末,海洋能中的波浪能和潮流能发电研究相对比较活跃。波浪能发电技术研究以岸基的振荡水柱式和重力摆式装置为主,其中中国科学院广州能源研究所在振荡水柱式发电技术研究方面积累大量经验,在"七五""八五"和"九五"期间分别研制了中国首个千瓦级、十千瓦级和百千瓦级波浪能发电装置,并成功研制中国首个商业化的小型航标灯用波浪能发电装置,实现批量化生产并出口到国外。国家海洋技术中心开展不同传动方式的重力摆式波浪能发电装置研究,并分别在山东小麦岛和大管岛开展示范应用。潮流能发电研究方面,哈尔滨工程大学在前期理论研究与实验室试验研究的基础上,在国家"九五"科技攻关项目支持下,历时五年多在浙江省岱山县龟山航门水道建成中国第一座漂浮式潮流能电站。

一、中国首个百千瓦级振荡水柱式波浪能发电装置研制成功

由中国科学院广州能源研究所研制的岸式振荡水柱装置共3个,装机容量分别为3、20、100千瓦。

"七五"期间，在广东省珠海市大万山岛研建的 3 千瓦振荡水柱装置，是中国第一个千瓦级波浪能发电装置。该装置采用 4 米长的喇叭口前港，4 米宽、3 米纵深的气室，0.8 米直径的井道空气叶轮和 3 千瓦永磁同步交流发电机。研建工作于 1988 年开始，1990 年结束。在实海况运行期间发现，3 千瓦岸式振荡水柱装置的转换效率较高，达到了岸式振荡水柱装置的世界先进水平。但存在一些问题：装机容量偏小，大浪时无法工作；气室结构偏矮，大浪时水柱撞击气室顶，危及空气叶轮及发电机；机房位置偏矮，大浪时海水直接进入机房，危害设备安全以及发电输出不稳定等。

"八五"期间研发建造的 20 千瓦岸式振荡水柱装置是中国第一个十千瓦级波浪能发电装置。装置的研发建造得到国家科技攻关计划支持，旨在解决 3 千瓦装置存在的问题，提高输出稳定性。该装置将原 3 千瓦装置的机房改造成气室的一部分，将机房建在水上 16 米处，气室顶部安装安全阀，避免大浪对设备的危害；发电机采用变速恒频技术，与柴油发电机实现电力合并，提高系统输出的稳定性。研发建造工作于 1992 年开始，1995 年结束。经 5 个月连续运行发现，20 千瓦岸式振荡水柱装置仍保持 3 千瓦装置高效率的优点；经过改造，20 千瓦装置比 3 千瓦装置的抗浪性能有大幅度提高；将波能发电装置与柴油发电机的电力合并，一定程度上提高了系统输出电功率的稳定性，但仍未达到用户直接使用的水平。

"九五"期间，在广东省汕尾市研发建造的 100 千瓦岸式振荡水柱装置是中国第一个百千瓦级波浪能发电装置。装置的研发建造得到国家科技攻关计划支持，旨在发展百千瓦级装置，解决波浪能并网发电的技术问题。装置采用 6 米长的喇叭口前港，直径 6.4 米的圆柱形气室，直径 1.2 米井道空气叶轮，与电网直联的 100 千瓦异步发电机。研发建造从 1998 年开始，2001 年结束。实海况试验发现，装置的水动力学效率较高，但装置总效率不高；发电不稳定，在平均发电功率较小的情况下，峰值功率却时常超出额定功率；空气叶轮和发电系统自身能耗较大。经分析发现，空气叶轮效率低是系统总效率低的主要原因——"溢出"空气叶轮在往复气流作用下的平均转换效率仅为 20%；采用空气叶轮以及与电网直联的异步发电机是输出不稳定和系统能耗大的主要原因。为改善上述问题，将 Wells 空气叶轮改为冲动式空气叶轮，将异步发电机改为同步发电机，在空气叶轮和发电机之间增加液压传动和蓄能装置。改造后大大改善了输出稳定性及抗浪能力，降低了系统能耗，但空气叶轮的效率仍然不高。

二、中国首座漂浮式和坐底式潮流能电站建成发电

1996 年哈尔滨工程大学承担的国家"九五"科技攻关项目"万向 I"70 千瓦潮流能试验电站，经过理论研究、设计、模型试验到建造下水运行，历时 5 年多完成。电站的研建得到了浙江万向集团支持。这是中国第一座漂浮式潮流电站，电站锚固在浙江省岱山县龟山航门水道。电站采用双转子摆线式水轮机技术。该电站采用变量泵与液压马达的调速控制系统，将机械能转换为稳定的压力能输出传动，带动发电机工作，实现发电系统的 400 伏、50 赫兹稳定输出，控制系统带有蓄电池的存储、充放电功能以及系统控制和相关的保护功能。"万向 I"采用漂浮式双鸭艏对称式船形载体，载体船长 18 米、宽 9 米、深

2.2 米、吃水 0.7 米。双转子水轮机安装在载体船中部的两个圆井内，双转子水轮机采用水平对旋用来抵消横向力。单台叶轮直径 2.5 米，四叶片，摆线式运动四叶片的偏心率可调。载体船隔舱设有机舱、控制舱、住舱和厨房。齿轮箱、液压泵、发电机、液压和控制等设备置于舱内。载体船的锚泊由 4 套重力锚块、锚链和浮筒组成，单锚块重 40 吨。锚系抵抗了六次台风，但是发生了 80 多米的位移。试验潮流能电站 2002 年 4 月安装于浙江省舟山市岱山县龟山航门水道进行试验运行，潮流流速范围 1.3～2.5 米/（秒·时），平均发电功率 20 千瓦。

哈尔滨工程大学研制的"万向Ⅱ"40 千瓦潮流能独立发电系统（2003—2005 年）是中国第一座坐底式潮流电站，由国家"十五"863 计划项目支持。"万向Ⅱ"40 千瓦装置采用坐底式双转子垂直轴直叶变桨水轮机方案。载体呈双导流箱形（外形 6.5 米×6.5米×4.5 米，重 60 吨），沉没于水下，6 腿坐底，依重力摩擦固定，增速器与发电机密封于机舱中，弹簧控制叶片 H 形双转承（直径 2.5 米）置于导流箱中，装置具有潜浮功能，便于维护。电控系统置于岸上，海缆输电为灯塔独立供电。2005 年 12 月，潮流能电站安装于浙江省舟山市岱山县小门头水道进行测试运行。

三、重力摆式波浪能试验电站建设与示范运行

1989 年 8 月 22—23 日，国家海洋专业组学科组办公室在国家海洋局海洋技术研究所（现名为国家海洋技术中心）召开小钦岛摆式波力试验电站可行性研究评审会，山东省烟台市长岛县小钦岛 8 千瓦重力摆式波浪能试验电站可行性研究通过评审。

1991—1995 年国家海洋局海洋技术研究所在山东省青岛市小麦岛依岸礁石建筑而成 8 千瓦重力摆式波浪能试验电站。电站主要由三部分组成，即波浪能吸收系统、机电转换系统和供配电系统。波浪能吸收系统主要由水室摆板机构组成，水室为依岸边礁石砌筑而成，摆板机构主要由摆板、摆轴、轴座等组成。机电转换系统主要由离合器、增速器及发电机组成。供电配电系统主要包括控制器、蓄电池、逆变器及配电柜。

在"九五"国家科技攻关项目支持下，2001 年在山东省青岛即墨市❶大管岛建成30 千瓦重力摆式波浪能装置，与小麦岛项目不同的是该装置机电转换采用液压传动方式，系统由液压泵、蓄能器、调速发动机及发电机组成。摆板工作时，波浪由喇叭口进入水室，波浪在摆板上产生的冲击力推动摆板，以摆轴为轴心摆动，从而将波浪能转化为摆轴转动的机械能。

在"中国近海海洋可再生能源调查与研究"专项支持下，国家海洋技术中心牵头开展"近海岛屿综合开发利用示范试验项目"。项目由 30 千瓦波浪能发电装置、60 千瓦风力发电机组以及 15 千瓦太阳能发电系统组成，同时还研建了日产 5 吨的海水淡化装置。国家海洋技术中心研建的 30 千瓦直驱式重力摆波浪能发电站于 2011 年 9 月安装到山东省青岛市崂山区大管岛开展示范运行，2012 年 12 月，因维修停止发电。

❶ 2017 年 9 月 20 日，撤销县级即墨市，设立青岛市即墨区。

第四编

中国可再生能源发电的跨越式发展（2005—2020）

以 2006 年 1 月 1 日《中华人民共和国可再生能源法》正式施行为标志，中国可再生能源在政策支持下迎来规模化发展的高潮。2006 年，中国风电装机容量 133.2 万千瓦；太阳能光伏发电生产能力达到 36 万千瓦，可再生能源年利用量总计约为 2 亿吨标准煤，可再生能源发电已具备一定的规模。

2003—2007 年，风力发电受到国家战略的大力支持，风力发电特许权示范项目推动了中国风力发电的大规模装机以及风力发电设备的国产化。与此同时，生物质燃料发电也进入全新的发展历程，实现了从零到有的突破，成立了中国第一个生物质能发电企业，带动了相关产业链的发展，为农村作物废弃物的二次利用寻求到了出路，对于生态保护具有重要意义。2008 年 10 月，中国太阳能标准化技术委员会成立，中国太阳能行业迈入标准化时代，相关制度和标准相继制定，并成立了光伏发电及产业化标准推进组来监督检查光伏标准化的进程。与光伏领域相关的研究成果和人才层出不穷，逐步建立起完善的光伏发电产业链。

2009 年，全国人大常委会表决通过了《中华人民共和国可再生能源法修正案》，再行修订的《中华人民共和国可再生能源法》对中国各项可再生能源发展都出台了相应的扶持政策。从这一年开始，中国成为年度新增风力发电装机容量最多的国家，与美国、欧洲并列为世界三大风力发电市场。

这一时期，可再生能源进入到规模化发展阶段，逐渐形成产业化和商业化，形成产业集群，相关配套设施产业也开始发展起来。风电技术得到发展，自主生产并网了 750 千瓦风力发电机组、中国首台具有自主知识产权的兆瓦级风力发电机组样机、第一台国产化 1.5 兆瓦风力发电机组、首台抗台风型 1.5 兆瓦变桨变速风力发电机组、中国第一台具有自主知识产权的 2 兆瓦直驱永磁同步风力发电机组、中国第一台 3 兆瓦海上风力发电机组等，都代表着风电技术的突飞猛进。与此同时，光伏发电、生物质发电、沼气发电、地热发电、潮汐能发电多种能源利用也齐头并进，可再生能源发展达到国际化水平，力争建立具有中国特色的标准化可再生能源建设体系。如"十二五""十三五"期间中国光伏发电已经发展成为全球市场的领跑者，新增装机量和累计容量都成为全球第一。其间光伏"领跑者"计划功不可没，带动中国光伏从落后走向先进、走向高效、走向标准化。光伏领跑基地在发挥标杆带头作用，带动光伏产业高质量发展上成绩卓著。同时带动的光伏扶贫项目对于基层精准扶贫、定向扶贫都起到了很显著的成效，更是建立起一大批示范性光伏扶贫电站，有着点对点帮扶效果，对于中国的全面脱贫起到了重要作用。

可再生能源发展快速增长的同时也带来了诸多问题，例如，弃风弃光现象和补贴电价的问题。针对这些问题，国家出台了相关计划，组织消纳风光发电量，实现双降目标，同时由于技术的进步，度电成本的逐渐降低，风力发电和光伏发电逐渐实行降补贴电价，开始进入平价上网时代，这就使得市场竞争逐渐变大，逐步进入市场化竞争阶段，令技术进步进入良性循环。至此中国的可再生能源发展已经由依赖国家扶持逐渐变成了国家不可或缺的能源组成部分，一跃超过水电成为仅次于煤炭能源的第二大能源，对于加快中国能源结构调整，构建生态化、多元化的可再生能源结构作出了重要贡献。

第七章

可再生能源发电进入规模化发展阶段（2005—2008）

2005 年，国家发展改革委发布了《可再生能源产业发展指导目录》。2006 年 1 月 1 日，《可再生能源法》正式施行。该法是在《京都议定书》正式生效的国际背景下制定实施的，提出："国家将可再生能源的开发利用列为能源发展的优先领域。"2009 年，全国人大常委会针对该法进行修订，修订的《可再生能源法》于 2010 年 4 月 1 日正式施行。

《可再生能源法》及其修正案是一部关系国家能源和环境安全、关系国家可持续发展的重要法律，它为推进中国可再生能源的开发利用提供了明确的政策支持和良好的制度保障。《可再生能源法》颁布前后，一系列辅助可再生能源发展的政策法规逐步出台，可再生能源法律法规体系不断完善，有效推进了可再生能源的产业化发展进程。

2007 年 8 月，国家发展改革委发布了《可再生能源中长期发展规划》，提出："充分利用水电、沼气、太阳能热利用和地热能等技术成熟、经济性好的可再生能源，加快推进风力发电、生物质发电、太阳能发电的产业化发展，逐步提高优质清洁可再生能源在能源结构中的比例，力争到 2010 年使可再生能源消费量达到能源消费总量的 10%，到 2020 年达到 15%。"2007 年 12 月国家发布的《中国的能源状况与政策》白皮书，将可再生能源发展作为国家能源发展战略的重要组成部分。这份白皮书首次在能源发展战略中剔除了以煤为主的提法，专注于多元化发展，强调优先发展清洁能源和低碳能源。2008 年，为了完善能源管理体制，成立了国家能源局，其主要职责是拟定并组织实施能源行业规划、产业政策和标准，发展新能源，促进能源节约等。

在国家政策的支持下，《可再生能源中长期发展规划》（发改能源〔2007〕2174 号）、《可再生能源发展"十一五"规划》相继颁布，促进风力发电、太阳能以及生物质直燃发电技术、产业和市场发展相关政策体系建设初步完成，国有资本和民营资本纷纷增加了对可再生能源的投入，尤其是风力发电特许权项目的实施，促进了风力发电产业的蓬勃发展。

第一节　可再生能源法规政策颁布与实施

为了促进可再生能源的开发利用，增加能源供应，改善能源结构，保障能源安全，保护环境，实现经济社会的可持续发展，2005年2月，第十届全国人大常委会第十四次会议审议并通过了《可再生能源法》，自2006年1月1日起施行。这是一部关系国家能源和环境安全、关系国家可持续发展的重要法律，为促进中国可再生能源发展提供了法律保障。

在可再生能源法律法规的指导下，可再生能源各细分领域的政策措施也陆续出台。2007年11月，国家发展改革委办公厅发布《关于开展大型并网光伏示范电站建设有关要求的通知》（发改办能源〔2007〕2898号），明确大型并网光伏电站的上网电价通过招标确定，从而拉开了中国大型光伏电站建设的序幕。2010年5月，《国家能源局印发〈风电标准建设工作规则〉〈能源行业风力发电标准化技术委员会章程〉和〈风电标准体系框架〉的通知》（国能科技〔2010〕162号），加强风力发电标准化工作，规范和指导中国风力发电行业健康发展。光伏发电、风力发电等新兴的可再生能源蓬勃发展起来。

除了上述针对可再生能源总体发展的配套文件、规定之外，国家发展改革委、财政部、建设部等还发布了一系列专门的规章制度或指导文件，包括《国家发展改革委、财政部关于印发〈促进风力发电产业发展实施意见〉的通知》（发改能源〔2006〕2535号）；《财政部关于印发〈可再生能源建筑应用专项资金管理暂行办法〉的通知》（财建〔2015〕87号）；财政部、国家发展改革委、农业部、国家税务总局、国家林业局《关于发展生物能源和生物化工财税扶持政策的实施意见》（财建〔2006〕702号）等。

此外，各地也都积极响应政策方向和要求，颁布针对本省（市）发展可再生能源的政策措施。

一、《可再生能源法》的颁布与修订

2003年《可再生能源法》开始起草，社会各界对发展可再生能源的认识逐步明确，各级领导特别是党和国家领导人对发展可再生能源十分重视。2005年11月，国家主席胡锦涛在北京国际可再生能源大会上强调，加强可再生能源开发利用，是应对日益严重的能源和环境问题的必由之路，也是人类社会实现可持续发展的必由之路。❶全国人大常委会委员长吴邦国、国务院总理温家宝等同志也多次对可再生能源发展做出重要批示和指示。据不完全统计，在该法起草过程中，全国省部级以上领导对发展可再生能源问题的批示、意见有2000多条，人大代表、政协委员、两院院士以及离退休的老干部等，关于发展可再生能源的提案、议案和建议有300多项。

2005年2月，由第十届全国人大常委会第十四次会议通过，国家主席胡锦涛签发主席令颁布了《可再生能源法》，由此奠定了可再生能源发展的法律基础。《可再生能源法》共8章33条。该法所称可再生能源，是指风能、太阳能、水能、生物质能、地热能、海洋能等非化石能源。该法施行后，国家将可再生能源的开发利用列为能源发展的优先领域，通过制定可再生能源开发利用总量目标和采取相应措施，推动可再生能源市场的建立和发

---

❶《胡锦涛给2005年国际可再生能源大会的致辞》，新华社，2005年11月7日。

展。国家鼓励各种所有制经济主体参与可再生能源的开发利用，依法保护可再生能源开发利用者的合法权益。国家将可再生能源开发利用的科学技术研究和产业化发展列为科技发展与高技术产业发展的优先领域，纳入国家科技发展规划和高技术产业发展规划，并安排资金支持可再生能源开发利用的科学技术研究、应用示范和产业化发展，促进可再生能源开发利用的技术进步，降低可再生能源的生产成本，提高产品质量。国家鼓励和支持可再生能源并网发电。

《可再生能源法》的颁布实施，奠定了中国支持和促进可再生能源发展的法律基础，即构建了总量目标、强制上网、分类电价、费用分摊和专项资金5项基本制度。围绕这5项基本制度，形成了支持可再生能源发展，特别是支持可再生能源发电的比较完整的政策体系。为了有效落实上述5项基本制度，《可再生能源法》通过后，国务院各有关部门根据各自职责分工，研究制定了配套行政法规、行政规章、技术规范等12个方面的法律法规。国家发展改革委相继发布了《可再生能源产业指导目录》《可再生能源发电有关管理规定》《可再生能源上网电价及费用分摊管理试行办法》《可再生能源中长期发展规划》；国家电力监管委员会发布了《电网企业全额收购可再生能源电量监管办法》；财政部发布了《可再生能源专项资金管理办法》；建设部发布了《民用建筑太阳能热水系统应用技术规范》（GB 50364—2005）等。

不过，《可再生能源法》在实施过程中也逐渐暴露出一些突出问题。例如，《可再生能源法》单就可再生能源开发利用规划编制做出了规定，并没有把可再生能源开发利用的规划编制同其他能源的规划编制衔接起来，也没有对规划编制的原则和内容做出必要的规范，从而造成了可再生能源开发利用的规划同其他能源的规划以及电力、电网的规划脱节；电网企业和可再生能源发电企业之间利益关系的调控机制存在缺失，导致可再生能源发电强制上网和全额收购制度难以落实。《可再生能源法》规定，电网企业附加征收的有关费用在销售电价中全民分摊并且通过电网企业网间结算方式调配，但这种可再生能源电价附加调配方式在现实中很难操作。在《可再生能源法》法律后评估工作的基础上，全国人大环境与资源保护委员会多次组织召开专家座谈会和国务院有关部门座谈会，并赴内蒙古自治区进行了调研。随后，两次召开《可再生能源法》条款修改协调会。通过调研、座谈和反复论证，环境与资源保护委员会形成了可再生能源法修正案草案，提请全国人大常委会会议审议，旨在解决法律实施过程中的突出问题。

2010年4月1日，新修订的《可再生能源法》对原有内容作出进一步规范，确定了国家实行可再生能源发电全额保障性收购制度、确立可再生能源发电项目上网电价的定价调整原则和电网企业收购、销售可再生能源电量差价费用的附加赔偿制度；设定了电网企业为收购可再生能源电量支付相关费用的回收渠道；对建设公共可再生能源独立电力系统设定了相应的电价类别和补偿制度。

此外，国家财政设立可再生能源发展基金，对从可再生能源电价附加收入等渠道筹集基金用于电力事业的项目作出了相应法律规定，以保障可再生能源电力事业的可持续发展。

二、多项可再生能源发展规划发布

《可再生能源法》的正式实施为促进中国风力发电国产化，开发具有自主知识产权的风力发电设备，扩大风力发电产业规模提供了法律依据。国家将风力发电设备研发列入国家科技发展计划，根据能源发展需求制定装机容量和建设目标，规划重点开发区域及项目，引导风力发电行业健康、有序、可持续发展。2007年4月，国家发展改革委印发的《能源发展"十一五"规划》提出，"十一五"期间将重点发展资源潜力大、技术基本成熟的风力发电、生物质发电、生物质成型燃料、太阳能利用等，并以规模化建设带动产业化发展。按照"因地制宜，多元发展"的原则，在继续加快小型水电和农网建设的同时，大力发展适宜村镇、农户使用的风能、生物质能、太阳能等可再生能源。到2010年，村镇小型风力发电机组使用量达30万台，总容量达7.5万千瓦。

2007年8月，国家发展改革委发布《可再生能源中长期发展规划》，提出要通过大规模的风力发电开发和建设，促进风力发电技术进步和产业发展，实现风力发电设备制造自主化，尽快使风力发电具有市场竞争力。在经济发达的沿海地区，发挥其经济优势；在"三北"（西北、华北北部和东北）地区发挥其资源优势，建设大型和特大型风力发电场；在其他地区，因地制宜发展中小型风力发电场，充分利用各地的风能资源。主要发展目标和建设重点为：到2010年，全国风力发电总装机容量达到500万千瓦（这一目标在2007年就提前实现），重点在东部沿海和"三北"地区，建设30个左右10万千瓦等级的大型风力发电项目，形成江苏、河北、内蒙古3个100万千瓦级的风力发电基地，建成1～2个10万千瓦级海上风力发电试点项目。到2020年，全国风力发电总装机容量达到3000万千瓦。在广东、福建、江苏、山东、河北、内蒙古、辽宁和吉林等具备规模化开发条件的地区，进行集中连片开发，建成若干个总装机容量200万千瓦以上的风力发电大省。建成新疆达坂城、甘肃玉门、苏沪沿海、内蒙古辉腾锡勒、河北张北和吉林白城6个百万千瓦级大型风力发电基地，并建成100万千瓦海上风力发电。

为了进一步做好可再生能源开发利用工作，落实好国家"十一五"规划的发展目标，国家发展改革委在《可再生能源法》的基础上，根据《可再生能源中长期发展规划》提出的目标和任务，于2008年3月印发《可再生能源发展"十一五"规划》（发改能源〔2008〕610号），提出风力发电发展目标："十一五"时期，全国新增风力发电装机容量约900万千瓦，到2010年，风力发电总装机容量达到1000万千瓦。同时，形成国内风力发电装备制造能力，整机生产能力达到年产500万千瓦，零部件配套生产能力达到年产800万千瓦，为2010年以后风力发电快速发展奠定装备基础。结合无电地区电力建设，积极培育小型风力发电机产业和市场，到2010年，小型风力发电机的使用量达到30万台，总容量达到7.5万千瓦，设备生产能力达到年产8000台。此规划明确了"十一五"期间风力发电规划布局和建设重点，即重点建设30个左右10万千瓦以上的大型风力发电场和5个百万千瓦级风力发电基地，做好甘肃、内蒙古和苏沪沿海千万千瓦级风力发电基地的准备和建设工作。一是推动百万千瓦风力发电基地建设。在风能资源条件好、电网接入设施完备、电力负荷需求大的地区，进行百万千瓦级风力发电基地建设，重点是河北张家口坝上地区、甘肃安西和昌马地区、内蒙古辉腾锡勒地区、吉林白城地区、苏沪沿海地区。二是支持风力发电设备国产化。结合大型风力发电场，特别是百万千瓦风力发电基地建设，支持风力发电设备制造的国产化。重点扶持几个技术创新能力强的国内风力发电设备整机制造企业，同时全面提高国产风力发电设备零部件的技术水平和制造能力。建立国家级试验风力发电场，支持风力发电设备检测和认证能力建设。三是进行近海风力发电试验。在沿海地区近岸海域进行近海示范风力发电场建设，主要是在苏沪海域和浙江、广东沿海，探索近海风力发电勘查、设计、施工、安装、运行、维护的经验，在积累一定近海风力发电运行经验基础上，逐步掌握近海风力发电设备的制造技术。

在太阳能发展方面，2006年国务院发布了《国家中长期科学和技术发展规划纲要（2006—2020年）》，将太阳能列入主要科学问题研究。《可再生能源中长期发展规划》将太阳能发电也列为重点发展领域，提出到2010年，太阳能发电总容量达到30万千瓦，到2020年达到180万千瓦的发展目标。列出的太阳能发电的建设重点包括：采用户用光伏发电系统或建设小型光伏电站，解决偏远地区无电村和无电户的供电问题，重点地区是西藏、青海、内蒙古、新疆、宁夏、甘肃、云南等省（自治区、直辖市）；在经济较发达、现代化水平较高的大中城市，建设与建筑物一体化的屋顶太阳能并网光伏发电设施，首先在公益性建筑物上应用，然后逐渐推广到其他建筑物，同时在道路、公园、车站等公共设施照明中推广使用光伏电源；建设较大规模的太阳能光伏电站和太阳能热发电电站。

光热发电相关政策引导也是从这个时期开始，根据太阳能资源总储量和资源分布情况分析，中国光热发电主要集中在青海、西藏、新疆、甘肃、宁夏、内蒙古等太阳能资源条件好、土地可开发利用规模大的地区。《可再生能源中长期发展规划》将太阳能热发电列入重点发展领域，明确提出在内蒙古、甘肃、新疆等地选择荒漠、戈壁、荒滩等空闲土地，建设太阳能热发电示范项目，到2010年建成太阳能热发电总容量5万千瓦，到2020年全国太阳能热发电总容量达到20万千瓦。《可再生能源"十一五"规划》将太阳能热发电技术列入"十一五"重点发展的先进适用技术。规划明确提出，在内蒙古鄂尔多斯高地沿黄河平坦荒漠、甘肃河西走廊平坦荒漠、新疆哈密地区、西藏拉萨或北京周边选择适宜地区，开展太阳能热发电试点，总装机容量约5万千瓦。同时，在技术研发及装备制造方面，通过试点项目建设，进行技术引进和消化吸收再创新，掌握太阳能热发电关键技术。

到2010年，大多数可再生能源基本实现以国内制造为主的装备能力，太阳能相关设备拥有较强的国际竞争力，国内风力发电设备制造企业实现1.5兆瓦级以上机组的批量化生产，农林生物质发电设备实现国产化制造，基本具备太阳能光伏发电多晶硅材料的生产能力。

三、初步建成生物质直燃发电相关政策体系

《可再生能源法》明确将生物质能列入可再生能源范畴，其中第十四条规定："电网企

业应当与依法取得行政许可或者报送备案的可再生能源发电企业签订并网协议，全额收购其电网覆盖范围内可再生能源并网发电项目的上网电量，并为可再生能源发电提供上网服务。"为日后生物质直燃发电行业普遍持续较高年利用小时数提供了法律基础。2005 年 11月，《国家发展改革委关于印发〈可再生能源产业发展指导目录〉的通知》（发改能源〔2005〕2517 号）发布，将大中型沼气工程供气和发电、生物质直接燃烧发电、生物质气化供气和发电等发电应用端产业及生物质直燃锅炉、生物质燃气内燃机等制造技术端产业纳入该目录。此后，涉及生物质能源的一系列相关政策法规也相继出台，2006 年 1 月，国家发展改革委以特急文件形式下发了《国家发展改革委关于印发〈可再生能源发电价格和费用分摊管理试行办法〉的通知》（发改价格〔2006〕7 号）。该办法根据《可再生能源法》和《中华人民共和国价格法》制定，规定了可再生能源发电项目的资金扶持强度、资金来源与补贴范围，为生物质发电项目的电价制定、生物质能源电价附加费的交付和分摊提供了依据。其中第二条、第三条、第七条明确规定：自 2006 年及以后获得政府主管部门批准或核准建设的生物质发电（包括农林废弃物直接燃烧和气化发电、垃圾焚烧和垃圾填埋气发电、沼气发电）适用该办法；生物质发电项目上网电价实行政府定价的，由国务院价格主管部门分地区制定标杆电价，电价标准由各省（自治区、直辖市）2005 年脱硫燃煤机组标杆上网电价加补贴电价组成，补贴电价标准为每千瓦时 0.25 元。发电项目自投产之日起，15 年内享受补贴电价；运行满 15 年后，取消补贴电价。自 2010 年起，每年新批准和核准建设的发电项目的补贴电价比上一年新批准和核准建设项目的补贴电价递减2%。该办法是生物质能发电产业发展初期最主要、最直接的价格扶持政策，有力地保障了产业初期的稳步发展。

作为该办法的配套文件，2006 年 1 月，《国家发展改革委印发〈可再生能源发电有关管理规定〉的通知》（发改能源〔2006〕13 号）。该规定依据《可再生能源法》和《电力法》制定，规定了包括生物质发电在内的可再生能源发电有关项目管理、审批、电价、规划、接入系统建设等原则性问题，奠定了项目的管理基础。对生物质发电项目的管理机构、电网企业和发电企业的责任作了具体规定。明确了发电企业应当积极投资建设可再生能源发电项目，并承担国家规定的可再生能源发电配额义务。提出了大型发电企业应当优先投资可再生能源发电项目。2006 年 5 月，《财政部关于印发〈可再生能源发展专项资金管理暂行办法〉的通知》（财建〔2006〕237 号），把生物质发电等可再生能源的开发利用列为专项资金的扶持重点。

另外，为贯彻落实国家资源综合利用鼓励和扶持政策，加强资源综合利用管理，鼓励企业开展资源综合利用，2006 年 9 月，国家发展改革委、财政部、税务总局联合印发了《关于印发〈国家鼓励的资源综合利用认定管理办法〉的通知》（发改环资〔2006〕1864号）。对符合国家资源综合利用鼓励和扶持政策的资源综合利用工艺、技术或产品进行认定。回收利用生物质能等作为燃料发电的，必须有充足、稳定的资源，并依据资源量合理配置装机容量。生物质能发电项目首次纳入资源综合利用认定管理目录，确定了生物质能发电作为资源综合利用项目被国家认定为鼓励类工业项目。

第二节　可再生能源发电发展提速

在国家政策的支持和统一规划下，可再生能源发电的发展进入了快车道。国有资本和民营资本纷纷增加了对可再生能源的投入，风电、太阳能发电装机增长迅速。截至 2008 年年底，全国风力发电装机容量已达到 1220 万千瓦，中国已经成为居全球前列的太阳能和风能利用国家。可再生能源的快速发展促进了装备制造业的发展，风力发电、太阳能发电设备的国产化份额明显提高，华锐风电科技（集团）股份有限公司（简称华锐风电）、金风科技等风机制造业和尚德电力、协鑫（集团）控股有限公司（简称协鑫集团）等光伏企业发展迅速，到 2007 年，中国太阳能电池/组件生产能力达到 2900 兆瓦，超过日本和德国，成为世界第一大光伏电池生产国；同时可再生能源的国际影响力不断提升，世界主要国家和区域组织都把可再生能源列入与中国合作的重要内容，联合国秘书长潘基文 2007 年在印度尼西亚巴厘岛召开的联合国气候变化会议上，对中国的可再生能源发展给予了高度评价。2005 年，《清洁发展机制项目运行管理办法》发布，将风力发电列入中国清洁发展机制项目（Clean Development Mechanism，CDM）的重要领域，内蒙古辉腾锡勒风力发电场项目成为中国开发的第一例 CDM 项目和全球第一个注册的风力发电项目。

一、《可再生能源法》拉动市场投资

《可再生能源法》及其配套各项法律制度颁布后，中国在可再生能源领域开展了一系列工作：国家发展改革委组织了中国风能资源的调查和生物质资源评价工作；可再生能源发电量全额收购得到一定程度的推进，多数电网企业基本能够执行全额收购可再生能源电量的相关规定；可再生能源发电配套电网规划及建设工作得到一定加强，部分电网企业能够配合政府有关部门做好可再生能源发展规划，及时建设、改造与可再生能源发电配套的电网设施；可再生能源电价政策执行和电费结算情况趋于规范，多数电网企业能够按照价格主管部门批准的可再生能源发电项目上网电价和购售电合同约定的电费结算流程、计算方法、计算时间、结算方式等，与发电企业及时、足额结算电费；可再生能源财税优惠政策得到一定落实，国家财政增加了对可再生能源的科研投入，加大了对风力发电、太阳能发电、生物质能产业的财政扶持力度。

在可再生能源法律制度和配套政策规定的引导下，中国可再生能源产业表现出了良好的发展势头，风力发电、太阳能热利用、沼气等技术日趋成熟，太阳能并网发电项目也逐步得到推广应用。

截至 2008 年年底，全国风力发电装机容量已达到 1250 万千瓦。电力装机中清洁能源比例已经提高到 20%左右，其中 2008 年新增的超过 9051 万千瓦的装机中，清洁能源占到了近 30%。可再生能源是对传统能源的有力补偿和替代，可以有效降低传统能源的消耗，减轻环境污染，减少二氧化碳排放。可再生能源产业的快速发展，为缓解中国传统资源紧张和应对气候变化作出了巨大贡献。

由于《可再生能源法》的实施初步消除了可再生能源投资的风险，各类投资主体增加对可再生能源产业的投入纷纷进入可再生能源市场，包括国有大型能源投资公司［国家电网公司、中国华能、中国电力投资集团公司（简称中电投）、中国大唐集团有限公司（简称中国大唐）、中国国电集团有限公司（简称中国国电）、中国华电集团有限公司（简称中国华电）、中国石油天然气集团有限公司、中国石油华工集团有限公司、中国海洋石油集团有限公司、神华集团有限责任公司（简称神华集团）、中国长江三峡集团有限公司（简称中国三峡集团）］，以及一些省级能源投资公司。

上海电气、东方汽轮机和哈尔滨电气等大型装备企业开始进入可再生能源制造业；航天、航空、机车、输变电装备制造企业也开始进入可再生能源市场；苏司兰、维斯塔斯、歌美飒、通用电气等国际上主要的制造企业也开始进入中国的可再生能源市场。

民营资本大规模进入风电光伏等装备制造业，华锐风电、金风科技等风机制造企业在政策扶植下发展壮大；尚德电力、赛维LDK太阳能高科技有限公司（简称赛维LDK）、保利协鑫能源控股有限公司（简称保利协鑫）等光伏企业在国内和国际两大市场高歌猛进。

国内的中金公司、摩根士丹利、美林证券、高盛集团、汇丰集团等风险投资纷纷携手介入可再生能源投资市场。截至2007年年底，大约有15家可再生能源公司（或一些大公司的可再生能源部门）分别在纽约、伦敦、中国香港、新加坡和国内等主要股票交易所上市，总市值超过300亿美元。规模最大的是尚德电力，总市值最高时达到120多亿美元。

大量资金的涌入为可再生能源领域的上游装备制造业注入了活力，风力发电和光伏装备制造业得以迅速发展。

截至2007年年底，中国已有风力发电装备及相关零部件制造企业100多家，其中大型风机整机生产企业40多家，国外独资、合资企业10多家，国内企业30多家。国产风机在国内的市场份额明显提高，2007年完成的吊装风力发电装备中，国产设备比例已经超过50%。年生产能力超过100兆瓦的太阳能光伏电池制造企业超过十家，其中进入世界十强有3家。太阳能硅材料的生产，开始有所突破，2007年的总产量突破了3000吨，并有10多家企业跟进，设计产能高达5万多吨。

二、塞罕坝风电场建成投产

塞罕坝风电场隶属于中国大唐集团有限公司，装机容量152万千瓦，是同一投资控制与运营主体、同一区域的世界最大风电场。塞罕坝风电场地处内蒙古高原与河北北部山地交接处，区域海拔高度1500~2067米，全年5~6级风以上天数有300多天，无霜期只有3个月。2005年4月，塞罕坝风电场一期工程开工，同年8月12日，风场首台机组并网发电。2006年建成了亚洲最大在役风电场，2007年建成世界最大在役风电场，2012年率先建成国内首个百万千瓦级风电场。截至2017年年底，在役装机容量排名世界第一，为提升中国风电行业的影响力提供了强有力支撑。

三、可再生能源发展受到各国重视

发展可再生能源成为中国实质性减排温室气体的主要选择，截至 2011 年，国家批准的清洁发展机制项目中，70%以上是可再生能源。

2006 年，各类可再生能源增长迅速。水力发电年装机容量首次突破 1000 万千瓦，累计总装机容量达到 12 500 万千瓦，占全部开发量的 23%；风力发电 2006 年年底吊装完成装机容量 133.2 万千瓦，比过去 20 年的总和还要多；太阳能发电生产能力达到创纪录的 30 万千瓦，同比增长 15 万千瓦，超过世界生产能力的 10%。可再生能源年利用量约总计为 2 亿吨标准煤（不包括传统方式利用的生物质能），约占一次能源消费总量的 8%，比 2005 年上升了 0.5%，太阳能、风力发电、现代技术生物质能利用等提供 5000 万吨标准煤能源[1]。

中国颁布《可再生能源法》及其在可再生能源领域取得的一系列成绩，产生了良好的国际影响。在 2005 年年底北京国际可再生能源大会、2006 年在纽约举行的联合国第 14 次可持续发展大会、在圣彼得堡举行的八国集团首脑会议和 2007 年在巴厘岛举行的联合国气候变化会议上，国际社会都高度评价了中国在可再生能源方面取得的成绩及其积极意义。其中在 2007 年联合国气候变化会议上，联合国秘书长潘基文高度评价了中国的可再生能源发展。

世界主要国家和区域组织都把可再生能源列入与中国合作的重要内容。欧盟自 2006 年起，可再生能源研发项目大多对中国开放；亚太六国[2]清洁发展和气候变化合作伙伴计划将可再生能源列为主要内容；东盟与中国的合作框架协议也将发展可再生能源的合作放在重要位置。

此外，美国通用电气、西班牙歌美飒、丹麦维斯塔斯、印度苏司兰等国外大型风机制造企业纷纷在中国投资设厂，尚德电力等中国可再生能源企业在国际资本市场受到热捧。

四、中国企业参与清洁发展机制计划实现减排增收

20 世纪 80 年代以来，气候变化成为国际社会普遍关心的重大全球性问题。1990 年 12 月，第 45 届联合国大会决定设立政府间谈判委员会，进行有关气候变化问题的国际公约谈判。1992 年 5 月 9 日，联合国通过《联合国气候变化框架公约》（简称 UNFCCC），公约于 1994 年 3 月 21 日生效。1997 年 12 月，UNFCCC 缔约国第三次会议在日本京都召开，会议制定并通过了《京都议定书》作为联合国气候变化框架公约的补充条款。中国于 2002 年 8 月核准了《京都议定书》。2005 年 2 月 16 日，《京都议定书》正式生效。

《京都议定书》约定，2008—2012 年，主要工业发达国家温室气体排放量要在 1990

---

[1] 数据来自《中国可再生能源产业报告（2006）》。
[2] 亚太六国：中国、孟加拉国、印度、老挝、韩国、斯里兰卡和蒙古国。

年的基础上平均削减 5.2%，其中欧盟将 6 种温室气体[1]排放削减 8%、加拿大削减 6%、日本削减 6%、波兰削减 6%、捷克削减 5%。《京都议定书》共建立了三种灵活减排合作机制，即联合履行（Joint Implementation，JI，第 6 条）、清洁发展机制（Clean Development Mechanism，CDM，第 12 条）和排放贸易（Emissions Trading，ET，第 17 条）。其中，CDM 是指发达国家缔约方为实现其部分温室气体减排义务与发展中国家缔约方之间共同合作，达到减排、发展的"共赢"机制。

2005 年 10 月 12 日，国家发展改革委、科技部、外交部、财政部联合下发了《清洁发展机制项目运行管理办法》，规范推动中国 CDM 项目的普及开展，并将风力发电列入中国 CDM 项目发展的重要领域。根据规定，新建设的风力发电项目需复核 CDM 条件，并积极进行申报。

截至 2009 年 1 月 12 日，中国在世界 CDM 执行理事会共成功注册 367 个项目，其中风力发电项目 95 个，约占 25%。风力发电 CDM 项目主要集中在内蒙古、江苏、吉林、黑龙江及福建一带，这些区域的 CDM 项目温室气体减排潜力约占全国风力发电 CDM 项目总减排潜力的 80%。注册风力发电项目合计装机容量为 558.965 万千瓦，约为当时已建成风力发电项目的 50%。按平均满发小时数 2000 小时测算，每年可节约燃煤约 560 万吨，减排二氧化碳约 1022 万吨。列入 CDM 出售碳减排指标的风力发电项目，在一段时期内，视出售的价格不同，风力发电上网电价可以额外得到 0.07~0.14 元/（千瓦·时）的收益，多数风力发电项目能够实现盈利，因此受到风力发电场建设业主的普遍欢迎。

内蒙古辉腾锡勒风力发电场项目成为中国第一个风力发电 CDM 项目。该项目是中国循环经济协会可再生能源专业委员会（CREIA）受内蒙古龙源风能开发有限责任公司的全权委托，于 2001 年 11 月为投标荷兰政府的减排购买计划而准备的，是在风力发电场已有的 42 兆瓦装机容量基础上计划安装 22 台风力发电机组，新增装机容量 25.8 兆瓦。CDM 主管部门按照《清洁发展机制项目运行管理暂行办法》对项目进行了审批，2005 年 1 月正式出具了主办国的批准书，同年 4 月份审定报告最终版完成，提交联合国申请 CDM 注册。2005 年 6 月 26 日，内蒙古辉腾锡勒风力发电场项目在清洁发展机制执行理事会（Executive Board of Clean Development Mechanism）注册成功，成为中国开发的第一例 CDM 项目和全球第一个注册的风力发电项目。

中国首个风力发电单边 CDM 项目是大唐集团福建六鳌一期 30.6 兆瓦风力发电项目。该项目的开发工作于 2005 年 12 月正式开始，于 2006 年 7 月在联合国清洁发展机制执行理事会注册成功。同年 10 月 2 日，该项目获得执行理事会签发的 22 202 吨 CERs（经核证的减排量），成为中国可再生能源领域第一个获得签发的 CDM 项目，同时也是中国首个成功的单边 CDM 项目。

---

[1] 6 种温室气体包括二氧化碳、甲烷、氧化亚氮、氢氟碳化物、六氟化碳、六氟化硫。

五、发展可再生能源应对气候变化和全球金融危机

为应对气候变化，促进可持续发展，2007 年 6 月 3 日，中国颁布了《中国应对气候变化国家方案》（简称《国家方案》）。

《国家方案》中应对气候变化的指导思想是：全面贯彻落实科学发展观，推动构建社会主义和谐社会，坚持节约资源和保护环境的基本国策，以控制温室气体排放、增强可持续发展能力为目标，以保障经济发展为核心，以节约能源、优化能源结构、加强生态保护和建设为重点，以科学技术进步为支撑，不断提高应对气候变化的能力，为保护全球气候作出新的贡献。

《国家方案》中应对气候变化坚持的原则有：在可持续发展框架下应对气候变化的原则；遵循《联合国气候变化框架公约》规定的"共同但有区别的责任"原则；减缓与适应并重的原则；将应对气候变化的政策与其他相关政策有机结合的原则；依靠科技进步和科技创新的原则；积极参与、广泛合作的原则。

《国家方案》中应对气候变化的总体目标是：控制温室气体排放取得明显成效，适应气候变化的能力不断增强，气候变化相关的科技与研究水平取得新的进展，公众的气候变化意识得到较大提高，气候变化领域的机构和体制建设得到进一步加强。

《国家方案》中中国应对气候变化的相关政策和措施部分对可再生能源作出重要部署，主要包括：

加强能源战略规划研究与制定。研究提出国家中长期能源战略，并尽快制定和完善中国能源的总体规划以及煤炭、电力、油气、核电、可再生能源、石油储备等专项规划，提高中国能源的可持续供应能力。

全面落实《可再生能源法》。制定相关配套法规和政策，制定国家和地方可再生能源发展专项规划，明确发展目标，将可再生能源发展作为建设资源节约型和环境友好型社会的考核指标，并通过法律等途径引导和激励国内外各类经济主体参与开发利用可再生能源，促进能源的清洁发展。

进一步推动中国可再生能源发展的机制建设。按照政府引导、政策支持和市场推动相结合的原则，建立稳定的财政资金投入机制，通过政府投资、政府特许等措施，培育持续稳定增长的可再生能源市场；改善可再生能源发展的市场环境，国家电网和石油销售企业将按照《可再生能源法》的要求收购可再生能源产品。

在保护生态基础上推进生物质能源的发展，积极扶持风能、太阳能、地热能、海洋能等的开发和利用。其中，风力发电方面，通过大规模的风力发电开发和建设，促进风力发电技术进步和产业发展，实现风力发电设备国产化，大幅降低成本，尽快使风力发电具有市场竞争能力；太阳能方面，积极发展太阳能发电和太阳能热利用，在偏远地区推广户用光伏发电系统或建设小型光伏电站，在城市推广普及太阳能一体化建筑、太阳能集中供热水工程，建设太阳能采暖和制冷示范工程，在农村和小城镇推广户用太阳能热水器、太阳房和太阳灶。

大力提高常规能源、新能源和可再生能源开发和利用技术的自主创新能力，促进能源工业可持续发展，增强应对气候变化的能力。在可再生能源技术方面，重点研究低成本规模化开发利用技术，开发大型风力发电设备，高性价比太阳光伏电池及利用技术、太阳能热发电技术、太阳能建筑一体化技术、生物质能和地热能等开发利用技术。

2008年全球金融危机爆发。金融海啸的影响从美国蔓延到全世界，从金融体系扩散到实体经济，并开始对中国的经济发展和可再生能源产业的发展产生重大的影响。为了应对全球金融危机，扩大内需，促进经济平稳较快增长，国家推出了总额达4万亿元的经济刺激计划，这其中就包括了支持实现可再生能源设备及关键技术国产化的项目计划。中国对可再生能源发展的导向十分明确，把促进增长与调整结构有机结合，推进能源结构战略性调整，加快转变能源发展方式，推动科技创新，积极开发风能、太阳能等可再生能源，加快培育现代能源产业，形成新的经济增长点。金融危机加速中国可再生能源行业重新洗牌。光伏领域，在金融危机和中国产能过剩的情况下，光伏企业间的竞争更多体现在提高光伏电池转换效率、降低生产成本以保证合理的盈利能力上，而受金融危机影响，相关原材料价格降低加快促进了中国太阳能热利用产业的战略性调整；风力发电领域，金融危机加速中国风力发电装备行业的整合，使优势风力发电设备制造企业的市场竞争能力得以提升。

第三节 特许权项目推动风力发电产业化起步

2002年2月，《国务院关于印发〈电力体制改革方案〉的通知》（国发〔2002〕5号）中明确了风力发电公司的商业效益。但当时由于风力发电技术研发和设备制造能力不强，风力发电装机规模较小，项目投资高、风险大、收益低等因素影响中国风力发电发展缓慢。

为了促进风电规模化发展，国家发展改革委于2002年牵头组织开展了大型风力发电特许权示范项目开发研究及场址评选工作，并于2003年首次实施了风力发电特许权示范项目。2003—2007年，共开展了五期风力发电国家特许权项目招标，最终确定了18个风力发电特许权招投标项目，总计3400兆瓦，各大发电集团及民营企业竞相参与。风力发电特许权项目是中国电力体制改革、厂网分家后风力发电发展的重要举措，明确了风力发电不参与电力市场竞争，对规定的上网电量承诺固定电价；电网公司投资建设连接风力发电场的输电线路和变电设施；引入投资者竞争机制、降低上网电价、提出对风力发电机组国产化率的要求等，有效降低了风力发电场建设成本，推动了风力发电场大规模开发建设，促进了风力发电机组设备制造国产化进程。

五期风力发电特许权项目改变了国内风力发电电价高、发展慢的状况，中国风力发电总装机容量的增速逐年攀升（2003年、2004年、2005年增速分别为21%、35%和64%），截至2005年年底已建成并网风力发电场60多个，风力发电总装机容量达到126.2万千瓦。

风力发电市场化的运作机制不仅吸引了大量资本进入风机制造领域,也使得风机厂商在技术、质量和成本控制上实现充分竞争,推动国内风力发电技术和管理水平快速提高。各大发电集团,有关的国有企业、民营企业、外资企业纷纷进军中国风力发电行业,风力发电呈现出前所未有的蓬勃现象。

一、电力体制改革明确风力发电项目归属

2002 年 2 月 10 日,《国务院关于印发〈电力体制改革方案〉的通知》(国发〔2002〕5 号) 发布,确立改革的总体目标是,打破垄断,引入竞争,提高效率,降低成本,健全电价机制,优化资源配置,促进电力发展,推进全国联网。构建政府监督下的政企分开、公平竞争、开放有序、健康发展的电力市场体系。

2002 年 12 月 29 日,中国电力新组建(改组)公司成立大会在北京人民大会堂召开,中国电力新组建(改组)的 11 家公司正式成立,国家电力公司被拆分为两大电网公司、五大发电集团和四大辅业集团,实现了厂网分开,引入竞争机制,这是中国电力体制改革的重大事项和重要成果。电力体制改革的成功,为电力工业的持续、快速、稳定发展奠定了良好的体制基础,标志着中国的电力工业进入了一个新的发展时期。改革后,两大电网公司和五大发电集团之间交易按市场规律进行,为风力发电的商业化发展指明了方向。

国家电力公司系统所建成的所有风力发电项目(共有风力发电装机约 50 万千瓦)划归到中国国电管理,由中国国电以商业化方式进行运营。电力部门内部结算方式变为中国国电与国家电网公司间的结算,项目电价按还本付息加合理利润核定,明确了风力发电项目公司的商业效益。至此,风力发电开发的商业化模式和市场化机制的大格局基本确定,大大调动了中国国电、中国大唐、中国华能、中国华电、中国电力投资集团公司五大发电集团公司和众多国有、民营企业开发风力发电的积极性,风力发电开发开始受到各方关注。

二、风力发电国家特许权项目的设立

在“九五”期间,国家提出了到 2000 年全国风力发电开发规模 100 万千瓦的发展目标,并通过各项政策、国际合作项目等给予支持。但由于风力发电造价高、开发机制不健全等因素,截至 2002 年年底,全国并网风力发电装机容量仅为 46.8 万千瓦,位居世界第 10 位,亚洲第 3 位(位于印度和日本之后)。此外,约有 17 万台、总容量约 2 万千瓦的小型离网风力发电机组用于供应边远地区居民用电,风力发电装机容量也仅占全世界风力发电装机总容量的 1.5%。

为了有效推动全国风力发电开发,增大市场规模,引入竞争机制,实现商业化发展,降低风力发电成本及上网电价,国家发展改革委、国家计委基础产业司节能与新能源处❶在 2000 年牵头组织,美国能源基金会资助,国家计委能源研究所、国电动力经济研究中

---

❶ 现为能源局可再生能源与农村电力处。

心、中国水利水电建设工程咨询公司等研究机构一起开展了风力发电特许权❶政策框架研究论证及试点项目工作。

具体做法是：把已有初步风力资源数据的不同地块公开向国内外投资者招标，中标的开发商对风力资源进行进一步详查，合资或独资建立风力发电场进行电力生产。同时，中标的开发商与当地电网企业签订长期购售电协议，其中，作为关键因素的风力发电上网电价在特许权开发招投标时确定。基本运作原则是：通过面向国际的招投标选择业主，项目规模5万～10万千瓦，电价由招投标确定，由省（自治区、直辖市）政府与中标业主签订期限为25年的特许权协议；政府承诺市场销售，承担政策风险；由中标人承担项目的投融资、建设、经营和相应风险；中标人与电力公司签订购售电合同，电价可随物价指数进行调整。

风力发电特许权招标工作由国家发展改革委组织进行。在各地上报的项目中，国家发展改革委对前期工作质量和深度进行审核，确定招标项目。下发文件招标等具体工作，由国家发展改革委委托中设国际招标有限责任公司和中国水电工程顾问集团有限公司组织实施。特许权风力发电场项目评标委员会主任由国家发展改革委能源局可再生能源和电气化处相关领导担任，委员由相关省（自治区、直辖市）发展改革委、国家电网公司、省（自治区、直辖市）电力公司、招标代理机构、技术专家等有关人员组成，总数为单数。评标委员会下设商务组和技术组，评标程序为初审、详评、澄清和谈判四个阶段。

2000年年底，国家发展计划委员会开始着手风力发电特许权试点项目的准备。2001年1月，召开项目启动会，论证特许权经营的关键问题。2001年4～6月，考察福建和广州风力发电备选场址；2001年6月，进行风力发电上网电价测算与分析；7月，初步确定广东、江苏两个试点项目场址；7～9月，进行风力发电政策研究和分析，完成广东试点项目的预可研报告。2001年11月，由国家发展计划委员会牵头，在广东召开了风力发电特许权管理办法和优惠政策研讨会，参加研讨会的有各级政府主管部门、相关研究机构、潜在的国内外投资者、金融机构以及风力发电设备制造商等。2001年年底，完成招投标准备工作；2003年4月1日开始发标；9月1日，国家发展改革委召开了广东、江苏试点项目开标会，确定了中标的投资者。2003年10月，中国首次大型风力发电项目的《特许权协议》在北京签署。主要内容是在特许经营期25年（含建设期3年）内，执行分段电价，即按机组额定容量核定。等效满负荷利用小时数在30 000小时以内的电量，执行投标电价；超过30 000小时，执行当时电力市场平均上网电价；政府对特许权风力发电场所发的电量实行全额收购，就近上网，其配套送出工程由政府负责建设，以减轻业主负担，并允许项目特许权作为质押贷款。

为了加强风力发电前期工作的管理，提高风力发电前期工作水平，促进风力发电持续、快速、健康发展，结合国家风力发电建设与管理的实际，2003年9月30日，国家发展改

❶ 风电特许权是指由风力资源区所在地政府或其授权公司，在对风力资源初步勘测基础上，划定一块有商业开发价值、可安装适当规模风力发电机组的风力资源区，通过招标选择业主；中标业主应按特许权协议的规定承担项目的投资、建设和经营的所有投资和风险。

革委出台了《风电特许权项目前期工作管理办法》《风电场预可行性研究报告编制办法》《风电场场址选择技术规定》《风电场风能资源测量和评估技术规定》《风电场场址工程地质勘察技术规定》和《风电场工程投资估算编制办法》，通过一系列技术规定和管理办法，风力发电等新能源项目开始逐步向民间资本降低门槛，吸引有实力的投资者加入风力发电行业。

三、全国大型风电场建设前期工作会议召开

2003 年 10 月 21—22 日，国家发展改革委在北京召开了全国大型风力发电场建设前期工作会议，这是中国第一次有关风力发电建设工作的大型专题会议。会议以《国家发展改革委办公厅关于开展全国大型风力发电场建设前期工作的通知》（发改能源〔2003〕408 号）为指导，对全国大型风力发电场建设前期工作内容、工作成果、工作要求及组织管理等进行了讨论，对下一步大型风力发电场建设工作进行了安排和部署，为后续大型风力发电场的建设奠定了坚实基础。

会议指出，风力发电是世界新能源开发中技术最成熟、最具有大规模开发和商业化发展前景的发电方式，由于其在减轻环境污染、减少温室气体排放、促进可持续发展方面的突出作用，越来越受到世界各国的高度重视，并得到广泛的开发和应用。世界风力发电装机以年均 30% 以上的速度快速增长，截至 2002 年年底，世界风力发电装机达到 3200 万千瓦，展现了良好的发展前景，是未来重要的可持续能源和战略能源。中国风力发电经过十多年的发展，取得了长足进步，培养和锻炼了一批风力发电技术队伍，掌握了 600 千瓦风力发电机组的制造技术，具备了生产 600 千瓦风力发电机组的能力。

会议认为，到 2020 年，中国能源消费总量将至少翻一番，面临巨大的资源和环境压力。调整能源结构，提高能源效率，是解决能源问题的重要措施。因此，必须抓住机遇，从国家和民族长远利益出发，制定政策，采取措施，大力推进中国风力发电事业发展。

会议要求，加强落实大型风力发电场建设前期工作，提升风能资源评价、风力发电场选址和大型风力发电场预可行性研究质量。

会议决定，大型风力发电场建设前期工作的管理由国家发展改革委负责，委托中国水电工程顾问集团有限公司按照《全国大型风力发电场建设前期工作大纲》和有关规定具体承担技术管理、监督检查和成果验收的组织工作，负责全国风能资源及风力发电场数据库的建立和管理。风能资源评价和风力发电场选址技术规定及要求由中国水电工程顾问集团有限公司、中国气象局共同组织有关专家研究制定。大型风力发电场建设按特许权方式进行建设，由各省（自治区、直辖市）发展改革委负责管理其预可行性研究工作。

四、五期风力发电特许权项目招标

2003—2007 年，国家发展改革委共进行了五期特许权招标，各投资商积极参与竞争，由于投标电价占主要权重，前两期均是最低价中标。2003 年 9 月 1 日，第一批风电特许权项目在北京开标，当时华睿投资集团有限公司的中标电价 0.436 5 元/（千瓦·时）（含税）。

2004 年，在第二期风力发电特许权项目招标时，国家发展改革委考虑到风力发电场附近可开发范围广阔，决定除中标单位外，经其他投标单位同意，可以按照特许权风力发电场同样的条件和电价在招标风力发电场附近建设同等规模的风力发电场。

2005 年，国家发展改革委对第三期风力发电特许权项目评标办法进行了调整，"承诺上网电价最低的投标人为中标人"调整为"以综合评分最高的投标人为中标人"，其中上网电价作为综合评分要素之一，权重为 40%。由于考虑了非价格的因素，中标电价趋于理性。

为了进一步促进风力发电设备国产化，2006 年第四期特许权项目招标把投标者提出的实现风力发电机组国产化方案作为重要的中标条件。风力发电设备制造商既可以作为投标人单独投标，也可与投资人组成联合体作为供货商共同投标，前提是设备制造企业必须提出风力发电设备制造国产化方案和具体措施，以此鼓励国内制造企业提高引进技术的消化吸收能力和自主创新能力，推动外商向国内企业转让先进的风力发电设备设计和成熟的制造技术，推进风力发电设备制造国产化进程，提高国内零部件制造商的综合实力。第五期风力发电特许权项目招标在电价权重上依然保持 25%的比例，但评分体系有所改变。即根据投标人的投标上网价格，去掉最高价和最低价，算出平均投标电价。越接近平均投标定价，得分越高。另外，改变了以往一对一的供货协议，风力发电机组制造商生产的同一种机型，在同一项目上可以与不超过三家的投标人签署供货协议，投标人对风力发电机组的选择范围扩大，投标技术方案更趋科学合理。

五、风力发电特许权示范项目并网发电

2004 年动工建设的江苏如东海上风力发电场是中国首个风力发电特许权示范项目，也是当时亚洲最大的风力发电场，被国家发展改革委批复为 CDM 项目。二期工程位于江苏如东县洋口渔港凌洋外滩，处于黄海海域潮间带，场址沿海岸防线方向直线距离约 7 千米，垂直海岸线方向（离岸）约 3.7 千米，场址范围总面积约 16.1 千米^2。民营企业浙江华睿集团于 2003 年取得如东风力发电特许权项目一期 10 万千瓦。次年，龙源电力取得如东风力发电特许权项目二期 15 万千瓦。

江苏如东风力发电场二期工程规划安装 100 台美国通用电气公司 1.5 兆瓦风力发电机组。工程建设中遇到地形复杂、基础施工、大件运输、设备移位等诸多困难，而且没有成功的软基滩涂现场施工经验可以借鉴。龙源电力联合华东勘测设计研究院通过"现场踏勘、提出方案、实地论证、否定方案；再现场踏勘、再提出方案、再实地论证、再确定方案"的方式，不断优化设计施工方案，圆满完成了风机基础的前期研究论证、设计出图、混凝土材料选择等，并将第一台风机混凝土基础的造价控制在 100 万元以内。这一方案不但比美国通用电气公司提出的单台风机基础设计报价低 200 余万元，还打破了美国通用电气公司从不允许任何开发商自行设计基础的先例。

2005 年 10 月 18 日，首个国家风力发电特许示范项目——江苏如东海上风力发电场二期工程正式开工（当时一期项目还未开工建设）。该项目主要设备为叶轮直径 77 米、轮

毂高度 80 米、单机容量 1500 千瓦的风力发电机组——为当时全国发电设备之最。该工程由中国水利水电第八工程局和江苏通州建总集团施工。2006 年 7 月 25 日，第一台风机基础浇筑完成，8 月 27 日吊装成功。2006 年 10 月，首批风机并网发电，改写了江苏省作为经济大省、风能资源大省而没有风力发电的历史。2007 年 6 月，如东风力发电场二期工程成功建成，同年 10 月全部投入商业运行。按照当时可行性研究数据，工程竣工后，每年可减少约 24.6 万吨二氧化碳和 895 吨二氧化硫排放。该工程装机水平和建设速度创造了多个"中国第一"。2008 年，该项目获中国电力优质工程奖，次年，作为唯一的风力发电项目入选中华人民共和国成立 60 周年"百项经典暨精品工程"。

继江苏如东海上风力发电场之后，吉林龙源通榆风力发电特许权项目等一批风力发电特许权示范项目也陆续并网发电。

六、全国第三、四次风能资源详查和评价工作启动

中国幅员辽阔，海岸线长，风能资源丰富，开发潜力巨大。20 世纪 70 年代末，中国气象局首次进行中国风能资源普查。80 年代末，根据全国 900 多个气象台站实测资料进行了第二次风能资源普查，较为完整地估算出了各省及全国离地 10 米高度层上的风能资源量。但由于使用的气象资料多为 1980 年以前的观测记录，风能资源的普查计算结果显得过于简单。

2003 年年底，国家发展改革委与中国气象局启动了第三次全国风能资源普查，利用全国 2384 个气象台站 1971—2000 年近 30 年的观测资料，对全国风能资源分布状况和变化特征进行分析，对原来的计算结果进行修正和重新计算，将年平均风功率密度大于 150 瓦/米^2 的区域作为技术可开发区，定义该区域内的风能资源储量为技术可开发量。普查得知，中国陆地上离地面 10 米高度处风能资源理论储量为 43.5 亿千瓦，技术可开发量为 2.97 亿千瓦，技术可开发面积约 20 万千米^2。

2005 年，中国气象局与加拿大气象局启动了风能资源数值模拟的合作项目，中国气象局风能太阳能资源评估中心引进了加拿大风能资源数值模拟软件 WEST（Wind Energy Simulation Toolkit），并根据中国地形特点进行了本土化改进。2007 年中国气象局风能太阳能评估中心采用 WEST 对中国大陆及其近海的风能资源进行评价，按照 50 米高度上风功率密度大于或等于 400 瓦/米^2 的标准计算风能资源技术可开发量，得到的结论是：在不考虑青藏高原的情况下，全国陆地上离地面 50 米高度层风能资源技术可开发量为 26.8 亿千瓦，技术可开发面积为 54 万千米^2。

2007 年 7 月，在国家发展改革委、财政部的支持下，中国气象局组织实施了第四次也是规模最大的一次全国风能资源详查和评价工作。为此，气象部门在陆地风能资源可利用区域建立了 400 座高度在 70～120 米的测风塔，初步建成了陆上风能资源专业观测网。2009 年 5 月正式观测运行后，获得了各个高度层的、分钟级的风况观测资料。中国还与加拿大等国家气象部门合作，改进了风能资源评估的数学模型和数值模式，开发了适于中国气候和地理特点的风能资源评估系统。3000 多名气象科技工作者对大量的历史气象数

据、测风塔实测数据、数值模式计算结果进行综合分析，得到了水平分辨率为 1000 米的全国陆地和各省（自治区、直辖市）风能资源图谱以及各高度、各等级风能资源的技术开发总量。

按照国际上通用的风能资源技术开发量评价指标，在年平均风功率密度大于或等于 300 瓦/米² 的风能资源覆盖区域内，考虑自然地理条件对风力发电开发的制约因素，剔除单位面积装机容量小于 1.5 兆瓦的区域后，评估得出中国陆地 50 米、70 米和 100 米高度层年平均风功率密度大于或等于 300 瓦/米² 的风能资源技术开发量分别为 20 亿千瓦、26 亿千瓦和 34 亿千瓦。

根据全国风能资源详查和评价成果，结合当时电网消纳风力发电能力、电源分布、交通条件和中国经济社会发展需求，推荐规模化风力发电项目开发：对西北、华北、东北地区，推荐标准为 70 米高度年平均风功率密度大于或等于 300 瓦/米²，每个区域面积装机容量达 10 万千瓦以上；对沿海和内陆地区，推荐标准为年平均风功率密度大于或等于 250 瓦/米²，每个区域面积的装机容量达 5 万千瓦以上。

依据上述标准，内蒙古、新疆、甘肃、黑龙江、吉林、河北、辽宁、山东等省（自治区）具备大规模连片开发的风能资源条件，可以建设大型风力发电基地；江苏、福建、广东、海南等省的沿海区域具备建设大型风力发电场的资源条件；其他省（自治区、直辖市）风能资源主要分布在山地、台地或海岛区域，适宜分散式和较小规模风力发电开发。据此，推荐全国可优先开发的区域总装机容量为 3 亿千瓦。

除当时国家已规划的内蒙古蒙西和蒙东、新疆哈密、甘肃酒泉、吉林西部、河北张家口坝上、山东沿海、江苏沿海及滩涂 8 个千万千瓦基地外，第四次详查发现在新疆北疆和三塘湖—淖毛湖地区、黑龙江松嫩平原和佳木斯以东地区、辽宁北部丘陵地区等具备规划建设千万千瓦基地的风能资源条件，山西、宁夏、陕西、福建、云南、青海、广西和河南等省（自治区）的部分区域具备百万千瓦风力发电基地或大型风力发电场开发的资源潜力。

第四节　风力发电产业设备制造水平快速提升

《可再生能源法》及其细则的实施，为迅速提高风电开发规模和本土设备制造能力奠定了基础。2003 年政府决定实行风电特许权招标政策，国家发展改革委通过风电特许权经营、下放 50 兆瓦以下风电审批权、要求国内风电项目设备国产化率不小于 70% 等优惠政策，扶持和鼓励国内风电制造业的发展，使国内风电市场的发展进入一个高速发展的阶段。此后几年中国风电每年新增和累计装机容量的增长速度均超过 100%，风力发电机组供不应求，销售利润较高，吸引大量机电制造企业进入风电领域，主要通过欧洲的制造商以许可证生产，或与工程咨询公司联合设计等方式引进技术，迅速生产出产品满足市场需求。大批量生产使机组成本明显下降，达到了培育本国制造能力的目的。2003 年，750 千瓦风力发电机组国产化研制成功；2005 年 4 月，中国首台具备世界先进水平且具有自主知识产权的兆瓦级风力发电机组样机在新疆达坂城风力发电场完成吊装；2005 年 7 月，具有自主知识产权的 1 兆瓦双馈式变速恒频风力发电机组样机在辽宁省仙人岛风力发电场吊装成功；2006 年，沈阳工业大学成功开发 1.5 兆瓦风力发电机组；2006 年 6 月，华锐风电生产出中国第一台国产化 1.5 兆瓦风力发电机组；2007 年 8 月，中国首台抗台风型 1.5 兆瓦变桨变速风力发电机组整机下线；2007 年 11 月，中国第一台具有自主知识产权的 2 兆瓦直驱永磁同步风力发电机成功下线并实现批量生产。由此，中国风力发电装备制造业跨入世界风机制造行业的前沿地带。

一、风力发电零部件制造产业链趋于完善

2005—2008 年，在风力发电整机产业快速发展的带动以及风力发电设备国产化率政策的引导下，中国风力发电零部件制造产业链趋于完善，已经形成了涵盖叶片、齿轮箱、发电机、变桨偏航系统、轮毂、塔架等主要零部件的生产体系，轴承控制系统和变流系统等核心零部件的研制及产业化瓶颈问题也有了很大改观。

变速恒频风力发电技术是 20 世纪末发展起来的一种新型发电技术，具有风能转换效率高、能吸收阵风能量、实现发电机和电力系统的柔性连接等优点。在当时国际上作为现代风力发电的主要发展方向之一，变速恒频的核心技术曾长期掌握在少数发达国家手里，中国还存在着很大的差距。2005 年 9 月—2006 年年初，由中国科学院电工研究所和北京科诺伟业科技有限公司联合研制的兆瓦级变速恒频风力发电机组控制系统及变流器，分别在大连天元电机厂 1.0 兆瓦双馈式风力发电机试验平台和 1.5 兆瓦双馈式风力发电机试验平台上完成了全功率地面联调。此项目于 2006 年 3 月通过了由中国科学院主持召开的"兆瓦级变速恒频风力发电机组控制系统及变流器"成果鉴定会。这标志着中国在该领域拥有了完全自主的知识产权技术，改变了大型风力发电机组控制系统完全依靠进口的发展模式，填补了国内空白。2006 年 9 月，1.5 兆瓦双馈式变速恒频风力发电机组控制系统及变流器在甘肃玉门洁源风力发电场成功并网发电，国内自主研发的控制系统及变流器安全运行了 3 个多月，总发电量达 8 万多千瓦·时。这标志着中国在大型风力发电机组控制系统及变流器技术方面已经达到国际先进水平，为中国风力发电机组国产化和风力发电事业的进一步发展奠定了坚实的基础。

2008 年 12 月，华锐风电研制的中国第一台 3 兆瓦海上风力发电机组下线。3 兆瓦风力发电机组的生产研制是中国首个海上风力发电场——上海东海大桥风力发电场的配套项目。3 兆瓦风力发电整机组虽由华锐风力发电与奥地利 Windtech 公司合作研发，但研发成果及知识产权归华锐风电所有。该项目打破了国外技术垄断，完成 3 兆瓦增速机、轮毂、机座等核心部件的自主内部配套，实现了中国生产大功率海上风力发电机组零的突破。该项目还实现了兆瓦级风力发电机组风轮叶片原材料国产化，风机叶片是风力发电机组的关键核心部件之一，占总成本的 20% 左右，通过风机叶片原材料国产化来实现风机叶片国产化，是降低风力发电机组总造价的关键之一。

2009 年 10 月，科技部"863 计划"新材料领域办公室发布公告，设立"兆瓦级风力

发电机组风轮叶片原材料国产化"攻关项目，旨在通过风力发电叶片关键原材料的研制及工程化、叶片辅料原材料国产化的制备及应用技术研究，国产化原材料风轮叶片设计及制造技术开发，研究提出并形成相关行业标准和技术规范，保障国家风力发电产业健康、稳定和快速发展。科技部还特别提出，为集合全国风力发电叶片材料领域的优势研发力量，风力发电叶片材料国产化"863 计划"项目必须由企业牵头，与高等院校或科研院所等联合申请，联合攻关。项目分别设置了风力发电叶片关键原材料的研制及工程化、叶片辅料原材料国产化的制备及应用技术研究，以及国产化原材料风轮叶片设计及制造技术开发 3 项课题，项目经费为 1500 万元。2013 年 6 月，该项目开发出兆瓦级风力发电机组风轮叶片用高性能真空灌注环氧树脂体系等原材料技术，重点突破了兆瓦级叶片结构强度分析校核及国产原材料评价技术等关键技术，并应用于行业主流企业的叶片产品中，实现了规模化生产并全部通过了型式试验，取得了认证证书，叶片装机考核均达到 2000 小时。"兆瓦级风力发电机组风轮叶片原材料国产化"重点项目推动了中国兆瓦级风轮叶片关键结构材料的国产化，有效降低了兆瓦级风力发电机组风轮叶片的成本，形成了相关行业标准和技术规范，促进了风力发电叶片制造行业核心竞争力的提升。

二、风力发电设备制造技术快速发展

2005 年前，中国风力发电设备制造商只能制造千瓦级的风力发电机组，零部件配套能力不强，关键零部件依赖进口。《可再生能源法》颁布后，风力发电作为国家扶持的重点，在税收和发电上网等方面享受一系列优惠，国内企业投资风力发电的热情被激发起来，从而带动了对风机的需求。在国家科技攻关项目和"863 计划"的支持下，中国风力发电制造企业通过风力发电机组许可证购买、国内外联合设计、自主研发三种方式研制国产化风力发电机组。2005 年，通过引进德国 Vensys 能源有限公司的技术，金风科技制造出了 1.2 兆瓦直驱式风力发电机组；通过引进德国瑞能（Repower）公司的技术，东汽公司制造出了 1.5 兆瓦双馈型风力发电机组。除此之外，中国掌握了 600 千瓦和 750 千瓦定桨距风力发电机组的总装技术和关键部件设计制造技术，实现了兆瓦级风力发电机组"零"的突破，大型风力发电机组研发生产能力得到快速提升。同时，外资风力发电设备供应商纷纷来中国建厂。2005 年，丹麦维斯塔斯（Vestas）在天津建设风力发电设备一体化生产基地。同年通用电气（GE）成立风电设备制造（沈阳）有限公司，歌美飒（Gamesa）集团在天津建立维修工厂。2006 年，印度苏司兰（Suzlon）天津工厂开工建设。

随着风力发电市场规模化发展，截至 2007 年，本地化风力发电机组市场份额达到55.9%，首次超过进口风力发电机组。2008 年新增本地化风力发电机组市场份额为 75.6%，已有 70 家企业进入并网风力发电机组整机制造行业，其中国有企业、国有控股公司 29 家，民营制造企业 23 家，合资企业 8 家，外商独资企业 10 家。中国的风力发电技术逐步完成了从技术引进、消化吸收、联合设计、技术咨询到自主研发发展历程。

（一）"十五"科技攻关研制国产化 750 千瓦风力发电机组

2002 年，科技部下达"十五"科技攻关项目——"750 千瓦风力发电机组的研制"。

浙江运达风力发电工程有限公司在 WD25–250kW 风力发电机及 WD43–600kW 风力发电机的基础上，与上海玻璃钢研究所等单位合作，引进德国瑞能公司许可证生产 WD49–750kW 风力发电机组。经过技术联合攻关、消化吸收、技术创新，解决了桨叶及以现场总线为基础的控制系统的设计与制造等难题，于 2003 年年底研制成功国产化 750 千瓦风力发电机组，两台样机安装在山东长岛风力发电场，为中国大型风力发电机国产化、商品化蹚出一条新路。

（二）"863 计划"科技攻关研制兆瓦级风力发电机组

金风科技研发首台国产兆瓦级直驱永磁风力发电机组。2005 年 4 月，中国首台具备世界先进水平及具有自主知识产权的兆瓦级风力发电机组样机，在新疆达坂城风力发电场完成吊装，进入调试运行阶段。这台 1.2 兆瓦直驱永磁风力发电机组由金风科技联合德国 Vensys 能源有限公司（2008 年已被金风科技收购）设计研发，是国家"863 计划"能源技术领域后续能源技术重要课题之一，也是中国第一台获得整机设计、制造自主知识产权的兆瓦级风力发电机。该机组额定功率 1200 千瓦，风轮直径 62 米，轮毂中心高 69 米，机头总重量 80 吨，采用水平轴、三叶片、变速变桨距调节、直接驱动、同步永磁发电机并网的总体设计方案，并采用了多项专利技术，属于风力发电机组中最先进的机型之一。具有高安全性、高效率、结构简单优化、维护成本低等优点，国产化率达到 25%。第二台样机于 2005 年 9 月投入运行，国产化率超过 90%。该风力发电机组的成功研发，极大提升了中国风力发电设备设计的研发水平。

沈阳工业大学完成"兆瓦级变速恒频风力发电机组研发"课题。"十五"期间，沈阳工业大学承担了国家"863 计划""兆瓦级变速恒频风力发电机组"课题。2005 年 7 月 23日，由该大学所研制的具有自主知识产权的 1 兆瓦双馈式变速恒频风力发电机组样机在辽宁省仙人岛风力发电场吊装成功，成功并网发电。试运行期间，累计发电 1000 千瓦·时。该机组是中国自主设计的第一台具有完全自主知识产权的兆瓦级变速恒频风力发电机组。其叶片、齿轮箱、发电机、主控系统等主要部件全部由国内设计、生产和制造，国产化率达到 85% 以上。机组额定输出功率 1000 千瓦，风轮直径 60.62 米，总高度 91.76 米，机组总质量 138 吨。机组还进行了安全性能考核、设计功能考核和参数指标考核三个阶段的试运行，最终完成 2000 小时运行考核。2006 年，该课题在沈阳通过了科技部"863 计划"原后续能源技术主题专家组的验收。同年，沈阳工业大学又在 1 兆瓦变速恒频风力发电机组的基础上成功研制开发了 1.5 兆瓦风力发电机组。除变流器从国外进口以外，机组的整体设计和总装生产以及控制系统、变桨距系统、发电机、齿轮箱等相关零部件均由国内企业提供负责，零部件国产率达到 85% 以上。

华锐风电生产出中国第一台国产化 1.5 兆瓦风力发电机组。2006 年，百千瓦级风力发电机组（如 600 千瓦、750 千瓦）占据市场主流，这种产品在中国乃至世界范围内供不应求，当时百千瓦级风力发电机组为整机企业创造了巨额利润。2007 年价格达到 6200 元/千瓦甚至更高，高额利润导致风机升级换代少有问津。但华锐风电放弃了生产百千瓦级风机的打算，从德国引进了兆瓦级机组。2006 年 6 月，华锐风电生产出了中国第一台国产化 1.5 兆瓦风力发电机组，2007 年生产 1.5 兆瓦风力发电机组 500 台。2007 年 4 月，中国第一个国产化兆瓦级风力发电场——华能威海一期 13 台风力发电机组一次性通过预验收，该项目使用的便是华锐风电生产的 1.5 兆瓦风力发电机组。

国产首台抗台风型 1.5 兆瓦风力发电机组下线。2007 年 8 月 16 日，中国首台抗台风型 1.5 兆瓦变桨变速风力发电机组在广东中山整机下线，这是明阳风力发电技术有限公司承担广东省"十一五"重点项目的开发成果。该机组是国内第一个完全按照中国风力资源和气候特点，采取中外合作的开发方式，以发电千瓦时电成本最低为开发目标，能够抵御台风、沙尘、严寒等极端气候，达到世界先进水平，并且拥有自主知识产权的全新一代风力发电机组。

中国首台 2 兆瓦直驱永磁风力发电机成功下线并实现批量生产。2006 年，湘电集团组建了专门从事风力发电高端装备研制的湘电风能有限公司，率先从荷兰引进当时国际领先的 2 兆瓦直驱式永磁风力发电机组整机技术。2007 年 11 月 3 日，中国第一台具有自主知识产权的 2 兆瓦直驱永磁同步风力发电机在湘电集团成功下线并实现批量生产，成为继美国之后，世界上第二个能够生产 2 兆瓦风机核心部件的国家，中国风力发电装备制造业由此跨入世界风机制造行业的前沿地带。

三、"十一五"期间大功率风力机组的研制

党的十六大从全面建设小康社会、加快推进社会主义现代化建设的全局出发，要求制定国家科学和技术长远发展规划。国务院据此制定了《国家中长期科学和技术发展规划纲要（2006—2020 年）》。

依据《国家中长期科学和技术发展规划纲要（2006—2020 年）》，中国科技部制定了"十一五"国家科技支撑计划，将大功率发电机组研制与示范作为重大项目优先启动，确立了研究和开发大型风力发电设备，促进风力发电技术进步和产业发展，实现风力发电设备制造国产化的目标。按照计划，要利用"十五"期间形成的科技成果，开展 1.5～2.5 兆瓦风力发电机组关键技术攻关及产业化，为中国陆地风力发电场提供主力机型；研制 2.5 兆瓦以上风力发电机组，并对近海风力发电场相关技术进行研究，填补国内该领域的空白，缩小与世界先进水平的差距。

"十一五"国家科技支撑计划主要设风力发电机组研发及产业化、关键零部件技术研究项目等 30 个课题。该计划中，国家财政拨款约 1.7 亿元，课题承担单位自筹经费约 13.7 亿元，总投资达到了 15.4 亿元。

"十一五"期间，科技部针对中国风力发电整机技术水平低、自主研制能力差、产业不完整、可持续发展能力弱等亟待解决的重大问题，在已有 1.0 兆瓦双馈式和 1.2 兆瓦直驱式两种机型大功率风力发电机组设计、制造技术的基础上，由国家科技支撑计划立项，开展大功率风力发电机组研制与示范。承担研发的 23 家单位基本囊括了当时行业内的骨干企业和科研单位，直接推动了中国风力发电配套产业链及其产品创新机制的建立、发展和完善。

四、中国首台海上风力发电试验机组的研制

2007 年 11 月 8 日，由金风科技和中国海洋石油集团有限公司合作开发投运的中国第一台海上风力发电机组，在渤海油田顺利并入油田电网。该项目使用金风科技 1.5 兆瓦机组，完成满功率发电试验，机组运行稳定，与 4 台双燃料透平机组组成互补系统，创造了中国海上风力发电建设三个第一：第一次应用风力发电机组为海上油田供电，第一次采用单钩整体吊装，第一次采用风机固定式整体运输。金风科技、中国海洋石油有限公司以及相关院校密切配合，协力攻关，解决了海上机组防腐、定子硅胶防护、将 1.5 兆瓦风力发电机组并入海上油田钻井用小型电网等技术难题，并实现了风力/柴油互补发电。项目采用在陆地全部安装完成后整体运输至海上，再将整体一勾起吊的吊装方式，探索了海上风力发电机组安装的新方法，为风电产业开发海上风力发电技术积累了初步经验。

第五节　多晶硅产业化取得重大突破与大规模并网光伏电站投产

多晶硅是整个太阳能电池产业的"命脉"，多晶硅原材料的短缺使太阳能电池的成本居高不下，严重制约了太阳能电池产业和市场的发展。加之多晶硅原材料的先进生产技术一直掌握在国外生产商手中，这些企业也没有在中国建厂，更遑论技术转让。2005 年以前，中国太阳能级硅材料的技术和产业严重落后于国际水平，材料紧缺问题尤显突出，只有峨眉半导体材料厂一家多晶硅生产企业，年生产能力 100 吨，实际产能几十吨。国产太阳能级多晶硅产量少、技术水平低、产品成本高。整个光伏制造业面临着"两头在外"的局面，原材料紧俏、价格高，核心提纯技术掌握在少数发达国家手中。

2005 年可以称为真正太阳能级意义上的"中国多晶硅元年"。在这一年，梁骏吾、周廉、阙端麟三位院士联名向党中央和国务院提交建议书，提出"打破垄断、政府主导、多方融资迅速建立年产上千吨的多晶硅生产厂"。2007 年，国家发展改革委组织实施了《高纯硅材料高技术产业化重大专项》，围绕多晶硅生产各环节的重大技术难题，实施重点攻关，取得了一系列攻关和产业化成果，拥有了自主知识产权技术体系，包括多晶硅还原炉在内的各种多晶硅生产设备和技术实现国产化，为多晶硅的产业化发展赢得了主动权。

就在国家积极支持光伏行业技术攻关之时，国际市场迎来利好。随着德国出台可再生能源法案及欧洲国家大力补贴支持光伏产业，中国光伏制造业利用国外的市场、技术、资本，迅速形成规模。2005—2007 年，中国光伏产业有尚德电力、赛维 LDK、英利集团、天合光能有限公司（简称天合光能）等 10 家企业先后实现海外上市，极大地推动了中国光伏技术的进步和加速发展。

而随着"送电到乡"工程、《可再生能源法》的实施，2008 年北京奥运会的举办等一

系列重大事件和项目落地，中国光伏市场也蓬勃发展起来。2005 年 8 月，西藏羊八井 100 千瓦光伏发电站建成并一次并网成功。截至 2008 年年底，中国光伏发电的累计装机达到了 140 兆瓦。

一、24 对棒节能型还原炉成套装置投产

多晶硅是集成电路和太阳能光伏发电的基础材料，"24 对棒节能型多晶硅还原炉成套装置"是多晶硅生产的关键技术和设备。该项目是国家"863 计划"支持项目，采用"产—研"结合方式，以中国恩菲工程技术有限公司具有自主知识产权的技术为依托，以国家科技部、河南省和洛阳市政府的政策与资金支持为后盾，以洛阳中硅高科技有限公司（简称中硅高科）生产线为基础，用 1 年时间，成功研制完成中国第一台 24 对棒还原炉，并顺利将研究成果用于现有多晶硅生产线中。

2003 年 6 月 28 日，洛阳中硅高科承担的国家"863 计划"科技攻关项目——"24 对棒节能型还原炉成套装置"研究项目开工兴建。2004 年，中硅高科自主研发出了 12 对棒节能型多晶硅还原炉。2005 年 12 月项目建成投产，这是国内第一个 300 吨多晶硅生产项目建成投产，由此拉开中国多晶硅大发展的序幕。该项目在多晶硅的提纯技术上取得突破，发明了"物理法"进行提纯替代了世界上普遍采用"改良西门子工艺"提纯，产品样品经测定，纯度高达 5～6N（用于太阳能电池的多晶硅纯度，要求远远高于 99.9%：以"N"代表小数点后"9"的数量，需在 4N 以上），电耗和水耗分别只有"改良西门子工艺"的 1/3 和 1/10。

2004 年 3 月 10 日，河南省科学技术厅组织以中国工程院院士梁骏吾先生任鉴定委员会主任委员、中国电子材料协会半导体分会秘书长朱黎辉先生任副主任委员的 9 名专家组，对中硅高科承担的"12 对棒节能型多晶硅还原炉装置"进行了鉴定。通过鉴定，专家组成员一致认为：该装置经过工业试验，工艺稳定，其综合技术指标属国内领先，达到了国际先进水平，试验所得数据可以作为 300 吨/年多晶硅高技术产业化项目设计依据。

2007 年 3 月 31 日，国家科技部组织行业内知名专家对中国恩菲工程技术有限公司控股的中硅高科承担的国家"863 计划"项目——"24 对棒多晶硅还原炉装置技术研究"——进行现场测试和验收。验收意见认为：该装置结构合理，系统先进，操作方便，运行可靠，实现了供料、启动、供电、停炉等全自动控制，是当时国内最大、电耗最低的多晶硅还原炉，各项指标达到或超过了"863 计划"项目合同要求；该课题全面、出色地完成了研究任务，多项技术有创新，在中国多晶硅产业化方面取得了重大突破，同意通过验收。

"24 对棒节能型还原炉成套装置"研究项目的研制成功，解决了中国千吨级多晶硅产业化的核心技术问题，进一步打破了国外公司长期的技术封锁和市场垄断，使中国多晶硅产业化技术再上新台阶。整套多晶硅生产工艺技术符合国家安全环保、节能减排走可持续发展道路的要求，为实现中国多晶硅生产规模化发展奠定了坚实的基础。

二、中硅高科年产 1000 吨多晶硅扩建项目投产

2007 年 6 月 4 日，由国家发展改革委可再生能源和新能源高技术产业化专项重点支持的中硅高科"1000 吨/年多晶硅高技术产业化扩建工程"的第一炉产品正式出炉，各项指标达到或超过设计要求。此后，随着该生产线装备多台还原炉的循环运行，多对棒、大直径产品陆续出炉，标志着该工程由投产、试生产直接转入稳定生产阶段。

2005 年 12 月，中硅高科年产 300 吨多晶硅项目建成投产。以此为依托，二期年产 700 吨多晶硅项目于 2007 年 5 月建成投产，从而形成年产 1000 吨多晶硅生产能力。该项目依靠自主知识产权的技术，通过创新集成，形成了具有中国特色的大规模多晶硅生产体系，该体系中融合了国家"863 计划"项目支持的"24 对棒节能型多晶硅还原炉"技术和国家"十一五"科技支撑计划中相关技术，设计采用了自成体系的 12 对棒还原炉和 24 对棒还原炉技术，单炉设计产量可分别达到 1200 千克和 4000 千克以上，是一个"物料综合回收、能量综合利用"的环保型清洁生产工艺。项目快速建设与投产，标志着中国已具备利用自主知识产权技术建设大规模多晶硅项目的能力，彻底打破了美国、日本、德国等国技术封锁和市场垄断，充分掌握了利用自主研发技术建设多晶硅项目的主动权。

三、尚德电力、赛维 LDK、天威英利实现海外上市

随着德国出台可再生能源法案以及欧洲国家大力补贴支持光伏产业，中国光伏制造业利用国外的市场、技术、资本，迅速形成规模。截至 2007 年 7 月 31 日，尚德电力、赛维 LDK、天威英利等 10 家中国光伏企业实现了海外上市。IPO（首次公开募股）融资总额 19.77 亿美元，总市值达 178.65 亿美元，平均每家企业市盈率 49.47。这极大地推动了中国光伏技术的进步和光伏产业加速发展。2007 年中国超过日本成为全球最大的太阳能电池生产国，产量从 2006 年的 400 兆瓦跃升到 1088 兆瓦。2007 年，中国出口光伏电池 1 吉瓦，中国光伏技术已经得到了世界的认可。

其中，尚德电力于美国东部时间 2005 年 12 月 14 日在美国纽约证券交易所挂牌。尚德电力不仅是当时在美国市场 IPO 融资额最大的中国民营企业，也是第一个登陆纽约证券交易所的中国民营企业，它标志着中国的民营企业第一次融入美国主流资本市场。

赛维 LDK 于 2007 年 6 月 1 日在美国纽约股票交易所成功上市。这是当时中国企业最大的一次在美国单一发行 IPO。2008 年 8 月 25 日，赛维 LDK 正式向全球宣布，该公司太阳能多晶硅片实际产能达到 1000 兆瓦，成为当时全球唯一一个进入太阳能光伏行业"G 瓦俱乐部"的企业和全球最大的多晶硅片供应商。"G 瓦俱乐部"是国际太阳能光伏领域各企业约定俗成的一种对企业生产能力和竞争实力评判标准的形象称呼，1 吉瓦等于 1000 兆瓦。在赛维之前，世界上还没有任何太阳能光伏硅片生产和供应企业实际产能超过 1000 兆瓦。

天威英利于美国东部时间 2007 年 6 月 8 日在纽约证券交易所成功上市，该公司曾于 1999 年承接国家第一个年产 3 兆瓦多晶硅太阳能电池及应用系统示范项目。

四、西藏羊八井 100 千瓦高压并网光伏示范电站建成

羊八井位于西藏拉萨市西北当雄县境内青藏公路沿线 90 千米处。此地地域开阔，海拔高，空气干燥，大气透明度好，云量少，加之纬度低，日照时间长，太阳总辐射值非常高，风、光和地热资源都非常丰富，具备发展可再生能源发电的独特条件。

2005 年 8 月 31 日，由中国科学院电工研究所建设的西藏羊八井 100 千瓦并网光伏示范电站建成投产，这是中国第一座直接与高压并网的 100 千瓦光伏发电站，开创了中国光伏发电系统与电力系统高压并网的先河。该项目的研究对西藏的电力建设以及在中国荒漠化地区推广建设大型及超大型并网光伏电站具有重要的指导意义。

西藏羊八井 100 千瓦光伏并网电站主要由集中光伏并网发电系统、屋顶支路光伏并网发电系统和数据采集系统三部分组成。集中光伏并网系统由光伏阵列、光伏接线箱、直流配电、集中逆变器、交流配电等组成。集中电站系统的光电池方阵由 4 个完全相同的太阳能电池子方阵组成，光电池数量为 616 块，总容量为 98.56 千瓦。每个子方阵由 154 块 160 瓦的太阳能电池采用 14×11 的排列方式组成，朝南倾角为 30.10°，方位角为偏东 180°，每个子方阵容量为 24.64 千瓦，由 11 块太阳能电池串联组成一组支路，14 组太阳能电池支路并联构成一个完整的子方阵。所有子方阵的直流输出汇集入一台安装于控制室内的直流配电柜，并经过并网逆变器系统和变压器将电能并入电网。

西藏羊八井在原有地热电站的基础上，建设了 100 千瓦并网光伏示范电站，为西藏羊八井地区建成自治区可再生能源基地拉开了帷幕。该基地利用西藏丰富的可再生能源资源，研究示范太阳能、地热能、风能等技术，为在西藏乃至全国进一步推广可再生能源技术提供技术基础和经验。计划示范的可再生能源技术包括太阳能光伏并网发电、独立运行光伏及风、光互补系统技术、太阳能光伏水泵技术、并网风力发电技术、太阳能热利用技术、地热能利用技术等。

五、多样化光伏电站投产

首都博物馆新馆是中国第一家采用太阳能发电技术满足日常用电需求的博物馆。作为北京市政府奥运工程配套项目中的重点工程，为了突出"绿色北京、绿色奥运"理念，努力创造绿色、环保、节能城市整体形象，在其建筑屋顶安装太阳能光伏发电装置，具体形象地表现太阳能资源利用，起到了"可持续发展"的示范作用。

国家体育场"鸟巢"，采用无锡尚德太阳能电力有限公司自主研发的太阳能光伏发电系统，安装在其 12 个主通道上，总容量 130 千瓦。整体装机将太阳能光伏并网发电系统与奥运场馆建筑融为一体，对于提倡使用绿色能源、有效控制和减轻北京及周边地区大气污染，倡导绿色环保的生活方式起到了积极的推动作用和良好的示范效应。同时，这也推动了光伏建筑一体化（BIPV）在中国的应用。

上海临港 1080 千瓦太阳能光伏发电示范项目，作为当时国内单体面积最大的并网型兆瓦级太阳能光伏发电项目，于 2008 年 9 月 13 日投入商业运行，标志着中国太阳能光伏

应用已进入新的发展时期。上海是中国能源消费总量最多的城市，也是能源对外依存度最高的城市之一。当时，上海电网出力电源主要以火力发电为主，其中 90% 为燃煤机组，发电过程中产生大量的二氧化碳、二氧化硫、硝酸、烟尘、灰渣等，对环境和生态产生了不利影响。2010 年世博会在上海举办，为提高城市环境质量，在煤电电力系统改造减排的同时，积极开发利用太阳能等可再生能源被摆在重要位置。上海临港太阳能光伏发电示范项目，充分利用上海电气临港重装备基地近 3 万米² 的大跨度厂房屋面，总装机容量达到 1080 千瓦，年发电量 100 多万千瓦·时，具备向城市电网和周边地区供发电的能力，年均约可减排放二氧化碳 521 吨、二氧化硫 3 吨、碳氧化物 5 吨、烟尘 1 吨，年均节煤约357 吨。

浙江义乌国际商贸城屋顶三期 1.295 兆瓦太阳能并网电站于 2008 年 12 月 30 日建成发电。该电站主要由光伏阵列、直流汇线箱、集中型逆变器、太阳能发电并网控制屏、通信系统五部分组成，结合建筑钢结构屋顶总共分八个区域进行安装，实现了太阳能光伏建筑一体化。太阳能光伏组件产生的直流电并入对应的集中型逆变器，就近并网，用于满足建筑内部负载消耗，不对外部电网送电。义乌国际商贸城兆瓦级并网光伏电站平均每年的发电能力大约为 152 万千瓦·时，设计寿命为 25 年，寿命期内共产生约 3840.57 万千瓦·时的电能，与火力发电相比，相当于累计节约标准煤约 14 978 吨，减排 38 943 吨二氧化碳、359 吨二氧化硫、180 吨粉尘和 3600 吨灰渣。

六、太阳能资源丰富地区积极发展光伏发电

西藏自治区是中国太阳能资源最丰富的省区，全面平均日照时数在 3000 小时左右，年辐射量可达 6000～8000 兆焦/米²。20 世纪 90 年代，国家先后在西藏实施了"科技之光计划""光明工程""西藏阿里光电计划""送电到乡"等太阳能光伏工程。太阳能资源综合开发利用，使 17 余万人依靠光伏发电圆了几代人梦寐以求的电灯梦，近 50 万农牧民因使用各种太阳能产品而受益，有效地改善了人民群众的生产生活条件。2004 年，西藏能源研究示范中心提出了进一步开发利用西藏太阳能资源的思路，得到科技部国际合作司的高度重视，意大利环境国土部对此十分关注。2004 年 9 月，科技部、意大利环境国土部与西藏自治区科技厅在拉萨联合签署了建立"中—意能源环境合作基金"支持西藏实施太阳能、地热能等可再生能源的开发利用项目。协议签订后，作为第一期启动项目，由中方的西藏能源研究示范中心、北京太阳能研究所与意大利埃尼集团（EniPower S.p.A.）共同开始实施《西藏太阳能培训与服务》项目。在国家科技部国际合作司的关心和大力支持下，项目组在西藏建立了太阳能培训与服务中心，通过建立培训基地、配备教学及实验设施、引进先进的太阳能检测技术、人才，培养和壮大了西藏本地的新能源技术队伍；通过建立太阳能光电和光热的服务机构，为西藏全区的光伏电站提供技术咨询、保养、维修等服务。西藏太阳能培训与服务中心建成后，成为西藏第一家太阳能培训和技术服务基地，为西藏培养太阳能技术人员，广泛开展国际和国内科技合作与技术交流，为促进西藏的新能源产品达到国际先进水平，提供了必要的平台和技术条件。

　　2007 年，通过中国科学院与地方政府的科技合作渠道，西藏能源研究示范中心与中科院电工研究所合作，在拉萨市的堆龙德庆县、当雄县 4 所无电学校示范、建设了 4 座独立型太阳能光伏电站，通过关键设备研制、系统优化和电站的建设，获取并积累系统运行数据。西藏高原地区太阳能光伏电站的推广应用和关键设备成功地研制为解决西藏乃至中国西部其他地区的无电学校的用电问题提供了技术支持。"十一五"期间，西藏大力实施"金太阳科技工程"。在研发新型折叠式太阳灶，示范推广太阳能供暖、太阳能沼气、风光互补发电和光伏并网等方面做了大量工作。特别是在太阳能供暖、太阳能沼气技术研究和产品开发等方面，填补了西藏相关领域的空白。

　　青海省是中国太阳能最丰富的地区之一，太阳辐射强度大，日照时间长，年总辐射量达 5800～7400 兆焦/米^2，直接辐射量占总辐射量的 60% 以上。特别是柴达木盆地年辐射总量大于 6800 兆焦/米^2，有可用于光伏发电建设的荒漠化土地 10 万千米^2，理论装机达到 30 亿千瓦。从 2002 年开始，青海省"送电到乡"工程利用国家近 4 亿元投资，耗时 3 年在全青海省建成光伏电站、风光互补电站，彻底告别了无电乡的历史。2006 年 2 月，青海海西蒙古自治州天峻县阳康乡太阳能光伏电站建成运行，至此，青海农牧区的 112 个无电乡全部完成太阳能光伏电站建立，解决了青海省 908 个无电村农牧民的生活用电，覆盖人口达到 50 多万。在兴建太阳能光伏电站的同时，青海省还大力发展光伏制造产业。2008 年 12 月底，青藏高原第一炉多晶硅产品在亚洲硅业（青海）有限公司出炉。2009 年 1 月，青海省"十一五"重点建设项目——亚洲硅业万吨级多晶硅首期千吨级多晶硅项目正式投产。亚洲硅业（青海）有限公司、黄河上游水电开发有限责任公司、青海华硅能源有限公司落户西宁国家级经济技术开发区东川工业园区，标志着青海省以太阳能硅材料为主的太阳能光伏产业体系正在形成。青海省光伏产业在政府宏观调控下稳步发展。

　　云南省 2004 年开展了"光明工程"，在充分考虑了高压电网并网通电等各方面因素的情况下，确定楚雄州大姚、武定、姚安和双柏四个县共 15 个项目点进入实施阶段，受益群体 400 户 1539 人，改变了楚雄州 15 个自然村村民用煤油、松木照明的历史，从根本上结束了边远贫困山区不通电的历史，有效地改善人民群众的生产生活条件。

　　新疆维吾尔自治区结合太阳能资源与水能、风能等其他可再生能源的开发优势，以解决当地供电问题为主，推动南疆和东疆地区大型并网太阳能电站建设，优先建设巴州、和田、吐鲁番、哈密等地区的太阳能电站项目。中德合资太阳能发电站项目总投资 6400 万元，自治区财政提供 2400 万元人民币。项目全部建成后，全疆 7 个地州的 34 座太阳能光伏电站，可为 2411 户农牧区家庭提供基本生活用电，为 15 所学校、13 个卫生所提供 24 小时供电服务。

　　甘肃省积极推动光伏发电技术的应用，大唐武威太阳能电站是中国第一座在荒漠中建设的并网光伏发电项目。该项目于 2007 年 4 月 11 日由科技部立项，同年 4 月 26 日开工建设。在项目启动和建设阶段，得到了国家"863 计划"攻关联合体、甘肃省科学院自然能源研究所及武威市政府的大力支持。工程总规划 1 兆瓦，分两期建设，一期建设容量为 0.5 兆瓦。建成投产的一期项目，估算年发电量约 85 万千瓦·时。该电站的建成投产，为中国荒漠化光伏发电技术的推广探索出了一条新路。截至 2008 年年底，甘肃建成离网型光伏电站 43 座，总装机 426 千瓦，风光互补电站 7 座，总装机 665 千瓦，发放光伏户用系统 6600 多套，总装机规模 250 千瓦。

七、光伏项目开始采用标杆电价商业化运行

2002 年之前，中国的光伏项目都是政府主导的示范项目，主要依赖国际援助和国内扶贫项目的支持，没有标杆电价。2002—2006 年，"西藏无电县建设""中国光明工程""西藏阿里光电计划""送电到乡工程""无电地区电力建设"等国家计划采用的均是初始投资补贴方式，也没有标杆电价。随着 2006 年《可再生能源法》的实施，中国光伏产业健康发展的政策环境开始逐步建立，光伏发电进入产业化发展阶段。截至 2006 年年底，中国光伏发电累计装机容量 8 万千瓦,光伏发电模式也逐渐由政府投资主导转变为企业投资开发。2007—2008 年，国家发展改革委分两次核准了由企业投资开发建设的 4 个项目，其中上海市 2 个、宁夏回族自治区和内蒙古自治区各 1 个，核准电价为 4 元/（千瓦·时），这是中国最早的采用标杆电价方式商业化运行的光伏项目，也是中国商业化光伏电站发展的开端。核准的 4 个光伏电站电价自投入商业运营之日起执行，高出当地脱硫燃煤机组标杆上网电价的部分纳入全国分摊。若项目运行成本高于核定的上网电价水平，当地政府可采取适当方式给予补贴，或纳入当地电网销售电价统筹解决。

（一）上海崇明前卫村太阳能光伏电站示范项目

2008 年 7 月 21 日，国家发展改革委批复核定上海市崇明区前卫村太阳能光伏电站上网电价为 4 元/（千瓦·时）（含税）❶。该项目是国内首个进入商业运营的兆瓦级并网光伏发电系统，于 2006 年 7 月获上海市发展改革委审核立项，2007 年 1 月 15 日开工建设，2009 年 9 月 20 日建成投产。崇明兆瓦级太阳能光伏发电示范工程装机容量 1046 千瓦，以单晶硅光伏组件为主，同时采用了少量多晶硅、HIT 等多种类型的晶体硅电池组件，其中 HIT 光伏电池（晶体硅异质结太阳能电池）在国内属首次使用。项目对多种类型的晶体硅电池组件的实际应用进行了比较分析，为此后长三角地区开发利用太阳能提供了经验。

该项目年平均上网电量约 107.3 万千瓦·时，以 3 口之家每年用电 1500 千瓦·时计算，可供约 715 户市民家庭使用 1 年。可节省同样容量火电机组用煤约 337 吨，减少燃煤所造成排放的二氧化硫 6.3 吨、氮氧化合物 3.5 吨、烟尘 0.9 吨、减轻温室效应气体二氧化碳排放 643 吨。

此外，该项目还预示了太阳能发电成本的降低趋势。当时太阳能发电成本约为 7 元/（千瓦·时），是普通电力成本的 10 倍。但随着国产光伏电池技术水平提高，成本开始不断下降。此次国家发展改革委核准的上网电价为 4 元/（千瓦·时），显示该项目的发电成本亦在逐步降低。

❶《国家发展改革委关于内蒙古鄂尔多斯、上海崇明区太阳能光伏电站上网电价的批复》（发改价格〔2008〕1868 号）。

（二）内蒙古鄂尔多斯伊泰集团 205 千瓦太阳能聚光光伏电站

2008 年 7 月 21 日，国家发展改革委批复核定内蒙古鄂尔多斯伊泰集团 205 千瓦太阳能聚光光伏电站上网电价为 4 元/（千瓦·时）（含税）[1]。该项目是国内首座太阳能聚光光伏示范电站，2007 年 10 月建成投产，总装机容量 205 千瓦，安装了 200 千瓦太阳能聚光光伏电池和 5 千瓦常规平板太阳能光伏电池，可进行太阳能聚光光伏发电和常规平板太阳能光伏发电的对比试验。

该电站的建成，标志着中国聚光光伏电站建设迈出了重要一步。项目对聚光光伏发电系统的经济性、可靠性进行检验，为推广使用太阳能聚光光伏发电技术积累了宝贵经验。该项目采用 N 级光漏斗的结构和准单轴跟踪技术，大幅提高了太阳光聚光集中度，实现了对太阳光朝向变化适时跟踪，关键技术指标达到国际领先水平。

（三）宁夏发电集团 330 千瓦太阳能试验电站

宁夏发电集团有限责任公司（简称宁夏发电集团）330 千瓦太阳能光伏发电试验电站是国家发展改革委 2007—2008 年分批次核准的 4 个项目之一，核准电价为 4 元/（千瓦·时）。

该电站于 2008 年 4 月 8 日开工建设，电站位于银川经济技术开发区，占地约 35 亩，2008 年 9 月 15 日成功并网发电。这是宁夏第一座太阳能光伏电站，也是当时西北地区最大的太阳能光伏高压并网电站。项目投产后，全年发电量约 70 万千瓦，与同等发电量火电厂相比，每年减排温室气体二氧化碳约 671 吨，减排二氧化硫、氮氧化物、烟尘分别为 4.3 吨、1.09 吨、49.6 吨。值得注意的是，该电站采用的是宁夏发电集团自主生产的太阳能多晶硅材料制造的太阳能光伏电池组件。电站的建成，对于推动宁夏硅晶体材料、太阳能发电等先导型支柱产业发展，发展循环经济、建设资源节约型社会具有重要的意义。

（四）上海普陀区都市型工业示范区太阳能光伏发电工程

上海普陀都市型工业示范区太阳能光伏发电项目也是国家发展改革委 2007—2008 年分批次核准的 4 个项目之一，核准电价为 4 元/（千瓦·时）。

该项目由中国华电集团有限公司投资建设，2009 年 12 月建成投产。这是华电集团首个太阳能发电项目。项目位于上海市普陀区真南路的上海都市型工业示范区内，利用 30 幢工业厂房屋顶建设，占用屋顶面积约 2.4 万米²，装机容量为 1.432 兆瓦。电站年平均发电量约为 150 万千瓦·时，每年可节约标准煤 525 吨，减少二氧化碳排放 1545 吨。该项目对优化上海地区电源结构、发展清洁绿色能源、推进太阳能光伏产业发展具有重要意义。

第六节　太阳能标准化体系初步建立与太阳能资源的评估

2006—2010 年，与光伏领域相关的企业联盟、国家质检与研发中心相继成立。2006 年 2 月 22 日，由 25 家光伏产业骨干企业组成的太阳能光伏产业联盟在江苏南京成立。他

---

[1]《国家发展改革委关于内蒙古鄂尔多斯、上海崇明区太阳能光伏电站上网电价的批复》（发改价格〔2008〕1868 号）。

们以行业自律的组织形式，广泛联合本领域内的上下游产业，研究制定产业发展规划，加强行业共性关键技术攻关，协同推进市场开拓，共同将光伏产业做大做强。2007年9月，国家质检总局批复同意在江苏省无锡高新区筹建国家太阳能光伏产品质量监督检验中心，这是当时中国唯一的光伏产品质量检验监督国家级机构。

在此阶段，太阳能资源评估工作也在积极推进，2008年中国气象局绘制完成全国太阳能资源气候分布图，为太阳能资源开发利用规划提供了科学依据。

随着时代发展和技术进步，标准化的运用已远远超过了以往工业化生产的领域，成为决定企业甚至行业技术路线和发展方向的关键因素。光伏并网发电标准问题早就引起了国家相关部门的高度重视。早在1987年，中国就成立了全国太阳光伏能源系统标准化技术委员会。不过，当时制定的标准多是推荐标准（GB/T），而非强制标准（GB）。2008年之前，中国在太阳能标准化体系建设方面一直处在相对落后的水平。2008年10月，中国太阳能标准化技术委员会成立，中国太阳能行业迈入标准化时代。中国太阳能标准化体系建设随之取得一系列成果。同年，中国首个太阳能电池标准出台。2009年年底，国家标准化管理委员会发布《关于成立光伏发电及产业化标准推进组的通知》，决定成立光伏发电及产业化标准推进组，总体推进国家、行业和联盟光伏标准化工作。

一、中国太阳能标准技术委员会成立

2008年10月24日，中国太阳能标准化技术委员会成立，来自全国各地近40位太阳能技术专家、企业家参会。这是全国第一家由中国国家标准化管理委员会审批的太阳能行业标委会，主要职责是进行国内外太阳能标准的收集和整理工作，国家标准的制定和修订，太阳能标准体系的建立和相关标准战略、政策研究等，同时还负责对口国际标准化组织太阳能技术委员会（ISO/TC180）。

中国在太阳能标准化体系建设方面曾长期落后。到2004年，国内制定的太阳能光伏并网发电标准、规范还没有公开执行，光伏部件生产企业主要参考国际IEC标准。没有统一的并网技术规范，导致关键部件（组件、并网逆变器）满足专门检测认证条件就可通过，以至于建成之后，光伏电站发电性能、并网电能质量等都没有明确的评价标准。全国太阳能标准化技术委员会的成立，对推动行业技术进步、提升太阳能产品质量、规范行业发展、推动中国太阳能行业标准化工作进程、增强国际竞争力具有重要的战略意义。全国太阳能标准化技术委员会的成立意味着太阳能行业迈入标准化时代。

国内首个太阳能行业标准于2008年10月在由全国建筑用玻璃标准化技术委员会组织召开的"太阳电池玻璃（俗称太阳能玻璃）行业标准"审查会议上获得通过，该标准由中国建筑材料检验认证中心起草。该标准提出，太阳电池玻璃含铁量不得大于0.015%，可见光透射比大于或等于91.5%，太阳光直接透射比大于或等于91.0%（均折合3毫米标准厚度），这一标准比国外相关行业标准更加严格更加专业，从而成为相关企业进行质量控制和检验的重要依据。

二、中国气象局绘制完成中国太阳能资源气候分布图

中国属太阳能资源丰富的国家之一，全国总面积 2/3 以上地区年日照时数大于 2000 小时，年辐射量在 5000 兆焦/米² 以上。据统计资料分析，中国陆地面积每年接收的太阳辐射总量为 3300～8400 兆焦/米²，相当于 2.4 万亿吨标准煤的储量。合理有效开发太阳能资源成为中国解决能源危机、缓解气候变化的重要途径。

中国太阳能发电正处于蓬勃发展阶段，只有详细了解中国太阳能资源分布情况，才能够有效指导宏观决策，为太阳能资源开发利用规划提供科学依据。2006 年 6 月 14 日，中国气象局风能太阳能资源评估中心揭牌成立，标志着中国气候资源科学评估工作进入新的发展阶段。2006 年 12 月，中国气象局发布了中华人民共和国气象行业标准《太阳能资源评估方法（征求意见稿）》，对于指导太阳能资源开发利用具有积极作用，该标准 2019 年 4 月正式发布。

2008 年中国气象局绘制完成全国太阳能资源气候分布图。中国气象局及其下属单位建立有 98 个辐射观测站，其中有一级站 17 个，观测项目为总辐射、直接辐射、散射辐射、净辐射和反射辐射五项；二级站 33 个，观测项目为总辐射和净辐射两项；三级站 48 个，仅观测总辐射一项。建站时间大部分为 20 世纪 50 年代和 60 年代，资料序列长度大部分有 40 年以上。利用 1971—2000 年的真实观测资料，并结合气候统计和数值模拟等方法，绘制了中国太阳能资源气候分布图。根据国家气象局风能太阳能评估中心划分标准，中国太阳能资源地区分为四类：一类地区（资源丰富带）全年辐射量在 6700～8370 兆焦/米²，相当于 230 千克标准煤燃烧所释放出的热量。主要包括青藏高原、甘肃北部、宁夏北部、新疆南部、河北西北部、山西北部、内蒙古南部、宁夏南部、甘肃中部、青海东部、西藏东南部等地；二类地区（资源较富带）全年辐射量在 5400～6700 兆焦/米²，相当于 180～230 千克标准煤燃烧所释放出的热量。主要包括山东、河南、河北东南部、山西南部、新疆北部、吉林、辽宁、云南、陕西北部、甘肃东南部、广东南部、福建南部、江苏中北部和安徽北部等地；三类地区（资源一般带）全年辐射量在 4200～5400 兆焦/米²，相当于 140～180 千克标准煤燃烧所释放出的热量。主要包括长江中下游、福建、浙江和广东的一部分地区，春夏多阴雨，秋冬季太阳能资源尚可；四类地区（资源较差带）：全年辐射量在 4200 兆焦/米² 以下。主要包括四川、贵州两省。此区是中国太阳能资源最少的地区。一、二类地区，年日照时数不小于 2200 小时，是中国太阳能资源丰富或较丰富的地区，面积较大，约占全国总面积的 2/3 以上，具有利用太阳能的良好资源条件。

中国西部的西藏、青海、新疆、甘肃、宁夏、内蒙古高原，总辐射量和日照时数均排在全国前列，属太阳能资源丰富地区。西部地区尤其是西北地区的年有效光照小时数是东部地区的 2 倍左右，可达到甚至超过 2000 小时。而西部地区遍布的大片荒漠化土地，对于需占地面积较大的光伏电站和光伏电站运营企业而言，也无疑具有较大的市场竞争力与吸引力。其中，西藏最西部阿里地区年日照时间达 2500～3800 小时，是全球太阳能资源

最丰富的地区之一。

第七节　生物质发电示范项目的引进与技术国产化

生物质能在中国尚属新兴产业，核心技术及装备基本全部依赖引进，从事产业发展的先行者们充分意识到产业链完善的重要性，积极投入产业链建设中。国家各级政府、主管部门、科研机构也对产业链的发展和完善给予高度重视，国家发展改革委和国家能源局相继制定了切合中国实际的、鼓励生物质发电产业发展的电价政策和扶持政策，为生物质发电产业营造了健康发展的良好氛围。2004年，龙基电力科技有限公司（简称龙基电力）引进丹麦直燃发电技术，打响了中国发展生物质发电行业的第一枪。自此，中国生物质发电产业走上了从无到有、从小到大的发展历程。在此期间，龙基电力、国家电网公司、无锡华光锅炉股份有限公司等企业纷纷投入大量精力，分别从设备选型、燃料燃烧技术及设备制造等方面推进生物质发电产业国产化进程。

2005年，中国第一个专业生物质发电企业国能生物发电公司成立。次年，国内第一个以农林剩余物为燃料的规模化生物质直燃电厂——国能单县生物发电厂成功投运，标志着中国生物质直燃发电产业正式起航。此外，国内首个秸秆煤炭混燃发电改造项目和国内首个中外合作沼气发电示范项目也在同一时期投产落地。

生物质发电作为一个全新产业，对于上下游产业链发展具有显著的带动效应。适合中国国情的首套燃料收储体系也在同一时期应运而生，该体系由早期的"收购点"模式逐步发展为"由供应商加工并供应燃料"模式，解决了燃料加工效率低，储存占地大的实际问题，奠定了中国生物质发电产业燃料收储体系的基本规则基础。

中国农林生物质沼气发电技术虽于初期经历波折，但通过技术改良和政策扶持后，取得了一定成效。其中沼气燃烧发电是随着大型沼气池建设和沼气综合利用的不断发展而出现的一项沼气利用技术，具有创效、节能、安全和环保等特点，分布广泛且价廉，发展得到了国家的支持。20世纪90年代中期以后，随着一些大型沼气工程、垃圾填埋场的建成，沼气发电已具有稳定充足的气源，促成了沼气发电技术研究的逐步深入，沼气发动机的性能得到较大改善，发电机组的单机功率也有所增加。

一、引进国际先进的生物直燃发电技术

由于对改善农村环境、惠及三农和乡村振兴有着巨大推动作用，生物质发电这一新生事物刚在中国孕育，就得到了国家领导人的高度重视。

2004年2月26日，山东鲁能集团有限公司和丹麦百安纳（BWE公司）在人民大会堂共同签署了一份引进技术、合作生产、推广超超临界发电设备项目备忘录，这意味着我国发电业在节能、降耗、环保方面将跨入世界先进行列。丹麦是最早发展生物质直燃发电的国家，早在1988年丹麦就建设了第一座秸秆生物质发电厂，百安纳拥有当时全球最先

143

进的生物质发电技术，三方达成合作共识，以"引进、消化、吸收、再创新"的方式将生物质锅炉技术引进中国，由龙基电力对百安纳技术进行消化吸收，针对中国的燃料特性进行适应性改进，并由济南锅炉厂进行国产化制造高温高压锅炉本体，自行制造关键的水冷振动炉排设备。在引进百安纳公司设备的同时，为适应不同燃料的特性，龙基公司通过项目授权方式，还引进了百安纳的技术。通过对百安纳技术的引进、消化和吸收，中国生物质直燃发电装备从无到有并逐步改进，中国的生物质发电产业也从无到有并蓬勃发展。

2004 年 5 月 30 日，全国人大常委会委员长吴邦国考察了丹麦生物质发电厂和百安纳公司，并题词："推进清洁能源生物发电技术，增进中丹友谊。" 7 月 13 日，北京市委书记刘淇赴龙基电力考察，要求尽快开展在北京建设较大型环保样板电厂的可行性研究工作，并希望早日在北京平谷建成研发生产基地。

2005 年 4 月 14 日，国务院副总理回良玉一行参观丹麦生物质发电厂，指出："丹麦生物发电技术具有世界领先水平，也非常适合中国经济发展的需要。双方要加快工作进度，尽快将样板项目建成投产。龙基电力对中国可再生能源产业发展做出了贡献，这是一项造福子孙后代的事业。" 2005 年 6 月 12 日，刘淇率领北京市高级代表团访问丹麦，深入考察秸秆发电产业在当地的发展情况，并赞叹说："生物质发电的优点是显而易见的，这种技术完全可以应用到中国的新能源开发中去。"

这一时期，国家领导多次考察国际先进生物质发电技术，并明确表态大力支持，有力促进了中国生物质发电产业的飞速发展。

二、中国首个生物质发电企业——国能生物发电集团有限公司成立

2005 年 7 月 7 日，国能生物发电集团有限公司在北京市工商行政管理局登记注册成立。该公司由国家电网公司控股的深圳国电科技发展有限公司与龙基电力共同出资组建，致力于开发、建设、运营生物质发电项目，积极开展科研攻关和相关产业链建设探索，是国内第一家以生物发电为主营业务的专业公司。

国能生物发电公司承担"十一五"国家科技支撑计划重大项目——"农林生物质工程"中的"村镇农林剩余物直燃发电技术开发与示范"课题，参加国家电网公司"重大科技创新项目"中的"生物质能发电关键技术"系列课题项目的可研编制、申报等工作，完成《国家电网生物质能发电关键技术研究框架》编写工作。该公司还与中国农业机械化科学研究院合作成立国能中国农机院生物质能工程技术中心，并积极研究燃料供应系统技术设备开发，进行打捆机、收割机设备的革新改造；与中国科学院植物研究所合作成立国能中科院植物所生物质能研究发展中心，致力于灰渣利用项目的研究和应用；与国家林业局合作成立林木生物质发电示范项目办公室，致力于推进国能林木生物质直燃发电示范项目。

三、首台秸秆与煤混合燃烧发电机组改造投产

2005 年，中国首台秸秆与燃煤混合燃烧的发电机组在华电国际十里泉发电厂投产。

2005 年前后，在国家实施关停改造小火电的大背景下，生物质与煤混合燃烧发电作

为探索小火电改造的新途径，成为研究的热点。农林生物混合燃烧发电是指生物质与煤混合燃烧发电系统，就是一个以秸秆等生物质和煤为燃料的火力发电厂。其生产过程概括起来是：先将秸秆等生物质加工成适于锅炉燃烧的形式（粉状或块状），和煤一起送入锅炉内充分燃烧，使储存于生物质和煤燃料中的化学能转变成热能。锅炉内的水吸热后产生饱和蒸汽，饱和蒸汽在过热器内继续加热成过热蒸汽进入汽轮机，驱动汽轮发电机组旋转，将蒸汽的内能转换成机械能，最后由发电机将机械能转化为电能。

华电国际十里泉发电厂对原 5 号 140 兆瓦燃煤发电机组进行改造，采用龙基电力技术，增加一套秸秆制备、输送设备和两台输入热量 39 兆瓦的秸秆燃烧器，同时对供风系统及相关控制系统进行改造，增加一个燃料存储料场。该项目成功投运，对燃煤电厂掺烧秸秆的技术、运营和管理进行了有益探索。

生物质混燃发电技术与生物质直燃发电技术相比，是一种相对低成本的发电技术，具有建设周期短、对原料价格控制能力强等优点，且符合削减温室气体、发展低碳经济的需要。华电国际十里泉发电厂混燃发电机组改造运行的事例证明，采用秸秆混合煤炭燃料发电具备可行性。但在之后的实践中，由于混合燃料发电的电量分摊比例较难确定，影响到秸秆发电的电价补贴计算，同时实际运行中秸秆价格较高，掺烧秸秆不具备成本优势，因此混燃技术的研究和推广处于停滞状态。

四、中外合作沼气发电示范项目投产

2006 年 5 月 29 日，内蒙古自治区首个沼气发电和生物肥工程——塞飞亚沼气发电与生物肥环能工程在内蒙古自治区赤峰市宁城县塞飞亚循环经济园区建成投产。该项目以肉鸭养殖、加工过程中产生的鸭粪和废水为主要原料，通过沼气的热电联产形成电能和有机肥料。项目引进捷克和德国产大型发酵罐 11 个、150 千瓦沼气发电机组 2 台，固液有机肥生产线各一条。每年处理养殖场产生的鸭粪便 2 万吨，废水 25 万吨，年生产沼气 432 万米^3，年发电 150 万千瓦·时，年产固液态高效复合肥 3 万吨。该项目于 2004 年 9 月 22 日开始施工，历经 1 年零 8 个月，总投资为 2779 万元人民币，工程技术设备由捷克引进，并得到捷克政府 744 万元人民币的资助。

由中国和荷兰共同建造的沼气发电示范项目——新疆生产建设兵团农二师 30 团沼气发电工程经过多次调试，于 2007 年 6 月 28 日成功发电。该大型沼气发电项目在新疆属首家。项目位于新疆兵团 30 团良种奶牛繁育基地以南，占地总面积 5951 米^2，总投资 575 万元。该沼气站项目属于"促进中国西部农村可再生能源综合发展应用项目"，由荷兰政府无偿援助沼气发电机组、配套电器设备及管网。该工程依托于存栏 1500 头奶牛的 30 团奶牛良繁中心丰富的牛粪资源项目建成，充分利用 30 团千头奶牛良繁中心牛粪资源，采用全封闭生产工艺，控制解决了牛粪污染，同时减少了温室气体排放，开发了新型能源，节约了常规能源。沼气站设计能力厌氧反应器日进混合搅拌型牛粪 80 米^3 左右，日产沼气 1000 米^3，年产沼气 36.5 万米^3，日发电量可达 2200 千瓦·时，年发电量 80 万千瓦·时，可供 3500 户职工家庭照明用电。

五、中国首个农林生物质直燃发电项目——国能单县生物质发电厂投产

2005 年 9 月 20 日，国家发展改革委正式核准国能单县生物质发电项目（发改能源〔2004〕2018 号），确定项目所发电量由电网全额收购，上网电价由省政府价格主管部门按现行电价政策提出意见，报国家发展改革委核批；对所需有关设备同意从国外进口，并免征关税和进口环节增值税。这些政策，对之后国家出台的统一的生物发电政策起到了重要的探索作用。同期，国家发展改革委还核准了河北晋州和江苏如东（发改能源〔2004〕1940 号）2 个国家级农林生物质直燃发电示范项目。

2005 年 10 月 20 日，该项目正式动工。12 月 1 日，国能生物发电集团有限公司注册成立国能单县生物发电有限公司。2006 年 11 月 29 日，山东省发展改革委及物价局根据中国生物质直燃发电产业发展趋势，以及首台机组投资造价、成本费用等因素，批复单县项目上网电价为 0.795 元/（千瓦·时）。

2006 年 12 月 1 日，国能单县生物质发电厂投产。这是中国第一个国家级生物质发电示范项目，也是中国第一个建成投产的农林生物质发电项目。

六、世界单机容量和总装机容量最大的生物质发电厂——湛江生物质发电公司成立

广东粤电湛江生物质发电有限公司（简称湛江生物质发电公司）隶属于广东粤电集团公司（现更名为广东省能源集团有限公司），公司注册资本 6.21 亿元，由广东省沙角（C 厂）发电有限公司持有 100% 股权。湛江生物质发电公司 2008 年 9 月开工建设，装机容量为 2×50 兆瓦生物质发电机组，分别为 2011 年 8 月和 11 月投产，为当时建成的世界单机容量及总装机容量最大的生物质发电厂，光伏发电装机 3.74 兆瓦。

湛江地区农业基础坚实，粮食作物种植总面积 420 多万亩、桉树种植 330 多万亩，经济作物多种多样，每年都有几十万亩的桉树林被砍伐、甘蔗林里经过处理后剩下的大量秸秆、桉树皮及树叶、蔗渣、蔗叶等农林废弃物，为该电厂提供了大量的燃烧原料。与传统的燃煤发电相比，生物质燃烧发电使用农林废料等生物质作为燃料，对大气环境影响很小，相比于煤炭，生物质燃料含硫量极低，几乎为零。因此，在向大气排放的过程中，发电厂的二氧化硫含量几乎为零，氮氧化物稳控在 200 毫克/米^3 以内，正常情况下都是 100 毫克/米^3 左右，远远优于排放标准。生物质在燃烧时所释放出的二氧化碳大体上相当于其生长时通过光合作用所吸收的二氧化碳，生物质发电的温室气体二氧化碳为零排放。

湛江生物质发电公司主要与湛江及周边的加工厂联系对接，收购树皮、树叶、树头、甘蔗渣、果壳、秸秆等农林废弃物，由加工厂负责向外收购，然后运输到发电厂。每年收购资金达 3 亿元，实现工业反哺农业，带动村民实现家门口就业。同时，该公司还向周边工业区提供清洁绿色能源供热，免去了自建用热企业锅炉，节省燃煤，减少排放。

七、国内首套生物质燃料收储系统建立

随着 2006 年 12 月国能单县生物发电机组顺利投产,生物质燃料市场管理在摸索中不断前行,燃料市场从无到有,日趋成熟,燃料收购模式也随着电厂的增建逐渐发展和完善。

2006—2007 年,国能单县生物发电厂主要的燃料品种是棉花秸秆。为确保棉花秸秆燃料收购保障,在电厂周边下属 8 个乡镇建立了 8 个收购站点,形成了早期的“收购点模式”。但是随着公司生产运营,这种燃料收集方式逐渐暴露出一些问题。由于配套产业发展不完善,当时国内还没有适应大规模生物质粉碎加工的设备,收购站点的棉花秸秆破碎机的机械化程度低,加工作业效率低,每个站点的加工能力每天仅 100 吨左右;而且棉花秸秆对存储场地要求空间大,收购点面积远远满足不了生产存储需要。与此同时,由于地方种植结构发生变化,单县周边棉花秸秆种植面积大规模减少,棉花秸秆资源远远不能满足公司生产需求。

为保障机组运行的燃料需要量,逐步发展出“由供应商加工并供应燃料”的收集方式。供应商模式发展初期,由于之前没有先例,供应商投入资金采购加工设备的信心不足。因此由发电公司先期购置了一些加工设备,以合作的模式提供给供应商使用,发电公司直接收购破碎后的成品燃料,先前建设的 8 个收购站点基本不再收购长秆燃料,只作为成品燃料的存储站。这种收集和存储模式,解决了发电公司自身粉碎加工能力不足和运输能力不够的问题,取得了良好效果,供应商也获得了预期效益。在示范效应的带动下,部分供应商开始自己采购破碎加工设备和运输车辆,租赁燃料存储场地,开始规模化经营,供应商加工点也在逐渐扩张,树皮等综合燃料市场日趋成熟,逐渐形成了以树皮、木块为主的林业剩余物燃料市场,以国能单县生物发电厂运营为中心,形成的燃料市场体系逐步成熟。

八、生物质发电核心技术国产化

2005 年 12 月,龙基电力平谷研发生产基地在北京市平谷区峪口镇经济开发区开工建设。该基地主要任务是研发制造先进的生物质发电锅炉及各种配套设备,使产品达到国际先进水平,在实现技术和产品本地化与提升的同时,确保为国内生物质发电行业提供稳定可靠的供货来源。

龙基电力平谷研发生产基地于 2007 年 6 月建成投产,具备年生产 30 台不同规格生物质发电锅炉核心部件的能力。该公司在国内首次明确定义两种不同类型的燃料:以树枝、棉花秸秆等木质成分为主的灰色秸秆和以玉米、小麦、水稻秸秆等草本成分为主的黄色秸秆,并逐步设计成型了灰色秸秆和黄色秸秆两套锅炉系列,在燃烧效率和燃料适应性之间取得很好的平衡,广泛应用到之后的生物质发电项目。

2007 年 12 月,国家电网公司生物质燃料与燃烧技术实验室、国网深圳能源集团生物质能工程技术研究中心、国能生物技术咨询有限公司分别在北京挂牌成立,这是国内生物质能技术专业研发机构从无到有的一个标志性事件。其专业领域涵盖生物质能应用基础研究、工程技术和经济技术咨询三大核心板块。其中国家电网公司生物质燃料与燃烧技术实

验室，是国内首个生物质燃烧技术专业研发机构，通过核心技术攻关和研发，有力推动了国内生物质发电行业的技术进步。

2008 年年初，河北晋州秸秆生物质发电项目正式进入经营期，该项目作为首批国家级示范项目之一，采用了无锡华光锅炉股份有限公司自行研制的振动炉排锅炉。由于是中国第一次设计、研发的设备，在试运阶段设备可靠性、安全性及连续运行能力较差，整个试运阶段是在不断改造中完成的。2008 年 7 月投入商业运行的江苏如东秸秆发电项目，也采用了无锡华光锅炉股份有限公司生产的振动炉排锅炉。河北晋州秸秆生物质发电项目、江苏如东秸秆发电项目的投运，标志着以无锡华光锅炉股份有限公司为首的国产锅炉厂家设备在生物质发电领域成功落地。在国内设备厂家的努力下，国产锅炉设备经历了不断进行技术改造和升级的过程，逐步走向成熟。

九、多个生物质发电项目投产

内蒙古毛乌素生物质热电有限公司于 2006 年 12 月成立，2008 年并网发电，2009 年正式进入商业化运营阶段。该公司是一座装机容量 2×15 兆瓦的生物质热电厂，于 2012 年 10 月被国家林业局评为"沙林电一体化示范基地"，是当时世界首个沙漠生物质电厂。

2007 年 10 月 13 日，中国第一台以小麦秆、玉米秆等黄色秸秆为燃料的生物质直燃发电机组——国能河南浚县项目 1×2.5 万千瓦机组一次并网成功，填补了国内黄色秸秆直燃发电的空白。该项目的建成投产标志着中国在掌握以棉花秸秆、林木废弃物等灰色秸秆生物质直燃发电技术后，又成功掌握了以小麦秆、玉米秆等黄色秸秆生物质直燃发电技术，将会对中国农作物秸秆资源的利用产生深远影响。

2007 年 11 月 5 日，国能望奎生物质发电工程 1×25 兆瓦机组成功并网发电。该项目是黑龙江省的物质发电示范项目，是当时中国东北地区第一个并网发电的生物质发电项目，是继国能河南浚县生物质发电项目后，又一个成功并网发电的纯黄色秸秆燃料项目。11 月 16 日，机组圆满完成（72+24）小时试运后正式投产。这是中国生物质直燃发电产业发展的一个重要里程碑，为中国玉米秆等黄色秸秆生物质能的开发利用探索出一条可行之路。

第八节 海洋能资源调查与评估

中国较大规模的海洋能资源调查评估工作大致可分为三个阶段。第一阶段是早期普查阶段，包括 20 世纪 50 年代、70 年代和 80 年代开展的三次海洋能普查工作，其中前两次仅限于潮汐能，第三次包括了潮汐能、潮流能和波浪能；第二阶段是专项调研阶段，2003 年 9 月，经国务院批准，中国近海海洋综合调查与评价专项（简称"908 专项"）正式启动，其中包括"中国近海海洋可再生能源调查与研究""海洋可再生能源综合利用前景评价"等海洋能调查评估系列项目，首次利用实测调查数据全面评估了潮汐能、潮流能、波浪能、温差能、盐差能和海洋风能六类可再生能源。该专项是 1949 年 10 月以来调查规模最大、涉及学科最全、国家投入最多、采用技术手段最先进的中国近海海洋综合调查与评价专项，旨在摸清中国近海和管辖海域海洋资源环境的基本状况，为我国发展海洋经济、保护海洋环境、加强海洋综合管理提供科学依据和技术支撑。第三阶段是重点勘选阶段，在海洋可再生能源专项资金支持下，基于"908 专项"调查研究分别开展了潮汐能、潮流能和波浪能的勘查和选划研究，系统获得了中国近海海域物理海洋与海洋气象、海洋生物生态、海洋化学、海洋光学、海底底质、海底地形地貌和海洋地球物理等大范围、高精度的海量调查数据，全面更新和丰富了中国近海海洋环境基础数据，绘制了全新的海洋环境要素基础图件，形成了中国近海潮汐能、潮流能和波浪资源分布图集，为海洋能产业化培育及发展奠定了坚实的基础。

一、四次潮汐能资源调查与评估

中国共开展了四次较大规模的潮汐能资源调查与评估，第一次潮汐能资源调查始于 1958 年，由水利部勘测设计总局主持开展，采用苏联的经验公式估算了中国近海 500 处河口和海湾的潮汐能蕴藏量。第二次潮汐能资源调查于 1978 年开始，这次调查在水利部规划设计管理局的领导下，由水利电力部水利水电规划设计院主持，沿海 9 省（自治区、直辖市）的水利电力勘测设计院等单位参加。调查方式仍以搜集历史潮汐资料为主，部分省份还增加了海洋地质、地貌和综合利用资源的收集，于 1982 年汇编成《中国沿海潮汐能资源普查》。此次普查中潮汐能估算公式中的参数较 1958 年有了一定的调整，即在潮差和库容面积相同的情况下，评估结果下降为之前的 80%。第三次大规模潮汐能资源评估系 1986 年水利电力部科技司和国家海洋局科技司组织开展的沿海农村海洋能资源区划。在此次调查评估中，采用与第二次相同的潮汐能资源估算公式，重点对中国沿海主要海湾内部可开发装机容量 200～1000 千瓦的小湾进行了补充调查。第四次大规模的潮汐能资源调查评估是"中国近海海洋可再生能源调查与研究（908–01–NY）"（简称"908 专项"）的一部分。该项目自 2004 年开始实施，旨在通过对中国近岸海域、潮间带、海岛及沿海地区潮汐能、潮流能、波浪能、风能、温差能、盐差能等海洋可再生能源相关要素的调查，取得全面系统的第一手数据。该项目除采用 100 余个潮汐站的水位数据外，还在重要区域增设了潮汐观测站位 49 个，估算公式与第三次普查保持一致，项目实施过程中还对拟选坝址位置进行了现场勘探，并进行了可行性分析。

比较而言，第一次潮汐能全国普查多采用较粗略的历史数据进行估算，且没有核计工程的经济性和技术可行性；第二次潮汐能估算总体上较第一次的估算更为科学、细致，但由于评估工作是由不同单位的技术人员完成的，所以在选址标准、评估细节、评估深度等方面存在着不够统一的问题；第三次潮汐能资源普查是对第二次普查工作的补充，尤其是对装机容量较小的海湾进行了统计分析，进一步明确了中国潮汐能资源的总体概况；而第四次潮汐能资源普查则是对前三次评估结果进行了修订，不仅更新了由于自然变化和海涂围垦等造成的库容面积变化以及坝址的改变，而且采用了更多实测数据，从而提高了估算结果的精度，但这次评估也没有过多地考虑潮汐能装置类型及发电方式。

二、潮流能资源普查与评估

1987 年开展的"中国沿海农村海洋能资源区划"项目完成了中国第一次潮流能资源普查。1989 年，根据当时海图潮流资料对 130 个水道进行了统计，评估了中国沿岸潮流能资源的平均理论总功率和空间分布情况。

2004 年，中国开展第二次潮流能资源普查。在国家海洋局组织启动的"908 专项"中，专门增列了"中国近海海洋可再生能源调查与研究"和"中国近海海洋可再生能源开发与利用前景评价"等专题。调查评估了中国近海 99 个主要水道的潮流能资源蕴藏量。

2010 年开展的海洋能专项资金项目"潮汐能和潮流能重点开发利用区资源勘查与选划"是中国最近一次有关潮流能的大规模调查与研究任务，旨在前两次资源普查的基础上，对潮流能具有开发利用前景的重点区域进行资源勘查并收集历史资料，查清区域性潮汐能和潮流能利用的资源储量与可开发量，编绘中国潮汐能和潮流能资源分布图，开展潮汐能和潮流能优先开发利用区的资源选划工作，为国家海洋可再生能源发展规划提供科学依据。该项目分析了 10 个重点海域的潮流能资源时空分布特性，评估了 10 个区域内 75 条水道（断面）的潮流能资源总量，较第一次和第二次潮流能资源普查研究在区域选择上更有针对性，在调查手段、数据分析、评估方法等方面更加先进和科学，评估结果也更为精准。

三、波浪能资源普查与勘查

1989 年，在"中国沿海农村海洋能资源区划"项目中，利用沿海代表测波站资料，开展了中国第一次波浪能资源普查工作，推算统计了中国沿岸波浪能理论平均功率，分析了波浪能流密度的空间分布特性。

在"中国近海海洋—海洋可再生能源"项目中开展了中国第二次波浪能资源普查，应用波浪数值模式模拟了中国近海波浪场，研究了中国近海离岸 20 千米一线的波浪能蕴藏量和技术可开发量，分析了中国近海波浪能年平均功率密度的空间分布特性。

2011 年开展的海洋能资金专项"波浪能重点开发利用区资源勘查与选划"项目是中国最近一次有关波浪能的大规模调查与研究任务，旨在对波浪能具有开发利用前景的重点区域进行资源勘查，项目调查范围涉及渤海、黄海和东海，由国家海洋技术中心作为总体负责单位，联合国家海洋局第一海洋研究所、国家海洋局第二海洋研究所、国家海洋局第三海洋研究所等单位参加，于 2011 年秋季至 2013 年夏季在 13 个重点区域开展了 39 个站位调查工作，对观测数据进行了处理分析，得到了各调查站不同季节的波浪特征要素统计结果，并利用 10 年的波浪场模拟数据对研究海域波浪季节特征、空间分布特征、资源总量进行了分析。

四、温差能和盐差能资源评估

2012年，在海洋能专项资金支持开展的中国海洋能重点区勘查选划研究中，对温差能和盐差能资源在历史研究和"908专项"调查结果的基础上进行了重新复核，评估了中国南海区域表层与深层海水温差不低于18摄氏度水体蕴藏的温差能资源潜在量、技术可开发量和时空分布特性，经过计算，南海温差能资源理论蕴藏量为（1.19～1.33）×10^{19}千焦，技术可开发利用的能源（热效率取7）为（8.33～9.31）×10^{17}千焦。该项目采用渗透压法计算了中国东部沿海22个主要河流入海口的盐差能资源潜在量和技术可开发量。

第九节 中外风电人才培养与交流合作

中外联合人才培养与国际交流合作是实现中国风能技术与世界接轨，促进中国风能技术可持续发展的重要途径。可再生能源产业的发展，需要政策、资金的支持，更需要参与方具备全球化的视野、创新性的思维。充分利用全球风能技术资源，积极引进国外先进技术和经验，加强与国外技术研究发展计划的合作，及时把握世界风能技术发展的新动向、新趋势，在全球范围内整合资源、技术和人才势在必行。2008年，第四届全球风能大会在北京召开，大会主题为"世界风能，赢在中国"，这是首次在发展中国家举办。透视出中国风能产业日益上升的影响力。

中国风力发电人才培养始于20世纪80年代，当时的培养规模较小，目的仅在于满足少量风力发电研究机构的用人需求。进入21世纪，随着对风力发电开发、研究的深入，装机规模以及单个风机装机量不断扩大，企业面临巨大的人才短缺，尤其是《可再生能源法》颁布带动了风力发电超常规式的发展，风力发电人才培养逐渐成为全社会关注的焦点。为了解决风力发电人才紧缺问题，国家级科研机构和大学合作，设立了风力发电技术应用基础研究项目，开展风能资源、流体动力学、机械强度、电力电子、电力并网等方面理论和实验研究。将基础研究与人才培养相结合，通过选择一些高等学校和中等职业学校设立风力发电专业课程、定期举办风力发电技术培训班等方式，解决风力发电人才紧缺的问题。在教育部的支持下，华北电力大学于2006年创办了国内第一个风能与动力工程本科专业。同年，中国可再生能源学会风能专业委员会教育工作组成立，确定华北电力大学为工作组组长单位。

一、中德风力发电人才联合培养

2002年，德国经济合作与发展部批准"中德风力发电人才培养"计划，委托中国西北工业大学、德国柏林工业大学和德国国际继续教育与发展基金会（InWEnt，现为GIZ）承担实施这一计划，国家外国专家局将此计划列入重点支持项目。

　　"中德风力发电人才培养"项目针对中国风力发电发展不同阶段的需求分析和对德国风力发电发展经验的总结，精心制作了风力发电人才培养计划。在项目实施过程中充分调动德国风力发电行业的宝贵资源，借鉴德国风力发电发展的经验和教训，采用各种方式，着重对风力发电行业中的技术干部和管理干部进行风力发电研发能力和国际领导能力的培训，对助推中国风力发电行业的发展起到了积极的作用。

　　"中德风力发电人才培养"项目，通过开展大规模、高水平的专家交流，建立了中德专家相结合、国内国外培养相结合、在读生与在职技术人员相结合、理论与实践相结合的风电人才培养模式，引入了独立评估师评估培养效果的机制，形成了"产、学、研、政"全行业参与的协同教育网络，为中国培养了一大批风电技术骨干和带头人，有力推动了中国可再生能源的发展。

二、中丹政府合作项目

　　丹麦是世界上风力发电技术最发达的国家之一，风力发电机组制造、风能资源评价和风力发电场接入电网等领域的技术处于世界领先地位。丹麦长期是世界风力发电装机比例最高的国家之一，2005年年底，丹麦发电总装机容量已达1360万千瓦，其中风力发电为312.2万千瓦，占总发电装机容量的22.8%。

　　为提高中国风力发电开发技术和管理水平，促进风能资源有效开发和规模化利用，促进中国与丹麦两国风力发电技术交流与合作，2006年6月7日，中丹政府合作项目"可再生能源——风能开发"在北京启动。项目总资金约为8700万元人民币，其中丹麦方投入4500万丹麦克朗，中方以非现金的方式投入2700万元人民币。项目执行期为三年，下设四个子项目。该合作项目以东北地区风力发电前期工作为抓手，通过开展资源评价、专题研究、专业培训和人才培养，学习借鉴丹麦风力发电发展先进技术和经验，提高中国风力发电机构能力建设和风力发电开发、运行管理水平。

　　风能资源评估项目是中国气象局与丹麦瑞索国家实验室（Risφ）于2008年开展的合作研发项目。该项目对东北三省地区通过开展风能资源测量和评估、中尺度和微尺度风能资源数值模拟，绘制出中国东北三省分辨率为5千米的风能资源数字图谱。该项目编制出东北三省三个风力发电场可行性研究报告，开发出符合中国国情的风力发电场可行性研究报告模板，并进行推广应用。该项目可行性研究报告模板不仅充实风资源评估内容，而且增加了环保、节能和风险分析等方面的内容，为新型风力发电场项目的规划建设提供了科学依据，为项目开发商以及设计院编制可行性研究报告提供了标准规范。该合作项目专业培训和人才培养方面，在全国范围内开展专题培训，培训内容包括风力发电场运行维护和管理、融资和保险、风力发电并网、微观选址、海上风力发电技术和风力发电科普教育等内容。

三、中国可再生能源规模化发展项目（CRESP）

　　中国可再生能源规模化发展项目（China Renewable Energy Scale-up Program，CRESP）

是中国与世界银行（The World Bank，WB）及全球环境基金（Global Environment Facility，GEF）合作开展的可再生能源政策开发和投资项目。其目标是研究制定中国可再生能源发展政策，支持可再生能源技术进步，建立可再生能源产业体系，逐步实现可再生能源规模化发展。CRESP 项目由国家能源局负责组织，由财政部负责监督，由国家发展改革委能源研究所提供技术支持。国家能源局以能源研究所为依托，专门成立了 CRESP 项目办公室，负责建设项目的组织和实施。CRESP 一期项目于 2006 年启动。在实施过程中，GEF 提供了 4022 万美元赠款，用于支持中国可再生能源领域的能力建设，促进风力发电技术进步。

在风力发电机组国产化方面，CRESP 项目办公室选择金风科技、浙江运达、上海电气、东方汽轮机厂为赠款支持单位，采用与国际设计机构或咨询公司合作的方式，开发具有自主知识产权的风力发电机组。同时，利用赠款支持风力发电机组主轴承国产化，选择大连瓦房店轴承公司为任务承担单位，成功开发出 1.5 兆瓦和 3 兆瓦风力发电机组主轴承，为华锐风力发电、国电联合动力等主流厂家提供配套设备。在制定风力发电机组技术标准方面，CRESP 项目办公室组织 9 名国内专家组成风力发电机组技术标准工作组，制定 8 项风力发电机组技术国家标准；由中国专家牵头，丹麦、美国、德国等国专家参加的标准工作组，制定出 IEC 61400-5《风能发电系统　第 5 部分：风力发电机组风轮叶片》。在风力发电机组检测中心方面，CRESP 项目办公室选择中国电科院、中科鉴衡风能检测研究中心为赠款支持单位，通过与德国 Windtest、美国 NREL 等机构合作，完成检测软硬件设备的采购和人才培训工作，具备风力发电机组功率曲线、电能品质、机械载荷、噪声四项指标的测试能力，获得 CNAC 的计量认证和 CNAS 的认可，为中国风力发电机组制造企业提供了专业风机检测服务；在建立风力发电机组认证中心方面，CRESP 项目办公室选择北京鉴衡认证中心和中国船级社为赠款支持单位，完成软硬件采购和能力建设，使其获得 CNAS 认可，具备风力发电机组设计评估和型式认证的能力；在风力发电电气工程研究方面，CRESP 项目办公室资助中国电科院与德国 Windtest 和英国 Garrad Harran 公司合作，提升中国短期风力发电功率预测能力；在风力发电技术人才培养方面，CRESP 项目办公室选择华北电力大学承担风力发电技术人才学历教育任务，选择西北工业大学和苏州龙源白鹭风电职业技术培训中心有限公司承担风力发电技术人才在职培训任务，建立风力发电技术人才培养的框架体系，把风力发电技术人才纳入发展规划。

CRESP 二期项目于 2014 年启动到 2021 年完成，共使用 GEF 赠款 2728 万美元，支持了中国可再生能源政策研究，以及可再生能源发电并网消纳、技术进步、试点示范、能力建设五大类共 146 项活动，为国家制定和发布"十三五"可再生能源规划提供了重要支撑。

第八章

可再生能源发电的规模化发展（2009—2014）

　　2009 年，全国人大常委会表决通过了《中华人民共和国可再生能源法（修正案）》，中国可再生能源发电产业进入大规模发展的黄金时期。从增长速度上看，陆上风电项目"一枝独秀"，陆上光伏发电项目内需激活、海上风电项目商业化运行正式拉开了序幕。紧密围绕着新修订的《可再生能源法》，各可再生能源产业（风电、太阳能、生物质发电、地热能、海洋能等）纷纷出台了符合产业发展现实的政策，总体规划更加合理，产业布局更加明确，激励政策更加具有针对性，以风电、太阳能光伏发电产业为代表的可再生能源应用领域朝着持续快速增长的方向发展。

　　这一时期，中国风电行业在多元化发展中不断取得新的突破。首个百万千瓦级风电基地——张家口坝上风电基地、首个千万千瓦级风电基地——甘肃酒泉风电基地相继落地；首个低风速风电场——安徽来安风电场开中东南部地区风电开发之先河；首个海上风电项目——上海东海大桥海上风电场开启海上风电新时代；西藏那曲高海拔风电场挑战了当时风电场建设的最高海拔纪录。随着中国风电行业的发展，龙源电力实现了在香港上市。

　　中国光伏产业经历了从光伏组件来料加工到全产业链迅猛发展，从主要依赖海外国际市场到国内光伏产品需求爆发式增长的重大转变。2008 年金融危机及之后，欧美国家发起了针对中国光伏产业的"双反"贸易战，中国刚刚形成的光伏产业链从制造装备、生产工艺、原料主材到产品需求高度依赖海外市场，光伏制造业企业举步维艰。在此背景下，中国政府出台了扶植刺激国内光伏发电技术应用的激励政策，启动"光电建筑""金太阳示范工程"和敦煌大型荒漠光伏电站特许权招标等重点工程，并配套强有力的财政补贴政策，通过激活国内光伏发电产品需求消费市场，创造了良好的发展环境。

　　在生物质能发电产业方面，中国农林生物质直燃发电项目迎来第一波建设热潮。首个以黄色秸秆为燃料的生物质发电项目——国能河南浚县项目投产；首个以玉米秸秆为主的生物质发电项目——国能望奎项目在东北地区投产；首个援疆生物质发电项目——国能阿瓦提项目投产。

　　中国地热开发利用政策密集出台，国有企业和民营企业纷纷成立地热能研究所或地热能研发中心，加大地热能开发利用的科研力度，研制出新型的地热发电设备并成功示范应用。

这一时期，中国在技术和装备方面具备了开发利用潮汐能基础条件，中国海洋能开发利用也具备了一定基础，小型潮汐发电技术与设备已基本成熟。江厦潮汐电站完成增容扩建，海山潮汐电站完成科技改造工程，多个万千瓦级中型潮汐电站建设完成预可行性研究。2011 年年初，国家海洋技术中心代表中国加入了国际能源署（IEA）创建的海洋能源系统实施协议（OES-IA），成为其第 19 个成员，促进了中国海洋能研究的国际交流与合作。

第一节　可再生能源行业规划与政策

2009 年 12 月 26 日，全国人大常委会审议通过《中华人民共和国可再生能源法（修正案）》，修正案于 2010 年 4 月 1 日起正式实施。修订后的《可再生能源法》明确了"其他相关规划也应促进可再生能源开发利用中长期总量目标实现""全额保障性收购"制度；"费用补偿"制度以及设立"可再生能源发展专项基金"制度。《可再生能源法》的修正为中国可再生能源产业持续、健康、快速、全面发展奠定了坚实的基础和提供了全面的保障，进一步激活了可再生能源市场。为了保证修改后的《可再生能源法》顺利实施和执行，中国相继出台了针对可再生能源全行业以及针对特定资源类型可再生能源产业发展的政策和法规。

围绕着《可再生能源发展"十二五"规划》，国家能源局发布《风电发展"十二五"规划》，明确"十二五"期间"把发展风电作为优化能源结构、推动能源生产方式变革、构建安全稳定经济清洁的现代能源产业体系的重大战略举措"作为风电发展的指导方针。《太阳能发电发展"十二五"规划》明确了通过市场竞争机制和规模化发展举措"尽早实现太阳能发电用户侧平价上网"的发展目标。工信部下发《太阳能光伏产业"十二五"发展规划》，对光伏发电应用成本下降提出了具体要求，并明确了光伏产业链向全面、集合、优质方向发展的具体目标。

《国家能源局关于印发〈生物质能发展"十二五"规划〉的通知》（国能新能〔2012〕216 号）明确了"十二五"期间生物质能总体增长规模，"2015 年生物质能年利用量超过 5000 万吨标准煤"；在地热能方面，《国家能源局、财政部、国土资源部、住房和城乡建设部关于促进地热能开发利用的指导意见》（国能新能〔2013〕48 号）提出了"到 2015 年地热能源供热制冷面积将达到 5 亿米^2，地热能发电装机容量达到 10 万千瓦（100 兆瓦），地热能年利用量达到 2000 万吨标准煤"发展目标；在海洋能方面，《全国海洋功能区划（2011—2020 年）》明确了中国 10 年内海洋空间开发、控制和综合管理的基调和目标。

在中国可再生能源发电产业进入快速发展的黄金时期的大背景下，风电、太阳能、生物质、地热、海洋能等产业迫切地需要配套的政策、法规，规范引导产业持续快速发展，消除行业过快发展带来的负面影响和制约。相关部门结合中国国情和电力部门的特点实施了针对性的政策法规，为可再生能源产业持续快速发展提供了有力支撑。

一、可再生能源发展规划明确产业发展方向

2012 年 7 月 9 日，国务院印发《"十二五"国家战略性新兴产业发展规划》。新能源产业是七大战略新兴产业之一，主要包括核电、风电、太阳能和生物质能等。规划提出，"十二五"期间，新能源产业要加快发展技术成熟、市场竞争力强的核电、风电、太阳能光伏和热利用、页岩气、生物质发电、地热和地温能、沼气等新能源，积极推进技术基本成熟、开发潜力大的新型太阳能光伏和热发电、生物质气化、生物燃料、海洋能等可再生能源技术的产业化，实施新能源集成利用示范重大工程。到 2015 年，新能源占能源消费总量的比例提高到 4.5%，减少二氧化碳年排放量 4 亿吨以上。2012 年 8 月 6 日，国家能源局印发《可再生能源发展"十二五"规划》。

在风电方面，2012 年 9 月，国家能源局印发《风电发展"十二五"规划》（国能新能〔2012〕195 号）（简称《规划》）。《规划》阐述了中国 2011—2015 年风电发展的指导思想、基本原则、发展目标、开发布局和建设重点，是"十二五"时期中国风电发展的基本依据。该规划是首个针对风电的专项五年规划，明确将"加快培育和发展战略性新兴产业的总体要求，把发展风电作为优化能源结构、推动能源生产方式变革、构建安全稳定经济清洁的现代能源产业体系的重大战略举措"作为风电发展的指导思想。以技术创新和完善产业体系为主线，积极培育和发展具有国际竞争的风电产业。着力推进和完善适应风电规模化发展的电力管理体制和运行机制，有效开发和利用风电，不断提高风电在能源消费中的比重。为确保规划目标的实现，国家发展改革委采取了一系列措施，包括实施可再生能源电力配额制度、完善促进风电发展的电价政策和补贴机制、加强风电发展的协调和监管、完善信息统计管理、建立规划滚动调整机制、提高风电并网运行的技术和管理水平。

在太阳能发电方面，2012 年 2 月 24 日，工信部下发《太阳能光伏产业"十二五"发展规划》。该规划明确了光伏发电主要成本下降目标，即到 2015 年光伏组件成本下降到 7000 元/千瓦，系统成本下降到 1.3 万元/千瓦，发电成本下降到 0.8 元/（千瓦·时），使光伏发电具有一定经济竞争力；到 2020 年，光伏组件成本下降到 5000 元/千瓦，光伏系统成本下降到 1 万元/千瓦，发电成本下降到 0.6 元/（千瓦·时），增加光伏发电在电力市场上的竞争。到 2015 年培育形成 1 家 5 万吨级多晶硅企业，2～3 家 5 吉瓦级太阳能电池企业，7～9 家吉瓦级太阳能电池企业。技术目标方面提出到 2015 年多晶硅生产平均综合电耗低于 120 千瓦·时/千克。单晶硅电池产业化转换效率达到 21%，多晶硅达到 19%。该规划提出：一是加强统筹部署，综合各方资源统筹制定产业、财税、金融、人才等扶持政策；二是加强行业管理；三是积极培育多样化市场，推动制定和实施上网电价等鼓励政策，加强行业组织建设，积极应对国际竞争。2012 年 7 月 7 日，国家能源局制定《太阳能发电发展"十二五"规划》，阐述了太阳能发电发展的指导思想和基本原则，明确了太阳能发电的发展目标、开发利用布局和建设重点，是"十二五"时期中国太阳能发电发展的基本依据。太阳能发电发展的总目标是通过市场竞争机制和规模化发展促进成本持续降

低，提高经济性上的竞争力，尽早实现太阳能发电用户侧"平价上网"。加快推进技术进步，形成中国太阳能发电产业的技术体系，提高国际市场持续竞争力。建立适应太阳能发电发展的管理体制和政策体系，为太阳能发电发展提供良好的体制和政策环境。

在生物质能发电方面，2012 年 7 月 24 日，国家能源局下发《国家能源局关于印发生物质能发展"十二五"规划的通知》（国能新能〔2012〕216 号）。根据该规划的目标，2015 年生物质能年利用量超过 5000 万吨标准煤。其中，生物质发电装机容量 1300 万千瓦、年发电量约 780 亿千瓦·时，生物质年供气 220 亿米³，生物质成型燃料 1000 万吨，生物液体燃料 500 万吨。相对于 2010 年行业发展规模，规划目标实现了翻番。2010 年年底各类生物质能源利用量合计约 2000 万吨标准煤。其中，生物质发电装机 550 万千瓦，沼气利用量约 140 亿米³，成型燃料利用量约 300 万吨，生物燃料乙醇利用量 180 万吨，生物柴油利用量约 50 万吨。根据当时生物质发电技术和设备制造发展较快，已掌握了高温高压生物质发电技术，但缺乏准确的资源调查评价和原料收集难度大的发展现状，在加快生物质能规模化开发利用的指导思想下，制定了有序发展农林生物质发电的发展思路。在秸秆剩余物资源较多、人均耕地面积较大的粮棉主产区，有序发展秸秆直燃发电，提高发电效率；在重点林区和林产品加工集中地区，结合林业生态建设，利用森林三剩物❶和林产品加工剩余物发展林业生物质直燃发电，结合能源林种植，建设林醇电综合利用工程；在"三北"地区，结合防沙治沙，建设灌木林种植基地，发展沙生灌木平茬剩余物直燃发电及综合利用工程；在甘蔗种植主产区和蔗糖加工集中区推进蔗渣直燃发电。鼓励将生物质发电与纤维素乙醇、生物柴油及生物化工相结合，实现生物质梯级利用。鼓励发展生物质热电联产，提高能源利用效率。到 2015 年，农林生物质发电装机容量达到 800 万千瓦。

在地热能方面，2013 年 1 月 10 日，《国家能源局、财政部、国土资源部、住房和城乡建设部关于促进地热能开发利用的指导意见》（国能新能〔2013〕48 号）印发。该意见明确了促进地热开发利用产业繁荣发展的基本原则、主要目标、任务布局和政策、管理措施。提出的主要目标是要求到 2015 年地热能源供热制冷面积将达到 5 亿米²，地热能发电装机容量达到 10 万千瓦（100 兆瓦），地热能年利用量达到 2000 万吨标准煤，形成地热能资源评价、开发利用技术、关键设备制造、产业服务等比较完整的产业体系。到 2020 年，地热能开发利用量达到 5000 万吨标准煤，形成完善的地热能开发利用技术和产业体系。在重点任务和布局中，提出开展地热能资源详查与评价，加大关键技术研发力度，积极推广浅层地热能开发利用，加快推进中深层地热能综合利用，积极开展深层地热发电试验示范，创建中深层地热能利用示范区和完善地热能产业服务体系。在开发利用管理中，提出加强地热能行业管理和严格环境监管。在政策措施上，提出加强规划引导、完善价格财税扶持政策和建立市场保障机制。《关于促进地热能开发利用的指导意见》是继《可再生能源发展"十二五"规划》后，国家对促进地热能产业繁荣发展提出的重要指导方

---

❶ 森林三剩物是指采伐剩余物（指枝、丫、树梢、树皮、树叶、树根及藤条、灌木等）；造材剩余物（指造材截头）；加工剩余物（指板皮、板条、木竹截头、锯沫、碎单板、木芯、刨花、木块、边角余料等）。

针和具体政策措施保障，既明确了工作任务又突出了工作重点，为促进地热能产业的繁荣发展提供了难得的契机和良好的条件。

在海洋能方面，2012 年 3 月 3 日，国务院批准《全国海洋功能区划（2011—2020 年）》，确定了中国未来 10 年海洋空间开发、控制和综合管理的基调和目标。2012 年 7 月，国家能源局制定的《可再生能源发展"十二五"规划》中海洋能首次被列入国家可再生能源发展"五年规划"。"加快推进海洋能技术进步"成为九大重点任务之一。《可再生能源发展"十二五"规划》中提出以提高海洋能开发利用技术水平为着力点，积极开展海洋能利用示范工程建设，促进海洋能利用技术进步和装备产业体系完善。随着海洋能技术的发展，逐步扩大海洋能利用规模。建设偏远海岛海洋能多能互补独立示范电站，建设 1～2 个万千瓦级潮汐能电站和若干潮流能并网示范电站，到 2015 年，建成总容量 5 万千瓦的各类海洋能电站，为更大规模的发展奠定基础。2013 年 12 月 27 日，国家海洋局印发《海洋可再生能源发展纲要（2013—2016 年）》，提出到 2016 年，中国将建成具有公共试验测试泊位的波浪能、潮流能示范电站以及国家级海上试验场，为中国海洋能产业化发展奠定坚实的技术基础和支撑保障，并从优化海洋能政策环境、健全海洋能技术创新体系、加强海洋能开发利用管理、建立海洋能技术管理体系、形成国内外合作交流促进机制五个方面加强了保障措施。

二、可再生能源发电价格相关政策出台

2012 年 3 月 14 日，财政部、国家发展改革委、国家能源局联合发布《可再生能源电价附加补助资金管理暂行办法》，为促进可再生能源开发利用，规范可再生能源电价附加资金管理，对符合条件的项目进行可再生能源电价附加资金补助。针对包括风力发电、生物质能发电、太阳能发电、地热能发电和海洋能发电等在内的可再生能源，规范了电价附加补助的主体要求、审核步骤、补助标准以及资金拨付和管理方式等。

2013 年 8 月 27 日，国家发展改革委发布《关于调整可再生能源电价附加标准与环保电价有关事项的通知》，提出将向除居民生活和农业生产以外的其他用电征收的可再生能源电价附加标准由 0.008 元/（千瓦·时）提高至 0.015 元/（千瓦·时）。

三、陆上风电标杆电价实施

2006 年 1 月，国家发展改革委颁布《可再生能源发电价格和费用分摊管理试行办法》，建立了中国可再生能源发电定价和费用分摊机制。后续随着风电的快速发展，风电行业亟须出台专门针对该产业的价格政策。

2009 年 7 月，为规范风电价格管理，促进风力发电产业健康持续发展，依据《可再生能源法》，国家发展改革委发布《关于完善风力发电上网电价政策的通知》（发改价格〔2009〕1906 号）（简称《通知》）将风力发电价格机制由招标定价改为实行标杆上网电价政策。

《关于完善风力发电上网电价政策的通知》规定，按风能资源状况和工程建设条件不同，将中国分为四类风能资源区进行定价，资源区划分的风电标杆电价分别为：Ⅰ类资源区 0.51 元/（千瓦·时）；Ⅱ类资源区 0.54 元/（千瓦·时），Ⅲ类资源区 0.58 元千瓦·时，Ⅳ类资源区 0.61 元/（千瓦·时）。新建陆上风电项目，统一执行所在风能资源区的风电标杆上网电价。同时规定，继续实行风电费用分摊制度。风电上网电价高出当地燃煤机组标杆上网电价部分由中国征收的可再生能源电价附加分摊解决。

该通知还明确了包括上网交易电量、价格和补贴金额等保证风电项目项目收入各主要事项的责任和责任主体。这次出台的风电标杆上网电价政策是对原有办法的补充和完善，改变此前风电价格机制不统一的局面，进一步规范风电价格管理；有利于引导投资，激励风电企业不断降低投资成本和运营成本，控制造价，合理、规范地发展风电。

四、太阳能光伏发电标杆上网电价实施

合理的上网电价对于可再生能源项目发展至关重要，既要保证补贴力度让可再生能源项目投资有利可图，又要避免政策过激造成财政浪费。2009 年，中国开始了针对大型地面光伏电站上网电价的确定工作。2010 年 4 月 2 日，参照甘肃敦煌 1 万千瓦（10 兆瓦）并网光伏发电特许权示范项目招标结果，国家发展改革委批复了宁夏发电集团太阳山光伏电站一期、宁夏中节能太阳山光伏电站一期、华电宁夏宁东光伏电站、宁夏中节能石嘴山光伏电站一期发电项目临时上网电价均为 1.15 元/（千瓦·时）（含税）。这四座电站高出当地脱硫燃煤机组标杆上网电价的部分，将纳入全国可再生能源电价附加分摊。尽管是临时性的，这是继 2009 年 6 月公布敦煌光伏电站上网电价后，国家发展改革委首次批复新的光伏发电项目上网电价。

2011 年 7 月 24 日，国家发展改革委颁布《关于完善太阳能光伏发电上网电价政策的通知》，制定全国统一的太阳能光伏发电标杆上网电价，正式开启光伏标杆电价时代。按照社会平均投资和运营成本，参考太阳能光伏电站招标价格，以及中国太阳能资源状况，对非招标太阳能光伏发电项目实行全国统一的标杆上网电价。该通知明确，2011 年 7 月 1 日以前核准建设、12 月 31 日建成投产、尚未经发改委核定价格的太阳能光伏发电项目，上网电价统一核定为 1.15 元/（千瓦·时）（含税）。对于 2011 年 7 月 1 日及以后核准的太阳能光伏发电项目，以及此前核准但截至 12 月 31 日仍未建成投产的太阳能光伏发电项目，除西藏仍执行 1.15 元/（千瓦·时）的上网电价外，其余省（自治区、直辖市）上网电价均按 1 元/（千瓦·时）执行。

借鉴风电退坡促进产业发展的成果经验，国家发展改革委释放出明确信号，在现有光伏发电上网电价的基础上，光伏上网电价退坡会在充分考虑市场及产业发展情况的前提下成为常规化、周期性的政策引导方向，从而促进光伏产业健康、全面、持续、快速的发展。而通过特许权招标确定业主的太阳能光伏发电项目，其上网电价仍然按中标价格执行，中标价格不得高于太阳能光伏发电标杆电价。《关于完善太阳能光伏发电上网电价政策的通

知》规定，太阳能光伏发电项目上网电价高于当地脱硫燃煤机组标杆上网电价的部分，仍按《可再生能源发电价格和费用分摊管理试行办法》有关规定，通过全国征收的可再生能源电价附加解决。

国家发展改革委制定全国统一的太阳能光伏发电标杆上网电价，意味着业界期待多年、对光伏市场启动有着标志意义的上网电价政策❶（Feed-in tariff）（又称固定电价政策）正式出台。固定电价政策是在国际上经过验证的行之有效的光伏发电产业激励政策，是多年来推动欧洲光伏应用市场大规模发展的主流政策，要求政策实施国拥有雄厚的财政能力。固定电价政策在我国光伏发电市场的正式实施具有里程碑式的意义，从此中国大规模光伏应用市场进入全面爆发式增长时期。

2013 年 8 月，国家发展改革委发布《关于发挥价格杠杆作用促进光伏产业健康发展的通知》，根据各地太阳能资源条件和建设成本，制定三类资源区的光伏电站杠杆上网电价，分别执行 0.9 元/（千瓦·时）、0.95 元/（千瓦·时）、1 元/（千瓦·时）的电价标准。通知明确了分布式发电实行全电量补贴的政策，电价补贴标准为 0.42 元/（千瓦·时）。明确提出光伏发电杠杆上网电价和电价补贴标准的执行期限原则上为 20 年。该政策的出台，对中国国内光伏市场的快速发展起到了积极促进作用。

五、生物质发电临时电价补贴与税收优惠政策出台

2006 年 1 月 4 日，国家发展改革委基于理论测算制定了《可再生能源发电价格和费用分摊管理试行办法》（发改价格〔2006〕7 号），将生物质发电补贴电价标准定为 0.25 元/（千瓦·时）。

在第一批示范项目投产后，出现了补贴难于覆盖示范项目的运营成本的现象。经过调研论证，国家发展改革委、国家电监会于 2008 年 3 月 10 日发布了《关于 2007 年 1—9 月可再生能源电价附加补贴和配额交易方案的通知》（发改价格〔2008〕640 号），对纳入补贴范围内的秸秆直燃发电亏损项目按上网电量给予临时电价补贴，补贴标准为 0.1 元/（千瓦·时）。该通知中的补贴政策虽然是临时性的，但在生物发电产业发展初期技术和市场尚不成熟、成本尚不能准确控制的特殊背景下，对支持产业发展起到了促进的作用，为第一批项目的正常运营起到了保障性作用。通知中的电价政策是基于各省燃煤脱硫标杆电价基础上享受电价补贴，组成该地区生物发电项目的上网电价，而各省燃煤脱硫标杆电价并不统一，使不同省份之间生物发电项目上网电价差异较大，各传统农业大省虽是生物发电发展的重点地区，但标杆电价却往往偏低，这一现象在一定程度上制约了生物质发电产业全国性的均衡发展。

2010 年 7 月 18 日，国家发展改革委发布了《关于完善农林生物质发电价格政策的通知》（发改价格〔2010〕1579 号），对秸秆发电项目实行了标杆上网电价，将秸秆发电的

---

❶ 上网电价是一种为了支持可再生能源发展而设计的政策，该类政策为可再生能源电力生产者提供高于市场水平、有保证的收购电价。

上网电价统一提高至 0.75 元/（千瓦·时）；高于上述标准的国家核准的生物质发电项目仍执行原电价标准。农林生物质发电上网电价在当地脱硫燃煤机组标杆上网电价以内的部分，由当地省级电网企业负担；高出部分，通过全国征收的可再生能源电价附加分摊解决。同时，该通知中不再设定补贴年限限制，也体现了政策制定者认识到生物发电成本主要受制于燃料收集，而燃料收集成本下降空间在当时还无法测算确定的现实。这一政策的出台，对生物质发电产业的快速发展起到了关键性的作用，沿用至今。

在税收政策方面，2007 年 3 月，第十届全国人民代表大会第五次会议通过了《中华人民共和国企业所得税法》。2007 年 11 月 28 日，《中华人民共和国企业所得税法实施条例》由国务院第 197 次常务会议通过。其中《企业所得税法实施条例》规定，生物质发电企业享受企业所得税减免政策。企业从事条款规定的符合条件的环境保护、节能节水项目的所得，第一年至第三年免征企业所得税，第四年至第六年减半征收企业所得税。2008 年 8 月，财政部、国家税务总局、国家发展改革委联合下发《关于公布资源综合利用企业所得税优惠目录（2008 年版）的通知》（财税〔2008〕117 号）。2008 年 9 月，财政部、国家税务总局联合下发《关于执行资源综合利用企业所得税优惠目录有关问题的通知》。2009 年 4 月，国家税务总局下发《关于资源综合利用企业所得税优惠管理问题的通知》。根据此三文件规定，生物质发电企业若满足使用《资源综合利用企业所得税优惠目录（2008 年版）》所列燃料 70%以上来自农作物秸秆等，用于生产电力、热力及燃气取得的收入，在计算应纳税所得额时，减按 90%计入当年收入总额。2008 年 12 月，财政部、国家税务总局下发《关于资源综合利用及其他产品增值税政策的通知（财税〔2008〕156 号）》，对销售以垃圾（城市生活垃圾、农作物秸秆、树皮废渣、污泥、医疗垃圾）为燃料生产的电力或者热力实行增值税即征即退的政策。这一系列税收优惠政策的出台，减轻了生物质发电产业税收负担，进一步推动了产业快速发展。

六、《风电开发建设管理暂行办法》出台

2011 年 8 月 25 日，国家能源局下发《风电开发建设管理暂行办法》（国能新能〔2011〕285 号），以期待加强风能资源开发管理，规范风电项目建设，促进风电有序健康发展。此前，由于中央和地方核准项目是按照单个项目装机容量划分，低于 5 万千瓦的项目由地方政府核准，超过 5 万千瓦的项目归国家主管部门核准，引发了地方大量核准了 5 万千瓦以下（或通过拆分）风电场项目的热潮。由于电网消纳接入规划和建设与新建风电场建设审批缺乏协同，造成了建成风力发电项目无法顺利接入电网以及所发电量消纳困难的现象。

《风电开发建设管理暂行办法》明确，国务院能源主管部门负责风电场工程建设规划（含百万千瓦级、千万千瓦级风电基地规划）的编制和实施工作，在进行风能资源评价、风电市场消纳、土地及海域使用、环境保护等建设条件论证的基础上，确定风电建设规模和区域布局。省级政府能源主管部门要根据风电场工程建设规划要求，落实项目风能资源、项目场址和电网接入等条件，按照有关技术规范要求组织设规开发计划，还需报国务院能

源主管部门备案。

　　该办法要求,风电项目开发企业开展前期工作之前应向省级以上政府能源主管部门提出开展风电场项目开发前期工作的申请。按照项目核准权限划分,5万千瓦及以上项目开发前期工作申请由省级政府能源主管部门受理后,上报国务院能源主管部门批复。风电场工程项目按照国务院规定的项目核准管理权限,分别由国务院投资主管部门和省级政府投资主管部门核准,风电场工程项目须经过核准后方可开工建设。项目核准后2年内不开工建设的,项目原核准机构可按照规定收回项目,风电场工程开工以第一台风电机组基础施工为标志。风电场工程项目完成土建施工后要办理好各专项验收,待电网企业建成电力送出配套电网设施后,制定整体工程竣工验收方案,报项目所在地省级政府能源主管部门备案,省级政府能源主管部门审核后报国务院能源主管部门备案。

　　此办法的出台,规范了风电场项目建设,加强了能源开发管理,进一步缓解了由于规划不当导致的风电消纳问题,促进了中国风电产业体系健康有序的发展,为此后的中国风电发展奠定了基础。

七、《关于加强风电产业监测和评价体系建设的通知》等文件印发

　　面对激烈的市场竞争,风电企业的生存环境发生了根本性的变化。风电企业须构建符合自身需求的信息系统,对企业资源进行优化配置,从而提高自身的经济效益和市场应变能力。信息化建设是风电产业体系的重要组成部分。

　　2009年2月,为加强风电信息化建设,促进风电产业健康发展,国家能源局复函水电水利规划设计总院成立国家风电信息管理中心,对中国风电建设信息进行管理。2011年5月,为了完善风电信息管理,规范风电信息报送、审核、统计和发布工作,国家能源局印发《风电信息管理暂行办法》(国能新能〔2011〕136号)。该办法明确了国家风电信息管理中心负责风电信息管理,以及监督、协调责任方。2013年5月,国家能源局下发《关于加强风电产业监测和评价体系建设的通知》(国能新能〔2013〕201号),明确要求水电水利规划设计总院负责中国的风电建设、并网运行、发展规划和年度实施方案完成情况的统计和分析,并按期向国家能源局报送风电产业相关数据。2013年6月,为进一步做好中国风电信息化服务工作,国家能源局印发《关于成立国家可再生能源信息管理中心的复函》(国能综新能〔2013〕170号),批准水电水利规划设计总院在国家风电信息管理中心的基础上,建设国家可再生能源信息管理中心,负责监测和评价中国可再生能源开发建设、并网运行和设备制造的实际情况及发展规划、年度实施方案的完成情况,为政府加强可再生能源管理提供基础数据和技术支持。

　　为了提升新能源行业的管理水平,建立健全事中事后管理机制,规范可再生能源电价附加补助资金管理,国家能源局于2015年9月印发《国家能源局关于实行可再生能源发电项目信息化管理的通知》(国能新能〔2015〕358号),可再生能源发电项目信息化管理工作得到进一步加强。信息技术与风电技术的结合,对提高风电机组和风电场运维管理以及风电调度方面的智能化,增加风电与电网间融合的友好性起到了重要作用。

八、《国务院关于促进光伏产业健康发展的若干意见》等文件印发

2013 年 7 月 15 日，《国务院关于促进光伏产业健康发展的若干意见》出台。意见从国家政策层面系统地阐明了促进光伏产业健康发展的重要性。意见指出，当时中国已形成较大规模的光伏电池产业，光伏制造业产业体系日趋完善；但是产业整体面临产能过剩、市场无序竞争，内需不足，技术创新能力不强、关键技术装备和材料发展缓慢等诸多挑战。该意见提出促进光伏产业健康发展的四条基本原则：即远近结合，标本兼治；统筹兼顾，综合施策；市场为主，重点扶持；协调配合，形成合力。提出促进光伏产业健康发展的发展目标：把扩大国内市场、提高技术水平、加快产业转型升级作为促进光伏产业持续健康发展的根本出路和基本立足点，建立适应国内市场的光伏产品生产、销售和服务体系，形成有利于产业持续健康发展的法规、政策、标准体系和市场环境。2013—2015 年，年均新增光伏发电装机容量 1000 万千瓦左右，到 2015 年，总装机容量达到 3500 万千瓦以上。加快企业兼并重组，淘汰产品质量差、技术落后的生产企业，培育一批具有较强技术研发能力和市场竞争力的龙头企业。加快技术创新和产业升级，提高多晶硅等原材料自给能力和光伏电池制造技术水平，显著降低光伏发电成本，提高光伏产业竞争力。保持光伏产品在国际市场的合理份额，对外贸易和投融资合作取得新进展。

2013 年 8 月，国家能源局和国家开发银行发布《支持分布式光伏发电金融服务的意见》。这是中国光伏领域首个金融方面的政策，文件提出国家开发银行将配合新能源示范城市、绿色能源县、分布式光伏发电应用示范区等开展创新金融服务试点，建立投融资机构，建立具有借款资格和承贷能力的融资平台。另外，其他银行也相应加强了对光伏行业的授信，包括工商银行、建设银行、农业银行等相继出台了针对光伏行业的信贷指导意见，将光伏发电行业定性为积极进入类行业，总体信贷原则为适度进入、择优支持。

2013 年 9 月，财政部、国家税务总局发布《关于光伏发电增值税政策的通知》，明确对太阳能发电实行增值税 50%即征即退的优惠政策，但对政策的实施规定了时间限制，即 2013 年 10 月 1 日至 2015 年 12 月 31 日。由于中国在 2009 年进行了增值税机制调整，从生产型增值税调整为消费型增值税，光伏发电项目存在 6～8 年增值税抵扣期，因此，如果不延长政策时限，实际上几乎所有项目都不能从该政策受益。

2013 年 11 月 18 日，国家能源局印发《关于分布式光伏发电项目管理暂行办法的通知》。该办法涉及总则、规模管理、项目备案、建设条件、电网接入和运行、计量与结算、产业信息监测、违规责任等细则。通知明确了由电网企业负责向项目单位按月转付国家补贴资金，按月结算余电上网电量电费。在经济开发区等相对独立的供电区组织建设的分布式光伏发电项目，余电上网部分可向该供电区其他电力用户直接售电。该办法豁免了分布式发电项目发电业务许可，鼓励企业、专业化能源服务公司和包括个人在内的各类电力用户投资建设并经营分布式发电项目。对于分布式发电，电网企业应根据其接入方式、电量

使用范围，提供高效的并网服务。对符合条件的分布式发电给予建设资金补贴或单位发电量补贴，建设资金补贴方式仅限于电力普遍服务范围。

九、生物质发展的规范性政策和保障性政策出台

2010 年 11 月 1 日，国家发展改革委下发《关于生物质发电项目建设管理的通知》（发改能源〔2010〕1803 号）。该文件对生物质发电规划、建设规模、资源条件、项目管理等的明确规定，对生物质发电初期发展起到了重要的推动作用。

随着生物质发电不断发展壮大，以及简政放权持续推进，国家对生物质发电的管理方式也在不断创新。2014 年 12 月 9 日国家发展改革委办公厅印发了《关于加强和规范生物质发电项目管理有关要求的通知》（发改办能源〔2014〕3003 号），该文件明确了国家管理生物质发电的总体原则和要求，即规划管理、热电联产、严禁掺煤，国家从宏观方面提出相关原则，不再对项目提出具体要求；明确农林生物质发电非供热项目由省级政府核准，农林生物质热电联产项目由地方政府核准，使得生物质发电项目的审批权也进一步下放，降低了审批难度。2016 年 10 月 11 日，国家能源局下发《关于印发〈农林生物质发电项目防治掺煤监督管理指导意见〉的通知》（国能综新能〔2016〕623 号）。明确防治掺煤的基本原则和责任主体，对新建项目核准、已投产项目运行等方面提出了防治掺煤的要求。

"十二五"期间，国家还下发了一系列行业规范化政策。2011 年 2 月《国家能源局关于农林生物质发电项目建设年度计划审核有关要求的通知》（国能新能〔2011〕51 号）发布，2013 年 12 月 2 日《国家能源局关于生物质发电统计监测体系工作有关要求的通知》（国能新能〔2013〕469 号）发布。

除了上述专门针对生物质发电的政策外，国家还在一些关于可再生能源的政策文件中对包括生物质发电在内的可再生能源提供保障与支持。2011 年 1 月 29 日，财政部、国家发展改革委、国家能源局《关于印发〈可再生能源发展基金征收使用管理暂行办法〉的通知》（财综〔2011〕115 号）发布，对可再生能源发展基金的征收、使用和管理进行了规范。可再生能源发展基金包括国家财政公共预算安排的专项资金和依法向电力用户征收的可再生能源电价附加收入等。可再生能源发展专项资金由中央财政从年度公共预算中予以安排。可再生能源电价附加在除西藏自治区以外的全国范围内，对各省、自治区、直辖市扣除农业生产用电（含农业排灌用电）后的销售电量征收。根据可再生能源开发利用中长期总量目标和开发利用规划，以及可再生能源电价附加收支情况，征收标准可以适时调整。2012 年 3 月 14 日，财政部、国家发展改革委和国家能源局联合下发《关于印发〈可再生能源电价附加补助资金管理暂行办法〉的通知》（财综〔2012〕102 号）。专为可再生能源发电项目接入电网系统而发生的工程投资和运行维护费用，按上网电量给予适当补助，补助标准为：50 千米以内 0.01 元/（千瓦·时），50～100 千米 0.02 元/（千瓦·时），100 千米及以上 0.03 元/（千瓦·时）。

十、可再生能源相关组织机构建立

中国风能产业的快速发展对标准提出更高需求，国家风能标准工作进程加快。2010年1月13日，国家能源局发布《关于成立能源行业风电标准建设领导小组、专家咨询组和标准化技术委员会的通知》（国能科技〔2010〕16号）。2010年3月，国家能源局在北京组织召开能源行业风电标准化工作会议，全面启动中国风电标准体系建设。2010年5月31日，《国家能源局关于印发〈风电标准建设工作规则〉〈能源行业风电标准化技术委员会章程〉和〈风电标准体系框架〉的通知》发布（国能科技〔2010〕162号），其中《风电标准体系框架》拟定7大类、173项标准，为中国建立和完善风电标准体系提供了大纲。2011年8月5日，国家能源局召开能源行业风电标准化技术委员会一届二次会议暨能源行业风电标准化工作会议，审定并发布了包括《大型风电场并网设计技术规范》在内的17项重要标准，涉及大型风电场并网、海上风电建设、风电机组状态监测、风电场电能质量、风电关键设备制造要求等当时风电产业发展急需的技术标准，建立健全了产品测试、标准化、认证和安全体系。在国家政策的支持下，风电领域标准体系不断完善，进一步填补了该领域的空白。推动了中国可再生能源的可持续发展，促进了中国风电行业积极参与国际竞争。

2010年年底，在国家海洋局的批准下，国家海洋技术中心挂牌成立了国家海洋局海洋可再生能源发展开发利用管理中心（简称海洋能管理中心），承担国家海洋能专项资金项目的日常管理等工作。自2012年起，国家海洋技术中心和海洋能管理中心主办的多届中国海洋可再生能源发展年会逐步成为国内海洋能领域最具影响力的专业交流沟通平台。2011年12月12日，全国海洋标准化技术委员会海洋观测及海洋能源开发利用分技术委员会（TC 283/SC 2，简称分标委）成立大会在天津召开。分标委由国家标准化管理委员会批准成立，参与了IEC/TC 114的海洋能标准制定工作，积极开展中国海洋能标准体系的研究以及海洋能国家标准与行业标准制修订等工作，发挥了标准的技术规范和支撑作用，推动了海洋能开发利用行业健康快速发展。2014年8月7日，全国海洋能转换设备标准化技术委员会（SAC/TC 546）成立，主要负责海洋能转换设备（包括波浪能、潮流能等水流能转换电能，不包括有坝潮汐发电）领域国家标准制修订工作，并积极参与国际标准的制定，充分利用在国际标准制定中的话语权，使国际标准充分体现中国的要求和意见，逐步实现国内标准与IEC标准一体化。

2013年3月，国家能源局成立了国家地热能源开发利用研究及应用技术推广中心，重点开展地热能源发展战略规划、关键技术研发、人才培养和国际交流等工作。主要任务是开展地热能源发展战略、规划、政策研究与制定，开展资源潜力评价与选区、资源勘查、新项目评估、地热钻井与成井、油田余热利用、浅层地热能热利用效率、地热发电和热能工程等核心技术研究，指导地热资源开发实践，解决地热开发利用各个环节生产技术难题。同时还开展地热资源勘查、钻井、发电、油田余热利用、热泵利用等技术的规范与标准建设，开发地热能信息监测体系，开展国际合作与人才培养。

第二节　风力发电的规模化发展与多能互补应用

在《可再生能源法》及一系列针对风电产业发展的配套政策支持下，中国风电产业实现飞跃式发展，取得了举世瞩目的成就。无论从风电应用规模上还是从产业链及整体技术发展角度，中国风电都已跻身世界前列。

2009年起，中国首次成为年新增风电装机容量最多的国家。到2010年年底，中国累计装机容量达到4473万千瓦，首次超过美国，跃居世界第一。中国累计安装风电机组34485台，累计装机容量447333万千瓦，形成了一批装机规模百万千瓦以上的风电基地，10个省（区）风电装机容量超过100万千瓦，内蒙古风电装机达到1000万千瓦以上。[1]风电在电力供应中逐步发挥作用，2014年，中国风电当年新增装机容量达1981万千瓦，新增装机容量创历史新高。[2]

随着风电产业整体体量的不断壮大，中国风电产业在快速发展过程中长期存在的问题逐渐凸显。一方面整机厂商及产业追求低价竞争，风力发电设备的可靠性和性能的重要性并没有被充分地重视，而由此引起的电站运营质量问题随着风电装机总量的增长逐渐暴露出来；另一方面，过快的装机增长同电网规划建设协同之间的矛盾日益加剧，建成电站并网难，运营电站电力输出消纳难的现象逐渐加重。在这样的背景下，整个行业悄然进入了新一轮的调整、重组和整合。电站业主在风力发电技术选择上更加的谨慎，制造厂商对于产品的可靠性、适应性及性能的重视程度也达到了一个新的高度。

为了解决风电项目建设同电网规划建设不协调的问题，百千万大规模风电基地建设拉开序幕，整体统筹，整体规划，整体建设运营，整体送出。一方面降低风力发电在开发、设计、采购、建设、运营、配套设施上的均摊成本，另一方面也更易于风力发电项目同电网部门协同提升电力送出消纳的效率。

中国风能资源丰富，但分布差异化非常明显，不同应用场景对风力发电技术的适应性要求不尽相同。2012年起，随着"三北"地区限电的日益严重，风电项目开发逐步向风资源相对较弱但消纳能力更强的华中、华东、华南地区发展，低风速风力发电技术需求日益增长。除此之外，市场对不同应用场景下风力发电机的适应性要求越来越明确。2013年11月，世界海拔最高风电场——龙源电力那曲风电场并网投产，拉开了高海拔地区风电开发的序幕。风力发电技术适应性的发展开辟了更广阔的风电应用市场。

随着可再生能源在全网占比的增加，电力送出和消纳问题成为全球主要电力市场共同面临的普遍难题。多能互补是缓解风电消纳的有效途径。为解决消纳问题，多元化消纳风力发电的试点工作逐步展开。2011年12月25日，国家首个风光储输示范工程一期在河北省张北县建成投运。随之而来的，风光储输、风电供热、风电制氢、风电海水淡化、风

---

[1] 《2010年中国风电装机容量统计》，国家能源局网站，2011年7月5日。
[2] 《国家能源局发布2014年风电产业监测情况》，国家能源局网站，2015年3月30日。

光互补项目如雨后春笋般应运而生。

一、河北张家口坝上百万千瓦级风电基地

2010 年，中国第一个百万千瓦级风电基地——张家口坝上风电基地建成投产。张家口市位于河北省西北部，阴山山脉横贯中部，将全市划分为坝上和坝下两个自然地理区域。坝上地区位于蒙古高原的东南侧，海拔高度为 1500～1600 米，为蒙古高原冷空气进入华北平原的主要气流通道。根据国家坝上地区百万千瓦级风电基地规划，坝上地区风能储量为 1700 万千瓦，可开发量 700 万千瓦，占全市风能资源的 90%。据测风点测试，10 米高度年平均风速为 6.3～8 米/秒，10 米高度平均风功率密度 210～480 瓦/米^2。同时，张家口地处京津唐地区的电力负荷中心，交通条件优越，风电场所在地大多为山坡或荒地，风电开发前景广阔。

为有力地推进张家口坝上地区百万千瓦级风电示范基地的建设进程，2005—2007 年，国家发展改革委多次召开示范基地工作会议。2005 年 10 月 15 日，国家发展改革委能源局组织有关部门在尚义县召开了坝上百万千瓦风电示范基地工作会议，提出了基地建设的原则；2006 年 9 月，经公开招标，确定了张北单晶河 20 万千瓦风电场开发权和设备中标单位；2007 年 4 月 29 日，张北单晶河风电特许权项目开工建设；2007 年 6 月 13 日，国家发展改革委批复了河北省发展改革委上报的张家口坝上地区百万千瓦级风电基地开发方案；2007 年 6 月 29 日，国家发展改革委在北京召开张家口坝上百万千瓦风电基地推进工作会议，坝上地区第一个百万千瓦级风电基地建设正式启动；2009 年 1 月 18 日，国家能源局批复了张家口坝上地区百万千瓦级风电基地二期开发方案。张北单晶河风电场、张北绿脑包风电场、尚义七甲山风电场、康保牧场风电场、沽源东辛营风电场和察北管理区白塔风电场等 6 个 20 万千瓦风电场作为风电基地首期开发场址，2010 年全部投产发电。

张家口坝上风电基地是中国首个百万千瓦级风电示范基地，基地的建设标志着中国风电进入集约化规模化发展阶段。该基地有力促进了风机设备国产化进程，用规模化的方式降低了风力发电成本，为后来的百万千瓦级风电基地的开发提供了实践经验和示范案例，同时也对培育中国的风电设备制造能力，促进风电的产业化起到现实推动作用。

二、甘肃酒泉千万千瓦级风电基地

酒泉市地处甘肃省河西走廊西端，祁连山和马鬃山南北相望，特殊的地理环境和地形及季风的影响，使酒泉蕴藏着丰富的风能资源，在国家风能资源区划中被确定为风能资源丰富区。酒泉风能资源具有气候条件好、风场面积大、土地成本低、不占耕地、没有移民安置问题、交通运输便利、区域地质条件好等优势和特点，具有开发建设大型风电场的优越条件。

2007 年 11 月底，国家发展改革委同意开展酒泉千万千瓦级风电基地及配套电网工程前期工作。由此，酒泉拉开了建设中国首个千万千瓦级风电基地的序幕。

2008 年 4 月，国家发展改革委委托水电水利规划设计总院组织审查通过了酒泉千

万千瓦级风电基地规划报告。2009 年 8 月 8 日，中国首座千万千瓦级风电基地一期 380 万千瓦工程正式开工；2010 年 11 月 3 日酒泉千万千瓦级风电基地一期工程竣工，累计装机容量达到 550 万千瓦。酒泉风电基地一期工程统一招标的 380 万千瓦风力发电机组，由大连华锐重工集团股份有限公司、东方汽轮机有限公司、金风科技、重庆海装风电工程技术有限公司分别中标 179 万千瓦、115 万千瓦、81 万千瓦和 5 万千瓦，共有 18 座 20 万千瓦和 2 座 10 万千瓦的风电场，电网接入系统规划 7 座 330 千伏升压站，各风电场以 35 千伏电压等级就近接入 330 千伏升压站，升压至 330 千伏电压等级后，由金昌—酒泉—瓜州 750 千伏输变电线路送出。酒泉风电基地二期工程 755 万千瓦风电项目于 2010 年 10 月通过预可行性研究评审，并在同年 11 月 3 日全面开工建设。

酒泉风电基地建设投产是中国规模化发展风力发电的进一步实践，对积累大型风电基地的建设和管理经验、促进中国风电产业健康发展起到推动作用，具有示范意义。

在千万千瓦级风电基地建设的带动下，中国风电装机规模快速扩大，培育形成了风电装备制造产业体系，成为当时增长率最高的新兴产业之一，为风电更大规模发展奠定了良好的产业基础。

三、陕西狼尔沟项目——迈出分布式风电第一步

2011 年 12 月，由华能新能源股份有限公司（简称华能新能源）投资建设的中国首个分布式风电项目华能定边狼尔沟一期 0.9 万千瓦分布式风电项目建成投运。

狼尔沟是一个位于陕西省定边县东南约 15 千米处的小村庄，海拔 1500～1600 米，地处黄土高原北部黄土低丘坡，当地年平均风速为 6.61 米/秒，平均风功率密度为 310 瓦/米^2。风资源条件较好，此前未开发大规模集中风电。运行电网为榆林地方电网，归陕西省地方电力（集团）有限公司❶所有，最大运行负荷约 35 万千瓦。2010 年 12 月 6 日，华能新能源狼尔沟分布式风力发电项目获得批准，2011 年 3 月 15 日一期工程开工建设，同年 12 月 10 日完工并网。建成后的狼尔沟风电场总装机容量 9000 千瓦，安装 6 台 1500 千瓦风机，年利用小时可达 1882 小时，执行风电电价 0.61 元/（千瓦·时）。

在风电场启动前，当地用户的接入线路供电方式为"330 千伏—110 千伏—10 千伏"三级降压，输送电力 300 千米后才能为用户供电。风电场建成后实现了 10 千伏的直达供应，最近的用户从电源点下降到 1.5 千米，线路损失从 17%下降到 7%。

四、河北张北风光储输示范工程

以风能、太阳能为代表的可再生能源有间歇性、波动性和分散性的特征，对电网稳定性带来挑战。可再生能源消纳是全球性的问题。缓解可再生能源消纳压力有多种解决方案，包含储能系统的可再生能源多能互补项目是途径之一。

---

❶ 榆林地方电网 2021 年 8 月起归国家电网陕西省电力公司所有。

2011 年 12 月 25 日，国家首个风光储输示范工程一期在河北省张北县建成投运。该工程位于河北省张家口市张北县境内，用地 7500 余亩，建设 50 万千瓦风电场，10 万千瓦光伏发电站和 11 万千瓦储能电站，配套建设一座 220 千伏智能变电站，总投资 32.26 亿元。该项目是包含了风力发电、太阳能光伏发电、储能和智能输电的新能源综合工程，采用了包括液流电池储能系统、超级电容、钛酸锂、胶体铅酸电池等多类型化学储能电站。

该项目是可再生能源电力平滑输出探索性示范，为进一步摸索包含储能系统的可再生能源多能互补项目的建设、运行管理经验，理解此类项目经济表现提供了实践平台和研究样本。

五、新疆吐鲁番风光互补电站

风力发电项目和太阳能光伏发电项目的共同特点之一是间歇性，即"有风的时候有电，有阳光的时候有电"。风光互补发电项目可以有效地降低电力能源流的间歇特性，节约输配电电网基础设施资源，降低电力输出综合成本。

2013 年 12 月 20 日，新疆特变电工新能源公司开发建设的吐鲁番 10 万千瓦国家级示范电站正式并网发电，成为中国首个十万千瓦级大型风光互补电站。风电场正常运行年上网电量为 9953.9 万千瓦·时，起到了风、光资源综合开发利用的良好示范作用。

项目选址位于新疆天山南麓、塔里木盆地北缘、吐鲁番盆地西部的戈壁荒漠，素有"三十里风区"之称的下游，三面环山，风能资源比较丰富。同时，这一地区属于中国日照资源二类地区，拥有较为丰富的太阳能资源，夏季日照达到全年最大值，这为在吐鲁番小草湖地区建设风光互补发电项目提供了基础资源条件。

鉴于风能和太阳能在季节上具有较强的互补性：春季风资源最丰富，风电在春季可以出力最大，光伏发电则在夏季出力最大，夏、冬季为新疆用电负荷高峰季节，风电和光伏发电的这种出力的季节性特点可以互补，弥补单一电源在季节上的出力不均等问题。

该项目应用了国家"863"项目"百兆瓦级光伏系统集成技术与关键设备研发"的科研成果，通过风能和太阳能发电系统的智能调节，可以弥补独立风力发电和太阳能光伏发电系统的不足，向电网提供更加稳定的电能。同时，对地面和高空的合理利用，充分发挥风、光资源的互补优势，实现自然资源最大限度地整合。项目共用一套送变电设备，降低工程造价和运营维护成本。项目为电站长期高效运行积累了实践经验，为风光互补电站建设和区域电网的发展提供了参考案例。

六、内蒙古扎鲁特旗风电供热项目

中国北部地区风能资源丰富，冬季夜间盛行风发电量大，随着北方地区风电开发规模的扩大，风电在冬季夜间与燃煤热电联产机组的运行出力矛盾日益突出，风电项目限产提产现象增加，形成了"弃风限电"问题，影响了风电项目的效益和节能减排效果。

中国"三北"地区，尤其是内蒙古、新疆、青海地区风能资源丰富，供冬季热需求量大且供热地点相对分散，适宜推广风电等可再生能源进行分布式供热并实现良好的经济效益和环境效益。

2011 年 7 月，大唐新能源公司在吉林省白城市洮南建设了一座供热面积为 16 万米^{2}的蓄热式电锅炉示范站，安装了 9 台 2000 千瓦的电锅炉，利用用电低谷时段的风电弃风电能进行加热和储热，在用电高峰时段，电锅炉停运，由储热系统进行供热，从而实现为居民供暖。该项目是中国首个风电供暖试点，为缓解"弃风"限电问题提供了新思路。

2013 年年初，国家能源局下发《关于做好风电清洁供暖工作的通知》（国能综新能〔2013〕63 号），鼓励新建建筑优先使用风电清洁供暖技术，支持利用风电清洁供暖技术替代已有的燃煤锅炉供热，力争用 2~3 年的时间使弃风限电问题明显好转。国网内蒙古东部电力有限公司（简称国网蒙东电力）由此开始探索风电供暖方式，并促成赤峰市林西县和通辽市扎鲁特旗两个旗县作为"风电供暖试点旗县"，启动风电供暖试点建设。

扎鲁特旗风电供热项目是当时国内风电供热面积最大的工程。2013 年 8 月 25 日，项目正式开工，总投资 1.75 亿元，建设热源点、管网、输电线路 3 部分，热源点共 3 处，满负荷运行用电量 7300 万千瓦·时，总蓄热能力 25.5 万吉焦耳，设计供热能力 46.7 万米^2，占鲁北镇主城区供热总面积 290 万米^2 的 16%。

2013 年 11 月 29 日，蒙东扎鲁特旗风电供热项目正式投入运行，为鲁北镇约 5 万余户居民提供清洁、稳定的风电供暖。

七、江苏大丰海水淡化示范项目

2012 年，国家发展改革委印发的《海水淡化产业发展"十二五"规划》（发改环资〔2012〕3867 号）提出：到 2015 年，海水淡化产能达到 220 万米^3/天以上，"十二五"期间海水淡化产业发展需投资 210 亿元。

海水淡化需要消耗大量的电能，近岸离岸海上风力发电需要花费巨大的输电成本，利用风电进行海水淡化将"输电变成运水"，既解决了海水淡化的用电问题，又解决了风电项目的输电问题，一举两得。然而技术和经济上的可行性需要示范性项目进行检验和探索。

2007 年，科技部"973"计划重点基础研究项目"非并网风电大规模用"对海水淡化工程和可再生能源电力联产联供的建设模式进行了积极的探索。2011 年，中国—加拿大政府国际科技合作项目风电海水淡化示范工程在江苏沿海建成，项目安装了日产 100 吨风电海水淡化装置和日产 120 米^{3}氢气的风电制氢系统。项目吨水能耗实现 3.6 千瓦·时。❶

2013 年 6 月，江苏大丰市 1 万吨非并网风电淡化海水示范项目动工。项目坐落于大

---

❶ 国家发展和改革委员会能源研究所：《中国战略性新兴产业研究与发展.风能》，机械工业出版社，2013 年 6 月，第 117 页。

丰港经济开发区的盐城风能与海水淡化产业示范园，用海面积 3000 亩，总投资 2.35 亿元，是中国首个日产百万吨级独立微电网海水淡化示范工程。2014 年 7 月，该项目首台生产线正式调试出水，日产直饮水 5000 吨。

该项目在离网的情况下，以 1 台 2500 千瓦的永磁直驱风电机组、3 组储能蓄电池及 1 台柴油发电机为主，形成微网供电系统，经协调控制，向海水淡化装置提供稳定的电能。这种技术集成可有效解决海岛等偏远地区的能源和淡水供应问题，为大规模的海水淡化供电问题提供新的解决可选方案。

八、河北沽源风电制氢综合利用示范项目

工业上生产氢气的方法有三类：第一类是水电解制氢，第二类是化石燃料转化制氢，第三类是其他含氢尾气变压吸附（PSA）或膜分离制氢。风电制氢可以有效地缓解电网负荷低谷时段的风电消纳压力。风电就近消纳制氢，也可以减少大规模风电传输对电网基础设施的需求与占用问题，同时促进氢能事业的发展和技术创新。利用风电制氢生产氢燃料，可以减少化石能源消耗，降低污染物排放。

2014 年 10 月，《国家能源局关于支持开展风电制氢技术示范的函》（国能新能〔2014〕479 号）发布，鼓励支持风电制氢，提高风电利用率。河北省沽源风电制氢综合利用示范项目位于张家口市境内，由河北建投新能源有限公司投资，与法国麦克菲（McPhy）、德国安控（ENCON. Europe Ltd.）等公司进行技术合作，引进德国风电制氢先进技术及设备，在沽源县新建 20 万千瓦容量风电场、1 万千瓦电解水制氢系统以及氢气综合利用系统。该项目依照河北省总体氢能产业规划进行建设，一部分氢气用于工业生产，降低工业制氢产业中煤炭、天然气等化石能源消耗量；另一部分用在氢能源动力汽车产业，支持了河北省清洁能源动力汽车产业的发展。

九、低风速型风机——安徽风电项目"零"的突破

中国"三北"地区在经历了风电大规模开发后，因电网送出和当地消纳困难，引发了较大规模的弃风限电现象，2009 年风电项目开发逐渐向限电不严重的内陆省份转移。适应低风速风况的风力发电技术需求陡增。

安徽是中国东部近海的内陆省份，地形呈现多样化。全省分为五个自然区域：淮北平原、江淮丘陵、皖西大别山区、沿江平原和皖南山区。在中国风能资源分布中，安徽被列为风能资源较差地区。2011 年以前，安徽风电还是"零"纪录。

2007 年上半年，皖能集团在滁州市来安县进行测风，到 2009 年上半年测风满两年，实测年平均风速不到 6 米/秒。2009 年 11 月，龙源电力与来安县签订《来安 20 万千瓦低风速风电项目开发协议》，首个低风速风电场的建设拉开了序幕。

2011 年 5 月 16 日，龙源来安风电场（20 万千瓦）项目竣工投产，中国首座大型低风速风电场正式建成投产，安徽省结束了无风电的历史。

来安风电场分为四期建设：第一期到三期选用了远景能源 EN-87/1500 千瓦低风速智

能风机，四期选用联合动力 1500 千瓦风机。总装机容量 20 万千瓦，安装了 165 台风力发电机组，共用一座 220 千伏升压站。四期工程于 2010 年 5 月陆续开工建设；9 月 19 日，第一台风机吊装完成；9 月 28 日，场内集电线路开工；11 月 16 日，升压站第一台主变压器安装就位。2011 年 1 月 6 日，升压站倒送电成功；5 月 16 日，全容量并网发电。来安风电场在建设过程中优化风电机组选型，统筹考虑低风速、大型风电场的尾流影响。设计选用八角形和圆形基础，降低了工程造价。该项目三项课题获得了中国电力建设企业协会颁发的质量控制成果奖，并大范围应用于低风速风电场建设过程中。

来安风电场建成后每年可向华东电网输送约 4.2 亿千瓦·时的电能，相当于节约标准煤约 14 万吨。来安风电场是中国内陆省份第一个低风速（设计年平均风速 5.7 米/秒）风电场，对进一步开发利用低风速地区风力资源起到积极促进作用。

十、高海拔型风机——西藏风电"零"的突破

高海拔地区空气密度低，日光中紫外线含量高，对风力发电设备抗老化能力和低空气密度下运转能力提出很高的要求。高海拔地区自然环境艰苦给风力发电场的工程建设和运营管理带了较大的挑战。由于以上原因，西藏自治区一直以来在风力发电项目领域处于空白状态。

2010 年 8 月，龙源电力所属中能公司在那曲县、安多县青藏公路附近各建一座 80 米高的测风塔，开启了建设高海拔风电场的序幕。

2011 年年底，西藏自治区发展改革委向国家能源局上报《那曲高海拔风电场项目建议书》，2012 年 3 月获得国家能源局的批准。龙源那曲高海拔试验风电场位于那曲地区那曲县❶，海拔 4700 米，占地约 312 亩，安装 33 台 1500 千瓦的风力发机组，装机容量 4.95 万千瓦，分为两期建设。2013 年 7 月通过评审，2013 年 7 月 6 日第一台风机吊装，2013 年 11 月 4 日龙源那曲风电项目首期 7500 千瓦顺利并网发电。

该项目是国家《"十二五"支持西藏经济社会发展建设项目规划方案》确定的重点能源项目。项目的投产缓解了西藏北部那曲地区的电力短缺问题，实现了西藏风力发电项目的"零"突破，至此中国全部省份都拥有了风力发电项目。项目还创造了风力发电项目最高海拔（4700 米）建设的世界纪录。

十一、国产化大功率风力发电机技术取得进展

20 世纪 50 年代，中国安装过一些功率 10 千瓦以下、叶轮直径 10 米以下的小型风力发电装置。80 年代，通过国家科技项目，中国陆续支持研制过离网型风电机组和并网型风电机组，单机容量从 15 千瓦到 200 千瓦。"九五"和"十五"期间，中国政府组织实施"乘风计划"、国家科技攻关计划，以及国债项目和风电特许权项目，支持建立了首批 6 家风电整机制造企业，对国际先进风电技术进行了引进和消化。部分企业掌握了 600 千瓦

---

❶ 2017 年 10 月，经国务院批准，撤销那曲地区和那曲县，设立地级那曲市和色尼区。

和 750 千瓦单机容量定桨距风电机组的总装技术和关键部件设计制造技术，初步掌握了定桨距机组总体设计技术，实现了规模化生产，产业化发展迈出了第一步。进入 21 世纪，中国风力发电技术迎头赶上："十五"期间，通过对国家"863"计划"兆瓦级变速恒频风电机组"重大招标项目的支持，中国完成了具有完全自主知识产权的 1000 千瓦双馈式变速恒频风电机组和 1200 千瓦直驱式变速恒频风电机组的研制，并于 2005 年并网发电，实现了兆瓦级变速恒频风电机组从无到有的重大突破，标志着中国风电技术跨入兆瓦级时代。

风力发电机组大型化是风力发电技术的发展趋势。大功率风力发电机组更充分地利用了项目所在地风力资源，降低均摊设备、建设、运维成本，从而进一步降低风力发电项目的发电成本。在风电机组整机产业快速发展的带动，以及风电装备国产化率政策的引导下，中国风电企业、零部件制造业逐渐壮大，生产供应系统日益健全，大型风电机组关键零部件制造水平有了较大提升，产品性能明显改善。

上海电气 3600 千瓦、湘电风能 5000 千瓦、东方电气 5500 千瓦、海装风电 5000 千瓦、太原重工 5000 千瓦等海上风电机组陆续下线安装。国产化大功率风力发电机技术不断取得突破。

2011 年 12 月 25 日，由国电联合动力技术有限公司研发的具有完全自主知识产权的 6000 千瓦海上风力发电机组在国电联合动力技术（连云港）有限公司成功下线。6000 千瓦风力发电机组是当时国内单机功率最大的风力发电机组。

国电联合动力技术有限公司 6000 千瓦产品是在消化原有陆上风机技术的基础上自主设计研发的变速变桨恒频双馈海上风力发电机组。该机型应用场景以海上工况为主，也可应用于陆地及潮间带环境，风资源适应能力强。轮毂高度 95 米，主机舱质量约 230 吨，叶片长度为 66.5 米，扫风面积为 14 519 米^2。

中国拥有丰富的海上风能资源，近海地区经济发达、用电需求大，大力发展海上风电项目既能实现良好的经济效益，又可以满足当地较高的用电需求。6000 千瓦风力发电机组的研制成果，是国产风力发电技术大型化取得的又一进展。

十二、龙源电力在香港上市

随着中国国有企业混合所有制改革的不断推进，国有企业分拆上市引起了社会各界的关注。国有企业响应国家号召，贯彻落实国家指导意见，将下属子公司或子业务板块进行分拆上市。企业可以通过分拆上市满足母子公司的融资需求，实现改善激励机制、完善公司治理结构等目标。香港是全球的金融中心之一，港交所对拟上市企业经营状况和业绩有着较高业绩要求，是内地企业赴香港上市的一大挑战。

随着《可再生能源法》的施行以及配套政策法规的出台，中国风电产业迎来了产业发展的黄金时期。在这样的大背景下，龙源电力抓住时机获得了大量的优质风电项目资产，为公司成功赴港上市奠定基础。

2001 年，龙源电力提出"稳定基础，两翼齐飞"的企业发展战略。2002 年年底，电力体制改革后，龙源电力成为中国国电的全资控股公司。2003 年，龙源电力首次提出"加快开发可再生能源发电，建设国内一流可再生能源发电集团"的战略规划目标。

中国国电作为中国五大发电集团之一，担负着中央企业履行社会责任的重大使命，长期以来重视发展水电、风电等清洁能源，具备了风电设备产业制造能力。中国国电提出了大力发展新能源，建设节能环保的燃煤电厂，增加可再生能源的比重，着力发展风能、太阳能等可再生能源的目标。

2006 年，龙源电力开始谋划上市。2009 年 7 月，龙源电力集团股份有限公司正式成立。2009 年 12 月 10 日，龙源电力香港 H 股（00916.HK）上市交易，发行规模达 201.09 亿港元（行使绿鞋，超额配售选择权后），公司总市值约为 78.59 亿美元。龙源电力上市规模和定价在当时创造了多项纪录。

龙源电力分拆上市，为其他电力企业分拆上市提供了可借鉴的成功案例。2011 年 6 月 10 日华能新能源上市，2011 年 11 月 24 日大唐新能源上市，2014 年 10 月 3 日中广核新能源上市。

由于占资比例大，可再生能源发展需要多元化资本支持。中国可再生能源企业接连在香港上市，一方面说明资本市场对中国可再生能源发展政策和未来发展趋势的认可，另一方面也为可再生能源企业募资开拓了新的融资渠道，为可再生能源产业发展注入了新的活力。

第三节　"多管齐下"缓解限电问题对风力发电发展的影响

随着中国持续快速增加的风电装机，电网消纳的压力不断加大，电力配套设施规划、改造、升级短时内无法满足风电增长的需求，"弃风限电"现象愈演愈烈，成为影响风电产业健康发展的重大因素。

"弃风限电"问题是一个综合的、复杂的、全球性的问题，是任何电力市场在经历风电产业快速发展过程中的必然经历，是一个局部的、动态发展的、不断演化的现象，是需要多方协调努力才能得到有效解决的问题。解决"弃风限电"问题，不可能仅通过提升电网消纳能力彻底解决这个问题。这样既需要付出巨大的经济代价，占用过多的社会资源，也会让风电产业背离绿色环保经济可持续发展的初衷。

在这样的背景下，2009 年修订后的《可再生能源法》适时将可再生能源发电"全额收购"更改为"全额保障性"收购，进一步明确了关于可再生能源消纳的责任和义务问题。新修订的《可再生能源法》实施后，电网企业不再"有义务，无条件"地"全额收购"可再生能源，而是"全额保障性"收购，在保证可再生能源资产的基本收益的同时，通过市场的手段解决可再生能源消纳问题的总体思路浮出水面。

短时期内，局部地区"弃风限电"现象加剧，这是新政策实施的阵痛，有利于再生能源产业健康发展。2009 年风电装机并网比例最高的内蒙古自治区发生了较大规模的"弃风限电"现象，2010 年"三北"地区多个省份大规模"弃风"，2011 年全面共"弃风"电量 100 亿千瓦·时，"三北"地区平均"弃风"比例高达 16%。

国家能源主管部门对"弃风限电"现象高度重视，在下放风电核准权限的同时，初步建立了中国风电产业监测和评价体系，针对性地控制了局部地区"弃风限电"的程度，该现象总体上有所缓解。

为了应对日趋严峻的"弃风限电"形势，加强风电项目管理，规范风电的产业发展和保障并网运行，2011 年 8 月 25 日国家能源局下发《风电开发建设管理暂行办法》（国能新能〔2011〕285 号），2012 年 2 月国家能源局下发《关于规范风电开发建设管理有关要求的通知》（国能新能〔2012〕47 号），同年 4 月国家能源局下发《关于加强风电并网和消纳工作有关要求的通知》（国能新能〔2012〕135 号）。2014 年 1 月国家能源局下发《关于加强风电项目核准计划管理有关工作的通知》（国能新能〔2014〕24 号），合理确定风电项目核准，合理确定风电消纳范围，缓解弃风弃电问题。

一系列的政策"组合拳"稳住了风力发电产业的健康发展态势：可再生能源电力配额及全额保障性收购等管理办法的完善及实施，为进一步降低风力发电成本创造了条件；可再生能源发电工程质量监督管理办法的完善，规范了风电开发秩序，保障了工程建设质量，确定了风电消纳的合理范围，"弃风限电"现象得到缓解。

一、风力发电项目有序分批建设

为认真做好风电产业发展工作，促进能源结构调整，推动能源生产和消费革命，各地根据《政府核准投资项目管理办法》和《国家能源局关于加强和完善风电项目开发建设管理有关要求的通知》的要求，统筹考虑风能资源、电力市场及各地区发展状况。

2011 年，国家能源局下达《关于"十二五"第一批拟核准风电项目计划安排的通知》（国能新能〔2011〕200 号），安排拟核准风电项目总计 2883 万千瓦。2012 年 3 月 19 日，国家能源局发布《关于印发"十二五"第二批风电项目核准计划的通知》（国能新能〔2012〕82 号），风电核准规模为 1676 万千瓦。从区域分布来看，"三北"地区拟核准规模得到了较合理控制。2013 年 3 月 11 日，国家能源局下发《关于印发"十二五"第三批风电项目核准计划的通知》，总装机容量 2797 万千瓦，共 491 个项目。此外，安排促进风电并网运行和消纳示范项目 4 个，总装机容量 75 万千瓦。

为了解决风电项目快速增长导致的严重"弃风限电"问题，国家层面要求各省（区、市）发展改革委（能源局）加强组织协调，认真落实项目建设条件，特别是电网接入条件和消纳市场，督促项目建设单位深化前期工作，待各项建设条件落实后，按风电项目核准权限规定核准建设。要求各电网公司积极配合做好列入核准计划风电项目的配套电网建设工作，落实电网接入和消纳市场，及时办理并网支持性文件，加快配套电网送出工程建设，确保风电项目建设与配套电网同步投产和运行。

为了避免风电项目无序开发，造成电网消纳能力同区域风力发电项目发电能力不协调的现象，进而引发弃风限电问题，2012 年 12 月 20 日，国家发展改革委批复了 4 个风电项目。这 4 个风电项目总投资达到 572 亿元，总装机规模累计 680.8 万千瓦。分别为：甘肃酒泉千万千瓦级风电基地二期第一批项目，投资为 241.96 亿元，总规模为 300 万千瓦，共计 8 个风电场；内蒙古包头市达茂旗百万千瓦级风电基地巴音 1～7 号风电项目，总投资 135.87 亿元，总规模为 140.25 万千瓦，共计 7 个风电场；内蒙古大唐赤峰罕山风电工程项目，总投资 32.32 亿元，总规模为 40.05 万千瓦；新疆哈密东南风区风电项目，总投资 161.83 亿元，总规模 200.5 万千瓦，共计 10 个风电场。

二、风力发电项目并网政策进一步明确

可再生能源电力消纳是一个全球性的问题，在中国可再生能源迅猛发展的大背景下，消纳问题变得较为突出。"弃风弃光"问题产生原因包括电力系统调峰与外送能力不足，省间与电网经营区间的壁垒，以及市场机制仍不健全等。党中央、国务院就解决可再生能源"三弃问题"[1] 做出多次重要指示和部署。通过对可再生能源能源消纳问题进行深入研究，剖析问题本因，提出了促进可再生能源电力消纳的针对性建议与措施，保证行业高质量健康的发展。

2009 年 6 月，全国人大启动了《可再生能源法》的修订工作。新修订的《可再生能源法》于当年 12 月 26 日获得通过，自 2010 年 4 月 1 日起实施。其中最为显著的特征是将原先的"全额收购"改为"全额保障性收购"制度，通过市场化手段解决可再生能源消纳问题的构想浮出水面。

为进一步解决并网消纳问题，2013 年 2 月，国家能源局下发《关于做好 2013 年风电并网和消纳有关工作的通知》（国能新能〔2013〕65 号）。要求此后政府相关部门将治理"弃风限电"当成以后每年的重点事项，国家能源局每年都发布做好风电消纳工作的通知，并将之作为一项年度工作。2013 年的六项措施基本上从前一年的"认真分析风电限电原因"过渡到实际的措施。该文件要求加快张家口地区与京津唐电网和河北南网的输电通道建设，重点解决内蒙古兴安盟和呼伦贝尔市风电并网难题，吉林则有效深挖调度潜力等。此外，除了强调推动分散风能资源的开发建设，风电基地配套送出通道建设被安排为 2014 年的突出重点工作。

根据国家能源局公布的 2013 年度各省（区、市）风电年平均利用小时数，中国风电并网和消纳取得成效，严重的弃风限电问题得到缓解。中国除河北省张家口地区外，内蒙古、吉林、甘肃酒泉等弃风严重地区的限电比例均有所下降，中国风电发电项目可利用小时数[2] 同比增长 180 小时左右，弃风电量同比下降约 50 亿千瓦·时。可再生能源消纳问题是一个动态发展的问题，既要解决遗留的限电问题，又要解决新建项目的消纳问题。通过政策调控虽然弃风问题有所缓解，但局部地区弃风问题仍然对风电产业健康发展造成了

---

[1] "三弃问题"通常指因为电网消纳能力等限制因素导致对水电、风电、光电项目限制出力，造成可再生能源电力弃用浪费，影响可再生能源电力项目收益的问题。

[2] 可利用小时数是一种电力行业衡量电站发电能力的常用指标，指电站年发电量折合电站全年满负荷运转了多少小时，用电站年发电量除以电站装机容量计算得来。

挑战。2014年3月12日，《国家能源局关于做好2014年风电并网消纳工作的通知》（国能新能〔2014〕136号）发布，对做好2014年风电并网和消纳工作提出六方面要求：一是充分认识风电消纳的重要性；二是着力保障重点地区的风电消纳；三是加强风电基地配套送出通道建设；四是大力推动分散风能资源的开发建设；五是优化风电并网运行和调度管理；六是做好风电并网服务。通知特别强调，国家能源局将按照"加强事中和事后监管"的要求，监测各省（区、市）风电并网运行和市场消纳情况，及时向社会公布情况，并以此作为风电行业宏观管理的依据。

2014年4月18日，国务院总理李克强主持召开国家能源委员会会议，研究讨论了能源发展中的相关战略问题和重大项目，并表示要加强风能、太阳能发电基地和配套电力送出工程建设；要发展远距离大容量输电技术，2014年要按规划开工建设一批采用特高压和常规技术的"西电东送"输电通道，优化资源配置，促进降耗增效。

2014年6月，国务院下发《能源发展战略行动计划（2014—2020年）》，明确提出按照输出与就地消纳利用并重、集中式与分布式发展并举的原则，大力发展可再生能源。到2020年，非化石能源占一次能源消费比重达到15%。切实缓解弃风、弃光问题，重点规划建设9个大型现代风电基地以及配套送出工程的总体目标和规划。

随着政府相关部门将并网消纳作为每年的年度工作，风电的并网消纳问题得到了进一步的缓解，促进了风电产业体系的健康有序发展。

三、两大电网公司新能源并网工作规范发布

《可再生能源法》颁布后，风电、光伏发电等产业快速发展，市场经济逐步提高，逐步由"补充能源"向"替代能源"转变。局部地区因为风力发电、光伏发电项目的规模增长过快，引发了发电侧大规模风电、光伏发电项目发电能力同电网外送消纳能力不协调的现象，进而引起了弃风、弃光限电的问题，对可再生能源产业健康发展形成了挑战。为缓解弃风、弃光限电现象，国家电网公司、南方电网公司从多个角度加大了规划管理疏导力度，力图解决可再生能源消纳困难的难题，做好分布式电源的并网服务工作就是举措之一。

为了认真贯彻落实国家能源发展战略，积极支持分布式电源发展，国家电网公司依据《电力法》《可再生能源法》等法律法规以及有关规程规定，按照优化并网流程、简化并网手续、提高服务效率原则，于2013年2月27日发布了《关于做好分布式电源并网服务工作的意见》。该意见中所称分布式电源，是指位于用户附近，所发电能就能就地利用，主要包括太阳能、天然气、生物质能、风能、地热能、海洋能等类型。意见明确了电网公司为分布式电源项目接入电网提供便利条件，为接入系统工程建设开辟绿色通道。接入公共电网的分布式电源项目，其接入系统工程（含通信专网）以及接入引起的公共电网改造部分由电网公司投资建设；分布式光伏发电、风电项目不收取系统备用容量费。

2013年8月，为贯彻落实国家能源发展战略和国务院有关促进光伏产业健康发展的文件精神，进一步支持和促进新能源有序协调发展，南方电网公司制定了《关于进一步支

持光伏等新能源发展的指导意见》，就利用太阳能、风能、生物质能、地热能和海洋能发电的新能源项目的并网服务、购售电服务、调度管理等作出了一系列明确的规定。2014年起，南方电网公司先后制定了《新能源管理办法》《关于落实可再生能源发展"十三五"规划的实施意见》《新能源并网调度运行技术标准体系》等系列文件，对促进南方区域新能源发展、消纳、接入等作了进一步详细的规范和明确。

分布式风力发电环境适应性强。无论是高原、山地，还是海岛（礁）、极地、边远地区，只要风能达到一定的条件，都可以正常地运行，为电力用户直接供电。离网型分布式风力发电项目可有效解决边远地区用电难的问题，为中国提供了一种新的供电模式。

两大电网公司制定的相关政策推进了国内可再生能源产业和分布式电力市场的发展，促进了中国风能产业战略发展，为缓解弃风、弃光限电问题开拓了新思路。

第四节 海上风电开始布局建设

相较于对土地占用的要求，海上风力发电项目少占或不占陆地资源。尤其对于中国人口众多、土地资源有限的基本国情，大力发展海上风力发电，是减少可再生能源项目占用土地资源的有效途径。另外，我国东部沿海地区人口密集、经济发达、电力消费旺盛，但电力较多地依赖于外输，电力成本高，发展海上风力发电还能解决能源消费地理上供需不平衡的问题。

但是，海上风电项目施工建设运营场景明显有别于陆上风电，对风力风电设备的性能、可靠性、适应性以及可部署性提出了更高的要求，对包括基础设施及电站配套设施建设的工程技术及能力有着更加严苛的要求。这是对风力发电产业的全新挑战。

海上风电技术是风电技术领域的前沿阵地和难度制高点，是全球主要风电市场重点的发展方向，也是中国战略性新兴产业的重要内容。中国可供开发的海上风能资源丰富，场址靠近负荷中心。海上风电的开发利用不仅是风电产业向纵深发展的关键一环，也是带动中国相关海洋产业协调发展的有效途径，具有重要的战略意义。

"十一五"期间，中国探索性地研究了海上风电开发的可行性，大规模发展商业化海上风电项目的条件已经具备。2009年6月2日，国家能源局在江苏省南通市组织召开海上风电开发建设协调会。会议提出要努力将沿海风能资源优势转变成能源优势、经济优势，科学规划、合理布局，切实加强海上风电开发的基础研究工作，尽快启动潮间带风电的建设工作，将确定3~4家有实力、有信心的风电企业建设海上风电开发的示范项目，并建立竞争机制，以此加快推进海上风电的标准化建设工作和技术进步，国家能源局将积极提供支持和政策扶持。同年9月4日中国首座海上风电场上海东海大桥风电场首批3台机组正式并网发电。海上风电大规模开发建设拉开了序幕。截至2014年年底，中国海上风电累计核准规模308万千瓦。其中，江苏省因地理、经济条件的优势成为这一阶段"海上风电开发第一大省"，海上风电核准项目占中国海上风电全部核准规模的 61%。

中国海域广阔，拥有 1.8 万千米的大陆海岸线与 1.4 万千米的岛屿海岸线，领海面积达 300 万千米²。受东亚季风气候的影响，中国沿海地区风能资源非常丰富，而且沿海地区经济发展水平高、电力需求大、电网基础好，有利于风电并网。中国海上风电起步虽然落后于欧美主要风电市场，但依靠成熟可靠的成套风力发电技术，海上风电无疑有着巨大的经济开发价值和无比广阔的发展空间。

一、海上风电开发和建设规范出台

国家发展改革委于 2005 年在《可再生能源产业发展指导目录》中，收入了近海并网风电的技术研发项目。2008 年 3 月 18 日，《可再生能源发展"十一五"规划》发布，提出主要在江苏、上海海域和浙江、广东沿海，探索近海风电开发的经验，努力实现百万千瓦级海上风电基地的目标。

2009 年 4 月，国家能源局发布《海上风电场工程规划工作大纲》（国能新能〔2009〕130 号）。大纲提出了以资源定规划、以规划定项目的原则，要求对沿海地区风能资源进行全面分析，初步提出具备风能开发价值的滩涂风电场、近海风电场范围及可装机容量，这意味着中国海上风资源评估和规划工作正式开始。2010 年 1 月 5 日，中国气象局公布中国风能资源详查和评价阶段性成果：中国陆上离地面 50 米高度达到 3 级以上风能资源的潜在开发量约 23.8 亿千瓦；5～25 米水深线以内近海区域、海平面高度 50 米可装机容量约 2 亿千瓦。

2010 年 1 月，国家能源局在 2010 年能源工作总体要求和任务中指出"海上风电要开展起来"。1 月 22 日，国家能源局、国家海洋局联合下发《海上风电开发建设管理暂行办法》，规范了海上风电建设，并规定海上风电发展规划编制、海上风电项目授权、海域使用申请审批和海洋环境保护、项目核准、施工竣工验收和运行信息管理等各个环节的程序和要求，要求各地申报海上风电特许权招标项目，这标志中国首轮海上风电特许权招标启动。办法同时规定了沿海各省（区、市）能源主管部门在国家能源主管部门指导下，负责本地区海上风电开发建设管理。海上风电技术委托中国风电建设技术归口管理单位负责管理。该办法为中国海上风电起步较晚，国产化海上风力发电技术不成熟、建设经验不足，发电成本较高、缺乏总体规划等问题提出了指导方针。

2010 年后，由于新建海上风电项目大多选址在中国近海海域和潮间带区域，单个风电场规划体量及场址面积偏大，加之海上风电项目不断增加，海上风电项目同其他领域用海矛盾日渐突出，海洋主管部门综合协调海洋开发利用的任务和难度加大，海上风电项目开发企业也面临更大的投资风险。

2011 年 7 月 15 日，国家能源局和国家海洋局印发了《海上风电开发建设管理暂行办法实施细则》。该细则是为了做好海上风电开发建设工作，促进海上风电健康有序发展而制定的补充性实施细则，旨在为新建海上风电项目全生命周期规划、管理提供全面的指导和依据，引导海上风电项目有序、环保、健康开发建设运营。《海上风电开发建设管理暂行办法实施细则》以《海上风电开发建设管理暂行办法》为依据，重点明确了海上风电规划和项目建设的具体程序和管理要求，力求使各级相关管理部门和企业在项目开发建设过程中，在管理职责、要求和工作程序上更为清晰，推动海上风电行业健康有序发展。此细则共有 21 条，适用于海上风电项目前期、项目核准、工程建设与运行管理等海上风电开发建设管理工作，对海上风电规划的编制与审查、海上风电项目预可行性研究和可行性研究阶段的工作内容和程序、建设运行管理中的要求等作了具体规定，同时强调海上风电规划应与中国可再生能源发展规划相一致，符合海洋功能区划、海岛保护规划以及海洋环境保护规划。细则要求坚持节约和集约用海原则，编制环境评价篇章，避免对国防安全、海上交通安全等的影响；明确了行政管理单位在项目规划、审批、建设、管理上的职责；强调了海上风电场环保、生态、文物保护等方面的要求；明确了"海上风电场建设要向深水离岸布局"的发展方向，这有利于进一步降低海上风电场建设对海洋环境的影响，规避行业用海矛盾；对海上测风塔建设、海底电缆路由勘测和铺设施工等管理提出要求，并强调加强海洋环境保护和监督检查。

2013 年 5 月，国家能源局下发《关于做好海上风电开发建设管理工作有关事项的通知》（国能新能〔2013〕521 号），进一步优化完善了海上风电开发建设规范。

二、亚洲首座海上风电场——上海东海大桥风电场并网发电

2009 年 9 月 4 日，中国首座，同时也是亚洲首座海上风力发电场——上海东海大桥风电场首批 3 台机组正式并网发电，标志着中国海上风力发电产业迈出了第一步。2010 年 7 月初，该风电场实现全容量并网发电。

上海东海大桥 10 万千瓦海上风电示范项目是国家级示范项目和上海市重点工程。项目位于上海东海大桥东侧 1～4 千米、浦东新区岸线以南 8～13 千米的上海市海域，风电场平均水深 10 米，90 米高度年平均风速 7.7 米/秒，是国家发展改革委在 2008 年 5 月核准的中国第一个大型海上风电项目。由中国大唐集团公司、上海绿色环保能源有限公司、中广核风力发电有限公司和中电国际新能源控股有限公司共同出资组建，上海东海风力发电有限公司负责该项目的投资开发和运营管理工作。该项目总投资 23.65 亿元，选用了中国自主研发，当时国内单机功率最大的 3000 千瓦离岸型风电机组，风机轮毂高 90 米、叶轮直径 91.5 米，采用三叶片、水平轴、上风向的结构形式，采用了电动独立变桨、变速和双馈电机等主流风电技术，为了增加风力发电机系统在离岸工况下的适应性和可靠性，风电设备采取了有效的防腐蚀措施，并提高了冗余设计。

东海大桥海上风电场在中国风电场建设史上创造了多个"首次"：首次在国内采用自主研发的 3000 千瓦离岸型风电机组；首次在国内采用海上风机整体吊装工艺，缩短了海上施工周期；全球首次使用高桩承台基础设计，解决了高耸风机承载、抗拔、水平移位的技术挑战。

东海大桥海上风电项目的建设投产，为中国产业链掌握海上风电的工程建设技术提供了真实案例，让中国跻身世界少数几个掌握成套大功率风力发电机组装备制造技术的国家

行列。东海大桥海上风电项目为进一步发展中国海上风电场的设备制造、设计、施工、管理等提供了工程样本，积累了工程经验。

上海东海大桥海上风电场是上海市打造绿色能源概念，为世博会献礼的项目，但由于工程总体造价高，项目未能获得预期的经济效益。此时，以德国、英国、丹麦为代表的欧洲国家已率先进入海上风电场的规模开发。中国与之相比，在海上风电技术及海上风电站建设运营经验方面存在较大的差距。

三、海上潮间带试验示范项目开工建设

中国江苏东部，濒临黄海，南通至连云港海岸线全长 954 千米。风能资源丰富，沿海滩涂和近海面积广阔，是发展海上风电的理想之地。潮间带❶风电项目在中国海上风电项目中占据了主流地位。中国潮间带风电资源主要分布在江苏等少数几个沿海省份，平均风速可达 6～7 米/秒，风资源可利用价值大。潮间带因涨潮受淹、退潮露滩的特点导致常规施工方案难以实施，建设潮间带风电场存在挑战。

在此背景下，龙源电力集团制定了"先小规模试验，再中等规模示范，最后大规模开发"的"三步走"战略，从潮间带起步，由近及远逐步向近海延伸，迈出了中国潮间带海上风电项目开发的第一步。2009 年 6 月，如东海上（潮间带）3.2 万千瓦全球首座海上试验风电场开始建设。2010 年 9 月 28 日，该项目全部竣工并网发电，实现了全球海上（潮间带）风电场零的突破。项目位于如东环港外滩离岸 3～7 千米的潮间带区域，总装机容量 3.2 万千瓦，总投资约 5 亿元，首批 2 台机组选用了广东明阳风电集团海上型 1500 千瓦风机。项目共包括 9 种机型、8 家制造商。2011 年 6 月，如东海上（潮间带）15 万千瓦示范项目开工，安装了华锐风电 3000 千瓦、西门子（上海电气）2830 千瓦和金风科技 2000 千瓦风机。项目首次采用了无过渡段单桩施工，于 2012 年 9 月投产发电。2012 年 9 月，如东海上（潮间带）15 万千瓦示范项目扩容（5 万千瓦）工程开工，安装了金风科技 20 台 2500 千瓦改进型风机，2013 年 1 月项目建成发电。

2011 年 6 月，如东海上 5 万千瓦大型机组试验项目开工，2014 年 11 月竣工。项目安装了中国海装 5000 千瓦、东方风电 5000 千瓦、明阳智能 6000 千瓦和远景能源 4000 千瓦风机。2014 年 6 月，如东海上（潮间带）20 万千瓦示范扩建项目开工，2015 年 7 月投产。安装了远景能源 4000 千瓦、西门子（上海电气）4000 千瓦风机，首次采用了浮态导管架打桩施工和单叶片吊装。

上述 5 个项目实施起到了产业链节点试验与示范作用，促进了整个行业对中国潮间带风力发电项目施工装备、作业方式、基础形式、机组运维的理解与经验积累，降低了风电场千瓦❷造价成本。试验海上风电场的建设，为中国积累成套风力发电设备制造和安装建设经验提供了试验平台，对后来的中国开发海上风电项目过程中涉及的风资源评估选址、

---

❶ 潮间带是指平均最高潮位和最低潮位间的海岸，也就是，从海水涨至最高时所淹没的地方开始，到潮水退到最低时露出的水面，之间的范围。

❷ 风力发电场通常以每千瓦装机容量价格衡量建设成本。

规划设计、施工建设、运行维护等工作具有积极的指导示范意义，实现了预期的经济效益和社会价值。

四、海上风电项目的特许权招标

为促进风电市场的规模化发展，自 2003 年开始，中国政府对 5 万千瓦以上的大型风电场实行特许经营权的形式。经过 4 轮特许权招标，2006 年 1 月 1 日起，《可再生能源法》实施，配套管理办法也陆续出台。这一系列政策的鼓励和支持进一步促进了风力发电的发展，风能发电装机容量占可再生能源发电装机容量（包含水电）的比重从 2003 年的 1.76% 上涨至 2009 年的 17.32%。

但是陆上风能资源是有限的，开发陆上风电项目需要占用土地资源，对电网消纳能力也是新的挑战，开辟风力发电应用的新疆域成为迫在眉睫的需求。随着风电产业的发展整合，中国近海风电资源丰富，且主要分布于地处经济发达地区，电力消费需求旺盛，电力消费成本较高，整体风机技术和项目建设能力提升，发展海上风电具备了基本的条件。在这样的背景下，逐步有序开发海上风电资源从自然资源、经济效益、技术条件等角度成为切实可行且迫在眉睫的需求。

国家能源局、国家海洋局 2010 年 2 月联合下发《海上风电开发建设管理暂行办法》，规范海上风电建设，引导海上风电健康、持续发展，标志着中国海上风电特许权招标正式启动。自此，海上风电市场发展进入运转轨道。2010 年 5 月 18 日，国家海上风电特许权招标项目对外开标。特许权招标包括 4 个项目，均位于江苏省，分别为滨海海上风电场（30 万千瓦）、射阳海上风电场（30 万千瓦）、大丰潮间带风电场（20 万千瓦）和东台潮间带风电场（20 万千瓦），总装机容量 100 万千瓦。招标由风电项目投资主体捆绑特定的风机设备和施工企业组成投标体进行竞争性投标。这次风电特许权招标作为中国首批海上风电场示范项目的招标备受关注，多家国有企业及私营企业踊跃参与了投标，4 个项目的投标企业数量都在 15 家以上。最低投标上网电价低至 0.610 1 元/（千瓦·时），这一价格同同期陆上风电项目的上网标杆电价相当。由于低价中标的招投标造成应标标的过低，背离了能源经济规律，最终的中标电价并未采纳最低投标电价。2010 年 9 月，江苏海上风电特许权项目（100 万千瓦）成功招标，标志着中国海上风电建设已从试点阶段逐步进入推广阶段。

海上风电特许权招标项目并未像预想的那样为海上风电标杆电价的制定提供准确的依据。海上风电项目特许经营权出现低价竞争的现象，招标风电项目的经济效益无法得到保障，势必会对项目后期的建设和经营造成负面影响。为了避免恶性竞争，保证海上风电产业健康发展，完善海上风电指导电价成为那一时期的当务之急。2014 年 6 月，国家发展改革委下发《关于海上风电上网电价政策的通知》（发改价格〔2014〕1216 号）。通知规定，对非招标的海上风电项目，区分潮间带风电和近海风电两种类型确定上网电价。2017 年以前投运的潮间带风电项目含税上网电价为 0.75 元/（千瓦·时），近海风电项目含税上网电价为 0.85 元/（千瓦·时）。2017 年及以后投运的海上风电项目，将根据海上风电技术进步和项目建设成本变化,结合特许权招投标情况另行研究制定上网电价政策。鼓励通过特许权招标等市场竞争方式确定海上风电项目开发业主和上网电价,以促进技术进步。通过特许权招标确定业主的海上风电项目,其上网电价按照中标价格执行,但不得高于同类项目政府定价水平。

海上风电标杆电价的标准基本同市场预期一致,海上风电标杆电价出台后,海上风电项目的投资回报更加明确,提高了市场参与海上风电投资建设的积极性。

第五节　风能认证与风电国际合作

"十五"时期,虽然国产风力发电设备价格上较国外同类产品有竞争优势,但由于国内企业对国际风电设备认证体系理解有限,产品普遍没有获得完整的质量认证,市场认可度不高,造成国产风机销量不理想。

欧美国家建立了完善的风机认证体系,但在中国的电力部门配套设施条件以及风电项目对风力发电设备的普遍要求同欧美主要风电市场有较大的差别,建立符合中国国情和需求的风力发电技术评价体系成为保证风力发电产业健康发展的重要环节。

从 2004 年开始,中国逐步建立了风力发电机认证体系。2010 年,风力发电系统国家重点实验室、海上风力发电技术与检测国家重点实验室相继成立,中国船级社（CCS）获得中国合格评定国家认可委员会（CNAS）产品领域的认可证书;2013 年,中国电力科学研究院获得国际风电检测机构组织 MEASNET（Measuring Network of Wind Energy Institutes）资质。这些都极大增强和完善了中国风电相关认证体系。

为了应对全球气候变化和能源紧张的形势,实现减少碳排放的目标,世界各国纷纷调整发展战略,加强国际交流与合作。中国风电行业通过关键设备引进、智能与技术引进、合理利用外资交流进入国际市场。风电行业各单位紧密围绕行业发展重点及各公司发展战略和中心任务,以企业"引进来"与"走出去"相结合,积极开展政策对话、交流互访、参加国际会议、国际组织活动等。随着中国风电产业规模的不断扩大和整体实力的快速提升,企业"走出去"步伐明显加快,产业国际化程度显著提高。中国风电装备产品凭借优良的性能和价格优势,在国际市场上得到了广泛认可。2015 年 5 月,国务院印发《关于推进国际产能和装备制造合作的指导意见》。该文件提出了"进一步完善国际产能和装备制造合作的体制机制,建立有效支持政策,全面提升服务保障能力"的目标,有效促进了中国企业更好地开展对外合作。

在中国风电产业规模快速发展的时期,企业"走出去"的步伐逐步推进。中国风电企业在国际舞台也日趋活跃,不仅海外风电项目投资额逐年上升,产品和服务质量也得到了国际市场的认可。2010 年 11 月,中国可再生能源学会风能专业委员会加入国际能源署风能实施协议,使中国风电产业"走出去"的产品认证得到了支持。

一、中国风电认证与检测中心成立

长期以来，风电行业规则的制定主要由欧美领先的认证机构、检测机构、风机制造企业和业主主导，如挪威船级社与德国劳氏船级社（DNV GL）❶、德国技术监督协会（TUVNORD）、美国保险商试验所（Underwriter Laboratories Inc., UL）、维斯塔斯（Vestas）、西门子歌美飒（GAMESA）、通用电气（GE）以及欧洲海上最大的风电场开发商奥斯特（Orsted）等。可再生能源领域的标准和认证为少数几国的机构把控，中国可再生能源产业的发展只能被动跟随和适应别人的体系。中国风电产业要更好地融入国际市场，增进国际交流与理解，进一步拥有更多的话语权，发展中国自己风电认证体系和检测机构势在必行。

为此，中国国家认证认可监督管理委员会（简称国家认监委）大力支持了中国的认证机构参与国际电工委员会可再生能源认证体系（IECRE）❷的工作，编制了整套与国际接轨的先进的可再生能源检测认证体系，形成了与其他机构和组织展开合作的基本要素。中国可再生能源产业规模全球第一，技术水平位于前列，中国深入参与国际可再生能源技术标准机制建设并发挥重要建设性作用的基础条件已经具备。

1999年，中国船级社（CCS）进入风能认证领域，开展风力发电机组、风电齿轮箱、发电机叶片检验业务。中国船级社认证公司（CCSC）承担CCS的产品认证工作，2007年7月6日，向中国北车集团永济电机厂颁发了首张符合国家认证认可制度体系的产品认证证书。2008年1月，中国船级社认证公司首次对1500千瓦（1.5兆瓦）风电机叶片的生产体系进行认证，颁发了风电产品认证证书给上海玻璃钢研究院。2003年4月，经国家认监委批准，由中国计量科学研究院组建成立北京鉴衡认证中心，为向太阳能、风能、碳排放等清洁技术领域提供技术开发、标准制定、认证、检测、产业和政策研究等服务的第三方机构。2004年4月，北京鉴衡认证中心通过中国认证机构国家认可委员会（CNAB）的认可审查，是欧洲之外首家国际电工委员会可再生能源认证体系（IECRE）认证机构。2007年，北京鉴衡认证中心发出了第一张风电设备认证证书。

2013年11月27日，国际风电检测机构组织MEASNET举行第5次理事会，中国电力科学研究院被正式接纳为国际风电检测机构组织会员，成为除欧美国家以外第一个获得此资质的风电检测机构。

中国国家认监委作为18个国家成员机构之一，加入了国际电工委员会可再生能源设备认证互认体系（IECRE）的风能和太阳能两个分领域。在该体系下，有关风电、光伏的各项规则一旦制定完成，各国认证机构可根据标准颁发证书，也就是说本国认证机构的证书，也能被别国所采信。

---

❶ DNV GL集团于2013年9月开始运营。DNV GL集团由挪威船级社（挪威语：Det Norske Veritas，DNV）与德国劳氏船级社GL合并而来，2021年3月1日起，DNV GL更名为DNV。

❷ 国际电工委员会可再生能源认证体系（IECRE）：为了便利可再生能源领域的设备和服务的国际贸易，IEC合格评定局于2014年6月通过决议，批准建立国际电工委员会可再生能源认证体系。该认证体系主要负责太阳能、风能和海洋能源领域的认证。

国内检测与认证中心的建立，让风电设备可以在国内进行检测认证。降低了国内风机制造企业检测认证的经济负担和时间成本投入，有利于中国风电产业走向国际市场，促进了风电产业健康发展。

2010年1月6日，科技部下发《关于组织制定第二批企业国家重点实验室建设计划的通知》（国科办基〔2010〕2号）。为推进新能源产业的发展，科技部在相关领域批准建设了一批企业国家重点实验室，其中包括3家风力发电方面的企业国家重点实验室。2010年12月，海上风力发电技术与检测国家重点实验室获科技部批准建设，是中国第二批依托转制院所和企业建设的56个企业国家重点实验室之一。实验室以海上风力发电技术与检测为主题，围绕海上风力发电的共性、关键技术开展研究，形成了适合海上及近海风场的大型风力发电机组关键技术，风力发电机关键技术，大型风力发电机组叶片技术，机组控制、变流、并网、安装关键技术的研究方向。该实验室在国内完成了5000千瓦系列直驱永磁海上风电机组样机研发，为中国海上风电技术和产业的发展作出了贡献。

二、中国风电项目实现"走出去"

在国家鼓励中国企业"走出去"战略的指引下，中国企业纷纷到海外寻找投资机会，中国风电企业通过海外并购从"本土化"走向"国际化"。2007年，风电机组首次迈出国门，由华仪风能向智利出口了3台780千瓦的风电机组。

2011年7月13日，龙源电力加拿大可再生能源公司与加拿大梅兰克森电力公司在北京签署收购加拿大德芙林10万千瓦（100兆瓦）风电项目协议。2013年7月2日，该项目获得开工许可；2013年8月12日，正式开工建设；2014年12月1日，通过验收正式投入商业运行。德芙林10万千瓦（100兆瓦）风电绿地项目❶是中国发电企业在海外自主开发、建设、运营的首个风电项目，成为中资企业在加拿大投资的典型案例。风电场共安装49台美国通用电气公司（GE）风电机组。共有100多家来自加拿大安大略省的公司参与了项目开发及建设，项目给当地社区和居民带来了经济利益和清洁能源。

2012年9月12日，神华国华投资公司—澳大利亚塔州水电公司马斯洛风电项目股权交易在北京举行了签约仪式。神华国华投资公司收购澳大利亚塔州水电公司马斯洛风电项目75%的股权。该项目于2011年年底开工建设，2013年6月竣工投产。项目投产后，国华投资公司在澳洲的风电装机容量达到30.78万千瓦。项目为后续企业"走出去"提供了实践样本。

2012年，中国金风科技旗下金风国际与罗马尼亚一家能源公司（Mireasa Energies S.R.L）签署了5万千瓦项目风电机组供应合同。2013年12月5日，该项目首台机组完成吊装。金风科技结合当地风能资源和气候环境特点，针对该项目提供专项适应性2500千瓦永磁直驱机风力发电组。金风科技是最早"走出国门"的中国风电设备企业之一。

---

❶ 绿地项目（Green field）是指还没有完成风资源分析，土地租赁，规划审批，环评等前期开发工作的规划中的项目。

第六节 "太阳能屋顶计划"与"金太阳"示范工程

2002 年，中国政府发起了"送电到乡"工程，通过应用光伏和小型风力混合发电系统为西部地区七个省（自治区）无电地区乡村居民供电。"送电下乡"工程有效促进了国内太阳能光伏市场的发展，数条光伏电池组件封装生产线建成，光伏电池组件生产输出能力迅速增长。2003 年 10 月，国家发展改革委协同科技部发布了"太阳能资源下一个五年计划"，并且决定进一步实施国家发展改革委"光明工程"，投入 100 亿元促进太阳能光伏发电技术的应用，计划 2005 年全国范围光伏发电装机总量达到 30 万千瓦。2006 年 1 月，《可再生能源法》生效，为太阳能光伏发电系统在国内应用提供了法律基础。然而，中国光伏发电应用市场规模相对较小、内需不足，总体发展步伐相对落后，在快速发展的国际光伏产业中仍然扮演配角。

世界其他国家相关产业发展政策为中国光伏产业发展提供了借鉴经验。进入 21 世纪，德国率先引用补贴电价政策机制，刺激了德国国内光伏市场的快速发展。其他欧洲国家纷纷效法推出了本国的补贴电价机制，整个欧洲的光伏市场随之兴旺起来。2000—2010 年间，全球光伏市场平均年增长率达到 54.1%。欧洲光伏市场的爆发直接拉动了中国光伏工业的快速发展，在 2004 年中国光伏产业连续 5 年实现超 100%的增长。到 2007 年，中国首次超过德国成为全球最大的光伏组件生产国。

然而，2008 年突如其来的美国金融危机和欧洲债务危机，让中国光伏产业海外市场迅速萎缩，出口订单锐减。这对刚刚走出襁褓的中国光伏产业造成了毁灭性的威胁。通过前一段时期的积累，中国光伏产业得到长足的发展，但加工生产光伏组件的主要原材料依靠进口，而生产的光伏组件产品主要依靠海外市场的订单消纳，一旦海外光伏组件原材料或光伏发电应用市场出现波动，中国光伏产业发展容易受到巨大的影响。中国光伏产业迫切地需要能够激活中国光伏应用市场内需的明确政策稳定行业信心，并帮助其在全球性金融危机中渡过难关。

2009 年 3 月，财政部、住房城乡建设部发布《关于加快推进太阳能光电建筑应用的实施意见》，国家财政支持实施"太阳能屋顶计划"。同年 7 月，财政部、科技部、国家能源局联合发布《关于实施"金太阳"示范工程的通知》。

"金太阳"示范工程和"太阳能屋顶计划"项目是带有应急性质的政策，虽然在执行过程存在过度激励以及管理经验不足的现象，但这两个项目彻底激活了中国光伏发电应用市场，向全行业表明中国坚定不移、快速、全面、健康、持续发展光伏产业的态度和决心，也为下一步光伏应用市场大规模发展做出了铺垫。"金太阳"示范工程以及"太阳能屋顶计划"的贡献不仅在于光伏应用市场的增长，更重要的是在复杂动荡的国际经济形势中拯救了岌岌可危的中国光伏组件制造产业，像灯塔一样照亮了中国光伏产业的发展前路，为中国光伏产业向纵深发展，跻身全球光伏发电市场做出了不可估量的贡献。

一、"太阳能屋顶计划"启动

2008 年的全球金融危机和欧洲债务危机，造成中国光伏组件出口订单锐减，中国光伏产业发展面临巨大的挑战。为了稳定和支持光伏产业发展，国家迅速采取了扩大内需、促进光伏发电产品国内需求的措施，一方面启动了大型地面光伏电站的建设，另一方面积极开展与建筑结合的分布式光伏发电开发建设计划。2009 年 3 月 23 日，财政部、住房城乡建设部发布《关于加快推进太阳能光电建筑应用的实施意见》（财建〔2009〕128 号）（简称《意见》）；同日，财政部印发《太阳能光电建筑应用财政补助资金管理暂行办法》（财建〔2009〕129 号），明确中央财政从可再生能源专项资金中安排部分资金，支持太阳能光电在城乡建筑领域应用的示范推广。

《意见》的提出推进了光电建筑的应用示范，启动了国内市场需求。《意见》提出：实施"太阳能屋顶计划"，在条件适宜的地区，组织支持开展一批光电建筑应用示范工程。希望通过示范工程的实践突破与解决光电建筑一体化设计能力不足、光电产品与建筑结合程度不高、光电并网困难、市场认识低等问题，从而激活市场供求，启动国内应用市场。明确了示范工程要突出"重点区域和应用方向"，应在"经济发达、产业基础较好的大中城市"，以"太阳能屋顶、光伏幕墙等光电建筑一体化示范"为主。

《意见》还提出实施财政扶持政策。国家财政支持实施"太阳能屋顶计划"，注重发挥财政资金政策杠杆的引导作用，形成政府引导、市场推进的机制和模式，加快光电商业化发展。对光电建筑应用示范工程予以资金补助。中央财政安排专门资金，对符合条件的光电建筑应用示范工程予以补助，以部分弥补光电应用的初始投入。

2009 年 4 月 16 日，财政部和住房城乡建设部共同印发《太阳能光电建筑应用示范项目申报指南》，进一步规范了示范项目申报的各项内容。同年 9 月下达了首批项目，中央财政首批安排预算 12.7 亿元，启动大型"太阳能屋顶计划"。列入首批国家光电建筑应用示范项目共 111 个，总规模为 9.1 万千瓦，示范工程分布在 30 个省（自治区、直辖市），重点向产业基础好、太阳能资源丰富的江苏、浙江、内蒙古、河南等省（自治区）倾斜，重点引导了光电建筑一体化发展，重点扶持了技术先进光伏产品推广应用。

2010 年 4 月 12 日，财政部印发《关于组织申报 2010 年太阳能光电建筑应用示范项目的通知》（财办建〔2010〕29 号）。通知优先支持太阳能光电建筑应用一体化程度较高的建材型、构件型项目；优先支持已出台并落实上网电价、财政补贴等扶持政策的地区项目；优先支持 2009 年示范项目进展较好的地区项目。

"太阳能屋顶计划"的启动，明确了中国大力发展光伏产业的政策指导方针，为推进光电建筑应用示范、建立中国光伏发电应用市场引导、激励、规划、管理机制提供了样本；彻底激活了国内光伏发电技术需求市场，提振了投资者投资光伏产业的信心，开启了中国太阳能光伏发电应用的新篇章，为中国光伏产业蓬勃发展创造了基本条件。

二、"金太阳"示范工程实施

"金太阳"示范工程是中国为了应对 2008 年国际金融危机，于 2009 年开始实施的，支持国内光伏发电产业技术进步和规模化发展，培育战略性新兴产业的一项重要政策，是一项带有一定应急性质的保护性政策。

2009 年 7 月 21 日，财政部、科技部、国家能源局联合发布《关于实施金太阳示范工程的通知》，决定综合采取财政补助、科技支持和市场拉动方式，加快国内光伏发电的产业化和规模化发展。该通知明确了财政补助资金支持范围主要包括限定范围内的用户侧并网光伏发电示范项目，提高改善偏远地区供电能力和解决无电人口用电问题的涉光伏示范项目以及条件适宜的大型并网光伏发电示范项目；明确了光伏发电关键技术产业化示范项目，包括硅材料提纯、控制逆变器、并网运行等关键技术产业化；明确提出加强光伏发电基础能力建设，包括太阳能资源评价、光伏发电产品及并网技术标准、规范制定和检测认证体系建设等。为了确保"金太阳"示范工程顺利实施，2009 年 11 月 13 日，财政部、科技部、国家能源局联合下发《关于做好"金太阳"示范工程实施工作的通知》，要求加快实施金太阳示范工程，这是继 7 月首次推出《关于实施金太阳示范工程的通知》后密集出台的又一政策性文件，进一步表明了三部委对大力发展国内光伏发电应用市场的决心。

2009—2012 年，国家共组织四期"金太阳"以及"光电建筑"项目招标，规模合计达到 660 万千瓦。2009 年的第一期示范工程包括 329 个项目，设计装机总规模 64.2 万千瓦，规定 2～3 年时间完成，而具体的补助范围和金额也在接下来的 2009—2012 年进行了逐年调整。这一年的"金太阳"示范工程重点支持大型工矿、商业企业以及公益性事业单位，利用当时既有条件建设用户侧并网光伏发电项目、偏僻无电区光伏发电项目及大型并网光伏发电项目。当年并网光伏发电项目按系统总投资的 50% 给予补助，偏远无电地区的独立光伏发电系统按系统总投资的 70% 给予补助。2009 年实际批复了装机容量约 30 万千瓦，财政补贴近 50 亿元。

2010 年补贴政策有所调整，实际安装 27.2 千瓦，"金太阳"示范工程不再支持大型并网光伏电站，其他支持范围与 2009 年相同。为加强"金太阳"示范工程建设管理，进一步扩大国内光伏发电应用规模，降低光伏发电成本，促进战略性新兴产业发展，2010 年 9 月 21 日，三部委与住房城乡建设部联合下发《关于加强金太阳示范工程和太阳能光电建筑应用示范工程建设管理的通知》，将关键设备招标方式由项目业主自行招标改为国家集中招标，按中标协议供货价格的一定比例给予补贴。其中，用户侧光伏发电项目补贴比例为 50%，偏远无电地区的独立光伏发电项目为 70%。对示范项目建设的其他费用采取定额补贴，用户侧光伏发电项目 4 元/瓦（建材型和构件型光电建筑一体化项目为 6 元/瓦），偏远无电地区独立光伏发电项目 10 元/瓦（户用独立系统为 6 元/瓦）。

2011 年实际安装 69.2 万千瓦，"金太阳"示范工程重点支持经济技术开发区、工业园区、产业园区等集中连片开发的用户侧等光伏发电项目等。补贴标准再一次进行了调整，不再对关键设备进行招标，只要设备检测符合标准即可，补贴方式仍采用初投资补贴，采用晶体硅组件的示范项目补助标准为 9 元/瓦，采用非晶硅薄膜组件的为 8 元/瓦。

2012 年 1 月 18 日，财政部、科技部、国家能源局印发《关于做好 2012 年"金太阳"示范工程的通知》，要求项目单位资本金不低于项目投资的 30%。光伏发电集中应用示范项目需要整体申报，总装机容量不小于 1 万千瓦，分散建设的用户侧发电项目装机容量不低于 2000 千瓦。2012 年实际安装 454.4 万千瓦；2012 年上半年，"金太阳"示范工程第一批项目的补贴标准调整为：用户侧光伏发电项目补助标准原则上为 7 元/瓦，后在正式实施过程中调低到 5.5 元/瓦；2012 年下半年第二批项目的补贴标准为：2013 年 6 月 30 日前完工的金太阳以及与建筑一般结合的太阳能光电建筑应用示范项目补助标准为 5.5 元/瓦，建材型等与建筑紧密结合的光电建筑一体化项目补助标准为 7 元/瓦；偏远地区独立光伏电站的补助标准为 25 元/瓦，户用系统的补助标准为 18 元/瓦。

2009—2012 年，4 年总计安装装机容量 615 万千瓦。2013 年 3 月，财政部决定"金太阳"示范工程不再进行新增申请审批。2013 年 5 月，财政部发布《关于清算"金太阳"示范工程财政补助资金的通知》，规定没有按期完工的项目，要求"取消示范工程，收回补贴资金"；没有按期并网的项目，则会被"暂时收回补贴资金，待并网发电后再来函申请拨付"。自 2013 年开始太阳能光伏"金太阳"示范工程不再进行新增申请审批。至此，"金太阳"示范工程顺利完成了历史使命，正式退出中国光伏发展的历史舞台。

三、多个光伏示范项目建成

昆明石林太阳能光伏并网实验示范电站总装机容量为 16.6 万千瓦，项目总投资 91 亿元，由华能澜沧江水电有限公司和云电投新能源开发有限公司投资开发。其中华能投资建设规模为 10 万千瓦装机，总投资 55 亿元，实验示范区位于石林镇老挖村，年平均发电量为 11 828.5 万千瓦·时，主要面向国内外科研实验示范单位。云电投投资建设规模为 6.6 万千瓦，总投资 35.8 亿元，实验示范区位于石林镇北小村，年平均发电量为 7703.89 万千瓦·时，项目于 2008 年 12 月 6 日开工建设。2009 年 5 月 25 日，昆明石林太阳能光伏并网实验示范电站一期 2 万千瓦正式投产发电。2011 年 1 月，该项目成为中国首个注册成功清洁发展机制（CDM）的并网光伏电站。

2009 年 9 月 28 日，上海世博会主题馆光伏发电项目竣工启动仪式与主题馆竣工及移交布展仪式同步进行。该项目总装机容量达 3127 千瓦，由申能集团投资建设。2010 年 7 月 18 日，京沪高铁上海虹桥站光伏发电项目正式并网发电。该电站由中国节能环保集团投资，铁道部第三设计院建设，利用虹桥铁路枢纽站两侧雨篷屋面面积 6.1 万米²，铺设了 23 910 块电池板，总装机容量 6680 千瓦。

2011 年 8 月 8 日，由青海省财政投资 200 余万元建设的可可西里基层保护站"金太阳"项目光伏电站竣工并投入使用。可可西里自然保护区各保护站地处可可西里保护区边缘，青藏公路 109 国道沿线，由于远离城区，无法供电，长期以来保护区先后多次采用风光互补电源解决基层保护站用电问题，但由于容量和输出功率小，仅能满足部分保护站照明需求，驻站工作人员用电极为困难。该项目包括不冻泉保护站、五道梁保护站、沱沱河保护站 3 个 5 千瓦容量和索南达杰保护站 10 千瓦容量光伏电站。电站建成后，可满足可可西里基层保护站照明、电冰箱、电脑、通信等生活、工作用电，还可部分满足冬季电热毯取暖的需求，保护站用电困难得到了基本解决。

2012 年湖南兴业太阳能九华产业园 2.08 万千瓦屋顶光伏电站成为当年"金太阳"示范工程的最大光伏发电项目。项目所在地湖南湘潭九华也因此成为国家财政部、科技部、住建部、能源部支持的国家"太阳能光伏发电集中运用示范区"。

2012 年 12 月 5 日，华电云南维的并网光伏电站首批 1 万千瓦太阳能电池方阵并网发电，该项目一期装机容量 4 万千瓦。

深圳机场 1 万千瓦屋顶光伏发电示范项目是国家"金太阳"示范工程之一，是当时中国民航领域建设容量最大的屋顶分布式光伏发电示范项目。该项目总装机容量 1 万千瓦，由中广核太阳能有限公司与深圳机场集团合作建设，项目于 2012 年 8 月开工建设，电站设计使用寿命为 25 年，年发电量约为 1000 万千瓦·时，年节约标准煤 3600 吨、年减排二氧化碳 9970 吨。电站采用 10 千伏升压并网输出形式，接入机场 10 千伏开关站，供应深圳宝安国际机场使用，自发自用，余量上网，项目于 2013 年 10 月 12 日全部并网发电。

第七节　太阳能光伏产业快速发展与光热技术应用起步

全球范围内针对大型太阳能光伏发电项目的激励政策可以简单地分为几类：可再生能源配额制度（Renewable energy standard）、补贴电价（Feed-in tariff）、竞价招标（Auctions/Tendering Processes）、投资现金补贴（Cash grant）以及投资或生产税务信用额度补贴（Solar Investment and Production Tax Credits）。上面提到的几种补贴形式互有优缺点，要依据所在国的基本国情、经济发展水平、电力部门情况酌情制订。激励政策考虑到本国的太阳能光伏发电产业发展目标、经济承受能力、激励程度以及可执行性等因素。

阻碍光伏发电大规模推广的一个重要原因就是成本高。1979 年光伏发电组件的成本高达 32 美元/峰瓦[1]，而在 1976 年最早一批光伏组件成本高达 70 美元/瓦。直到 2010 年，根据 IRENA 再生能源数据库的统计，大型地面电站光伏发电平准化千瓦时电成本[2]（Levelized Cost of Electricity，LCOE）是 0.371 美元/（千瓦·时）（等值 2020 年美元），这要高于绝大部分国家电力市场的平均电力成本。研究表明，光伏组件的成本同累计产量保持着大致累计产量每翻一倍成本下降 20% 的关系。

在那一时期，如果没有针对性的补贴，开发光伏电站无利可图，光伏电站的商业化运营就无从谈起。此外，针对太阳能光伏发电的补贴可能让政府背上沉重的财政负担，尤其

---

[1] 峰瓦是太阳能光伏发电装置功率计算单位，英文名称：watts peak，单位符号：Wp，是指在标准测试条件下（模板温度 25℃，AM1.5 1000W/m² 太阳光照射）太阳能电池组件或方阵的额定最大输出功率。

[2] 平准化度电成本是一种考虑电站生命周期全部成本及产能现值的度量电力项目发电成本的参数，广泛应用于电站经济性核算与评估。

是不在补贴总体规模上加以限制，这种敞口的财政负担可能带来灾难性后果。

在这样的背景下，一种事前约定好项目建设规模和明确补贴电价水平及时限的闭口补贴形式受到光伏发电项目投资人及政府的欢迎。这种方式保证了投资回报，又将补贴的总金额维持在一个大致精确、可控的范围内。这也是太阳能光伏特许经营权的基本运行机制。

一些国家，如巴西、南非采用招标的形式开展可再生能源特许经营权项目的建设，对电力项目上网电价进行竞标。这在执行的过程中，容易出现低价竞争，影响项目后期建设进度和正常运营。更流行的方式是以德国为代表的可再生能源市场采用固定补贴电价（Feed-in tariffs）的形式开展特许经营权项目，利用量化经济学理论基础，核实预测太阳能光伏发电的成本变化情况，周期性地下调补贴电价。

为推动光伏发电技术进步和产业发展，2009年3月，中国率先在西部太阳能资源分布广泛、丰富的地区开展光伏电站特许权招标工作，旨在研究探索符合我国国情的光伏补贴上网电价和补贴机制。2009年3月，甘肃敦煌首个1万千瓦（10兆瓦）并网光伏发电特许权示范项目招标，是中国大型光伏电站商业化建设的一个重大进展，预示着中国大规模地面光伏发电应用市场即将拉开序幕。同"金太阳"和"太阳能屋顶计划"项目遥相呼应，一个针对"发电侧"，一个针对"用户侧"。光伏发电特许权示范项目对提振刚刚成长起来的中国光伏组件生产制造产业链信心起到了积极的作用。

中国光伏发电特许权项目招标实施时间不长，始于2009年，到2010年结束，带有明确的探索目的。两批特许权招标项目总装机容量80万千瓦。

光伏发电市场内需的放量式增长，提振了太阳能光伏生产制造产业的信心。在一系列促进光伏产业健康发展的政策举措引导下，中国太阳能光伏产业链进行了深度的调整，光伏组件制造业向上游高纯晶硅生产及中游硅片生产和高效电池加工外延，产能得到优化，完整的光伏组件产业链初见端倪，产业规模大发展。

2010年，中国太阳能热发电技术进入研发与示范阶段。国家"863"计划重点项目"兆瓦级塔式热发电技术与示范"完成研究并进行示范项目的建设，2010年"973"计划项目"高效规模化太阳能热发电的基础研究"启动。2006—2010年，科技部投入光热发电的经费就超过4750万元。2011年1月，内蒙古鄂尔多斯5万千瓦（50兆瓦）工程正式开标，这是国内首个太阳能热发电特许权示范项目。2011—2015年是中国光热发电试验和产业链完善阶段，在这一时期，中国相继建成了多个小型试验示范性项目，国内的光热发电装备制造业得到了长足发展，产业链逐步发展壮大。

一、敦煌1万千瓦光伏发电项目并网发电

甘肃省是全国太阳能资源最为丰富的省份之一，太阳能资源开发利用潜力巨大。全省年日照时数为1710～3320小时，年太阳总辐射达4800～6400兆焦耳/米^2。敦煌是甘肃省太阳能比较丰富的地区之一。2009年3月，国家能源局正式启动了甘肃敦煌1万千瓦光伏并网发电示范工程特许权招标工作。该项目特许经营期为25年。项目通过公开招标选择投资者，以上网电价为主要评标标准，由技术方案合理、上网电价最低的投标者中标建

设。招标要求，项目投标上网电价不得高于 4 元/（千瓦·时），电站采用设备及部件的国内自主化率价值必须达到设备总价值的 80% 以上。3 月 20 日，敦煌 1 万千瓦光伏并网发电项目开标。6 月 24 日，招标结果公布，最低报价者国投华靖电力控股有限公司和次低报价者中广核能源开发有限责任公司将获得特许权开发权，在敦煌各开发一个 1 万千瓦光伏发电项目，中标电价为 1.09 元/（千瓦·时）。

国家能源局实施的甘肃敦煌 1 万千瓦光伏并网发电特许权示范项目招标，标志着中国在大型荒漠光伏电站应用方面取得重大进展，对启动国内太阳能光伏市场产生了积极的影响。由此拉开了中国光伏发电大规模应用的序幕。

2009 年 8 月 28 日，甘肃敦煌 1 万千瓦光伏发电项目举行奠基仪式。2010 年 4 月 19 日，首个方阵并网发电；12 月 28 日，1 万千瓦全部实现并网发电。该项目采用水平单轴跟踪系统，安装峰值功率为 230 瓦的多晶硅太阳能电池组件 43 780 块，并建设与之配套的逆变、升压系统。运行期年平均上网电量 1804.6 万千瓦时。项目光伏组件由保定天威英利新能源有限公司供货，逆变器由合肥阳光电源有限公司供货，跟踪系统由无锡昊阳新能源有限公司生产。

甘肃敦煌 1 万千瓦光伏并网发电示范工程顺利建成并网发电后，为发挥西部地区太阳能资源优势，推动光伏发电技术进步和产业发展，积累大型光伏电站建设和管理经验作出了贡献。2010 年 6 月 22 日，国家能源局启动了国家第二批光伏发电特许权示范项目招标工作。招标总建设规模为 28 万千瓦，包括陕西榆林靖边县、青海共和县、河南县、甘肃白银市、金昌市、武威市、内蒙古阿拉善盟、包头市、巴彦淖尔市、宁夏青铜峡市、新疆哈密市、吐鲁番市、和田市 6 个省（区）13 个项目。项目通过公开招标选择投资企业，采用特许权方式建设管理，特许经营期 25 年，中标电价 0.728 8～0.990 7 元/（千瓦·时）。第二轮光伏发电特许权示范项目招标的顺利推进，一方面拓展了国内大型并网光伏电站的市场空间，另一方面也为中国太阳能光伏发电规模化应用提供了相关决策参考依据。此后一两年间，13 个特许权招标项目陆续建成并网。这些项目的建设，进一步加快了中国光伏电站建设进程，中国太阳能光伏发电市场规模显著扩大，通过市场竞争发现光伏发电的合理电价，推进光伏发电产业健康持续发展。

二、大规模地面光伏电站累计装机容量超 400 万千瓦

2012 年，《可再生能源发展"十二五"规划》提出了 8 项可再生能源重点工程，其中重点建设工程与太阳能相关，分别是太阳能电站基地建设工程、绿色能源示范县建设工程、新能源示范城市建设工程、新能源微电网示范建设工程。

《可再生能源发展"十二五"规划》在"太阳能电站基地建设工程"中提出，按照就近上网、当地消纳、积极稳妥、有序发展的原则，在太阳能资源丰富、具有荒漠化等闲置土地资源的地区，建设一批大型光伏电站；结合水电开发和电网接入运行条件，在青海、甘肃、新疆等地区建设太阳能发电基地，探索水光互补、风光互补的太阳能发电建设模式。

截至 2012 年，中国主要省（自治区、直辖市）累计建成 233 个大型并网光伏发电项

目，建设容量超过 400 万千瓦，其中 2012 年新建成项目 98 个，建设容量超过 180 万千瓦。大型并网光伏发电项目的主要发展仍是以西部地区为主。青海 2012 年累计建设大型光伏发电项目 98 个，建设容量超过 200 万千瓦，其中当年新增项目 56 个，建设容量超过 110 万千瓦，项目建设数量和建设容量均居中国首位。宁夏和甘肃累计建成大型并网光伏发电项目均超过或达到 30 个，其中甘肃发展迅猛，2012 年新增项目 15 个，增加建设容量 22.4 万千瓦，仅次于青海。国有大型发电企业是大型光伏电站的主要开发商，当时市场份额前十名企业中，有 9 家是国有大型发电企业。截至 2012 年年底，中电投、国电、中节能、中广核、大唐等前十位国有大型发电企业共建成大型并网发电容量 210 万千瓦以上，累计市场份额超过 50%。中电投（现为国家电投）作为当时中国最大的大型光伏电站开发商，2012 年建设容量达到 57 万千瓦，累计市场份额超过 13%。

三、国家首批 18＋12 个分布式光伏发电应用示范区发布

《可再生能源发展"十二五"规划》提出积极推广与建筑结合的分布式并网光伏发电系统，优先在经济表现好的领域发展分布式光伏项目，鼓励在光资源好的城镇建设分布式太阳能光伏系统同其他新能源及储能结合的多能互补项目，发挥分布式太阳能项目特点解决无电或缺电地区用电问题，拓展分布式光伏电源在通信、交通、照明等领域的应用规模。规划明确了国家建设包括绿色能源示范县、新能源示范城市建设和新能源微电网示范建设在内的绿色示范应用试点的规模目标，明确了应用试点"自发自用、余量上网、电网调剂"的发展方向。

绿色能源示范县和新能源城市建设分别对扩大村镇及城市太阳能应用市场起到推动作用。新能源微电网示范建设以智能电网技术为支撑，开展以新能源发电为主、其他电源及大电网供电为辅的新型供用电模式，形成了千家万户发展新能源以及"自发自用、余量上网、电网调剂"的新局面。新能源微电网工作的开展和推动对分布式光伏发电的规模化应用提供了技术支撑和良好的并网运行环境。

2012 年，中国分布式光伏进入了快速发展期。截至 2012 年年底，全中国 32 个省份分布式发电项目累计建设容量超过 370 万千瓦，其中 2012 年新增容量超过 310 万千瓦，年增长率达到 520%。与大型并网光伏发电项目不同，中国分布式光伏的主要发展区域在东部地区。江苏 2012 年新增容量超过 40 万千瓦，累计容量约 60 万千瓦，占中国分布式项目容量的 15.6%，居全中国首位。山东、广东、湖南、浙江四省 2012 年新增容量均超过 20 万千瓦。2013 年 12 月，中国首个商业化运行微电网示范项目——新疆吐鲁番新能源城市微电网示范项目并网。该项目由龙源电力新疆公司实施，在 293 栋居民楼顶建设屋顶光伏 8700 千瓦，年发电容量约 1000 万千瓦·时，服务 5000 多户。微电网系统实行"自发自用、余量上网、电网调剂"的运行机制，同时国家电网吐鲁番供电公司投资 2000 余万元，配合开展微电网基础设施建设。该项目建在负荷中心，采用分布式利用方式，探索新能源开发利用新规律，开辟了新能源利用的有效途径。

2013 年 8 月，国家能源局发布《关于开展分布式光伏发电应用示范区建设的通知》，

公布了首批 18 个分布式光伏发电应用示范区名单，包括北京海淀区中关村海淀园、江西新余高新区、山东泰安高新区、山东淄博高新区、广东三水工业园、广东从化明珠工业园、宁波杭州湾新区。

2014 年 11 月，国家能源局下发《国家能源局关于推进分布式光伏发电应用示范区建设的通知》，除第一批 18 个分布式光伏发电应用示范区外，增加嘉兴光伏高新区等 12 个园区（江苏镇江、江苏盐城、浙江宁波杭州湾、浙江嘉兴、浙江杭州余杭、浙江吴兴、浙江海盐、浙江平湖、浙江海宁、安徽芜湖、江西上饶、河南洛阳），明确鼓励社会投资分布式光伏发电应用示范区，鼓励各示范区开展发展模式、投融资模式、电力交易模式和专业化服务模式创新。鼓励示范区政府与银行等金融机构合作开展金融服务创新试点，通过设立公共担保基金、公共资金池、风险补偿基金等方式，解决分布式光伏发电应用的融资难的问题。

四、完整太阳能光伏产业链见端倪

2013 年 7 月，国务院下发《关于促进光伏产业健康发展的若干意见》，相关部委陆续推出涉及光伏补贴、电价、项目管理、并网等配套政策。2013 年 8 月，《国家发展改革委关于发挥价格杠杆作用促进光伏产业健康发展的通知》发布，针对光伏地面电站项目，根据太阳能资源条件及建设成本划分将中国太阳能资源划分为三类地区，相应制定了新的标杆上网电价。2014 年，国家能源局《关于下达 2014 年光伏发电年度新增建设规模的通知》提出"全年新增备案总规模 1400 万千瓦"的目标。

虽然光伏产业在这一时期有了长足的进步，但同中国太阳能发电的巨大潜力相比，太阳能光伏发电的发展才刚刚启航，尚存广阔的发展空间。根据统计数据，2013 年中国发电量约为 5.32 万亿千瓦·时，光伏发电为 90 亿千瓦·时，占比为 0.17%。与德国等欧洲国家相比，光伏发电占比水平尚存在较大差距。2013 年，随着上游多晶硅价格的迅速回落，光伏组件产能的提升以及新技术新工艺的不断应用，光伏组件价格迅速下降直接导致光伏发电成本不断下降，在标杆发电价变动不大的背景下，投资国内光伏发电项目经济吸引力不断提高；另外，在国际光伏应用市场需求动荡的背景下，中国密集出台了促进光伏产业健康发展的政策，明确了针对地面电站并网难、补贴年限不确定、补贴拖延等问题解决方案，降低了光伏项目收益的不确定性，针对国内光伏发电项目的投资变得更加活跃。2013 年，中国太阳能光伏应用市场全面爆发。当年新增光伏发电装机容量 1292 万千瓦，其中光伏电站 1212 万千瓦，分布式光伏 80 万千瓦。中国一举成为全球最大的光伏发电应用市场❶。

在多重利好政策引导和激励下，整个行业对于中国光伏产业发展信心大振。2014 年中国太阳能光伏市场总体发展趋势延续了 2013 年的良好势头。2014 年，中国太阳能光伏发电累计并网装机容量 2805 万千瓦，同比增长 60%。其中，光伏电站 2338 万千瓦，分布式光伏电站 467 万千瓦。光伏年发电量约 250 亿千瓦·时，同比增长超过 200%。2014

❶ 2013 年光伏发电统计数据，国家能源局网站，2014 年 4 月 28 日。

年，全国新增并网光伏发电容量 1060 万千瓦，约占全球新增容量的 1/4，占中国光伏电池组件产量的 1/3，实现了《关于促进光伏产业健康发展的若干意见》中提出的平均年增1000 万千瓦目标。其中，新增光伏电站 855 万千瓦，分布式 205 万千瓦。❶

随着国内应用市场对光伏组件需求增长，针对上游多晶硅料的需求更加旺盛，资本针对光伏产业链的投资兴趣进一步提高。从"十二五"开始，中国国内多晶硅骨干企业掌握了改良西门子千吨级规模化生产关键技术，规模化生产能力逐步提升，多晶硅短缺现象有效缓解，并直接拉动全球多晶硅价格下降，全球市场多晶硅现货加权均价从 2009 年年初的 160 美元/千克高点迅速回落到 2014 年年底的 19 美元/千克。"十二五"期间，伴随着全球范围内太阳能光伏发电的快速发展。中国太阳能光伏产业取得了骄人成绩，产业集中度进一步提高，上中下游供需不平衡的现象得到了缓解，组件等光伏产品利润率逐渐增加，企业经营状况趋向良好，涌现出无锡尚德、江西赛维等一大批优秀太阳能光伏企业。

2014 年，中国光伏电池制造企业继续保持了较强的国际竞争力，在全球产量排名前10 名的企业中，中国占据 6 席，前 4 名均为中国企业。从光伏上游产业发展情况来看，2014 年，国内多晶硅产量约 13 万吨，同比增幅近 50%，进口约 9 万吨。光伏电池组件总产量超过 3300 万千瓦，同比增长 17%，出口占比约 68%，多数企业产能利用率提高，国内前 10 家企业的平均产能利用率在 87% 以上。光伏发电生产制造产业"两头在外"的局面被彻底扭转。

五、规模化光热发电示范性项目相继投产

2011 年 3 月 27 日，国家发展改革委下发《产业结构调整指导目录（2011 年版）》，太阳能热发电集热系统被列为"新能源鼓励类"产业，有机会获得国家在财政补贴、技术研发等方面的政策和资金支持。2012 年 7 月 7 日，国家能源局印发《太阳能发电发展"十二五"规划》（国能新能〔2012〕194 号），提出"以经济性与光伏发电基本相当为前提，建成光热发电总装机容量 100 万千瓦。太阳能光热电站的整体设计与技术集成能力明显提高，形成若干家技术先进的关键设备制造企业，具备光热发电全产业链的设备及零部件供应能力"的目标。2013 年 1 月 1 日，国务院印发《能源发展"十二五"规划》（国发〔2013〕2 号），提出"推进先进适用技术研发应用。重点领域取得突破，达到或超过世界先进水平"的目标。一系列的政策释放出中国光热产业即将进入规模化示范阶段的信号。

2010 年 3 月 31 日，国家发展改革委同意了内蒙古 5 万千瓦太阳能热发电示范项目开展建设，项目位于内蒙古自治区鄂尔多斯市，选用槽式太阳能热发电技术，采用特许权招标的方式建设。2011 年 4 月 26 日，国家能源局正式同意由中国大唐集团新能源股份有限公司负责该项目的建设和经营［以含增值税投标上网电价 0.939 9 元/（千瓦·时）中标］。

---

❶ 2014 年光伏产业发展情况，国家能源局网站. 2015 年 2 月 15 日。

项目的内容包括设计、投资、建设、运营、维护和拆除5万千瓦的太阳能热发电站，项目建设期30个月，特许经营期为25年。2012年4月25日，内蒙古鄂尔多斯5万千瓦槽式太阳能热发电示范项目作为清洁发展机制项目通过批准。该项目始终未动工。太阳能热发电特许权招标项目按特许权协议于2013年9月16日到期。

2011年6月13日，国电青松吐鲁番新能源有限公司在吐鲁番建成180千瓦太阳能热发电中试装置并实现并网运营。项目位于新疆吐鲁番市新城区东北，是当时国内首家机组容量最大的槽式太阳能聚热发电项目。项目总投资1500万元人民币，包括24台集热器，总集热面积为1728米^2。该中试项目于2009年8月开工建设，2011年4月28日完成主汽管道吹管工作，5月4日完成汽轮发电机组单机和空载试验工作，6月13日实现并网试运行。

2012年8月，北京延庆塔式实验示范电站成功发电，装机容量1000千瓦，由中国科学院电工研究所等单位联合设计和建设。该电站是中国首座自主研发、设计和建造的兆瓦级塔式太阳能热发电站，是亚洲第一座塔式太阳能热发电站。该发电站的建成，标志着中国已经掌握了太阳能热发电技术，成为继美国、西班牙、以色列之后，世界上第四个掌握这一技术的国家。

2012年10月30日，中国华能自主研发的超400℃太阳能热发电科技示范项目在海南省三亚市华能南山电厂投产。

2014年，青海中控德令哈太阳能热发电项目上网电价核定（含税）1.2元/（千瓦·时），是中国太阳能热发电项目首次获得正式的上网电价。

第八节　从"引进"到"外输出"
生物质发电技术大步前行

与常规燃煤火电厂相比，生物质锅炉的燃料水分较高，热值较低，成分复杂。中国国情决定了一个项目通常需要掺烧特性、成分差异较大的多个品种的生物质燃料，对锅炉的适应性提出了更高的挑战。国外项目大多燃料单一，因此从国外引进生物质发电技术需要进行符合中国生物质燃料特性的技术改进和创新。经过十几年发展，国内生物质锅炉技术主要形成两种流派：一种是水冷式振动炉排燃烧技术，以龙基电力公司引进丹麦BWE和百安纳技术为代表；另一种是循环流化床燃烧技术，以武汉凯迪生物发电公司（简称凯迪公司）自研技术为代表。

国内首个生物质发电机组来自国能单县电厂，采用的锅炉技术是完全引进的丹麦BWE公司的水冷振动炉排高温高压生物质直燃锅炉技术。而后，龙基电力公司、德普新源公司、济南锅炉厂、国能生物发电集团等多个单位通力合作，在消化吸收国外经验的基础上，充分考虑到国内生物质燃料特点，不断改进创新。

2010 年 10 月，龙基电力业务重组，核心技术及该技术的交付实施团队和龙基电力欧洲团队剥离，成立德普新源公司，并引入外资和外籍管理团队独立运营，专注于生物质直燃技术在全球范围内的应用、推广和交付。2016 年，全球第一座椰类废弃物高温高压全自动生物质直燃发电项目在泰国成功交付。该项目采用德普新源公司的能源技术和解决方案，标志着中国生物质直燃发电技术实现从"引进"到"输出"的突破性转变。

针对生物质发电的锅炉历经六代的迭代改进，至 2020 年年初，国能昌黎生物质发电有限公司成功开发了 3500 千瓦高温高压高速凝汽式汽轮机发电机组，在锅炉效率、燃料适应性、运行稳定性、节能环保等方面做出了较大改进。由于振动炉排锅炉结构简单、操作方便、投资和运行费用相对较低，从整体生命周期综合考虑，振动炉排锅炉的整体技术指标和经济效益更加突出，因此逐步占据了较大的市场份额。凯迪公司自主研发的循环流化床锅炉技术，经历多次升级换代，技术逐步成熟，在国内生物质发电市场占有一定比重。

利用沼气作为燃料进行发电的方式更为灵活，但受中国沼气发电装机容量小、数量少等条件制约，该领域技术发展较为缓慢。为寻求突破，2008—2009 年，中国建造了部分标志性沼气发电产业，实现对养殖业废弃物的无害化处理，也为乡村和企业卫生环境治理作出了贡献。

一、生物质发电技术从引进到输出

国家级示范项目——国能单县生物发电项目，引进的是丹麦 BWE 公司设计生产制造的 YG-130/9.2-T 型振动炉排高温高压生物质直燃锅炉。该技术已在欧洲国家成功运用了 20 余年，炉型具有燃烧稳定、适用性强、自动化水平高、节能环保等技术特点，其热效率高达 92% 以上，代表当时世界上生物质直燃发电技术的领先水平。

为了促进生物质直燃技术在中国市场的顺利推广，提高国内高温高压生物质直燃锅炉设计和制造能力成为当务之急。龙基电力同国能生物公司、济南锅炉厂等企业合作，逐渐消化了 BME 公司的技术，根据国内生物质燃料实际特点进行了技术改进和创新，实现了该炉型的国产化生产。

2009 年 9 月，龙基电力通过收购丹麦 BWE 公司获得了生物质直燃发电的核心技术，该技术的引进为中国生物质直燃发电行业的稳定发展提供了保障。2010 年 10 月，龙基电力公司成立德普新源公司，该公司引进了外资，并由外籍管理团队独立运营，专注于生物质直燃技术在国际市场上的应用推广。德普新源公司的生物质发电业务已拓展到泰国、新加坡、波兰、埃塞俄比亚、南非等国。龙基电力公司则专注于生物质电站国内市场的开发，以及生物质直燃设备的生产。龙基电力与德普新源同时签署了战略合作框架协议，这一业务重组的举措，是中国生物质技术国产化、核心设备本土化的又一个里程碑。

2016 年，德普新源业务走出国门，在泰国交付了全球首座椰类废弃物高温高压全自动电厂，对于亚洲生物质能源利用有里程碑意义。4 月 2 日，位于泰国龙仔厝省的玛哈猜生物质发电厂通过了 24 小时满负荷测试，进入商业运营阶段。该项目装机容量 8000 千瓦，并入泰国 PEA 国网。此项目验证了中国生物质发电技术对于复杂生物质燃料能源转换的适用性。

二、生物质振动炉排锅炉迭代发展

到 2010 年，国内的振动炉排生物质锅炉已历经两代技术改进。国能生物联合龙基电力、德普新源、济南锅炉厂联合研发，针对不同燃料类型、不同容量需求，进行有针对性的设计，并在建设和运行实践中提出多项改进措施，先后完成了生物质振动炉排锅炉的技术迭代，至 2014 年，已完成四代锅炉技术的改进。

2006 年 12 月 1 日，国能单县生物发电项目高温高压灰秆锅炉投产，标志着中国第一代生物质发电灰秆炉投入市场，容量为 130 吨/小时，配 3 万千瓦汽轮发电机组，技术特点基本上维持了欧洲原来的设计。随后，国能河北成安、河北威县、江苏射阳、山东高唐、山东垦利等第一代 130 吨/小时灰秆机组于 2007 年相继投产。2007 年 10 月 13 日，河南浚县生物发电厂并网发电并投入商业运营，标志着中国第二代 130 吨/小时高温高压黄秆锅炉投入市场。这是中国第一批黄秆锅炉，技术上仍然维持了欧洲的典型设计，但在以小麦秆、玉米秆为燃料的黄色秸秆生物质直燃发电机组建设上取得突破。同期投入运营的第二代黄秆机组还有国能河南鹿邑、黑龙江望奎、吉林辽源电厂。

2008 年 4 月，山东巨野生物质发电厂并网发电并投入商业运营，这是中国第一台 48 吨/小时的生物质锅炉，配备了 1.2 万千瓦的汽轮发电机组，标志着小型化振动炉排技术在中国市场成功应用。同期投入运营的小型锅炉机组还有国能河南扶沟、新疆阿瓦提、新疆巴楚、辽宁黑山、内蒙古通辽、吉林梅河口、内蒙古赤峰、辽宁昌图生物发电厂。但是，由于小型锅炉在设计、制造、施工、调试、运行等环节存在一些缺陷和不足，入炉燃料特性与设计燃料存在较大差别，运营过程中暴露出锅炉燃烧热效率低、灰渣含碳量高、汽轮机热效率低等问题，因此 48 吨/小时小型锅炉电厂在经济效益方面比 130 吨/小时型号稍逊。

2010 年 12 月，国能巴彦生物发电项目投入运营，标志着中国生物质振动炉排锅炉发展到第三代。同期投产的还有国能河北吴桥、山东宁阳、安徽寿县等电厂，这是中国市场上第一批改进型 130 吨/小时黄秆高温高压锅炉为适应中国的玉米秸秆等燃料，对上料系统、给料系统做了改进创新。

2015 年 7 月，以国能蒙城生物发电项目为代表的第四代振动炉排机组顺利投产。四代黄秆高温高压锅炉在第三代的基础上继续优化，解决了诸多运行中存在的实际问题，如省煤器磨损、一级过热器堵灰等，同时为了更好地适应中国燃料，给料系统开始试用板式水冷套，炉排采用加长炉排的设计，进一步提高了运行稳定性和锅炉效率。第五代振动炉排锅炉开始往大容量上发展，同时在地坑给料、上料、炉前给料系统等方面更加完善。例如地坑链式定量给料机和炉前无料仓给料系统配合，可以达到整个锅炉从给料到烟囱的全厂自动化运行，以 2019 年 3 月投产的中国电子行唐高温高压锅炉为代表。

随着环保要求的日益严格，锅炉的环保设备逐渐完善，截至 2020 年，生物质直燃发电技术已经优化至第六代。市场上广泛应用的炉型按照燃料分为灰秆锅炉、黄秆锅炉和混合燃料锅炉，累计处理燃料超过 60 余种；按照锅炉出力分为 40 吨/小时、48 吨/小时、75 吨/小时、130 吨/小时、140 吨/小时、150 吨/小时、270 吨/小时等系列，且可根据实际需要设计其他出力的锅炉。

三、中国自主研发的循环流化床发电技术获得应用

循环流化床锅炉是在传统锅炉基础上发展起来的用于燃煤锅炉的一代高效、低污染清洁燃烧锅炉技术。与其他生物质发电锅炉类型相比，循环流化床锅炉具有燃料适应性广、燃烧效率高、氮氧化物排放低、降低高温腐蚀等特点。循环流化床最早主要是为解决燃煤机组炉内烟气脱硫的问题而在国内应用的，燃料破碎后在炉内流化、循环燃烧，具有燃料燃烧充分的优点。国内生物质直燃发电循环流化床技术的代表是武汉凯迪公司自主研发技术。

2004 年，凯迪公司自主研发了中温次高压循环流化床锅炉直燃发电技术（第一代技术），以第一代循环流化床技术、按照工程总承包（EPC）方式建设的河南叶县蓝光环保电厂投产发电。随后，凯迪公司的第一批 14 个生物质电厂在全国 6 个省相继建成，机组年平均运行 7000 小时以上（机组最大年运行小时数超过 8000 小时），其清洁发展机制碳交易在联合国全部注册成功。2012 年，凯迪公司自主研发了高温超高压循环流化床发电技术（第二代技术）。第二代循环流化床技术与第一代的主要区别在于机组效率和燃料转化率的提升。以 2300 千卡热值为标准，第一代技术的燃料转化效率为 1.6～1.7 千克燃料发电 1 千瓦·时，第二代技术的燃料转化效率为 1.1～1.2 千克燃料发电 1 千瓦·时。其次，在机组容量上有所差别：第一代电厂的装机容量为 2×1.2 万千瓦，第二代电厂的装机容量为 1×3 万千瓦。凯迪第二代生物质发电技术，对于劣质燃料和特种燃料的燃烧适应性、运行稳定性和燃烧效率等方面有所提高。凯迪公司研发的单机容量 3 万千瓦的第二代循环流化床生物质发电技术，实现了超高压高温运行状态下持续、安全、稳定、满负荷运行，发电机组年利用小时数超过 8000 小时，单位发电能耗进一步降低。通过凯迪二代技术生产的电能平均消耗生物质燃料 1.23 千克/（千瓦·时），能源转化效率提升至 33.49%，与国际上同等水平生物质发电技术相比，其能量转换效率性能更出色。

四、多个生物质能沼气发电厂相继投产

2008 年 1 月 18 日，蒙牛生物质能沼气发电厂在内蒙古呼和浩特市和林格尔县蒙牛乳业集团澳亚国际牧场正式投入运行，这是当时全球最大的畜禽类沼气发电厂，同时也是中国乳业第一个大规模的沼气发电厂。蒙牛澳亚国际牧场存栏奶牛 10 000 头，新建成的沼气发电厂可实现日处理牛粪 280 吨、牛尿 54 吨和冲洗水 360 吨。该项目可日生产沼气 1.2 万米^3，日发电 3 万千瓦·时，每年生产有机肥约 20 万吨，年可向电网提供 1000 万千瓦·时的电力。蒙牛生物质能沼气发电项目发电，每年能节约 5000 吨煤或者近 2500 吨石油。该项目具有世界先进水平，解决了高寒地区实施高效厌氧发酵生产沼气的技术

问题。

2009年4月9日，北京德青源沼气发电厂（2×1063千瓦）成功并网发电。该项目的规模在当时居同类项目世界第三、亚洲第一。德青源沼气发电工程是健康养殖生态园循环经济体系中的重要环节。其上游生产规模达到300万只蛋鸡养殖总量，为进行沼气的综合利用提供足够的原料来源。该项目同时采用热电联产供热1585万千瓦·时/天。沼气装置可同时产生沼液15万吨/年和沼渣6600吨/年，作为有机肥料用于周边绿色种植。该发电厂每年向电网提供1400万千瓦·时的绿色电力，还产生相当于4500吨标煤的余热用于供暖，同时减少了8万多吨的温室气体排放。2009年4月，这一沼气发电项目被列为"全球大型沼气发电技术示范工程"。

2009年11月4日，连云港市天顺牧业沼气发电项目在江苏灌南县田楼乡正式投产。该项目采取"秸秆养牛—屠宰加工—粪便作肥—生物制剂—沼气发电"的五链循环经济模式。利用产业链上游的猪牛粪便和屠宰加工有机废水生产沼气，再用沼气进行发电。该项目可日产沼气1500米³，日发电1500千瓦·时，日消化猪牛粪便70～100吨。每年产优质有机肥可增收节支21.9万元，每年沼气发电40多万千瓦时，可增收节支60余万元。项目实现了农作物秸秆资源再利用，避免环境污染，并且起到推广秸秆氨化处理技术的示范作用。牛食用大量的作物秸秆等饲料，排出大量含氨磷钾的粪便，有利于改良土壤、培肥地力和增产粮食。牛粪再进行沼气发电，增加再生能源。发电过程所形成的沼渍进行蘑菇栽培或养蚯蚓，对蚯蚓和牛骨牛血进行生物制剂的提炼，以实现真正意义上生态农业和循环经济。

2009年4月，蓬莱市山东民和牧业有限公司沼气发电工程建设完成并顺利并网发电，年可发电2000多万千瓦·时，成为当时中国最大的禽畜沼气发电工程。该工程每年可处理鸡粪便约18万吨，污水约12万吨，生产沼气1095万米³，年可发电2190万千瓦·时，并可产生20多万吨固态和液态有机肥。该公司所发的电全部上网销售，每千瓦时电按6角钱计算，年收入可达1300多万元。该公司形成了"鸡—肥—沼—电—生物质"循环产业链：利用鸡粪生产沼气，利用沼气发电上网，余热可供沼气发酵工程自身增温和鸡场的供温，沼液和沼渣又可以作为有机肥料，用于周围的葡萄、果园和农田使用，形成一体化产业循环链。

第九节　地热发电恢复发展与科技创新

中国地热发电经历了停滞15年发展的寒冬，2009年颁布《可再生能源法》后，地热发电重新启动。2010年年初，地热发电领域的专家学者编写了《关于加快中国西藏地热发电项目开发建设的报告》，推动了中国西藏地热发电项目的重启。这段时期，制约中国地热发电发展的主要不利因素得到不同程度的消除。中国地热资源量得到了重新评估，在国家政策的扶持下，行业针对地热发电的研发投入和投资地热发电项目热情提高，地热发电发展得以恢复。

"十二五"期间，中国地质调查局启动了《全国地热资源调查评价与区划》项目。通过调查，基本摸清了中国地热资源总量，查明了中国地热资源的赋存条件及分布特征，其中高温水热型地热能资源发电潜力达 712 万千瓦，中低温地热资源发电及综合利用潜力也相当可观，为中国地热发电恢复发展奠定了基础。

这一时期，中国颁布了一系列有助于地热能开发利用的政策和规划，相关企业对地热发电的研发力度持续加大。江西华电电力有限责任公司成功研制出新型地热螺杆膨胀发电机，龙源电力率先在西藏羊八井进行了成功示范应用，并投入商业运行。国家"863"计划"中低温地热发电关键技术研究与示范"项目顺利完成，研制出具有自主知识产权的小型地热双工质循环机组，并在华北油田伴生地热水发电项目进行了示范应用，提升了中国地热发电设备制造和系统集成水平。

一、地热资源开发利用相关政策和法律体系的初步构建

截至 2014 年，中国地热资源开发利用相关政策和法律体系已基本建立。现有的法规或规章主要涉及地热资源开发利用管理方面的内容，也出台了少量激励机制的相关政策法规及条款。

从 1985 年至 1994 年，中国相继颁布了《地热资源评价方法》《地热资源勘察规范》《中华人民共和国矿产资源法》《中华人民共和国矿产资源法实施细则》等多个标准和法律法规。在《中华人民共和国矿产资源法实施细则》的附件《矿产资源分类细目》中，将地热列为能源矿产的一种。

2005 年以后，国家出台了一系列有利于地热资源开发利用的政策法规。2005 年 11 月 29 日，国家发展改革委制定并颁布了《中华人民共和国可再生能源产业发展指导目录》，将地热发电、地热供暖、地源热泵供暖和/或空调、地下热能储存系统列入重点发展的地热发电和热利用技术；将地热井专用钻探设备、地热井泵、水源热泵机组、地热能系统设计、优化和测评软件、水的热源利用等列为重点发展的设备和装备制造。2005 年，国务院发布了《国家中长期科学和技术发展规划纲要（2006—2020 年）》，将地热能开发利用技术作为重点领域。2006 年 5 月，财政部颁布《可再生能源发展专项资金管理暂行办法》，重点支持太阳能、地热能等在建筑物中的推广应用。2006 年 9 月 4 日，财政部、建设部联合颁布《可再生能源建筑应用专项资金管理暂行办法》。2007 年 9 月，国家发展改革委《可再生能源中长期发展规划》正式公布。规划中对地热能的中长期发展目标和方向做出了明确规定。2007 年 10 月修订的《中华人民共和国节约能源法》第五章中规定了激励措施，如"国家实行有利于节约能源资源的税收政策，健全能源矿产资源有偿使用制度，促进能源资源的节约及其开采利用水平的提高。"2008 年 8 月，国务院法制办公室[1]发布的

---

[1] 2018 年 3 月，根据第十三届全国人民代表大会第一次会议批准的国务院机构改革方案，将国务院法制办公室的职责整合，重新组建中华人民共和国司法部，不再保留国务院法制办公室。

《民用建筑节能条例》提出国家鼓励和扶持地热能的应用。2010 年 5 月 1 日，国务院发布《关于鼓励和引导民间资本投资健康发展的若干指导意见》，鼓励民间资本参与风能、太阳能、地热能、生物质能等新能源产业建设。2012 年 3 月，科技部发布《中国地热能利用技术及应用》，促进地热资源的开发利用。2013 年 1 月，国家能源局、财政部、国土资源部、住房城乡建设部联合发布《关于促进地热能开发利用的指导意见》提出了地热能利用的主要目标，指出"要完善价格财税扶持政策。按照可再生能源有关政策，中央财政重点支持地热能资源勘查与评估、地热能供热制冷项目、发电和综合利用示范项目。按照可再生能源电价附加政策要求，对地热发电商业化运行项目给予电价补贴政策，还将建立市场保障机制。"

中国是世界上地热资源存储量较大的国家之一，作为一种清洁能源，地热资源的开发利用对于缓解中国能源紧张的局面、保护环境等都具有重要意义。地热能开发利用的法律框架和管理制度已初步构建，主要有勘查许可、采矿许可、打井审批、钻井施工监理矿业权公开出让、从业单位备案、矿产资源补偿费征收管理、矿业权价款管理、资源保护和科技项目管理等多项制度，较好地维护了地热能勘查开发利用秩序。随着包括针对地热能利用技术发展、项目开发建设以及补贴激励机制等方面的政策和法律法规不断完善，地热能发展进入了新发展阶段。

二、《关于加快中国西藏地热发电项目开发建设的报告》的编制

1993 年，西藏那曲 1000 千瓦地热机组投运后，中国地热发电发展停滞达 15 年。《中国新能源和可再生能源发展纲要（1996—2010）》提出的增加地热发电装机容量的任务目标并未实现。2010 年春节后，第十届全国人大常委会环境与资源保护委员会主任委员毛如柏组织中国能源研究会地热专业委员会名誉主任任湘、主任郑克桥，中国工程院院士多吉等一批长期从事西藏地热发电工作的老专家，在北京西藏大厦召开了座谈会。座谈会上专家们分析了地热发电停滞不前的原因，为中国的地热发电发展出谋划策。在充分总结了西藏羊八井地热田发电站的长期安全稳定运行经验、最新的地热发电科研成果和新型地热发电设备成功研制，以及西藏已勘明的探地热资源的发电潜力等方面的内容基础上，专家们编写了《关于加快我国西藏地热发电项目开发建设的报告》（简称《报告》）。

《报告》指出，西藏地热资源丰富，大量的已探明高温地热田有待开发，大量中低温地热资源也可通过发电或供暖等方式加以利用。地热发电可以成为西藏电网有效的电力来源，具有运行负荷稳定、容量因子高、不受季节和气象条件影响的特点，同其他可再生能源发电方式相比存在明显优势，是解决西藏能源短缺的重要途径。《报告》共提出五点开发利用建议：一是开发利用羊八井地热田深部地热资源发电；二是建议尽快建设羊易地热电站；三是重新勘察和建设阿里朗久地热发电站；四是沿青藏铁路沿线建设总计 10 万千瓦的地热能发电项目；五是地热能供暖等综合利用。为了扩大地热发电规模，《报告》提出了西藏地热发电近期规划，预计在未来 3 年左右时间，投资 9 亿～10 亿元，在阿里地区建一座 2000～5000 千瓦的示范机组；在羊易新建一座 3 万千瓦电站；完成羊八井电站

改造和深井钻探，提升现有运行机组的出力；对位于青藏铁路沿线的谷露等地热田安排地质勘探工作。

2010年5月25日，国务院总理温家宝在提交的报告上作出批示，并转交国家发展改革委、国家能源局、国土资源部要求进行专题会讨论。在该报告的推动下，西藏的地热发电重新启动。2011年3月，西藏自治区政府专门召开了会议，研究西藏地热资源开发利用工作和开发利用拉萨市当雄县羊易地热发电事宜。同年9月，西藏华电地热开发有限公司开展了西藏羊易地热电站的开发工作。

《报告》对加快中国西藏地热发电项目开发建设起到了推动作用，为地热发电列入《可再生能源"十二五"规划》及《地热能开发利用"十三五"规划》的发布作出了贡献。

三、新一轮地热资源调查评价的开展

20世纪50年代末至70年代末，中国开展过较大范围的地热资源调查，初步掌握了中国地热资源基本信息。进入21世纪以来，为了科学开发利用地热能资源，新一轮全国性的地热资源勘查评价工作提上了议事日程。

"十二五"期间，国土资源部中国地质调查局启动了全国地热资源调查评价与区划项目，组织60多家单位开展了新一轮地热资源调查评价。对各省现有的温泉、地热井的地热地质背景、流体物理化学特征、动态变化、开发利用历史和现状等进行了系统的调查，在此基础上，编撰了一套《中国地热志》，收录温泉（群）、代表性地热井2767处，其中温泉（群）2082处，代表性地热钻孔685处。此次评价完成了中国336个地级以上城市的浅层地热能、31个省（自治区、直辖市）水热型资源调查，同时启动了干热岩资源潜力评价。

新一轮地热资源调查评价结果显示，中国地热资源年可开采量折合标煤约为26亿吨，具有很好的开发利用潜能。中国大陆水热型地热能年可采资源量折合18.65亿吨标准煤（回灌情景下）。其中，中低温水热型地热能资源占比达95%以上，主要分布在华北、松辽、苏北、江汉、鄂尔多斯、四川等平原（盆地）以及东南沿海、胶东半岛和辽东半岛等山地丘陵地区，可用于供暖、工业干燥、旅游、康养和种植养殖等；高温水热型地热能资源主要分布于西藏南部、云南西部、四川西部和台湾地区，西南地区高温水热型地热能年可采资源量折合1800万吨标准煤，发电潜力712万千瓦，地热能资源的梯级高效开发利用可满足四川西部、西藏南部少数民族地区约50%人口的用电和供暖需求。据初步估算，中国大陆埋深3～10千米干热岩型地热能基础资源量约为2.5×10^{25}焦耳（折合856万亿吨标准煤），其中埋深在5.5千米以浅的基础资源量约为3.1×10^{24}焦耳（折合106万亿吨标准煤）。

新一轮地热资源调查评价基本摸清了中国地热资源开发利用潜力，查明了中国地热资源的赋存条件及分布特征，评价了中国地热资源量，提出了地热资源可持续开发利用和保护区划意见。调查评价结果为合理开发利用地热资源提供了基础参考依据，具有现实的社会、经济意义。

在此基础上，新一轮调查还重点勘察了地热田资源，查明重点地区典型地热田，包括高温地热资源、中低温对流型地热资源、沉积盆地传热型地热资源的分布和地热储层埋藏规律及其特征；建立了地热资源开发利用动态监测网，对开采量及其引起的水位、水温、水质变化及环境影响实行有效监测；完善了地热资源数据库管理信息系统，为国土资源数据信息管理、地热资源评价等提供多功能的信息。

四、新型地热螺杆膨胀机的研制

中国已探明的中高温地热资源均为水热型资源，地热井流出的流体为汽水两相流体，且具有较高的矿化度。由于采用常规汽轮机发电设备，对工质的干度和洁净度要求较高，而采用地热螺杆膨胀发电设备，对工质品质要求低，可直接将汽水两相的地热流体进入膨胀机进行做功发电，提高了地热能利用效率，而且可高效地建立一井一站的发电模式，快速投产使用。因此，地热螺杆膨胀机的研制对中国水热型地热资源的发电利用具有重要的现实意义。

螺杆膨胀机是螺杆压缩机的逆运转机器，是一种容积式发电设备。自 20 世纪 80 年代，在西藏自治区领导的支持下，天津大学承接中国第一个螺杆膨胀机发电科技研究项目（西藏地热项目立项），研制出 5 千瓦全流螺杆膨胀试验机，并开展了一系列理论探索和实验研究。1991 年，汽水两相全流螺杆膨胀机研制项目纳入国家"八五"重点科技项目攻关计划，项目由天津大学负责。1993 年 4 月，项目通过国家建材局科技发展司组织的评审鉴定。2000 年开始，江西华电电力有限责任公司与天津大学合作，进行了工业化示范应用研究，完成了电力、石化、冶金、造纸建材等行业大量的余热发电的推广应用，取得了螺杆膨胀动力机发明专利，2008 年获得中国自主知识产权技术证书。2016 年，该产品列入《国家重点节能低碳技术推广目录》。

2006 年，江西华电电力有限责任公司为龙源电力的西藏羊八井地热发电项目设计了两台螺杆膨胀机。针对西藏羊八井地热资源参数，充分考虑防腐和结垢要求，选择螺杆机材料；优化设计螺杆型线，保证型线加工质量；改进轴封密封系统设计；优化油循环系统和冷却系统，研制出新型地热螺杆发电机组。

以上新型地热螺杆膨胀机的研制成功，为地热发电提供了一种全新的发电设备。该装置结构简单，对做功流体的品质要求低，可靠性高，快装可移动性强，运行维护方便，除垢自洁能力强，且具备"黑启动"能力，比较适合中高温地热资源发电。2011 年 5 月，全国螺杆膨胀机标准化技术委员会（SAC/TC 512）正式成立，是国际上第一个螺杆膨胀机标准化组织，该委员会的成立促进了螺杆膨胀机标准化的生产制造。

五、首台地热螺杆膨胀发电机组投入商业示范应用

2009 年 8 月，首台新型地热螺杆膨胀发电机组通过 72 小时试验验收，正式交付生产并投入商业运行。

2006 年，龙源电力与江西华电电力有限责任公司就螺杆膨胀发电机的技术、发展现状、应用情况、地热发电应用改进等方面进行了多次交流。2006 年 7 月"双螺杆膨胀发

电机地热发电应用技术可行性"地热发电技术专家认证会在北京召开，会议认为螺杆膨胀发电机用于地热发电在技术上是可行的。龙源电力迅速决定在西藏羊八井地热电站内投资建设示范机组，以此作为进军西藏可再生能源项目的突破口。同年8月，龙源电力与国网西藏电力有限公司在北京签订《西藏羊八井地热田新型发电示范项目协议》。该项目是利用羊八井地热电站 ZK4001 井地热资源，把井口出来的饱和地热流体，通过螺杆膨胀发电机做功发电，发出的电力接入地热电站的升压站，做功后的热流体进入羊八井地热电站3000千瓦机组的一级扩容器，继续发电利用，提高地热能利用效率。

2007年2月，河北省电力勘测设计研究院完成了《羊八井双螺杆膨胀发电机地热发电示范项目可行性研究》报告，龙源电力组织有关专家进行了会议审查。会议肯定了地热用螺杆膨胀发电机的设计方案，以及示范机组系统方案，原则通过了河北省电力勘测设计研究院所作的可行性研究报告，并对部分技术问题提出了深入研究改进的意见。随后，龙源电力组建项目筹建处，准备项目申请报告及相关配套文件，上报西藏自治区发展改革委。2007年7月，西藏自治区发展改革委批准了该项目的建设申请（藏发改交能〔2007〕477号）。示范项目总装机容量2000千瓦，分两期建设。第一期1000千瓦地热示范机组的施工设计工作由河北省电力勘测设计研究院负责。根据可行性研究审查会议专家意见，龙源电力组织设计院数次赴西藏羊八井现场进行踏勘、考察，获取了地热流体的相关特性参数，为示范机组设计提供了基础数据。

2008年5月，第一台1000千瓦示范机组开始施工安装，同年11月投运。投运后由于机组振动，停机返厂检修。2009年8月，机组检修后重新运抵现场安装调试，完成了热态调试及性能测试工作，整套发电机组通过72小时验收，正式移交生产。

2010年12月，第二台1000千瓦机组安装调试工作完成。两台机组运行基本稳定，2013—2018年间，共发电3958余万千瓦·时。

2011年8月1日，国家发展改革委办公厅批复了西藏羊八井地热发电项目上网临时结算电价：核定国电龙源电力2000千瓦西藏羊八井地热发电项目含税上网临时结算电价为0.90元/（千瓦·时），自该项目首台机组并网发电之日起执行，纳入全国可再生能源电价附加分摊范畴。

螺杆膨胀地热发电机组成功投入商业示范应用，标志着又有一种用于地热发电的新型发电设备投放市场。该技术具有系统简单、运维方便、抗腐蚀抗结垢特性好、运行稳定等特点，适合在西藏地区推广使用，具有广阔的应用前景。

六、国家"863"计划"中低温地热发电关键技术研究与示范"项目启动

中国中低温地热资源储量相对丰富，开发应用前景广阔。20世纪70年代中国进行了一些小型地热双工质循环机组试验研究，但并没有掌握双工质循环（ORC）发电机组生产制造的关键技术。虽然多家企业参与了该技术的研究，设计了一些试验样机，但没有形成商业化产品。与此对比的是，经过几十年的持续技术进步，美国奥玛特（ORMAT）公司的双工质循环发电设备占据了全球中低温地热发电大部分市场。掌握双工质循环发电技

术成为中国地热资源电力应用发展重要任务之一。

国家"863"计划先进能源技术领域"中低温地热发电关键技术研究与示范"项目设置了四个课题，分别是"中低温发电热力循环系统关键技术与部件研制""中低温地热有机工质汽轮机关键技术与设备研制""地热发电机组模块化关键技术与示范性研究""中低温地热并网发电综合技术研究与示范"。各子课题分别由天津大学、西安交通大学、广州能源所和中国石油天然气股份有限公司主持完成。

项目主要内容：建立中低温地热发电热力循环系统，开展对有机工质、高效换热设备、热力循环系统优化及工艺技术的研究，形成新型换热器；研发适用于中低温地热发电的有机工质动力部件；完成以有机工质螺杆膨胀机为动力部件的模块化机组研制及示范性验证，完成以有机工质汽轮机为动力部件的地热发电示范工程建设；评价在油田及东南沿海地区开展中低温地热发电的技术经济性；最终实现中低温地热发电技术达国际先进水平的总体目标。

该项目于 2012 年获得立项批复，2016 年通过项目专家组验收。验收专家组一致认为，该项目完成了立项规定的研究内容及主要考核指标：筛选了适用于中低温地热发电的 3 种有机工质，环保性较好，臭氧层破坏指数 ODP 小于 0.1，温室效应指数 GWP 小于 2000；研发出一种污垢防阻滞工艺技术，降低污垢系数 15%以上。建成了 500 千瓦发电机组的热力循环系统，蒸发器换热量达 5490 千瓦，冷凝器换热量达 4230 千瓦，有机朗肯循环热效率达 7.29%。研制了 500 千瓦有机工质汽轮机，实现 168 小时的示范运行；完成了螺旋式密封及协调控制系统，转速控制精度达±1 转/分，调速不等率 3%～6%连续可调；经第三方根据相关规范测试，发电机的设计输出功率达 525 千瓦，汽轮机在最大输出功率下的内效率为 80.42%。建成了 300 千瓦螺杆膨胀机地热发电模块化机组及可视化检测平台，机组实现 24 小时示范性验证；循环热效率达 6.25%，单位地热水发电量 1.99 千瓦·时/吨，螺杆膨胀机内效率 69.6%。完成了华北油田留北工区 55.54 千米^{2}的地热资源评价；建成了 500 千瓦中低温地热并网发电示范工程，机组通过 168 小时连续考核运行；在现场测试条件下，单位地热水发电量 1.77 千瓦·时/吨。

通过该项目研究，开发出了有自主知识产权的中低温地热发电机组，填补了中国有机工质汽轮机工艺设计与研发技术的空白，提升了中国中低温地热发电技术水平，推动了地热发电设备的国产化和产业化的进程。

七、首台油田伴生地热水发电机组在华北油田成功投运

2011 年 7 月，中国首台油田伴生地热水发电机组在华北油田成功投运，该机组采用双工质循环螺杆膨胀发电系统，机组容量为 400 千瓦。

中国油田蕴藏大量的地热资源，主要分布在松辽盆地、鄂尔多斯盆地等区域。在油田开发过程中会同时采出具有较高温度的地下热水。据不完全统计，大庆、辽河、华北三大油田的地热能资源高达 $1.09×10^{22}$ 焦耳（折合 3723 亿吨标准煤），占中国油田地热能的近一半，其中可开采量为 $4.25×10^{20}$ 焦耳（折合 145 亿吨标准煤）。充分利用中国油田地热能资源，可在节省油田生产成本的同时，促进中国地热能利用的发展。

华北油田蕴藏着丰富的深层地热资源，地热能资源高达 $1.30×10^{21}$ 焦耳（折合 444 亿吨标准煤）。华北油田公司留北潜山油藏地热水发电项目是中国首个油田伴生地热水发电项目，属于中低温地热水发电类型，是国家"863"计划项目"中低温地热发电关键技术研究与示范"中的子项目，内容为利用华北油田采油三厂的油水混合物热液源进行发电，以及在其他领域的综合利用。

华北油田分公司采油三厂有四眼井，油水混合物热液温度约为 104 摄氏度，设计安装了一台 400 千瓦的双工质循环螺杆膨胀机，其尾水温度 85~90 摄氏度，作为油田维温热液继续利用。2011 年 7 月，机组建成投运。有机工质吸热后进入螺杆膨胀机的压力为 0.38 兆帕，循环冷却水的进口温度为 21.1 摄氏度，出口温度为 35.8 摄氏度。发电机转速 1500 转/分钟，机组净输出功率 231 千瓦。发电后尾水温度 80 摄氏度，送至油田各站点维温及伴热利用，替代了原燃油热水锅炉，节约了大量的能源。实现了地热水提液增油，维温伴热和发电的"油—热—电"联产，实现节能减排和循环利用的综合效果。

首台油田伴生地热水发电机组成功投运，为中国油田地热资源开发利用树立了标杆。利用油气开发过程中的伴生水余热资源或废弃井改造为地热井，综合用于发电、生活采暖、输油伴热、管道清洗等，节约了燃油、燃气、燃煤，经济效益和社会效益显著。此外，对废弃油井进行地热井化改造，既可节约钻井等开发成本，又能解决废弃油井环境污染和安全隐患等问题，一举两得。废弃油井地热能发电与综合利用，开辟了一条废弃油井综合治理和地热资源利用兼得的新型治理之路。

第十节　潮汐能发电站的升级改造与预可行性研究

海洋潮汐能的利用技术是海洋能应用中最早开展研究和成熟的技术。国际上，海洋潮汐能发电站商业化运行已有数十年。法国、英国、俄罗斯、加拿大、印度、韩国等国都进行了潮汐能发电站的规划和设计。其中，法国朗斯潮汐能发电站于 1967 年建成，总装机容量达到 24 万千瓦；加拿大安纳波利斯潮汐能发电站于 1984 年建成，总装机容量达到 2 万千瓦；韩国始华湖潮汐能发电站于 2011 年建成，总装机容量达到 25.4 万千瓦。

中国针对海洋潮汐能发电技术的研究及应用要早于其他海洋能应用技术，已建成发电项目数量较多，是世界上拥有潮汐能发电站最多的国家。1958 年 10 月，中国就建成了 41 座小型潮流能发电站；1972 年，江厦潮汐试验电站开始建设；20 世纪 80 年代，中国潮汐能电站总装机容量达到 3200 千瓦，2007 年这一数字增长到 3900 千瓦。

经过数十年发展，中国拥有开发利用潮汐能的技术基础，具备了潮汐发电装备研制与海洋潮汐能发电站建设的能力。江厦潮汐试验电站和海山潮汐电站已运营几十年，为了进一步提高电站发电效率和潮汐能资源利用率，升级改造工程提上了日程。江厦潮汐试验电站于 2015 年完成增容扩建，总装机容量达到 4100 千瓦，是当时全球第四大潮汐能发电站；海山潮汐电站开展了科技改造工程的前期工作。此外，中国具备了开发万千瓦级中型潮汐电站的技术条件，完成了健跳港（2 万千瓦）、乳山口（4 万千瓦）、八尺门（3.6 万千瓦）、马銮湾（2.4 万千瓦）、瓯飞（4.51 万千瓦）等多个潮汐电站建设的预可行性研究工作。

这一时期对江厦潮汐试验电站和海山潮汐电站的升级改造，以及多个万千瓦级中型潮汐能发电站预可研项目的进行，使中国潮汐能发电站建设能力进一步提升，同时加快了中国海洋潮汐能资源规模化、商业化发电开发利用的进程。

一、江厦潮汐试验电站的改造

2003 年，江厦潮汐试验电站 6 号机组的建设被列为电站挖掘潜力和加快发展的首要任务。2004 年 1 月，电站委托华东勘测设计研究院进行 6 号机组工程可行性研究咨询。4 月，《江厦潮汐试验电站扩机工程可行性研究报告》编制完成。其中根据电站运行状况，结合 6 号机坑预留流道现状，对单向正向发电（落潮）和双向发电（涨、落潮）两种运行方式进行比较。2005 年 3 月，龙源电力申报国家高技术研究发展计划（"863" 计划）课题 "新型潮汐机组的试验研究"。6 月 30 日，科技部批准立项，核定课题研究经费 200 万元。10 月 11 日，龙源电力批准在电站 6 号机坑安装 1 台新型潮汐发电机组，总投资 813.11 万元（不包括模型机组优化设计和研制试验费）。12 月 3 日，在龙源电力主持下，召开扩机工程协调会，开始设备制造和安装的招投标准备工作。2007 年 9 月，由国家 "863" 计划支持研制的新型双向卧轴灯泡贯流式机组投入运行，6 号机组增加了正反向水泵运行工况，电站总装机由 3200 千瓦增加到 3900 千瓦。2009 年，国家投入 400 多万元对电站水轮机的转轮、受油器、发电机定转子等结构进行技术改造，并对机组轴线进行优化计算和调整，进一步提高了电站的自动化水平、安全水平以及设备整体水平。

2012 年，龙源电力联合中国水电工程顾问集团华东勘测设计研究院、清华大学等单位启动了电站的 1 号机组增效扩容改造工程，单机容量由 500 千瓦增加至 700 千瓦。2014 年 5 月，清华大学完成了模型机组试验，试验得到的模型机组正向水轮机最高效率 85.3%，反向水轮机最高效率 78.1%，正向水泵水力效率达到 78%，反向水泵水力效率达到 70%。现场二期混凝土于 2015 年 1 月全部浇筑完毕，设备制造工作由东芝水电设备（杭州）有限公司完成。2015 年 6 月，所研制的 700 千瓦三叶片双向潮汐发电机组成功并网，经第三方中水北方勘测设计研究有限责任公司现场测试，水轮机正向发电时最高效率 88.7%，反向发电时最高效率 83.2%，相比原机组最高效率提高 10% 以上。2018 年 11 月 4 日，江厦潮汐试验电站 1 号机组在海洋工程科学技术奖颁奖大会中荣获全国 "优秀海洋工程" 荣誉称号。至此，江厦潮汐试验电站总容量扩充到 4100 千瓦。为有效提升能源综合高效利用，江厦潮汐电站创新开创太阳能与潮汐能的互补开发，2022 年 5 月 30 日，温岭潮光互补智能电站实现全容量并网发电，是中国首座潮光互补型光伏电站。

二、海山潮汐发电科技改造试验项目工程设计

海山潮汐电站经过几十年的运行，存在发电设备老化、部分设备存在安全隐患、过流部件临近使用寿命、腐蚀严重、设施老化失修、自动化程度低、检修难度大等问题，发电

效率日益下降，发电上水库淤积严重，机组出力减少，直接影响了电站正常运行和经济效益。实施海山潮汐电站的改造成为迫在眉睫的工作。

2014 年 4 月，浙江省水利水电勘测设计院受玉环县水利局的委托，开展海山潮汐电站增容改造工程的初步设计工作。2014 年 10 月，编制完成《浙江省玉环县海山潮汐电站增容改造工程初步设计报告》（送审稿）。

2014 年 6 月，玉环县水利局委托浙江中材工程勘测设计有限公司完成海山潮汐电站改造工程的地质勘探工作，同年 10 月完成老厂房位置的地质补勘工作。

2014 年 11 月，玉环县水利局组织专家对《浙江省玉环县海山潮汐电站增容改造工程初步设计报告》（送审稿）进行了技术咨询。2014 年 12 月，浙江省水利水电勘测设计院根据专家咨询意见，对工程名称和工程任务做了相应的调整，编制完成《浙江省玉环县海山潮汐发电科技改造试验项目（一期）工程初步设计报告》（报批稿）。

海山潮汐发电科技改造试验项目的主要任务是为潮汐能开发科技试验提供一个平台，探索潮汐电站相关研究，并保留原工程双库、单向、全潮发电的功能。

三、万千瓦级潮汐电站的预可行性研究

20 世纪 90 年代，国家计委、科委、经贸委及水利部、电力部、农业部和海洋局等相关政府部门，以及沿海各级政府的相关部门在《中国海洋 21 世纪议程》《国民经济和社会发展"九五"计划和二〇一〇年远景目标纲要》《新能源和可再生能源发展纲要》等规划中提出包括海洋能利用在内的可再生能源开发目标和措施。潮汐能资源量比较丰富的浙江和福建两省开展了多个潮汐电站建设的前期调查研究、规划论证工作，走在了中国海洋能利用的前列。浙江省对乐清湾、象山港、健跳港潮汐电站坝址进行了考察；国家科委海洋组组织了针对浙江、福建沿海万千瓦级潮汐电站选址考察；浙江、福建分别对八尺门、大官坂、健跳港潮汐电站进行预可行性研究等。

1991 年 9 月，华东勘测设计研究院完成了浙江、福建沿海潮汐电站规划选点工作：从全国潮汐能第二次普查中圈定的浙闽数十个万千瓦以上的潜在站址中，筛选出 11 个综合条件较好的站址（其中浙江省入选 5 个站址，分别是黄墩港、狮子口、岳井洋、健跳港和乐清湾）；进行了重点规划设计，经技术经济研究分析，推荐健跳港和狮子口分别被列为万千瓦级和十万千瓦级潮汐电站近期开发项目。1999 年，华东勘测设计研究院受浙江省电力局委托，完成了健跳港潮汐电站预可行性研究，得出该站址是当时条件下适宜开发的最佳潮汐能资源利用区的结论，并进一步推荐锁木渡为坝址，开发方式为单库单向落潮发电，初选装机容量为 2 万千瓦，预计年发电量为 5000 万千瓦·时。经过多年反复勘测、论证，完成了浙江省三门县健跳港潮汐电站（万千瓦级）预可行性研究后，健跳港潮汐电站并没有进一步进展。直到 2009 年 6 月，龙源电力再次开展了健跳港 2 万千瓦潮汐示范电站预可行性研究。

2007 年 8 月 31 日，国家发展改革委印发《可再生能源中长期发展规划》，提出到 2020 年建成 10 万千瓦级海洋潮汐电站。万千瓦级潮汐电站的预可行性研究再度提上议事日程。

2009 年 6 月，在中国可再生能源规模化发展项目 CRESP 项目一期支持下，世界环境基金赠款 60 万美元，浙江省政府投资 400 万元，由龙源电力开展了健跳港 2 万千瓦潮汐示范电站预可行性研究。

在海洋可再生能源专项资金支持下，其他多项潮汐电站建设工程预可行性研究项目获得进展，包括中国海洋大学、中国水电工程顾问集团西北勘测设计研究院联合承担并完成的乳山口 4 万千瓦潮汐电站工程预可行性研究项目，中国海洋大学联合华东勘测设计研究院等单位完成的福建沙埕港八尺门万千瓦级潮汐电站站址勘察及工程预可行性研究项目，福建大唐国际新能源有限公司联合华东勘测设计研究院等单位完成的厦门马銮湾万千瓦级潮汐电站建设的站址勘察、选址及工程预可行性研究项目，以及华东勘测设计研究院联合中国海洋大学承担并完成的温州瓯飞万千瓦潮汐电站建设工程预可行性研究项目。

第九章

可再生能源成为中国能源供应新生力量
（2015—2020）

　　为了加快中国电力部门朝低碳清洁的方向转型，保持可再生能源电力持续、快速、健康、全面地发展成为这一时期的首要任务，整个行业妥善解决了两方面的挑战：首先，多管齐下，综合解决风电、光伏发电的消纳问题，有效控制了弃风弃光的现象，保证了可再生能源电力项目的投资吸引力；第二，通过持续技术创新和产业链整合，进一步降低了可再生能源发电成本，基本实现了风电、光伏发电"去补贴化"目标。

　　2015 年，中国风电、光伏发电消纳形势严峻。风电行业全年弃风电量 339 亿千瓦·时，同比增加 213 亿千瓦·时，平均弃风率 15%[1]；全年累计弃光电量为 46.5 亿千瓦·时，平均弃光率 12.6%[2]。2020 年，全国弃风电量下降到约 166 亿千瓦·时，平均利用率 97%，弃风率下降到 3%；全国弃光电量 52.6 亿千瓦·时，平均利用率 98%，弃光率 2%。"十三五"期间，弃风电量、弃光电量和弃风率、弃光率持续多年"双降"。

　　2016 年 3 月 24 日，国家发展改革委印发《可再生能源发电全额保障性收购管理办法》（发改能源〔2016〕625 号），明确了可再生能源发电全额保障性收购运营机制和管理架构。2016 年 6 月 1 日，国家发展改革委、国家能源局于共同发布了《关于做好风电、光伏发电全额保障性收购管理工作的通知》（发改能源〔2016〕1150 号）。明确了风电、光伏发电保障性收购的管理原则和范围。一系列的政策可以视为是对 2009 年修订后的《中华人民共和国可再生能源法》中将可再生能源发电"全额收购"调整为"全额保障性收购"作出的执行层面上的政策回应。"保障性收购"同"市场化"相结合的可再生能源电力消纳方案正式付诸实施，可再生能源电力从"温室"走向"半放养"状态。"全额保障性收购"一方面一定程度上限定了"补贴"规模，保障可再生能源补贴总额在可控的范围内，减轻了财政负担；另一方面，也在保证可再生能源电力市场健康、稳定发展的前提下，驱动可再生能源产业进一步朝科技创新、加强管理、降本增效发展，起到了促进可再生能源发展进一步市场化的积极作用。

　　2014 年年底，全国风电产业累计并网装机容量达到 9637 万千瓦[3]。光伏发电累计装

---

[1] 《2015 年风电产业发展情况》，国家能源局，2016 年 2 月 2 日。

[2] 于南：《中国"弃光率"达 12.6% 管理层出台全额保障收购办法》，中国经济网，2016 年 6 月 2 日。

[3] 《2014 年风电产业监测情况》，国家能源局，2015 年 2 月 12 日。

机容量 2805 万千瓦❶。在保证风力发电持续快速增长的前提下，进一步降低光伏发电成本，提升其竞争力，实现了中国可再生能源发电从风电的"一家独大"，到风电、光伏"比翼齐飞"的新局面，也成为这时期引人注目的发展亮点。

中国光伏累计装机由 2015 年年底的 4320 万千瓦❷增长到 2020 年年底的 2.53 亿千瓦❸，增长了接近 5 倍。中国光伏发电产业发展扭转了"两头在外"，世界"代工厂"的窘境，形成了完整的光伏生产制造产业链，成为中国可再生能源产业的新名片。2020 年，中国多晶硅、硅片、电池片和组件的产能在全球占比分别达到 69.0%、93.7%、77.7% 和 69.2%❹，截至 2019 年年底，规模化生产的单晶硅电池、多晶硅电池平均转换效率较 2015 年分别提高约 4 个和 3 个百分点，2019 年的光伏发电单位平均造价较 2015 年降幅约为 49%❺。按照中央决策部署和习近平总书记的指示要求，2014 年 10 月，国家能源局会同国务院扶贫开发领导小组办公室，启动了光伏扶贫试点工作，为期六年的全国范围内光伏扶贫项目拉开序幕。光伏扶贫专项建设规模或计划分五批下达，累计建成光伏扶贫电站 2636 万千瓦，惠及 6 万个贫困村、415 万贫困户，每年可实现电费和补贴收入约 180 亿元，为我国提前实现 2020 年全面脱贫目标作出重要贡献。

《风电发展"十三五"规划》要求到 2020 年年底风电累计并网装机容量确保达到 2.1 亿千瓦以上。2019 年 9 月底，中国海上风电行业实现累计并网容量 503.54 万千瓦，提前 15 个月完成了"十三五"装机目标❻。2019 年中国风电行业单位平均造价约为 7000 元/千瓦，部分地区更达到了 5500 元/千瓦左右，较 2015 年下降了 1000～2500 元/千瓦。根据彭博新能源财经的数据，2020 年全球前十大新增装机整机制造商中，中国风电整机厂商占七席。这一时期，新技术、新模式、新业态不断涌现，代表性工程相继建成。

"十三五"时期，中国太阳能热发电行业取得了较大发展。自 2016 年国家能源局公布首批太阳能热发电示范项目以来，中国太阳能热发电行业发展不断提速，截至 2019 年年底，累计装机 42 万千瓦，全球占比达到 6%，产业链主要相关企业近 300 家。同时，首批示范项目之一的德令哈 50 兆瓦太阳能热电站实现满负荷运行，调峰深度和速度均明显优于常规火电。

"十三五"期间生物质发电的利用规模达到 1500 万千瓦，年产量达到 900 亿千瓦·时，替代化石能源 2600 万吨/年；生物质发电实现热电联产并进一步注重环保。地热发电进行了多技术路线探索，西藏地热发电重新启动。地热直接利用快速发展，其中，浅层地热利用技术日趋完善，中深层地热利用不断发展，干热岩地热利用技术也进入实验阶段。截至 2020 年年底，全球地热发电装机达到 15 608 兆瓦，中国地热发电装机 44.66 兆瓦，仅占全

---

❶《2014 年光伏发电统计信息》，国家能源局，2015 年 3 月 9 日。

❷《2015 年度全国可再生能源电力发展监测评价报告》，国家能源局网站，2021 年 8 月 16 日。

❸《2020 年度全国可再生能源电力发展监测评价报告》，国家能源局网站，2021 年 6 月 20 日。

❹ 中国光伏行业协会秘书处：《2020—2021 年中国光伏产业年度报告》，中国光伏行业协会，2021 年 5 月。

❺ 谢文川，伍梦尧：《中国"十三五"太阳能发展综述》，中国电力新闻网，2021 年 1 月 12 日。

❻ 中国电力企业联合会：《中国电力行业年度发展报告 2020》，中国电力企业联合会网站，2020 年 6 月 12 日。

球 0.3%。全球地热直接利用装机容量为 108 吉瓦（热功率），中国地热直接利用装机容量达到 40.6 吉瓦（热功率），占全球的 38%，连续多年位居世界首位。海洋能领域的潮汐能、潮流能以及波浪能等利用技术也有不同程度的进展。特别是在舟山建成的中国第一座潮流能电站❶，填补了中国潮流能发电的空白。

可再生能源发电在能源结构中的占比不断提升，可再生能源技术产业结构更加合理，可再生能源发电产业的不断发展壮大，成为中国电力行业的新生力量。2018 年，非水可再生能源发电装机容量超过水电，成为中国第二大电力电源。

截至 2020 年年底，全国可再生能源发电（不包含水电及抽水蓄能装机）累计装机容量 5.64 亿千瓦，占全部电力装机的 25.7%。其中，风电装机 2.81 亿千瓦、光伏发电装机 2.53 亿千瓦、生物质发电装机 2952 万千瓦。2020 年，全国可再生能源发电量（不含水电发电量）达 8602 亿千瓦·时，占全部发电量的 11.3%。其中，风电发电量 4665 亿千瓦·时，占全部发电量的 6.1%；光伏发电量 2611 亿千瓦·时，占全部发电量的 3.4%；生物质发电量 1326 亿千瓦·时，占全部发电量的 1.7%❷。

第一节　可再生能源技术进步与行业成果

不同于消耗化石能源的火电项目，以风电和太阳能光伏发电为代表的可再生能源发电项目有出力间歇、分布相对分散的特点。可再生能源项目尤其是风电、太阳能光伏发电以及海洋能发电要求发电设备长期暴露在诸如海上、荒漠戈壁、山地等复杂严苛的自然环境中，这对可再生能源设备提出了高适应性及可靠性的要求。

"十三五"期间，中国的风能产业进入新的发展阶段，整个行业进一步重视技术创新的投入和产品质量的提升，风力发电技术向着大型化、海上化等方向发展。这一时期，中国的风电技术持续进步，风电整机企业自主研发能力进一步提升，风电设备零部件国产制造能力不断加强。伴随着人工智能、物联网、大数据等新兴技术的发展，中国风力发电技术向着智能化方向发展，技术的可靠性不断提升，风电项目的运营成本不断下降。

可再生能源装机规模不断提高，以电价补贴为激励政策的补贴总规模不断增加，致使针对可再生能源的财政负担不断增加。要想缓解、消除新老项目补贴拖欠的现象，不能只靠财政部门加大集资力度，还需通过政策引导、增强市场竞争等手段，进一步提高可再生能源设备发电性能，降低可再生能源发电成本，逐步、快速地实现可再生能源发电的"去补贴化"。

风机大型化是风电降本增效的有效途径。在国家政策的支持和引导下，中国风电技术研发能力显著提升，从早期的引进技术、消化吸收、再创新到自主研发，进而具备了自主研发多兆瓦级大型风力发电设备的科研技术能力。中国陆地风电场的主流机型由 1.5 兆瓦

❶ 吴琼：《国内首座潮流能发电站首次结算已并网发电量》，中国海洋报，2019 年 8 月 28 日。
❷ 《2020 年度全国可再生能源电力发展监测评价报告》，国家能源局网站，2021 年 6 月 20 日。

向 2～2.5 兆瓦风电机组发展，适用于海上的 3～4 兆瓦风力发电机组已批量应用，5 兆瓦和 6 兆瓦的风力发电机组成功并网投产。在大型风电机组研发、生产和应用方面，中国风电产业已达国际先进水平。2010 年以来，在新增风电装机市场中，2 兆瓦及以上的风电机组装机市场份额不断上升，2018 年占中国新增装机容量的 95%；2019 年单机容量为 8 兆瓦的风电机组吊装成功，并成功研制出 10 兆瓦风力发电机组。

光伏发电成本的下降来自整个光伏产业链成本的下降。2020 年年底多晶硅致密料的市场平均价格在 8.76 万元/吨左右，高性能单晶硅电池的平均价格为 0.92 元/峰瓦左右，高性能单晶硅光伏发电组件平均价格低于 1.7 元/峰瓦，中国地面光伏系统的初始全投资成本约为 3.99 元/峰瓦，即 3990 元/千峰瓦。可再生能源发电成本的迅速下降，让整个行业看到可再生能源电力实现"平价上网"的希望，在政策的引导激励下，研发投入进一步加大，产业链进一步整合，产业结构进一步优化。

一、风电机组向高适应性、大型化与智能化发展

在国家政策的推动下，中国国内风力发电设备需求旺盛，为中国风力发电整机制造企业创造了良好的发展环境，产业链总体实力不断提升。2020 年是中国陆上风电平价"去补贴"前的最后一年，当年新增装机量占全球约 50%[1]，国产风机厂商主导了中国市场。中国风电整机企业掌握了风电设计核心技术，能自主研发不同工况特点下的适应性机型，逐步开发出满足中国不同地理环境下运行要求的适应性风电机组，如高海拔、低风速、抗台风、抗沙尘等，拓展了风力发电技术在国内的应用市场。随着国内品牌在质量和成本上的竞争力不断提升，国外机组占据中国风电市场的局面逐渐改变，2020 年包括歌美飒、维斯塔斯和通用电气在内的三家国外制造企业在中国仅获得了 4.67% 的市场份额，共计 2540 兆瓦[2]。

2014 年，上海电气通过引进西门子技术，成功制造了首台 4 兆瓦海上风力发电机组。该机组配备了 63 米的叶片，掠风面积 13 300 米²。2017 年 6 月，上海电气继引进国外 6 兆瓦海上风机后又引进了 154 米叶轮直径的 7 兆瓦海上风电机组。2019 年，东方电气生产的 10 兆瓦海上风力发电机组下线，中国风力发电技术大型化又向前行进一步。该机组是抗台风型海上风力发电机组，针对福建、广东等海域 I 类风区设计，具备抗台风能力，单机容量 10 兆瓦，叶轮直径 185 米。2020 年 10 月 14 日，远景能源 EN-171/5.5 兆瓦海上智能风机，针对中低风速以及台风区域开发，提高了设备在海上运营中可靠性，进一步优化了海上风电的发电成本。

二、龙源电力成为全球最大风电开发运营商

随着风电价格政策的不断完善，中国政府在风电项目的补贴小时数、补贴年限和补贴标准等方面都作出了明确的规定。为减少风电行业对国家补贴的依赖，优先发展补贴强度

---

[1] GWEA：《Global Wind Report 2021》，GWEA 网站，2021 年 11 月。

[2] 中国可再生能源学会风能专业委员会：《中国风电产业地图 2020》，中国可再生能源学会，2021 年 12 月。

低、退坡力度大、技术水平高的项目，逐步实施风电竞价机制，风电行业竞争日益激烈，成为更多主流企业的投资方向，龙源电力在此期间成为世界最大风电开发企业。

2015年年底，龙源电力在香港召开2015年度业绩发布会。龙源电力实现除税前利润46.76亿元人民币，归属股东净利润28.81亿元人民币。累计完成发电量357.31亿千瓦·时，其中，风电发电量同比增长11.35%，风电利用小时数较行业平均值高160小时。全年核准风电项目262.8万千瓦，非限电地区占比达到87%，全年新增风电装机222.2万千瓦，海上项目90万千瓦，保持了海上风电技术领先优势。2015年年底，龙源电力风电控股装机容量达到1576.5万千瓦，成为全球最大风电开发运营商。

2017年11月28日，经党中央、国务院批准，中国国电集团公司和神华集团有限责任公司两家世界500强企业合并重组成国家能源集团，成为全球最大的可再生能源发电生产公司。

三、全球首座模块式海上升压站建成

随着海上风电的发展，海上风力发电技术的建设及配套设备的能力整体提升，海上风电项目有能力向更远更深的海域发展，这对海上风电项目的建设施工、运营管理等提出了更高的要求。在这一时期，海上风电建设技术突破式发展，攻克了多项技术难题。

2017年6月27日，龙源电力江苏大丰海上风电场220千伏海上升压站完成建设安装，该项目由中国电建集团华东勘测设计研究院有限公司承担勘测设计任务。海上升压站作为海上风电的心脏，以其综合性、复杂性而著称。该升压站是龙源电力江苏大丰（H12）200兆瓦海上风电项目的配套工程，坐落于东沙西侧边缘，离岸距离27千米，平均水深0.4米。海上风力大、湿度大，海水腐蚀性强，场址条件对海上升压站的运输、吊装、建设提出了巨大的工程挑战。为此项目采用的模块式布置方案，整座升压站设置了2个平台、5个模块，每个模块的质量控制在600吨以内，以满足浅滩条件下的运输和吊装装备的能力。每个模块单独在陆上建造并完成模块内部的安装和调试，然后在海上逐个安装、完成模块间的连接和整体调试。海上升压站作为一个整体发挥功能，模块式布置方式解决了模块功能的合理分割、模块间各种管线连接、通道、消防等一系列技术难题。该项目是全球首座模块式海上升压站，也创造了全球最浅的浅滩场址海上升压站建设纪录。

2017年10月28日，龙源电力与振华集团合资建造的中国最大海上风电施工平台——"龙源振华3号"，在江苏南通举行下水仪式。该平台是自主研发、设计、制造的集大型设备吊装、基础打桩、风机安装于一体的风电施工平台，在当时全球自升式风电安装平台中拥有最高的吊高高度。其最大作业水深达到50米，成为中国海上风电作业从浅海走向近海的关键设备。该平台上的起重机、升降系统、推进器、动力定位系统等关键配套件实现了100%的国产化。

四、青海莫合风电场并网成功

2018年12月31日，由国家电投黄河上游水电开发有限责任公司（简称黄河公司）

建设的单体装机容量 850 兆瓦的青海莫合风电场成功并网，成为国内一次性并网容量最大的风电项目[1]。

青海莫合风电场位于青海省共和县切吉乡西北部 12 千米，海拔 2985～3189 米，恶劣的天气、低温缺氧的工作环境给风电场建设带来巨大的工程挑战。

风电场由海南州水光风多能互补集成优化示范工程 400 兆瓦风电场、共和 450 兆瓦风电场、莫合 330 千伏升压站组成。其中，400 兆瓦风电场安装 182 台 2.2 兆瓦机组，设计多年平均发电量为 824 吉瓦·时，设计多年平均等效利用小时数[2]为 2058 小时；共和 450 兆瓦风电场安装 225 台 2.0 兆瓦机组，设计多年平均发电量为 1067 吉瓦·时，设计多年平均等效利用小时数为 2370 小时。

青海莫合风电场于 2018 年 5 月开始土木工程建设，7 月进入机电安装阶段，9 月进入升压站机电安装阶段，同年 12 月 31 日并网发电。为了应对大规模风力发电项目电力送出的技术挑战，项目采用了风机"一机一变"[3]单元接线方式升压至 35 千伏，由 32 条 35 千伏集电线路汇流至莫合 330 千伏升压站。莫合 330 千伏升压站安装 3 台容量为 300 兆乏的 330 千伏电压等级的主变压器，330 千伏系统采用 3/2 接线方式，1 回 330 千伏进线接至那仁 330 千伏升压站，经 330 千伏加莫Ⅰ、Ⅱ线接入 750 千伏香加变电站。

850 兆瓦青海莫合风电场并网进一步加大了可再生能源电力在青海省电力结构中的占比，体现了中国在超大规模风电项目及配套输配电设施建设的工业、工程能力。

五、三峡能源江苏响水近海风电项目并网成功

2016 年 10 月，三峡能源江苏响水近海风电项目并网成功，成为中国较早一批商业化运营的海上风电项目之一。

项目位于江苏响水县灌东盐场、三圩盐场外侧海域，离岸距离约 10 千米，沿海岸线方向长约 13.4 千米，涉海面积约 34.7 千米[2]，场区水深 8～12 米。项目于 2014 年开工建设，总装机容量 202 兆瓦，共安装 37 台单机容量为 4 兆瓦的风电机组和 18 台单机容量为 3 兆瓦的风电机组。

项目配套建成了 220 千伏电压等级海上升压站。升压站由国内相关企业设计、建设、安装、调试；采用国内设计生产制造的三芯 220 千伏光纤复合海底电缆，铺设了 220 千伏三芯海缆输电线路。项目采用了复合筒型基础带风机一步式安装。复合筒基础适合软黏土和粉砂等软弱地基，该类型地基在中国海域分布广泛。复合筒型基础及风机一步式安装将传统的海上风电施工步骤和作业面转化为陆地完成风机拼装，与基础一起负压沉放并调平作业，无冲击荷载，减少了风电场建设安装对海洋环境的影响。除此之外，项目采用了 4 兆瓦风机整体吊装技术和反向平衡法兰技术，为海上风力发电技术在中国海域应用进一步

---

[1]《我国单体容量最大风力发电项目在青海投运》，新华社，2019 年 1 月 3 日。

[2] 等效利用小时数也称作等效满负荷发电小时数，单位：小时。单机等效利用小时数是指统计周期内单台风机的发电量折算到该机组满负荷运行条件下的发电小时数。

[3]"一机一变"是指一台风力发电机配备一台箱式变压器。

积累了经验。

六、光伏"领跑者"计划推动行业降本增效

随着中国光伏产业快速发展，应用规模迅速扩大，光伏发电建设成本高、电价补贴总规模不断增长，造成沉重的财政负担，成为制约光伏产业发展的重要因素之一。同时，产能结构性供需不平衡、技术创新能力有待加强、产品质量有待提升等问题凸显。2015 年 6 月 1 日，国家能源局、工业和信息化部、国家认监委联合下发《关于促进先进光伏技术产品应用和产业升级的意见》（国能新能〔2015〕194 号），提出了一项重要举措，即实施光伏"领跑者"计划。以光伏电池组件的转换效率、衰减率为主要指标，设定了市场注入线和"领跑者"技术指标的两级要求。对于达不到市场准入线的产品，不得进入市场；对于达到"领跑者"技术指标的产品，明确国家积极支持其进入市场并予以推广。《关于促进先进光伏技术产品应用和产业升级的意见》（国能新能〔2015〕194 号）指出，2013 年国务院发布《关于促进光伏产业健康发展的若干意见》（国发〔2013〕24 号）以来，中国光伏技术进步明显加快，市场规模迅速扩大，为光伏产业发展提供了有力的市场支撑。与此同时，也出现了部分落后产能不能及时退出市场、先进技术产品无法进入市场、光伏产业整体技术升级缓慢、光伏发电工程质量存在隐患等问题。为了促进先进光伏技术产品应用和产业升级，加强光伏产品和工程质量管理，提出发挥市场对技术进步的引导作用，严格执行光伏产品市场准入标准，实施"领跑者"计划，发挥财政资金和政府采购支持光伏发电技术进步的作用，加强光伏产品检测认证，加强工程产品质量管理，加强技术监测和监督，完善光伏发电运行信息监测体系等意见。

2015 年 12 月 8 日，宁夏回族自治区发展和改革委员会出台地方光伏政策，要求宁夏回族自治区 2016 年所有光伏项目都必须符合"领跑者"计划相应的指标。此后，新疆、陕西、浙江等地同样开始要求使用满足"领跑者"指标的组件，市场上的电站投资者也主动要求使用"领跑者"指标的光伏产品。

2017 年 9 月 22 日，国家能源局下发《国家能源局关于推进光伏发电"领跑者"计划实施和 2017 年领跑基地建设有关要求的通知》（国能发新能〔2017〕54 号）（简称"54 号文"），明确光伏发电"领跑者"计划和基地建设以促进光伏发电技术进步、产业升级、市场应用和成本下降为目的。通过市场支持和试验示范，以点带面，加速技术成果向市场应用转化，以及落后技术、产能淘汰，实现 2020 年光伏发电用电侧平价上网目标。

光伏发电领跑基地包括应用领跑基地和技术领跑基地，其中，应用领跑基地通过为已实现批量制造且在市场上处于技术领先水平的光伏产品提供市场支持，以加速市场应用推广、整体产业水平提升和发电成本下降，提高光伏发电市场竞争力；技术领跑基地通过给光伏制造企业自主创新研发、可推广应用但尚未批量制造的前沿技术和突破性技术产品提供试验示范和依托工程，以加速科技研发成果应用转化，带动和引领光伏发电技术进步和市场应用。

进入国家能源局优选范围的基地所在地政府采取竞争性优选方式选择基地项目投资者，要求投资者选用达到领跑技术指标的光伏产品，并将比当地光伏发电标杆上网电价低

10%的电价作为企业竞价的入门门槛；进入国家能源局优选范围的基地所在地政府采取竞争性优选方式选择技术最前沿的光伏制造企业，由其单独或联合一家光伏发电投资企业共同（光伏制造企业须控股）作为该基地项目投资企业，基地项目执行光伏发电标杆上网电价。领跑基地光伏产品技术指标根据光伏行业技术进步和产业发展情况循环递进，由国家能源局同有关方面协商研究确定。每期技术领跑基地技术指标作为下期应用领跑基地的技术指标的重要参考。根据《国家能源局关于可再生能源发展"十三五"规划实施的指导意见》（国能发新能〔2017〕31 号），每期领跑基地控制规模为 800 万千瓦，其中应用领跑基地和技术领跑基地规模分别不超过 650 万千瓦和 150 万千瓦。每个基地每期建设规模为 50 万千瓦，应用领跑基地每个项目规模不小于 10 万千瓦，技术领跑基地每个项目规模为 25 万千瓦，每个基地均明确其中一个项目承担所在基地综合技术监测平台建设；为保持各地区光伏发电平稳有序发展，每个省每期最多可申报 2 个应用领跑基地和 1 个技术领跑基地。

政策明确将"领跑者"计划准入标准进行量化，且明确提出将以政策资金和政府采购方式对"领跑者"先进技术产品进行政策倾斜。

2017 年 12 月 29 日，国家能源局下发的《国家能源局关于 2017 年光伏发电领跑基地建设有关事项的通知》（国能发新能〔2017〕88 号）（简称"88 号文"）明确，对严格落实要求、按期投产且验收合格的基地，在后续领跑基地竞争优选中给予优先考虑或适当加分。其中，较标杆电价降幅最大的 3 个应用领跑基地奖励等量规模接续建设，建设速度快的应用领跑基地还可以同时申报下期基地优选。2018 年，国家能源局综合司下发《关于光伏发电领跑基地奖励激励有关事项的通知》（国能综通新能〔2018〕168 号），落实 2017 年"54 号文"和"88 号文"中关于光伏发电领跑基地有关激励事项，对严格落实要求、按期投产且验收合格的基地（含二期），在后续领跑基地竞争优选中给予优先考虑或适当加分；对 2017 年光伏发电领跑基地给予 3 个共 150 万千瓦等量规模接续建设作为奖励激励，获得奖励的基地可按要求继续申报后续领跑基地，但不予加分和优先考虑。

国家能源局从 2015 年实施光伏"领跑者"计划开始，截至 2018 年年底，共启动了三批领跑者基地建设，分别是第一批山西大同一期 1 个领跑者基地，第二批山西阳泉、山西芮城、山东新泰、山东济宁、内蒙古包头、内蒙古乌海、安徽两淮、河北张家口 8 个领跑者基地，第三批山西大同二期、山西寿阳、陕西渭南、河北海兴、吉林白城、江苏泗洪、青海格尔木、内蒙古达拉特、青海德令哈和江苏宝应 10 个应用领跑基地以及江西上饶、山西长治和陕西铜川 3 个技术领跑基地。三批共 22 个基地，总规模达到 11.5 吉瓦。通过政府支持和试验示范，以点带面，光伏"领跑者"计划在加速技术成果向市场应用转化和推广，加快促进光伏发电技术进步、产业升级，推进光伏发电成本下降、电价降低、补贴减少方面，为中国光伏产业创新发展打开了一条新路。第三批领跑者基地建设，在推动光伏行业加快技术进步、降低每千瓦·时的电成本方面效果明显。从电价降低幅度来看，平均下降了 0.24 元/（千瓦·时），比标杆电价总体降低了 36%。其中，第三期领跑者基地里电价最低的青海格尔木项目，电价低至 0.31 元/（千瓦·时），低于当地的煤电标杆电价 4.5%。

光伏领跑基地在发挥标杆带头作用，带动光伏产业高质量发展上成绩卓著。2015 年首个光伏领跑者基地——山西大同一期招标时，能够达到当年光伏"领跑者"技术要求的产品并不多，"领跑者"计划的实施切实起到了对整个光伏产业技术拔高的作用，让龙头企业从价格鏖战中解放出来，腾出更多的精力专注于产品的降本提效研发工作。"领跑者"计划进一步加速了中国光伏产品的技术升级进程，促进了具备技术先进性的光伏产品的推广。"领跑者"计划提升了光伏发电组件整体的光电转换效率，提高了光伏设备的整体效能，推动了光伏发电成本的进一步下降，进而加快了光伏发电"平价上网"整体进程，以"需求"拉动"技术进步"实现了光伏"领跑者"计划设计之初"促进中国的光伏产业的健康发展"的目的。

七、中国太阳能光伏发电产业全球领先

改革开放后，中国在自主研发的基础上，开始引进国外电池生产线，浙江、河南、云南、河北等地相继成立了相关机构研发太阳能电池生产，用于国内离网的太阳能发电项目。进入 2000 年以后，在国内外市场带动下，无锡尚德、江西赛维等一批企业相继成立，开启了中国太阳能产业发展历程。为扭转光伏组件原料和市场"两头在外"的被动局面，在政策的正确引导与促进下，中国太阳能光伏产业充分利用了国内的产业配套优势及国内外市场、资本等有利条件，快速发展壮大。截至 2016 年，中国光伏产业已经由"两头在外"的光伏组件"代工厂"，转变成为全球光伏发电产业链主导者。随着光伏发电产业链的不断健全发展，中国光伏组件价格和光伏发电的成本迅速下降，这为光伏发电补贴快速退坡❶创造了契机，减少了行业发展对财政依赖和负担。由于中国光伏产业大力地投入研发，大胆地开展技术创新以及积极采用先进技术促进产业升级，核心企业的利润始终保持健康水平，资本针对光伏产业的投资兴趣持续旺盛，同时更加趋于理性。中国是光伏发电产品的核心制造基地，光伏产业的快速、健康发展直接为全球光伏市场持续发展作出了突出的贡献。

在硅片技术创新方面，降本增效成为主流。2019 年，金刚线切割技术、PERC❷技术成熟引入，单晶成本下降、效率优势扩大，实现相对多晶的性价比逆转。在外部需求增加和产品内生竞争力的双重作用下，单晶硅片、多晶硅片产业两极分化明显。随着头部企业继续扩产，产业进一步整合，"大尺寸"+"薄片化"成为硅片的主要发展方向，为满足下游电池片、组件环节技术整合期需求，硅片环节向多样化、精细化趋势发展。2018 年以来企业纷纷发布 166 毫米、210 毫米等大尺寸硅片，通过增大硅片面积，放大组件尺寸，摊薄各环节加工成本。

电池研发方面，大尺寸、高效率电池成为主流。随着中国太阳能电池与组件规模迅速

---

❶ 退坡机制是一种国际流行的行业补贴管理机制，在提供补贴的同时，根据产业发展，有计划、有明确目标地逐步减少补贴。

❷ PERC，即英文 Passivated Emitter and Rear Cell 的缩写，意为"发射极和背面钝化电池"，是电池的一种结构。

扩大，光伏电池制造技术不断进步，商业化产品效率平均每年提升 0.3%～0.4%。2018 年，单面组件仍然为市场主流，市占率达到 90%。双面组件主要应用于"领跑者"项目，其市场占有率有很明显的提升，2018 年与 2017 年相比提高了 8 个百分点，达到 10%。随着农光互补、水光互补等新型光伏应用的扩大，双面发电组件的应用规模不断扩大。2018年，60 片常规多晶和单晶电池组件功率分别达到 275 瓦和 285 瓦，使用 PERC 技术的单晶和使用黑硅❶+PERC 技术的多晶电池组件功率大幅提高到305 瓦和295 瓦，N 型 PERT电池❷组件、HJT❸电池组件则达到 310 瓦和 320 瓦。随着技术的进步，各种组件电池组件基本上以大于或等于 5 瓦/年的增速向前推进。2019 年，太阳能光伏发电电池龙头生产企业隆基、天合光能、阿特斯等多次对外宣布其晶硅电池片研发效率打破世界纪录，刷新不同种类光伏发电电池世界纪录累计达 9 次。产业化方面，2019 年，规模化生产的单/多晶电池平均转换效率分别达到 22.3%和 19.3%。P 型单晶电池均已采用 PERC 技术，平均转换效率同比提升 0.5 个百分点。天合光电光伏科学与技术国家重点实验室研发的IBC 太阳能电池转换效率高达 25.04%。国家能源投资集团有限责任公司生产的铜铟镓硒薄膜光伏组件全面积量产效率达到 17.6%，创造了当时同一领域世界冠军组件效率。

在逆变器产品升级方面，全球范围内遵循大型地面电站优选集中式逆变器、工商业和住宅分布式优选组串式逆变器的选型原则。2019 年 1500 伏光伏逆变器被广泛应用于大型地面电站中，在光伏系统应用中占比提升到 42%。从产品价格来看，逆变器企业在传统市场中的竞争加剧；与此同时，受中国市场政策的波动影响，逆变器厂商出海步伐加速，具备成本优势的中国企业更多地参与到新兴市场的竞争中，光伏逆变器的全球化竞争越来越激烈；此外，逆变器产业逐渐升级、技术不断进步，逆变器的制造成本也逐渐下降。在上述多重因素作用下，2019 年光伏逆变器国际市场价格出现了明显的下降。

中国光伏设备的生产制造能力不断地提升。从硅材料生产、硅片加工、光伏电池片、组件设备的生产以及相应的纯水制备、环保处理、净化工程的建设与光伏产业链相应的检测设备、模拟器等，具备了成套供应能力，部分产品如湿法清洗设备、制绒机、扩散炉、印刷机、单晶炉、多晶铸锭炉、层压机、检测及自动化设备等已有不同程度的出口。硅材料加工设备主要有多晶铸锭炉、单晶炉、切断机、切方机、多线切割机、硅片检测分选设备等。其中，单晶炉以优良的性价比占据了中国市场的绝对统治地位并批量出口亚洲，多线切割机、多晶硅铸锭炉已经大量在国内企业中使用。中国光伏电池设备制造企业通过工艺与装备的创新融合，提高了设备产能、自动化程度及转换效率，同时适应大硅片生产的需求，具备了成套工艺设备及自动化设备的供应能力，基本实现了国产设备的替代，在国际市场竞争中获得了认可。2019 年，PERC 电池产线投资成本降至 30.3 万元/兆瓦，电池

---

❶ 黑硅技术是指针对常规制绒工艺表面反射率高并有明显线痕的缺陷，增加了一道表面制绒工艺，降低了表面反射率，从而改善硅片光吸收能力和电池效率。

❷ PERT，即英文 Passivated Emitter Rear Totally-diffused cell 的缩写，意为"钝化发射极背表面全扩散电池"，是一种典型的双面电池。

❸ HIT，即英文 Heterojunction with Intrinsic Thin-layer 的缩写，意为"本征薄膜异质结"。

生产线单线产能达到 250 兆瓦（双轨）。组件端的设备主要有激光划片机、自动串焊机、自动叠层设备、层压机、自动组件电致发光缺陷检测设备（EL）、功率测试设备、自动包装机及自动流水线，均可以选择国产设备方案。

平价上网❶时代，光伏产业进入新一轮的调整期，一方面，光伏组件、逆变器等主设备厂商及产业链供应商积极采用新技术进一步降本增效；另一方面，在电站生命周期内加强成本控制，采用优化的建设技术降低建设成本，采用无人机、人工智能技术等降低人力成本，以提高光伏电站运营可利用率，从而整体上降低光伏发电每千瓦·时的电成本，提高光伏发电的竞争力。截至 2019 年，光伏发电产业已经成为中国的可再生能源产业代表性名片之一，拥有了强劲国际竞争力。在技术水平和产品质量得到国际市场的普遍认可的前提下，中国光伏组件产业链始终保持着 70% 左右的全球市场份额。中国光伏产业链凭借着技术及成本控制等方面的优势，持续整合并提高产能，全球光伏产业重心进一步向中国汇聚。2020 年，出货量排名前 10 的光伏组件生产商出货量约为 1.141 亿千峰瓦，中国企业占据 8 席，依次是隆基、晶科、晶澳、天合、阿特斯、东方日升、正泰和尚德。太阳能光伏发电装机方面，中国太阳能光伏发电新增装机量连续 7 年全球第一，累计装机规模连续 5 年位居全球首位。

八、青海龙羊峡水光互补电站建成

青海龙羊峡水光互补电站的光伏电站由黄河公司建设。项目位于青海省海南州共和县的塔拉滩上，一期 320 兆瓦项目于 2013 年 4 月开工建设，2013 年 12 月并网发电，电能通过 54 千米长的 330 千伏架空线路接入网；二期 530 兆瓦项目于 2014 年 9 月开工建设，2015 年 6 月并网发电，成为当时全球最大的水光互补电站。项目总装机容量 850 兆瓦，年均发电量 14.34 亿千瓦时。

龙羊峡水电站位于青海省共和、贵南县交界处的黄河干流上，总装机容量 128 万千瓦，具有多年调节性能，是黄河上游龙青段规划中的第一座大型梯级水电站。水电站于 1976 年 1 月开工建设，1987 年首台机组投产发电，1989 年 6 月四台机组全部投产发电，是西北电网的主力电厂，承担着主要调频、调峰厂任务。

太阳能光伏电站电力输出的间歇性、波动性、随机性的特点给光伏发电消纳带来了挑战。依托龙羊峡水电站已有发电能力，通过水光互补的调节优化光伏电站送出电力电能质量，既可解决光伏电力消纳难的问题，又可提高水电站电力消纳利用率，一举两得，是探索多能互补、提升可再生能源电力利用率的有效路径。

为了提高龙羊峡水光互补电站运营效果，项目建立了数据分析模型和调峰能力最大数学模型，提出"虚拟水电"内涵和基于模拟迭代思想的模拟优化求解模型方法。在"以水定电"的原则下，分析了短期调度中水电对光伏的补偿能力，以及水光互补

---

❶ 平价上网是指光伏发电、风力发电等可再生能源发电项目在不依赖国家补贴的前提下，依然具备经济性，可以并入电网，正常运营。

运行工况下发生光伏弃光、水电弃水的成因和条件阈值，并提出"虚拟水电"的概念，模拟将能够接入水电站的新能源电站作为水电站的额外机组，与水电形成互补运行、打捆上网。

项目针对水光互补电站的控制原则和策略，开发了全球首套针对大规模并网光伏电站与百万千瓦的水电项目耦合电源的协调互补控制软件。在龙羊峡水光互补协调控制研究过程中，总结了水光互补协调运行的设备性能参数要求，为后续流域、风水光互补项目提供了机组设备选型、标准编制的数据依据。

龙羊峡水光互补电站实现了水力发电和光伏发电快速补偿功能，填补了国内大规模水光互补关键技术的空白，被国家能源局鉴定为"国际领先水平"。

九、中国首批光热发电[1]示范项目并网投运

从 2003 年第一个光热发电特许权招标项目开始，中国光热发电产业发展经历了 2003 年到 2010 年的萌芽阶段、2011 年到 2015 年的产业链完善阶段、2016 年以来的商业化示范阶段。2015 年 9 月，国家能源局下发的《关于组织太阳能热发电示范项目建设的通知》（国能新能〔2016〕223 号）明确了示范项目建设的目标：一是扩大太阳能热发电产业规模，通过示范项目建设，形成国内光热设备制造产业链，支持的示范项目应达到商业应用规模，单机容量不低于 50 兆瓦；二是培育系统集成商，通过示范项目建设，培育若干具备全面工程建设能力的系统集成商，以适应后续太阳能热发电发展的需要。2016 年，中国启动了第一批太阳能热发电示范项目建设。根据国家能源规划，"十三五"期间太阳能热发电装机目标为 5000 兆瓦，首批示范项目已实现了该目标。中国商业化光热示范项目的建设推动了中国光热产业链的健全和成熟，示范项目建设采用的设备/材料达到国产化率 90%以上，集热管、反射镜等核心产品的关键技术指标取得突破，具备一定的国际竞争力。2019 年，中国光热发电产业链关联企业总数量约 400 家，其中以光热发电为主业的企业数量 20～30 家。

中国首批 20 个国家光热示范项目循序推进，截至 2018 年年底，已投运 10 兆瓦及以上大型光热项目 9 个，2019 年，有 4 座光热电站成功并网发电。

2018 年 12 月 28 日，敦煌 100 兆瓦熔盐塔式太阳能光热电站顺利并网发电，是中国首个百兆瓦级光热示范电站，也是当时全球聚光规模最大、吸热塔最高、可全天 24 小时发电的 100 兆瓦级熔盐塔式光热电站。中国也成为世界上少数掌握百兆瓦级熔盐塔式光热电站技术的国家之一。

2018 年 10 月 10 日，中广核德令哈 50 兆瓦槽式光热发电示范项目正式投运。这是国家能源局批准的首批 20 个光热示范项目中第一个开工建设项目，也是中国电力行业首个获得亚洲开发银行低息贷款支持的电站。该项目于 2014 年 7 月 1 日在青海德令哈市西出

---

[1] 聚光太阳能热发电（Concentrating Solar Power，CSP），指使用某种辐射能汇聚装置，聚焦太阳的辐射能，加热工质，通过工质输送热能，以此加热产生高温蒸汽推动汽轮机带动的发电机发电的发电方式。因在项目名称、政策文件中叫法不同，本书中提及的"光热发电""太阳能热发电""太阳能光热发电"等均指聚光太阳能热发电。

口太阳能产业园区开工建设，中国由此成为第 8 个掌握大规模光热技术的国家。

2016 年 10 月 25 日，中控太阳能德令哈 50 兆瓦光热发电示范项目正式开工，这是继光热补贴电价和首批光热示范项目名单公布后，首个正式宣布启动建设工作的光热示范项目。中控太阳能德令哈 50 兆瓦太阳能热发电项目位于在青海省海西蒙古族藏族自治州德令哈市西出口，由中控太阳能公司开发并投资建设，总投资 11.3 亿元，采用自主研发的熔盐塔式太阳能热发电技术。2018 年 12 月 30 日，该电站正式并网投运，成为中国第三座并网发电的光热发电示范项目。

2019 年 9 月 19 日 18 时 02 分，由中国能源建设集团规划设计有限公司旗下中国电力工程顾问集团西北电力设计院有限公司设计的鲁能海西州多能互补集成优化示范工程中 50 兆瓦塔式光热发电项目一次并网成功。鲁能海西州 50 兆瓦塔式光热发电项目位于太阳能资源丰富的青海省海西州格尔木市，采用塔式熔盐太阳能热发电技术。针对光照资源间歇性、波动性特点，该项目采用了先进的聚光技术，通过自身配备大型储热系统，实现 24 小时稳定连续发电，为电网调峰调频提供支撑，成为解决"弃光"难题有效方案之一，推动了中国光热技术进一步发展。

首批示范电站建设验证了中国自主研发的光热发电技术的先进性和可靠性，证明了国产化、自主化技术体系的可行性，以及国产化装备的市场竞争力。

十、生物质发电实现热电联产并引入脱硫脱硝

2014 年 12 月，国家发展改革委发布《关于加强和规范生物质发电项目管理有关要求的通知》（以下简称《通知》），提出鼓励发展生物质热电联产，提高生物质资源利用效率。具备技术经济可行性条件的新建生物质发电项目，应实行热电联产；鼓励已建成运行的生物质发电项目根据热力市场和技术经济可行性条件，实行热电联产改造。农林生物质发电非供热项目由省级政府核准；农林生物质热电联产项目、城镇生活垃圾焚烧发电项目由地方政府核准。2017 年 12 月，国家发展改革委发布《关于促进生物质能供热发展的指导意见》（发改能源〔2017〕2123 号），提出到 2020 年，形成以生物质能供热为特色的 200 个县城、1000 个乡镇，以及一批中小工业园区。到 2035 年，生物质能供热在具备资源条件的地区实现普及应用。"十三五"期间，要加快常规生物质发电项目供热改造，推进小火电改生物质热电联产，建设区域综合清洁能源系统并加快生物质热电联产技术进步。相比生物质直燃发电，生物质热电联产能源利用效率更高，更加符合国家积极推动的北方地区清洁供暖的政策支持方向，是因地制宜就地利用农村资源解决农村供暖，改善农村居民生活用能质量，有效替代燃煤等化石能源，实现农村能源转型发展的可行方式。同时，国家层面首次提出"以农林生物质散料为燃料的生物质锅炉示范项目建设"，有利于生物质能供热产业发展；在降低消费侧用能成本的同时，将进一步提升生物质能供热的经济性、普及性和市场竞争力，对推进中国生物质能供热产业的跨越式发展起到积极作用。

2018 年年初，国家能源局发布《关于开展"百个城镇"生物质热电联产县域清洁供热示范项目建设的通知》，"百个城镇"清洁供热示范项目将形成 100 个以上生物质热电联

产清洁供热为主的县城、乡镇，以及一批中小工业园区，示范项目共 136 个，涉及 20 个省（区、市）及新疆生产建设兵团，装机容量 380 万千瓦，年消耗农林废弃物和城镇生活垃圾约 3600 万吨。

中节能宿迁生物质直燃发电厂是联合国批准签发的生物质清洁发展机制（CDM）项目，采用自主研发的生物质直燃循环流化床锅炉。2011 年，为响应政府全面取缔燃煤小锅炉、减少污染排放的号召，该厂启动供热项目，铺设供热管网 50 多千米，向宿迁高新区、张家港园区、顺河镇工业园等企业实行集中供热，在生物质发电领域内率先实现热电联产。2019 年供出绿色电力 1.16 亿千瓦·时，供热 43 万吨，收储生物质燃料 34 万吨，增加农民收入 8600 多万元。

国能望奎生物发电项目采用的是利用玉米秸秆、小麦秸秆等黄色秸秆燃料的生物质直燃发电机组。项目建设 1 台 130 吨/小时生物质直燃锅炉，配套 1 台 30 兆瓦抽凝式汽轮机发电机组，纯凝汽方式运行年发电量 2 亿千瓦·时。该项目供热改造采用热水型溴化锂余热回收技术，在相邻热力公司建设 3 台 20 兆瓦吸收式热泵机组和 1 台 65 吨/小时的蒸汽锅炉，采用合同能源管理（EMC）模式投资建设，项目于 2013 年 1 月 8 日正式投入运行。每个采暖季可回收热量 3838.65 亿千焦（38.386 5 万吉焦）[1]，可供采暖供热面积为 48.1 万米^2，一个采暖期节约标煤 1.35 万吨，减少二氧化碳排放 34 322 吨，减少粉尘排放 144.1 吨，减少碳排放 18 340 千克，减少二氧化硫排放 111 350 千克，减少氮氧化物排放 96 940 千克。

国能南宫生物发电项目于 2013 年投资 1100 余万元，对循环水系统进行了改造，实现了南宫市区的集中供热。国能南宫低真空循环水供热改造项目，是上报至国家能源局的生物质热电联产典型示范项目，于 2013 年 11 月 15 日竣工并实施供热。其供热面积 120～180 万米^2，供热循环水流量 5000 吨/小时，利用城市污水处理厂的中水做循环水补水，年供热 6000 亿千焦，单位供热量 2 万千焦/小时，替代标准煤 2 万吨。其供热期间发电量减少 10%，机组年总热效率达到 53.08%，较纯发电热效率提高 21%。

另外，随着国家不断加强节能减排要求和大气污染治理的战略部署，生物质发电机组不断调整烟气超低排放标准，生物质直燃发电厂或生物质直燃锅炉的大气污染物排放，国家未出台统一标准之前，各地环保部门均参照《火电厂大气污染物排放标准》（GB 13223—2011）执行。《国家发展改革委　国家能源局关于促进生物质能供热发展的指导意见的通知》（发改能源〔2017〕2123 号）指出，生物质锅炉严禁掺烧煤炭等化石能源。明确了"生物质锅炉污染物排放应满足国家或地方大气污染物排放标准，达到燃气锅炉排放水平"并提出了"关于完善生物质锅炉污染物排放标准，建立完善环保监测体系"的要求。

在此背景下，各项烟气治理技术逐步应用到生物质发电项目。行业引入选择性非催化还原（SNCR）脱硝技术，2015—2017 年，国能生物发电集团有限公司先后完成 31 家发

---

[1] 1 吉焦等于 10 亿焦耳，即 100 万千焦。

电公司 SNCR 脱硝技术改造，完成了从 SNCR 从燃煤锅炉到生物质直燃发电锅炉的成功应用，开创了生物质直燃发电锅炉烟气治理的先河，使烟气中氮氧化物排放浓度下降至 200 毫克/米 ^{3}。另外，还引入湿法的钠碱法脱硫工艺等。

2018 年，国能生物发电集团有限公司在国能临沂项目建设完成臭氧脱硝系统，成功将臭氧脱硝技术应用到生物质直燃发电机组，与选择性非催化还原脱硝系统+钠碱法脱硫系统协同作用，从而实现对烟气中氮氧化物的深度治理，为生物质直燃发电烟气超低排放提供了丰富的经验。

山东—琦泉玉泉生物发电项目引入国外技术实现尘硝一体化脱除，2018 年山东琦泉集团所属玉泉生物发电项目先引进高温复合陶瓷滤筒尘硝一体化工艺，同时在尘硝一体化工艺前采用小苏打完成脱硫，2018 年 11 月投运后实现了超低排放标准。

天津泰达故城项目完成高温金属滤袋的首次应用，2020 年天津泰达集团所属故城生物发电项目率先引进高温金属滤袋尘硝一体化工艺，同时在尘硝一体化工艺前建设脱硫塔，采用消石灰对二氧化硫进行脱除。烟气在 350℃条件下，其依次经过脱硫塔和带有催化剂的高温金属纤维滤袋，进行硫、尘、硝的脱除，实现超低排放标准。

十一、生物质直燃发电项目的多元化耦合

伴随着经济高质量发展和能源消费结构的转型升级，中国农林生物质发电行业获得快速发展，国内农林生物质发电企业数量不断增加，投资规模逐年递增。许多大型国有企业电厂将农林生物质发电纳为新的业务板块，大量民营企业进军农林生物质发电行业。耦合生物质能的发电方式，为生物质直燃发电的发展开辟了新道路。

2017 年 7 月 2 日，由中国光大绿色环保有限公司投资建设的国内首个农林生物质直燃发电与生活垃圾焚烧发电融为一体的示范项目在安徽省宿州市灵璧县建成投运。该项目占地 301 亩，一期总投资 5.7 亿元人民币，其中农林生物质发电部分 3.2 亿元，生活垃圾发电部分 2.5 亿元。农林生物质发电项目配置 1 台套 130 吨/小时高温高压振动炉排锅炉和 1 台 30 兆瓦汽轮发电机组，生活垃圾焚烧发电项目配置 1 台套 400 吨/天往复式机械炉排炉和 9000 千瓦（9 兆瓦）汽轮发电机组。项目采取一体化建设方式，实现了办公场所、运营主控室、烟塔、生产泵房磅房等基础设施以及人力资源的共享，有效降低投资和运维成本，提高了项目效益。

2018 年 6 月 26 日，湖北华电襄阳发电有限公司燃煤耦合农林生物质气化发电技改试点项目入围国家能源局和生态环境部印发《关于燃煤耦合生物质发电技改试点项目建设的通知》（国能发电力〔2018〕53 号）规定的国家试点项目。2018 年 9 月 8 日通过了 72+24 小时满负荷连续试运行，每小时可处理生物质 8 吨，在国际上首次实现了燃煤耦合农作物秸秆发电，每小时产气量约 1.7 万标准立方米[1]，各项指标均达到设计值，整套系统运行

---

[1] 标准立方米是测量气体体积的单位，1 标准立方米的含义是：在标准状态下（1atm，20℃），气体的体积是 1m^3，可以写成 1Nm^3。

稳定。2019 年 4 月 3 日，该项目评估会在襄阳召开。该项目依托华北华电襄阳发电有限公司 6 号 1×64 万千瓦（640 兆瓦）超临界燃煤机组建成的 1×8 吨/小时循环流化床生物质气化炉，气化炉产生的燃气送至锅炉燃烧，折算发电功率 1.08 万千瓦（10.8 兆瓦）。2019 年 12 月 19 日，中国 660 兆瓦大唐长山超临界燃煤发电机组耦合 20 兆瓦生物质发电示范项目试运行。该机组气化炉折合发电功率 20 兆瓦，气化燃气热 5551.5 千焦/千克，气化炉产气率 1.85 米³/千克，气化效率 76.14%，压块秸秆正压气化的效率和系统耗电率指标均达到较高水平，标志着中国首个生物质耦合发电示范项目获得圆满成功。项目投入使用后，每年大约消耗生物质秸秆 10 万吨，实现生物质发电 1.1 亿千瓦·时，相当于节省标煤 4 万多吨，减排二氧化碳约 14 万吨。该项目承包商为哈电集团哈尔滨锅炉厂有限责任公司。哈电锅炉燃煤耦合生物质发电技术，结合了流化床技术与大型燃煤机组技术特点，采用自主研发的生物质循环流化床气化耦合发电工艺。该项目的建设填补了国内生物质微正压循环流化床气化的技术空白，摸索出了针对不同生物质燃料特性的运行经验和压块秸秆气化炉输灰与排渣设计基础数据，为全国推广生物质耦合发电技术起到示范性作用。

十二、地热发电多技术路线探索

2017 年 1 月 23 日，国家发展改革委、国土资源部及国家能源局共同编制的《地热能开发利用"十三五"规划》正式发布，《地热能开发利用"十三五"规划》明确，"十三五"时期，新增地热能供暖（制冷）面积 11 亿米²；新增地热发电装机容量 500 兆瓦。到 2020 年，地热供暖（制冷）面积累计达到 16 亿米²，地热发电装机容量约 530 兆瓦。2020 年，地热能年利用量 7000 万吨标准煤，地热能供暖年利用量 4000 万吨标准煤。《地热能开发利用"十三五"规划》发布后，中国民营企业积极响应开始投资地热发电。在地热发电技术方面，采用了两种技术路线进行试验探索，一种是采用螺杆膨胀机发电，另一种是采用双工质循环发电。对于低温地热资源，采用地热发电及地热能梯级利用是一种高效利用地热能的方法。干热岩地热资源是未来一种重要的战略资源，在青海共和盆地、福建漳州地区、松辽盆地、海南等地区等均勘探发现干热岩热能资源，干热岩热能开发与综合利用关键技术研究获得初步成果。

2018 年 1 月 12 日，中国首个集装箱式 10 兆瓦地热发电站一期工程 4 台 500 千瓦发电设备在云南省德宏州瑞丽市成功并网发电。该项目由郑州地美特新能源科技公司投资兴建，机组采用的螺杆膨胀发电技术，将整个发电设备集成在一个集装箱中，采用"一井一站"式地热发电模式，适合边远地区。

2018 年 9 月 6 日，由杭州锦江集团投资建设的西藏羊易地热电站一期 16 兆瓦双工质循环地热发电机组实现并网发电。该机组引进美国奥玛特地热公司的发电设备，是当时国内最大容量的双工质循环地热发电机组。羊易地热田勘查工作始于 1981 年，历时 10 年，经过普查、详查和勘探三个阶段。1991 年 4 月，地热地质大队提交了《西藏自治区当雄县羊易地热田勘探报告》，经全国矿产储量委员会审批认为，羊易热田资源前景评估可具有建设 30 兆瓦电站的条件；热田开发远景发电潜力可达 50 兆瓦。1996 年 2 月 6 日，西藏电力工业厅和电力部电力规划设计总院受西藏地热开发公司的委托，在北京召开"西藏羊易试验电站新建工程可行性研究报告"验收会。由于同羊卓雍湖水电站的投资建设冲突，西藏羊易地热电站建设暂时停滞。2011年以来，随着民营企业资金的投入，羊易地热电站开发重启。2018年10月18日，西藏羊易地热电站一期16兆瓦双工质循环地热发电机组完成了72小时运行。2019年，机组累计发电6800小时，累计发电量10 357万千瓦·时，平均厂用电率12%。

2018年10月，首次在京津冀地区实施中低温地热经济高效发电和尾水供暖两级梯级利用示范。河北省献县地热资源非常丰富，全县约六成面积蕴藏地热资源，地热水储量821亿米^3，地热出水温度最低也有55℃，可替代66.3亿吨标准煤。为积极推动河北省乃至京津冀地区能源消费结构调整，促进地热资源高效利用，建立可复制、可推广的新模式，2017年，在自然资源部中国地质调查局和河北省相关厅局统一组织协调下，河北省煤田地质局、中国地质科学院水文地质环境地质研究所、浙江陆特能源科技有限公司，在沧州市献县共同建设了京津冀地热资源梯级综合开发利用（献县）科研基地。基地内施工了3口探采结合井，最深达4000余米，在3790米深处探获中低温热储层，热储温度近110℃，为京津冀地区极具潜力的地热储层。科研基地对地热资源开展了两级利用，第一级利用地热水发电，为科研基地提供日常用电，发电机组采用南京天加热能技术有限公司的双工质循环发电设备，利用地热水作为热源，将地热水的热量转化成电能。首期装机容量为280千瓦，进水口温度为95℃，出水口温度为72℃，发电效率为10%。第二级利用发电后尾水提供居民供暖，建筑供暖面积3万米^2，室内温度可达23℃以上。在国内外同等资源和环境条件下，实现了较高的地热发电效率；地热资源梯级利用经济性好，地热能综合利用率75.8%，达到了国际先进水平。机组发电后经居民供暖后的废水回灌至地下，打造了"采灌均衡、深浅联用、清洁高效、永续开发"的地热资源开发与环境保护双赢的"献县模式"。献县科研基地距雄安新区仅70千米，与雄安新区地质条件非常相似。该科研基地的建设将为雄安新区地热资源开发利用提供一个重要示范，具有很好的推广前景。"献县模式"的成功实践表明，地热能梯级综合利用可以大幅度提高地热资源利用率，降低地热发电运行成本，提高经济效益，进而提升地热发电的竞争力。该项目为中国中低温地热资源规模化开发利用提供可借鉴、可复制的新模式，即"热电并举，以热为主"，对于中国地热能利用有示范意义。

另外，根据地热资源的存在方式，可以将地热资源划分为水热型地热资源和干热岩型地热资源。可以有效开发的水热型地热资源仅占已探明地热资源中的10%左右，更多的地热能储存于干热岩型地热资源中。中国干热岩勘查尚处起步阶段，据中国地质调查局数据显示，地热资源潜力巨大，岩热型地热资源潜力也很可观，大陆3.0～10.0千米深处干热岩资源总计约为$2.52×10^{25}$焦耳，约合856万亿吨标准煤，约是中国2015年能源消耗总量的4000倍。20世纪70年代中期以来，几乎所有工业化国家都制定了本国的热干岩计划，这是工业化国家充分认识传统能源面临的危机后，向21世纪能源形势做出的战略性部署。美国、法国、德国、澳大利亚、日本、英国等国在干热岩开发方面取得一定进展，但总体上世界干热岩开发仍然处于试验和示范阶段，尚未实现商业化开发。与国外相比，中国干热岩资源技术研发起步较晚。2010 年，国土资源部公益项目《中国干热岩勘查关键技术研究》，开展干热岩高温钻探技术研究。2012 年，科学技术部 863 项目《干热岩热能开发与综合利用关键技术研究》，在干热岩资源勘查、水力压裂室内试验、新型化学刺激剂以及地热储层内 THMC 多场耦合数值模拟等方面取得了重要进展，项目于 2017 年通过验收。2014 年，国土资源系统分别在青海、西藏、四川、福建、广东、湖南、松辽盆地、海南等高热流区域进行了干热岩资源地质勘查。2011—2017 年，中国地质调查局、青海省国土厅在共和地区共钻地热勘察井 7 口，并取得重大进展。2017 年 9 月 6 日，在青海共和盆地 3705 米深处钻获 236℃的高温干热岩体，这是中国首次钻获温度最高的干热岩体。2018 年，海南琼北地区深度 4387 米处钻获 185℃高温优质干热岩体，成为海南省第一口干热岩钻井。

十三、潮流能和波浪能发电装置研制成功

（一）"海明"系列潮流能试验电站的研制与海试

哈尔滨工程大学设计开发了多款潮流能发电装置。其中"海明Ⅰ"小型潮流能试验电站是中国自行研制的首座长期示范运行的坐底式水平轴潮流能独立发电系统。该系统分为有导流罩和无导流罩装置两种结构形式。导流型装置在流速 2.0 米/秒、无导流型在流速 2.3 米/秒时发电功率为 10 千瓦，叶轮直径 2.0/2.5 米，外形尺寸 9.0 米×7.5 米×6.5 米，结构质量 20 吨。

2011 年 9 月 23 日，"海明Ⅰ"布放于浙江省岱山县小门头水道进行了海试，所发电力经海底电缆输送至仙洲桥灯塔，为灯塔照明和供热；在国家"863 计划"和国家科技支撑计划支持下，哈尔滨工程大学联合山东电力工程咨询院有限公司等单位研建了"海能Ⅰ" 2×150 千瓦潮流能电站。"海能Ⅰ"漂浮式双立轴叶轮直驱发电机潮流能装置，由漂浮载体、锚固系统、水轮发电机组、电能变换与控制、电力传输与负载系统 5 部分组成。其叶轮直径为 4 米，叶片数 2×4，启动流速 0.8 米/秒，最大流速 2.5 米/秒。

2012 年 7 月，"海能Ⅰ"布放到浙江岱山龟山水道开展海试，经历了当年 8 月强台风"海葵"的考验；2013 年 11 月，"海能Ⅰ"在该海域进行了 3 个月海试后，因机械故障停止发电；"海能Ⅱ" 2×100 千瓦潮流能发电装置采用漂浮式水平轴叶轮直驱低速发电机技术，载体由 4 组高弹性系泊系统固定于海床，2 个立柱下端分别安装 2 台双叶片水平轴桨式水轮发电机组，叶轮直径 12 米，叶片可变桨控制适应双向潮流，叶轮直驱超低转速发电机运行，设计额定流速 1.7 米/秒，启动流速 0.6 米/秒，最大流速 2 米/秒。

2013 年 11 月，"海能Ⅱ" 2×100 千瓦潮流能发电装置在斋堂岛海域开展海试，后因叶片断裂而维修。

2014 年 8 月，"海能Ⅱ" 2×100 千瓦潮流能发电装置因海试出现问题而进行回收；"海能Ⅲ" 2×300 千瓦潮流能发电装置采用漂浮式垂直轴十字型叶轮经增速器驱动发电机技术方案，载体由 4 组高弹性系泊系统固定于海床，2 台水轮发电机组。叶轮直径 6 米，启

动流速 1.2 米/秒，设计额定流速 3.0 米/秒，最大流速 3.5 米/秒，机组通过提升机构维护检修。在 2010 年海洋能专项资金支持下，浙江省岱山县科技开发中心和岱山县高亭船厂采用哈尔滨工程大学"海能Ⅲ"垂直轴潮流能装置技术，开展了"2×300 千瓦海洋能独立电力系统示范工程"建设。2013 年 12 月起，"海能Ⅲ"在岱山海域开展海试，布放海域水深 40 米，离岸距离 400 米。海试期间累计发电时间超过 20 个月，累计发电量 6880 千瓦·时，装置转换效率接近 30%。2014 年 8 月，该项目因"海能Ⅲ"潮流能发电装置的轴体断裂而终止试验。

（二）浙江大学潮流能发电机组系列的研制

浙江大学在国家自然科学基金项目、国家 863 计划重点项目、海洋可再生能源专项等项目支持下，持续研制 5 千瓦、30 千瓦、60 千瓦、120 千瓦、300 千瓦和 650 千瓦半直驱、液压传动、机械传动潮流能发电机组系列。其潮流能利用研究始于 2004 年，提出"大长径比整机设计概念"、液压大推力变桨机构、压差防渗动密封结构等原创性发明。

2006 年，浙江大学研制的国内第一台 5 千瓦水平轴"水下风车"问世，在舟山岱山海域发电成功。样机采用定桨距的功率控制方式及重力式的安装方式，在 1.7 米/秒流速下最大发电功率达到 2 千瓦。2009 年，浙江大学得到国家自然科学基金重点项目资助，成功研制出 30 千瓦"半直驱"潮流能发电装置原型机组，在舟山海域海试发电成功。2010 年，浙江大学得到国家 863 项目支持，研制出世界首台液压传动和变桨的潮流能发电机组。2014 年，在科技部"十二五"重大项目课题、海洋局专项支持下，浙江大学自主研制的 60 千瓦大长径比半直驱水平轴机组，在新建成的摘箬山海洋科技示范岛浙大潮流能试验平台入海试验。该机组在海试过程中分别经过了浙江省机电产品质量检测所和中国船级社的第三方现场检测。2016 年，在国家海洋局专项支持下，120 千瓦水平轴半直驱液压变桨机组成功下海，实现了并网运行。该机组在国际上首次实现了在半直驱水平轴潮流能发电机组狭长轮毂空间内的大驱力液压变桨。2017 年，浙江大学自主研制的大长径比半直驱 650 千瓦机组成功海试并网发电，成为当时国内单机功率最大的潮流能发电装备。

（三）水平轴潮流能发电工程样机的研制

在 2013 年度海洋可再生能源专项资金支持下，由国电联合动力技术有限公司、杭州江河水电科技有限公司和哈尔滨电机厂有限责任公司三家企业，分别联合浙江大学、东北师范大学和哈尔滨工程大学三所高校，同步开展了水平轴潮流能发电工程样机的研制工作。

国电联合动力技术有限公司自主研发的 300 千瓦海洋潮流能发电机组于 2018 年 3 月在浙江舟山摘箬山岛并网发电并实现持续稳定运行，运行期间累计发电量超 40 万千瓦·时。该机组采用了水平轴、两叶片、紧凑半直驱传动、漂浮式基础的总体技术路线，首次应用 270 度变桨技术，实现双向高效能量捕获；采用碳纤维大梁及叶根预埋螺栓，实现潮流能机组高效水动叶片设计；研制自适应双向主动防护密封技术，实现深水高可靠性密封。经第三方认证机构测试，该机组可达切入流速 0.5 米/秒，整机转换效率 40%，单位千瓦扫流面积 0.82 米^2 以及单位千瓦机组质量 0.107 吨/千瓦，等效年平均可利用小时数超过 2300 小时；基于东北师范大学在国家科技支撑计划支持下研制的 20 千瓦水平轴自变距潮流能发电装置，杭州江河水电科技有限公司承制的"300 千瓦水平轴自变距潮流发电机组"采用了自主知识产权的双向自变距潮流能透平技术，整机转换效率较高。机组的叶片的防腐、防污、防生物附着技术也取得了突破；在水下潮流能发电装置上，采用水下电机制造技术，进行大功率水下外转子发电；采用的水润滑聚合物—磁推力轴承组，能够有效增大发电装置在水下的运行寿命。该机组 2019 年 5 月在摘箬山岛海域开展海试，累计发电量超过 3500 千瓦·时。启动流速低于 0.7 米/秒，整机转换效率大于 36%；哈尔滨电气集团有限公司哈尔滨电机厂有限责任公司研制的 600 千瓦潮流能发电机组，于 2019 年 9 月在浙江舟山摘箬山海域开展海试，水电能量转换效率达 37%。机组创新设计了竖井结构，使人员能够进入机组内部进行及时检修维护，解决了潮流能机组维护难的问题；在机组密封、防污防腐、传动系统等关键技术先进，提高机组运行安全性和稳定性的同时，也增强了对台风等恶劣环境的应对能力。

此外，在 2013 年海洋能专项资金支持下，浙江舟山联合动能新能源开发有限公司开展了"LHD–L–1000 林东模块化大型海洋潮流能发电机组项目"建设。截至 2018 年年底，该项目潮流能发电装机容量总计达到 1.7 兆瓦。截至 2020 年 2 月 9 日，LHD 模块化海洋潮流能并网发电量累计超过 165 万千瓦·时。

（四）鸭式波浪能发电装置研发与海试

波浪能发电装置与工程示范方面，广州能源研究所是中国最早开展研究、并成功进行工程示范和商业化的单位。在"863 计划"、国家科技支撑计划、海洋能专项资金等支持下，广州能源研究所持续开展了鸭式波浪能发电装置研发工作。

2009 年，第一台 10 千瓦鸭式波浪能发电装置在广东大万山岛海域开展了海试，实际海况试验表明，装置的俘获效率较高，但存在浮态不稳、水下电缆断裂、发电设备进水等问题。2010 年，第二台 10 千瓦鸭式波浪能发电装置（"鸭式一号"）下水，实海况试验显示，装置在浮态稳定方面有了一定提高，但存在锚泊系统破坏、水下电缆断裂以及能量转换系统运动自锁问题。2012 年，第三台 10 千瓦鸭式波浪能发电装置（"鸭式二号"）下水，装置在外形、水下浮体、能量转换系统方面进行了改进，与"鸭式一号"相比，在波浪能俘获和转换方面有较大幅度的提高。2013 年，100 千瓦漂浮式鸭式波浪能发电装置（"鸭式三号"）进行了海试。海试期间，装置在小浪时间中断发电，在大浪时连续发电，最大输出功率达 25 千瓦。尽管鸭式波浪能发电技术具有结构简单、能量俘获与转换效率较高等优点，但其圆形鸭体后部消波明显、鸭体转动惯性大、质量大、装置故障多、维修困难等缺点仍制约了该技术的发展。不过，鸭式波浪能技术在整体转换效率、系统运行监控技术、装置抗台风技术、系统稳性及姿态调整等方面积累了大量经验，为后续的鹰式波浪能发电装置研发奠定了良好基础。

（五）鹰式波浪能发电装置研发与海试

鹰式波浪能发电装置是中国具有自主知识产权的波浪能发电装置，获得了美国、英国、澳大利亚等国家发明专利，并取得了法国船级社颁布的全球首个波浪能发电平台性能认证。鹰式波浪能发电装置已应用于海上多能互补可移动能源平台和波浪能养殖网箱的开发。在借鉴鸭式波浪能发电装置研发经验的基础上，广州能源研究所通过大量的物理模型试验和理论分析，优化出一种具有半潜船特征的鹰式波浪能发电装置。鹰式波浪能发电装置主要由轻质波浪能吸收浮体、液压缸、蓄能器、液压马达以及电机组成。经过特殊设计的轻质吸波体造型酷似鹰嘴，其运动轨迹与波浪运动轨迹匹配度高，在增加吸收入射波效率和减少透射和兴波方面的性能表现得到进一步提升。装置采用半潜船作为海上拖行载体及工作时的稳定浮体，较大幅度地降低了装置的运营成本。

　　2012 年 12 月 28 日，"鹰式一号"波浪能发电装置在珠海市万山岛指定海域布放。该装置安装有两套不同的能量转换系统，总装机容量为 20 千瓦，其中液压发电系统装机和直驱电机系统装机均为 10 千瓦，两套系统均成功发电。后来经过几次回收、维护、再布放作业，截至 2014 年 4 月底无故障累计运行 5990 小时。海试结果表明：鹰式波浪能发电装置运行稳定，系统可靠性较高，能量转换效率高。因转动惯量小，鹰式波浪能发电装置的鹰嘴吸波体的波浪能转换能力强；装置浮态调整简单易实现；水下阻尼体可承载装置的所有设备与结构，其投放、回收和维修成本大幅降低，是中国第一个拥有自主知识产权的真实海况波浪能发电装置。在 2013 年海洋能专项资金支持下，在 10 千瓦鹰式波浪能发电装置技术基础上，中海工业有限公司、广州能源研究所和山西高行液压股份有限公司联合承担了 100 千瓦鹰式波浪能发电装置工程样机研建项目，被命名为"万山号"的鹰式波浪能发电装置为双向四鹰头设计，即在半潜船上朝迎浪方向并排布置 2 个鹰头，朝背浪方向并排布置 2 个鹰头，装置前后完全对称，设两套发电系统和一套锚泊系统。2015 年 11 月 19 日，"万山号"由广州能源研究所在珠海市万山岛海域顺利布放，2017 年 4 月至 6 月并网期间供电一万余千瓦·时，实现中国首次利用波浪能为海岛居民供电。截至 2019 年年底，"万山号"鹰式波浪能发电装置累计发电约 18 万千瓦·时。海试期间最大发电功率超过 128 千瓦，在风暴中装置姿态平稳、锚泊牢固、监控准确、通信通畅，能将高度不稳定的波浪能转换为相对稳定的电能，实现小波下蓄能发电，中等波况下稳定发电。在中国科学院先导计划支持下，广州能源研究所对"万山号"100 千瓦鹰式波浪能发电装置进行了扩容改建，装机容量增加到 200 千瓦，并集成增加了 60 千瓦光伏发电系统和 1000 千瓦·时的储能系统，建成 260 千瓦的可移动性多能互补平台"先导一号"。截至 2019 年年底，"先导一号"是国际上单体规模最大、发电效率最高的海上可移动式波浪能发电平台，于 2018 年 4 月 26 日在西沙永兴岛北部附近海域投入使用。2018 年 10 月，200 千瓦鹰式波浪能发电装置向南海永兴岛并网，最大日送电量超过 2000 千瓦·时。"先导一号"为半潜式平台结构，平台主体长度 36 米、宽度 24 米、总高 16 米，工作吃水 12 米。采用 4 套水下锚链系统固定，1 号和 2 号锚链长 250 米，3 号和 4 号锚链长 100 米。四角配备 4 个光敏警示灯，夜间自动闪烁红灯。"先导一号"通过铺设 2000 米长的海上输电电缆，与陆地上三沙市电网的电力接入点连接。

　　为推动海洋养殖走向深远海，在海洋能专项资金支持下，招商局工业集团、广州能源所与中大康乐生物技术公司联合研制了"澎湖号"半潜式波浪能养殖网箱，基于鹰式波浪能技术实现了 120 千瓦装机（60 千瓦波浪能，60 千瓦太阳能），为网箱养殖设备提供电力支持。"澎湖号"半潜式波浪能养殖网箱由广州能源所研发设计，图纸获得法国船级社认证，于 2018 年 12 月开工建设，2019 年 6 月交付，8 月投入使用；"澎湖号"长 66 米，宽 28 米，高 16 米，工作吃水 11.3 米，可提供超过 1 万米³养殖水体；配备 500 千瓦·时的锂电池储能及应急用柴油发电机组，可保证平台上生产系统、监测系统和生活系统供电；平台抗风浪能力强，在 8 级风条件下平台倾角小于 5 千瓦·时，能够保证人员在平台上开展长时间、大强度、高精密生产操作；采用半潜式结构，可实现快速上浮、下潜和转移；2019 年 12 月，成功试养出的第一批金鲳鱼品相优异，售价高出同类产品 10%以上。广州能源所的半潜式波浪能养殖旅游平台技术已获得中国、欧盟、日本和加拿大发明专利授权，中国完全拥有该技术的知识产权，在深远海具有较好的推广应用潜力。

除了鸭式波浪能发电装置和鹰式波浪能发电装置之外，中国还开展了振荡水柱式、浮力摆式、振荡浮子式和筏式等多种技术路线波浪能发电装置的研究，大部分已进入实海况测试试验阶段。

十四、可再生能源的综合效益显著

中国可再生能源产业体系逐步完善，以技术创新促进可再生能源项目建设和运行成本显著降低，以模式创新构建可再生能源发展新业态，可再生能源产业国际竞争力不断增强。

中国风电机组整机制造企业经过市场优胜劣汰，从 80 多家减少至 20 多家，整体实力明显得到加强，多家企业跻身全球前 10 名，且在满足国内市场的同时，已有风电机组出口到 28 个国家和地区。陆上风电项目单位千瓦造价由 2007 年的 9100 元降低至 2017 的 7997 元，风电项目平准化发电成本降至约 0.45 元/（千瓦·时），经济性显著提升。海上风电建设处于起步阶段，随着江苏和福建陆续开工建设一批海上风电项目，海上风电单位千瓦投资降至 15 000～19 000 元，并积累了一定的海上风电开发、建设、运维经验，为海上风电规模化发展奠定了一定基础。

中国光伏行业在内外部环境的共同推动下，加大工艺技术研发力度，生产工艺水平不断进步，经济性不断提升。骨干企业多晶硅生产能耗持续下降，综合成本已降至 6 万元/吨，行业平均综合电耗已低于 70 千瓦·时/千克；光伏组件封装及抗光致衰减技术不断改进，自动化、智能化改造也在加速，领先企业组件生产成本降至 2 元/瓦以下，光伏发电系统投资成本降至 5 元/瓦左右，每千瓦·时电成本降至 0.5～0.7 元/（千瓦·时），第三批光伏"领跑者"基地项目上网电价更是降至 0.31 元/（千瓦·时）。

中国生物质资源折合约 5.4 亿吨标准煤，可用生物质资源约 2.8 亿吨，随着有机废弃物的增加和低产/边际土地的开发，到 2050 年中国生物质资源最高可达 14 亿吨，可供清洁能源化利用的生物质能资源可达 8.9 亿吨标准煤，极具开发潜能。

地热发电项目的投资与资源特征和现场条件有着非常密切的关系。地热发电的成本最大的一部分在初期投资，而运行费用则相对较低，初期投资主要包含：钻井、管道和电站设计。中国西藏羊八井电站，目前开发利用的是温度较低的浅层资源，由于运行效率相对较低，电站发电成本在 1.0 元/（千瓦·时）左右。未来开发深部高温地热资源，发电成本可降至 0.50 元/（千瓦·时）以下。与纯地热发电相比，地热资源的梯级利用的成本将进一步下降，成本折合在 0.2~0.4 元/（千瓦·时），具有一定的竞争力。

中国潮汐电站的发电成本在 0.5~1 元/（千瓦·时）。由于海洋资源利用的原因，在大部分适宜建设潮汐电站的区域，潮汐发电的发展应以不影响生态环境为前提，传统的潮汐能利用方法需要建大坝，会造成环境、生态问题，是潮汐能利用的主要障碍，所以潮汐能利用的趋势是采取潮流能利用技术利用潮汐能，即放弃建坝围库蓄水，在海床上安放水轮发电机发电。因此，潮汐发电的实际可利用潜力就减小了。中国的波浪能能流密度较小，仅为欧洲波浪能能流密度的 1/10~1/5，因此波浪能发电成本较高，达 2~3 元/（千瓦·时）。

可再生能源节能减排效果突出。改革开放 40 多年来，中国风电、光伏发电累计发电量约为 1.6 万亿千瓦·时，相当于替代 4.8 亿吨标准煤，减少排放二氧化碳 12.58 亿吨、二氧化硫 408 万吨、氮氧化物 355.2 万吨，对减轻大气污染和减少温室气体排放发挥了重要作用。其他可再生能源（生物质能、地热能、海洋能）的开发利用建立了能源产业服务体系、加强了能源建设和管理措施，为人类提供了现代化的绿色能源、清洁能源，为建设投资节约型、环境友好型社会做出了积极贡献。

可再生能源就业创业普惠民生。2017 年，中国可再生能源行业总就业岗位约 379 万个。其中，太阳能行业就业岗位约 290 万个，约占全球的 69%；风能行业就业岗位约 51 万个，占全球的 44%；生物质行业就业岗位约 38 万个，约占全球的 12%。可再生能源行业每年新增创业公司近百家，尤其以电动汽车和储能系统为主。

可再生能源产业帮扶效果明显。作为精准扶贫的创新应用模式，光伏扶贫以帮扶贫困人口、促进贫困人口稳收增收为目标。可再生能源在为当地经济社会发展提供清洁电力的同时，在减少大气污染物的排放、带动地区经济发展、拓宽创业渠道、增加就业岗位、助力脱贫攻坚、解决无电地区用电问题等方面也发挥了重要作用。

第二节　多举并行促使弃风限电有效缓解

可再生能源电力消纳问题是影响可再生能源发展的全球性问题，成因复杂。以风能和太阳能为代表的可再生能源同传统化石能源相比有着间歇性、波动性、分散性的特点。这造成可再生能源发电项目分布相对分散，发电相对间歇、不稳定，电网占容比例高，输电设施利用率低，输电均摊成本高。可再生能源发电项目快速增长给配套电力基础设施发展带来了巨大压力。解决可再生能源消纳问题要在充分保证能源安全、国民经济的发展和承受的能力的前提下进行。

　　可再生能源电力消纳问题不是一个静态问题，而是一个不断发展演化的动态问题，全球范围内没有一劳永逸的解决方案。既要解决历史遗留的消纳问题，又要解决不断增长中的新增可再生能源电力项目的消纳问题。通常而言，对于某个电力市场可再生能源资源丰富的区域会被率先开发，以中国为例，最先建设的陆上风电场多集中在中西部风资源丰富的地区，之后逐渐向风资源相对较少但人口密集、经济发达、电力消费需求高的东部地区发展。随着可再生能源电力市场的发展，不但可再生能电力项目的总量会不断增加，主要新增项目的地理位置也会发生转移。要妥善解决可再生能源电力消纳问题，就要用动态发展性的眼光前瞻性地观察分析消纳问题的演化过程。

　　政策先导是解决消纳的核心手段，2009 年修订后的《可再生能源法》适时将可再生能源发电"全额收购"更改为"全额保障性收购"。借助电力交易市场的手段进一步解决可再生能源消纳问题的方案浮出水面。

　　2018 年，国家能源局于印发《清洁能源消纳行动计划（2018—2020 年）》，要求推动清洁能源消纳，目标到 2020 年，基本解决清洁能源消纳问题，确保中国平均风电利用率达到国际先进水平（95%左右）。该计划重点明确了 28 项具体措施，为提高中国清洁能源消纳比例指明具体路径。

　　2018 年 6 月 27 日，国务院印发《打赢蓝天保卫战三年行动计划》（国发〔2018〕22 号），这一政策是承接 2013 年《大气污染防治行动计划》的延续政策，提出 2020 年非化石能源占能源消费总量比重达到 15%，加大可再生能源消纳力度，基本解决弃水、弃风、弃光问题。

　　政府在下放风电核准权限的同时，颁布了《可再生能源发电全额保障性收购管理办法》《环境保护税法》等政策法规促进消纳，采用了风电监测预警机制和评价体系等宏观调控方式严格控制风电新增建设规模，建设了多条特高压电力外输通道保障可再生能源发电优先上网，并进一步完善了电力市场交易机制，鼓励可再生能源利用自身低边际成本优势参与跨区域电力市场交易以实现优先消纳，有针对性地解决一些地区弃风限电的情况，弃风限电现象有所缓解。

　　2020 年，中国风电弃风电量 166.1 亿千瓦·时，平均弃风率由 2015 年的 15%大幅降低至 3.5%。连续多年实现弃风量和弃风率的"双降"，实现了《清洁能源消纳行动计划（2018—2020 年）》提出的全国 2020 年风电利用率目标。

一、可再生能源发电"全额保障性收购"政策实施

　　2016 年 3 月 24 日，国家发展改革委印发《可再生能源发电全额保障性收购管理办法》（发改能源〔2016〕625 号）（简称《办法》），提出对风力发电、太阳能发电、生物质能发电、地热能发电、海洋能发电等非水可再生能源发电实行全额保障性收购。明确了可再生能源发电全额保障性收购的定义、责任主体保障范围以及补偿办法等。可再生能源发电全额保障性收购是指电网企业（含电力调度机构）根据国家确定的上网标杆电价和保障性收购利用小时数，结合市场竞争机制，通过落实优先发电制度，在

确保供电安全的前提下，全额收购规划范围内的可再生能源发电项目的上网电量。2016 年 6 月 1 日，国家发展改革委、国家能源局于共同发布了《关于做好风电、光伏发电全额保障性收购管理工作的通知》（发改能源〔2016〕1150 号）。通知要求严格落实规划内的风电、光伏发电保障性收购电量，按照核定最低保障收购年利用小时数并安排发电计划，确保最低保障收购年利用小时数以内的电量以最高优先等级优先发电。

国家发展改革委与国家能源局联合发文，体现了国家对于再生能源消纳问题的重视。该政策不但发布了风电、光伏发电最低保障收购年利用小时数，还对地方有关部门提出了具体要求，对《可再生能源发电全额保障性收购管理办法》的落实与实行起到了积极作用。

2019 年 11 月 22 日，国家能源局正式发布《电网企业全额保障性收购可再生能源电量监管办法（修订）》，并进一步完善了《可再生能源发电全额保障性收购管理办法》，明确了保障性收购电量还要参考准许成本加合理收益，既保证了可再生能源消纳量，又保证了收购电价，可再生能源发电企业的利益得到维护。

二、可再生能源电力市场交易机制形成

2016 年，国家发展改革委发布的《可再生能源发电全额保障性收购管理办法》中明确了可再生能源并网发电项目年发电量分为保障性收购电量部分和市场交易电量部分。其中，市场交易电量部分由可再生能源发电企业通过参与市场竞争方式获得发电合同，电网企业按照优先调度原则执行发电合同。这一政策的发布鼓励了中国各地区进行电力交易，通过市场化手段促进弃风限电问题的解决。

2017 年 11 月，张家口可再生能源电力市场化交易在冀北电力交易中心挂牌交易，是中国风电市场化交易的第一单。交易电价 0.05 元/（千瓦·时），电量规模 1930 万千瓦·时。交易期间，共有 28 家风电企业的 37 个风电项目参与摘牌，申报交易电量达 2350 万千瓦·时，超出挂牌电量 22%。这是中国首个将可再生能源电力纳入电力市场直接交易的范例，交易电量用于张家口市冬季清洁取暖，实现风电资源的就地消纳。交易平台确定的交易价格再加上输配电价、政府性基金等费用，成交后的风电供暖用电电价总体不超过 0.15 元/（千瓦·时）。

2017 年 11 月 8 日，国家发展改革委、国家能源局印发《关于〈解决弃水弃风弃光问题实施方案〉的通知》（发改能源〔2017〕1942 号）。提出了"完善市场体系和市场机制，发挥市场配置资源的决定性作用，鼓励以竞争性市场化方式实现可再生能源充分利用"的基本原则。

为加快构建清洁低碳、安全高效的能源体系，促进可再生能源开发和消纳利用，2019 年 5 月 10 日，国家发展改革委、国家能源局联合印发《关于建立健全可再生能源电力消纳保障机制的通知》（发改能源〔2019〕807 号），提出建设超额消纳量市场化交易平台，为 2020 年保障机制的正式实施做准备。明确了各承担主体以实际消纳可再生能源

电量作为完成消纳量的主要方式，以购买超额消纳量、可再生能源绿色电力证书作为两种补充（替代）方式。要求 2019 年各地区新增风电项目的建设规模严格将消纳能力作为前提条件。

2019 年，国家电网有限公司（简称国家电网）积极完善市场交易机制，扩大省间交易规模，加快推进电力现货市场试点建设。当年 6 月底，国家电网经营区 6 个省级电力现货市场试点试运行工作全面启动，鼓励新能源参与市场，利用低边际成本优势实现优先消纳。9 月底前均已开展结算试运行。其中，山西、山东分别采用新能源机组报量不报价方式、新能源机组不参与申报方式，使得新能源在市场中优先出清；甘肃新能源机组日前报量报价、日内允许新能源机组修改报价，以适应最新出力预测情况。同时，修订《跨区跨省电力中长期交易实施细则（暂行）》，创新滚动撮合交易方式，完善新能源月内偏差调整机制，完善中长期交易机制，鼓励新型市场主体进入市场，发挥用户侧调节能力，促进新能源消纳。

2019 年 6 月，北京电力交易中心（简称交易中心）首次组织北京 2022 年冬奥会场馆绿电交易，交易电量 0.5 亿千瓦·时。2019 年 9 月，大兴机场核心区用户通过委托国网北京电力，利用北京电力交易中心、首都电力交易中心平台，引入青海、山西等地的水电、光伏、风电等清洁能源，满足大兴机场的绿色用电需求，大兴机场核心区用户绿色电力交易合同签订电量 1.39 亿千瓦时，标志着大兴国际机场成为全国首个完全由清洁能源供电的绿电低碳国际机场。除此之外，落实党中央关于援疆和精准扶贫的决策部署，优先安排"电力援疆"交易，全年完成"电力援疆"162 亿千瓦·时，其中新能源电量 18 亿千瓦·时。

2019 年，北京电力交易中心新能源省间外送电量 880 亿千瓦·时，同比增长 21.8%。其中，"三北"地区省间交易电量 633 亿千瓦·时，同比增长 31.5%。新能源省间中长期交易电量 830 亿千瓦·时。其中，省间外送交易、电力直接交易、发电权交易电量分别为 674.4 亿、117.1 亿、38.3 亿千瓦·时。2019 年，新能源跨区现货交易电量 50 亿千瓦·时。

电网同时积极扩大省内新能源市场，开展虚拟电厂交易试点，推动实施电力需求响应。冀北、上海等省区积极开展虚拟电厂示范工程建设，创新虚拟电厂参与调峰辅助服务、短期新能源发电曲线调节等交易机制。上海开展特大型城市虚拟电厂试点项目建设，建设商业楼宇型与能源站型两类虚拟电厂，实现与 4 家虚拟电厂运营商和工业用户、商业建筑、园区微电网、电动车充电桩等 512 个多类型客户的接入，设计中长期需求侧响应、备用、调峰、短期新能源发电曲线调节等多个交易品种，将虚拟电厂参与调峰纳入《上海电力调峰辅助服务市场运营规则》。

除此之外，电网组织电力需求响应，推动实施电力需求响应，填补低谷负荷，提升新能源发电消纳空间。2019 年，江苏填谷需求响应，单次最大响应 179 万千瓦，累计促进新能源消纳 1.2 亿千瓦·时。2019 年，江苏实施电力需求响应合计容量 759.6 万千瓦。其中，2019 年 2 月实现单次最大提升低谷用电 179 万千瓦；国庆期间，江苏电网最大填补低谷负荷 156.5 万千瓦，同比增长 10.3%。

2019 年，国家电网经营区完成新能源省内市场化交易电量 571 亿千瓦·时，同比增长 34%。其中，电力直接交易电量、发电权交易电量分别为 429 亿、142 亿千瓦·时。2019 年，在青海、宁夏、新疆等省（自治区）开展省内新能源与大用户直接交易，完成交易电量 429 亿千瓦·时，同比增长 55.3%。

2020 年是正式实施可再生能源电力消纳保障机制的第一年。2020 年 6 月 1 日，国家发展改革委、国家能源局印发《各省级行政区域 2020 年可再生能源电力消纳责任权重的通知》（发改能源〔2020〕767 号），要求国家能源局各派出机构要切实承担监管责任，密切配合省级能源主管部门，按照消纳责任权重积极协调落实可再生能源电力并网消纳和跨省跨区交易，对监管区域内各承担消纳责任市场主体的消纳量完成情况、可再生能源电力交易情况等开展监管。

三、风电行业迎接平价上网时代

自 2009 年起，为促进风电建设，规范风电价格管理，中国采取了分资源区制定陆上风电标杆上网电价。在电价补贴政策的驱动下，大量投资的涌入助力中国取得了举世瞩目的风电产业发展成绩，年新增装机规模从 2015 年的 3297 万千瓦增长到 2020 年的 7167 万千瓦。从总装机规模上讲，风力发电成为中国仅次于火电和水电的第三大电源，在电源结构转型过程中发挥重要作用。此后，根据风电行业发展情况，国家发展改革委于 2014 年到 2016 年对陆上风电标杆上网电价进行 3 次降价调整，并从 2019 年起取消强制性标杆电价，改为市场参考指导价竞价上网。

伴随着多年的规模化开发，风电产业的发展和技术创新的驱动，中国风力发电成本显著下降，朝着"去补贴化"一步步地前行。在一些风资源和开发条件较好的地区，在全额上网的前提下，陆上风电发电成本已接近或持平于当地煤电标杆上网电价。国家逐步调整电价，并加快核准风电平价上网项目。2016 年 12 月 25 日，国家主席习近平签署发布第 61 号中华人民共和国主席令，《中华人民共和国环境保护税法》正式颁布。对能源电力行业来说，环保税的实行将提高火电等传统能源的环境成本，风电光伏等清洁能源竞争环境更加公平，也更具竞争力。风电作为清洁能源，环境成本优势进一步凸显，化石能源电价的提高加快了风电平价上网的进程。为充分利用各地区风能资源，推动风电新技术应用，提高风电市场竞争力，2017 年 8 月 31 日，国家能源局发布《关于公布风电项目平价上网示范项目的通知》（国能发新能〔2017〕49 号），公布平价上网示范项目包括河北、黑龙江、甘肃、宁夏、新疆相关省（区）风电平价上网示范项目总规模 70.7 万千瓦。平价上网示范项目的上网电价按当地煤电标杆上网电价执行，所发电量不核发绿色电力证书，在本地电网范围内消纳。在并网方面，风电平价上网项目也得到了大力支持。示范项目建成后，风电开发企业可以及时获得购售电合同，优先满足项目消纳需求，确保全额消纳风电平价上网示范项目所发电量，使项目建设切实发挥示范效应和引导作用。风电项目平价上网示范，释放了国家层面要求风电行业进一步降本增效高质量发展的核心指导思想。

考虑到海上风电资源条件有限，开发成本相对较高，为保障产业平稳发展，海上风电上网电价调整幅度相对较小。2014 年，为促进海上风电产业健康发展，鼓励优先开发优质资源，国家发展改革委首次规定了对于非招标的海上风电项目标杆上网电价，区分近海风电和潮间带风电两种类型。而后规定 2017 年和 2018 年的海上风电标杆上网电价不作调整。同时，为更大程度发挥市场形成价格的作用，政府鼓励各地继续通过特许权招标等市场竞争方式确定海上风电项目开发业主和上网电价。2019 年 5 月 21 日，国家发展改革委印发的《关于完善风电上网电价政策的通知》（发改价格〔2019〕882 号）提出海上风电标杆上网电价改为指导价，新核准海上风电项目全部通过竞争方式确定上网电价，不得高于上述指导价。

到 2019 年，中国有 4000 多座风电场，并网风机超过 12 万台，为了进一步降本增效，风力发电技术朝着大型化和适应性的方向发展。其中，国产风力发电最大单机容量发展到 10 兆瓦，叶轮直径超过 170 米。在适应性机型方面技术取得突破，主要厂商已发展出 200 多个机型，可以满足沙漠、海洋、低温、高海拔、低风速、台风等各种环境气候区域风资源利用要求。中国风力发电技术的长足进步和产业链飞跃式的成长，推动了中国风电平价上网的发展进程，陆上风电在"三北"地区率先实现了平价。风电补贴退坡实现"去补贴化"，是产业发展成熟的重要标准，是促进行业进一步健康发展的重要举措。

四、"14 交 12 直"特高压电力外输通道助力风电跨区域送出

加快建设特高压输电大通道和可再生能源并网工程，能够扩大可再生能源的消纳范围，满足京津冀鲁、长三角地区等受电省份的可再生能源用电需求，是解决可再生能源消纳问题的关键之举。

2014 年 5 月 16 日，国家能源局、国家发展改革委和环境保护部三部委正式联合发布《能源行业加强大气污染防治工作方案》（发改能源〔2014〕506 号）（简称《能源大气方案》），对能源领域大气污染防治工作进行全面部署，要求按照"远近结合、标本兼治、综合施策、限期完成"的原则，通过加快重点污染源治理、加强能源消费总量控制、着力保障清洁能源供应以及推动转变能源发展方式等多种措施，显著降低能源生产和使用对大气环境的负面影响，为中国空气质量改善目标的实现提供坚强保障。同月，国家能源局发布《大气污染防治行动计划 12 条重点输电通道建设的通知》，要求抓紧推进 12 条重点输电通道相关工作，其中含"四交五直"特高压工程和 3 条±500 千伏输电通道。2016 年 12 月 2 日，国家发展改革委正式发文核准建设陕西锦界、府谷电厂 500 千伏送出工程。至此，大气污染防治行动计划 12 条重点输电通道全部获得国家核准。

截至 2020 年年底，国家电网公司累计建成投运"14 交 12 直"特高压输电工程，在建"3 直"特高压输电工程，在运在建 29 项特高压输电工程线路长度达到 4.1 万千米，变

电（换流）容量超过 4.4 亿千伏·安（千瓦），累计送电超过 1.6 万亿千瓦·时，电网资源配置能力不断提升。至此，大气污染防治行动"四交四直"和酒泉—湖南、准东—皖南、扎鲁特—青州直流建成投运，国家基础设施领域补短板"五交五直"特高压工程加快推进，跨省跨区输电能力提升到 2.3 亿千瓦。《能源大气方案》的发布成为中国政府解决京津冀、长三角和珠三角地区环境污染、雾霾天气和电力短缺的重大举措。重点输电通道的建设实现了"西电东送"，不仅有助于解决三北地区长期以来的风电弃风问题，更激发了当地的新能源投资热情。

五、风电投资预警机制疏导区域性源网发展不协调

2016 年 2 月 29 日，国家能源局发布《关于建立可再生能源开发利用目标引导制度的指导意见》，明确提出"国家能源局根据各地区可再生能源资源状况和能源消费水平，依据全国可再生能源开发利用中长期总量目标，制定各省（区、市）能源消费总量中的可再生能源比重目标和全社会用电量中的非水电可再生能源电量比重指标，并予公布。鼓励各省（区、市）能源主管部门制定本地区更高的可再生能源利用目标。"

2016 年 7 月 18 日，国家能源局发布《关于建立监测预警机制促进风电产业持续健康发展的通知》（国能新能〔2016〕196 号），明确建立风电投资监测预警机制。该机制是"十三五"期间最重要的政策之一，出台后国家能源局每年定期发布《年度风电投资监测预警结果》，以监测各省（区、市）风电开发投资情况，并将结果用于指导下一年的风电建设规模。该机制旨在引导风电企业理性投资，降低弃风限电问题，促进风电产业持续健康发展。

风电投资监测预警结果分为红色、橙色、绿色。红色的地区，表示风电开发投资风险较大，国家能源局在发布预警结果的当年不下达年度开发建设规模，地方暂缓核准新的风电项目（含已纳入年度开发建设规模的项目），建议风电开发企业慎重决策建设风电项目，电网企业不再办理新的接网手续。预警结果为橙色，表示该地区风电开发投资具有一定风险，国家能源局原则上在发布预警结果的当年不下达年度开发建设规模。预警结果为绿色，表示正常，地方政府和企业可根据市场条件合理推进风电项目开发投资建设。发布年前一年度风电平均利用小时数低于地区设定的最低保障性收购小时数，风险预警结果将直接定为红色预警。发布年前一年度弃风率超过 20% 的地区，风险预警结果将为橙色或橙色以上。

《国家能源局关于发布 2017 年度风电投资监测预警结果的通知》（国能新能〔2017〕52 号）结果显示，内蒙古、黑龙江、吉林、宁夏、甘肃、新疆（含兵团）等省（区）为风电开发建设红色预警区域，其他省份为绿色区域。《国家能源局关于发布 2018 年度风电投资监测预警结果的通知》（国能发新能〔2018〕23 号）中，红色预警区域由六个省份降为三个，宁夏、内蒙古、黑龙江三省份解除了红色预警。《关于发布 2019 年度风电投资监测预警结果的通知》（国能发新能〔2019〕13 号）显示当年仅有新疆（含兵团）、甘肃为红色区域。

2020 年 3 月 30 日，国家能源局发布《2020 年度风电投资监测预警结果》（国能发新能〔2020〕24 号），结果显示中国所有地区已解除红色预警，这代表所有省份的风电项目在"十三五"期间进行有序建设，对于推动风电装机量的健康增长具有积极作用。

第三节 光伏扶贫工程助力 2020 年"全面脱贫目标"

2014 年 10 月，国家能源局会同国务院扶贫开发领导小组，启动了光伏扶贫试点工作，为期 6 年的全国范围内光伏扶贫项目正式拉开序幕。

2015 年 11 月 19 日，中共中央、国务院颁布的《中共中央、国务院关于打赢脱贫攻坚战的决定》明确："加快推进光伏扶贫工程，支持光伏发电设施接入电网运行，发展光伏农业。"2015 年 7 月，习近平总书记在中央财经会议上指出："光伏发电扶贫，一举两得，既扶了贫，又发展了新能源，要加大支持力度。"《中共中央、国务院关于打赢脱贫攻坚战三年行动的指导意见》要求"在条件适宜地区，以贫困村村级光伏电站建设为重点，有序推进光伏扶贫。"习近平总书记重要指示批示和中央文件规定为光伏扶贫的发展指明了方向。

2014 年 10 月 11 日国家能源局、国务院扶贫开发领导小组办公室联合印发的《关于实施光伏扶贫工程工作方案》指出，光伏扶贫工程的工作目标为，利用 6 年时间，到 2020 年，开展光伏发电产业扶贫工程。明确了光伏扶贫项目适用的范围及服务对象。确定了光伏扶贫项目工作的四方面原则，即统筹规划，分步实施；政策扶持，依托市场；社会动员，合力推进；完善标准，保障质量。将光伏扶贫项目工作内容划分为 7 个方面，即开展调查摸底、出台政策措施、开展首批光伏扶贫项目、编制全国光伏扶贫规划（2015—2020）、制定光伏扶贫年度方案并组织实施、加强技术指导、加强实施监管。这是从国家层面推动光伏扶贫行动的纲领性文件。

截至 2019 年年底，"十三五"光伏扶贫项目建设任务全面完成，累计建成光伏扶贫电站的规模是 2636 万千瓦，惠及 415 万户，每年可实现电费和补贴收入约 180 亿元。在光伏扶贫电站里面，村级电站是主体，大概有 8.3 万座，覆盖了 9.23 万个村，其中有 5.98 万个村是建档立卡的贫困村。截至 2020 年 6 月，全国共建设成村级电站 83 534 座，其中单村电站 62 990 座，联村电站 20 544 座，共确权到了 100 058 个村，其中有 59 822 个贫困村、40 236 个非贫困村，共覆盖 2674 万贫困人口。

一、光伏扶贫列为"精准扶贫十大工程"之一

习近平总书记在 2013 年 11 月于湖南湘西考察时，首次提出了"精准扶贫"，强调：扶贫要实事求是，因地制宜。2015 年 6 月，习近平总书记在贵州将精准扶贫思想概括为"扶贫对象精准、项目安排精准、资金使用精准、措施到户精准、因村派人精准、脱贫成效精准"。光伏发电项目具备精准扶贫的天然属性。

总体而言，中国太阳能资源较为丰富，为光伏扶贫工程大面积推广提供了基础条件。光伏产业的适应性强，在边远山区，干旱地区，高海拔地区的山地坡面，戈壁沙漠，滩涂湖面等地形地貌上均可建设光伏发电项目，规模可大可小，投资可多可少，光伏发电项目建设运维简单，环境影响小，是适合于全国范围内推广的精准扶贫项目之一。

另外，光伏扶贫推广具备历史发展的前提条件。2015 年，中国超过美国和德国成为全球第一光伏装机大国。中国光伏产业链日趋完善，在全球范围扮演举足轻重的地位。《关于促进先进光伏技术产品应用和产业升级的意见》，提出要提高光伏产品市场准入标准；"领跑者"计划等一系列重大举措的实施是国家层面对光伏产业"从量的要求"向"质量双向要求"转变的重要举措，引导了光伏技术进步和产业升级。在政策激励和产业发展的双重驱动下，中国的光伏技术发电成本显著下降竞争力提升。光伏发电项目的经济效益优势更加突出。

针对光伏发电规模迅速增长的态势，《清洁能源消纳行动计划（2018—2020 年）》等政策提升了电力部门清洁能源的整体消纳能力，逐渐避免"弃光"收入损失。一系列鼓励新能源电力消费的相关政策为光伏产业的持续发展提供了良好的驱动力，使光伏市场规模持续扩大成本持续降低。

因地制宜、因势利导不断完善的政策为光伏扶贫电站建设资金、电价、收益分配、电网消纳等方面提供了强有力的支持。在精准扶贫大历史背景条件下，光伏产业逐步适应了从市场化单纯追求经济效益向公益化以精准扶贫为主要目标兼顾投资经济效益方向的转变，在推广清洁能源、促进能源结构转型的同时，优先保障了贫困人口的收益，发挥了积极的减贫带贫效应。

二、光伏扶贫分为"三步走"

2013 年，国家发布关于分布式光伏电站的政策，支持全国范围内开始大规模地建立以家庭为单位的分布式光伏电站，为光资源充足的贫困地区脱贫提供了一条新的途径。2014 年 3 月，安徽省金寨县首开先河，在全国率先试点"光伏扶贫"，首批覆盖 1008 户贫困户。作为一项全新的工作，光伏扶贫无先例可依，各地区及有关部门逢山开路，遇水架桥，在总结经验解决困难中不断前行，探索出一条精准扶贫的成功道路。依据相关政策及发展特征，光伏扶贫工程的发展可划分为三个阶段。

第一阶段：试点探索阶段。2014 年 10 月，国家能源局和国务院扶贫开发领导小组办公室联合印发《关于实施光伏扶贫工程工作方案》，计划用 6 年时间发展光伏发电扶贫产业。2015 年 1 月，国务院扶贫办综合司将光伏扶贫列入"精准扶贫十大工程"，要求在光热条件较好的贫困县开展光伏扶贫试点，在建档立卡贫困村、户安装分布式光伏发电系统，因地制宜发展光伏产业。2015 年 3 月，国家能源局印发《关于下达 2015 年光伏发电建设实施方案的通知》（国能新能〔2015〕73 号），明确安排 6 省 30 个县开展首批光伏试点工作，总规模 150 万千瓦。试点工作的首要目的是将光伏扶贫概念从纸面落实到现实，采用大框架，粗线条的理念下放权力，在实践中汲取经验。在建设模式、带贫机制、资金来源、管理机制等方面摸索总结出适合的执行方式。

2016 年 3 月 23 日，《关于实施光伏发电扶贫工作的意见》（发改能源〔2016〕621 号）明确将试点工作进一步扩大到 16 个省 471 个县约 3.5 万个建档立卡贫困村。这一时期，光伏扶贫工作初具规模，影响力得到了提升。通过试点探索阶段的工作，光伏扶贫电站资源及地理条件适应性强，建设运营条件要求低，投资回报稳定、低风险的优点得以充分展现和认识，成为发挥贫困地区自然资源优势的有效选择。

第二阶段：推广建设阶段。2017 年 6 月，习近平总书记在山西省太原市深度贫困地区脱贫攻坚座谈会上进一步强调"在具备光热条件的地方实施光伏扶贫，建设村级光伏电站，是解决深度贫困的好办法"。2017 年 5 月，国务院办公厅组织召开光伏扶贫专题会议，明确将村级光伏扶贫电站作为光伏扶贫的主导模式，加强政策举措，进一步统一认识，凝聚合力。光伏扶贫电站进入全面推广时期，这一阶段各地出现一些倾向性和苗头性问题。首先，是争抢指标，部分地方将光伏扶贫指标视同于财政补助，盲目申请，但因建设资金落实不到位，造成项目建设投运延期。其次是负债建设，部分地方未充分认识光伏扶贫电站的公益属性，采用负债、入股的方式筹措建设资金，造成发电收益被利息和分红挤占。第三是分配不合理，2017 年前，收益分配主要以发钱到户为主。在推广光伏收益用于设置公益岗位之后，出现了贫困户与公益岗位关联但未实际参与劳动仍然获得收益的现象。最后是电站设备质量存在隐患，某些地方因光伏扶贫电站建设招标不规、建设监管不严格，导致光伏组件等设备质量不合格，建设质量不达标等问题，直接影响电站长期稳定运行和收益。

针对光伏扶贫项目执行中出现的问题，2017 年 12 月 11 日国务院扶贫办印发《村级光伏扶贫电站收益分配管理办法》（国开办发〔2017〕61 号），2018 年 3 月 26 日国家能源局、国务院扶贫办发布《光伏扶贫电站管理办法的通知》（国能发新能〔2018〕29 号），对光伏扶贫电站建设管理和收益分配政策进行调整明确。在建设管理上，明确了"五个标准"的要求，即光伏扶贫电站原则上应建设在建档立卡贫困村按照村级电站方式建设、项目光照资源年等效利用小时数应在 1000 小时以上、具备并网消纳条件、光伏扶贫电站不得负债建设，企业不得投资入股、所有收益用于扶贫。在收益分配上，要求村级光伏扶贫电站收益必须纳入村集体经济，由村集体通过设立公益岗位扶贫、开展小型公益事业、设置奖励补助等三类主要形式进行分配，取代以往分钱到户的方式。

这一时期，光伏扶贫电站在全国范围得到广泛推广。截至 2017 年，共有 25 个省区市、940 个县开展了光伏扶贫项目建设，累计建成规模 1011 万千瓦，直接惠及约 3 万个贫困村 164.6 万贫困户。2018 年 9 月，已纳入国家光伏扶贫补助目录的项目达到 553.8 万千瓦，覆盖贫困户 96.5 万户。

第三阶段：规范完善阶段。2019 年，国家能源局、国务院扶贫办联合下发《"十三五"第二批光伏扶贫项目计划》，在 15 个省区 165 个贫困县计划建设 3961 个村级光伏扶贫电站，总装机规模为 1 673 017.43 千瓦，带动 3859 个建档立卡贫困村的 301 773 户建档立卡贫困户脱贫。"十三五"第二批光伏扶贫项目计划建设完成后，国家明确不再下达新的光伏扶贫计划。光伏扶贫电站进入深化实施阶段，工作重点从增量向提质转变，进一步突出管理的规范性和完善性。

在这一时期，光伏扶贫工作需要面对建设管理和收益分配长期存在的老问题。同时，由于前期的建设成果显著，光伏扶贫电站总量增长迅速，资产管理不到位、运维管理不规范、公益岗设置过多的新挑战逐渐浮现。针对新老问题和挑战，光伏扶贫工作重点转向三个方面：第一是保障光伏电站的运行，推进先进技术、降低发电成本，实施对扶贫电站的长效管理；第二是深化发展光伏产业扶贫，将光伏收益的经济效益与社会效益有机结合，充分挖掘光伏扶贫项目的带动效益；第三是引导地方将光伏扶贫收益与扶贫扶智扶志相结合，巩固脱贫成果。

截至 2020 年 11 月，光伏扶贫所有计划内建设指标全部下达并建成发电，所有计划内的光伏扶贫电站和地方参照建设的 458 万千瓦村级电站均纳入补贴目录，光伏扶贫工作取得阶段性胜利。

在 6 年的实践过程中，为了强化精准扶贫效果，针对光伏扶贫工作要求主要发生三方面的变化。

首先，电站建设模式上发生了转变。早期光伏扶贫鼓励各地根据实际情况，因地制宜、多种模式建设光伏扶贫电站，通过灵活运用户用式电站、村级电站、光伏大棚、地面集中电站，以期实现光伏扶贫效益的最大化。按照脱贫攻坚决策部署，在总结前期光伏扶贫工作实施的基础上，2018 年，进一步明确光伏扶贫电站原则上应在建档立卡贫困村按照村级电站方式建设。这是因为村级电站能够有效地满足精准扶贫、产业扶贫的要求，村级扶贫电站建设规模及对应资金需求量适中，贫困县易于根据当地财力安排资金因地制宜实施项目建设，形成村集体经济。村级电站实施可结合农村电网改造等同步实施，提高农村电网用电安全，电力全额消纳更有保障。村级电站产权归村集体所有，电站收益由村集体按收益管理办法自行研究分配，激发村集体内生动力。

其次，政府出资要求发生了变化。早期光伏扶贫工作可由政府、企业、金融机构等共同参与，按资产收益型扶贫模式管理，政府出资对应收益用于村集体或者建档立卡贫困户收益，这造成发电收益被利息和分红挤占。2018 年 3 月，《光伏扶贫电站管理办法的通知》明确了光伏扶贫电站由各地根据财力可能筹措资金建设，包括各级财政资金以及东西协作、定点帮扶和社会捐赠资金，并明确光伏扶贫电站不得负债建设，企业不得投资入股。

第三是收益分配方式发生了变化。早期光伏扶贫原则上按照每位扶贫对象每年获得3000 元以上收益分配。后期光伏扶贫电站收益分配与使用管理，按国务院扶贫办《村级光伏扶贫电站收益分配管理办法》（国开办发〔2017〕61 号）执行，光伏扶贫电站发电收益形成村集体经济，用以开展公益岗位扶贫、小型公益事业扶贫、奖励补助扶贫等。

三、"四优两不"等政策保障光伏扶贫顺利开展

国家出台了"四优两不"政策措施，即优先下达建设规模和计划，优先调度保证全额消纳，优先列入财政补贴目录，优先发放财政补助资金。"两不"就是在近年光伏电站造价不断降低的情况下，对光伏扶贫电站的电价实行不竞价、不退坡，有效保证了光伏扶贫的收益。

首先，保证光伏扶贫电站不参与竞价。执行国家制定的光伏扶贫价格政策；光伏扶贫项目的价格水平优于全国普通光伏项目，全国光伏项目上网电价在 2017—2019 年逐年进行下调，光伏扶贫项目电价则未予调整。纳入国家可再生能源电价附加资金补助目录的村级光伏扶贫电站（含联村电站），对应的Ⅰ～Ⅲ类资源区上网电价保持不变，仍分别按照

每千瓦·时 0.65 元、0.75 元、0.85 元执行。

其次，保障电力接入与消纳。2018 年，国家能源局、国务院扶贫办印发《光伏扶贫电站管理办法》，在并网方面，要求电网企业加大贫困地区农村电网改造工作力度，将村级光伏扶贫项目的并网工程优先纳入农村电网改造升级计划，电网企业确保村级扶贫电站和并网工程同步建成投产；对集中式光伏扶贫电站，电网企业将其接网工程纳入绿色通道办理。在消纳方面，要求电网公司制定合理的光伏扶贫项目并网运行和电量消纳方案，保障光伏扶贫项目优先调度与全额消纳。

第三，保障电量国家补贴优先发放，光伏扶贫项目优先纳入可再生能源补助目录，补助资金优先发放，原则上年度补助资金于次年一季度前发放到位。财政部对光伏扶贫项目单列补助目录，对列入可再生能源电价附加资金补助目录内的集中式光伏扶贫电站，优先拨付用于扶贫部分的补贴资金。保证贫困户及时足额获得收益，确保光伏扶贫效果。截至 2020 年 2 月，财政部会同国家发展改革委、国家能源局、国务院扶贫办印发并公布了三批光伏扶贫补助目录。

第四，保障光伏扶贫电站建设规模。2015 年光伏扶贫工作开展以来，国家层面先后六次下达过关于光伏扶贫专项建设规模或计划，即 2015 年 3 月、2016 年 10 月、2017 年、2017 年 7 月、2017 年 12 月、2019 年 4 月，分六次各下达或确认光伏扶贫项目计划 150 万千瓦、516 万千瓦、10 万千瓦、450 万千瓦、419 万千瓦以及 167 万千瓦，共计约 1712 万千瓦保障光伏扶贫实施规模。

除了"四优两不"政策，为保证光伏扶贫项目顺利开展，国家还出台了一系列针对性政策为其发展全方位保驾护航。国务院扶贫办、国家能源局会同财政部、国家发展改革委等部门先后出台 27 个涉及光伏扶贫的文件，其中，19 个为政策性文件，逐步明确了光伏扶贫的目标任务、建设规模、建设类型、电站管理、补贴发放、收益分配等工作要点，规划、施工、上网、补贴、分配、监测等工作节点，实现了光伏扶贫有规可依。经过 6 年的探索与实践，中国建立了相对完善的光伏扶贫制度和运行体系，推动了光伏产业的发展和光伏扶贫目标的实现。

光伏扶贫实行"中央统筹、省负总责、市县落实"的管理体制。中央层面进行顶层设计，明确光伏扶贫在精准扶贫中的重要作用及其公益属性，对光伏项目的设立、光伏收益的用途等方面做出了宏观规定；省级层面负责协调和监督政策的执行；市县政府是光伏扶贫项目的责任主体，负责政策的落实。国务院扶贫办负责建立协调推进机制，国家能源局、财政部、国家发展改革委、国土部门和林业部门等分别在电站建设计划和管理、资金保障、价格政策、电网运行和电量消纳、建设用地等方面提供支持。省市县各级政府建立光伏扶贫领导小组，细化光伏扶贫实施方案和管理细则，推动光伏扶贫政策有效落实，保障光伏扶贫各项工作有序开展。

在 2016 年国家发布《关于实施光伏发电扶贫工作的意见》（发改能源〔2016〕621 号）文件时，明确光伏扶贫的重点实施范围为前期开展试点的、光照条件较好的 16 个省的 471 个国家级贫困县。此后，为助力深度贫困地区脱贫攻坚、确保全面建成小康社会，将"三区三州"深度贫困地区纳入光伏扶贫重点实施范围。为了保证光伏扶贫项目的建设及运行质量，国家还统一制定了光伏扶贫项目的技术标准。

四、金寨县率先探索光伏扶贫路径获成功

安徽省金寨县是"中国工农红军第一县""中国第二大将军县"，也是国家级首批重点贫困县。金寨县是国家光伏扶贫试点县之一，2011 年被确定为大别山片区扶贫攻坚重点县，也是中国政府计划推出的首个高比例可再生能源示范县。

金寨县位于大别山腹地，地处鄂豫皖三省结合部，全县总面积 3814 千米^2，辖 23 个乡镇、1 个经济开发区，219 个行政村、10 个社区，总人口 68 万，是安徽省面积最大、山库区人口最多的县。全县 2014 年初建档立卡贫困户 4 万户 13 万人，贫困发生率 22.1%。金寨县属于太阳能资源 4 类地区，春夏季多阴雨，秋冬季太阳能资源相对充足，全年日照达 1867～2203.5 小时，多年平均太阳总辐射为 4430.7 兆焦/米^2。

2014 年起，金寨县在全国率先创新实施光伏扶贫工程，尝试探索了一条"产权跟着股份走、分红随着贫困走"的可持续精准扶贫之路。2014 年 3 月初，金寨县开建首批 1008 座户用式光伏电站，每户装机容量 3 千瓦。2014 年 8 月，启动了第二批 1000 户光伏发电扶贫项目。当年，金寨县共有 2008 户贫困群众在自家屋顶上安装了装机容量 3 千瓦的分布式光伏电站。2015 年 6 月底，完成第三批 6733 户光伏扶贫电站项目建设。截至 2015 年，全县共建成 3 千瓦户用光伏扶贫电站 8741 座，装机规模 2.34 万千瓦，每个电站投资 2.4 万元，各级财政扶持、企业捐资、贫困户自筹比例为 1:1:1，产权归农户所有。

综合考虑山区地理环境、阳光照射时间等因素，分户式光伏扶贫电站安装分散、运维管理成本高等问题，自 2015 年光伏扶贫的模式逐渐向村级及联村联镇项目方向发展。2016 年 6 月，金寨县政府印发了《金寨县光伏发电精准脱贫实施方案》，对光伏扶贫项目建设模式、资金筹措和受益分配进行确定，推动光伏扶贫在全县推广。金寨县以村为单位成立创福发展公司，每村投入 74 万元，分村建成装机规模至少 100 千瓦的村级光伏扶贫电站 225 座、装机规模 2.95 万千瓦、每村实现年增收约 10 万元。同时，动员社会力量为全县 30 个贫困村建成 3141 千瓦村级光伏扶贫电站，产权归村集体所有。村集体光伏扶贫电站发电收益 80%用于开发公益岗位扶贫，开发光伏扶贫电站管护员等公益岗位，优先选择贫困户参与光伏扶贫电站管护，带动 200 多户贫困户，户均年增收 6000 元。其余部分用于奖励补助扶贫、村级小型公益事业扶贫等支出。

针对没有建设条件的贫困户、贫困村，采取乡（镇）、村协调选址，金寨县集中统一建设了联户光伏扶贫电站 4.5 万千瓦，产权归县级所有。资金投入采取各级财政资金注入、光伏企业让利和贫困户资金入股等方式筹集。发电收益扣除土地租金、运维管理等必要费用后，剩余资金用于形成贫困村集体经济收入及贫困户入股分红。

综合考虑土地资源节约利用和贫困户光伏受益面扩大等因素，金寨县自筹资金和争取银行政策性优惠贷款，依托荒山集中建设 10 万千瓦集中式光伏扶贫电站，发电收益扣除土地租金、运维管理等必要费用后，非扶贫容量部分形成的收益，主要用于偿还银行贷款、

贫困村分红等支出。扶贫容量部分形成的收益，由县级统筹用于扶贫事业。对集中式光伏扶贫电站，贫困户入股资金 5000 元，每年每户分红 3000 元，连续 4 年，稳定脱贫后退还贫困户入股本金。

截至 2019 年年底，累计投入 14.78 亿元建成并网光伏扶贫电站 20.11 万千瓦，实现综合收益 5.19 亿元，助力 11.95 万贫困人口脱贫、71 个贫困村出列，贫困发生率由 22.1% 降至 0.31%，光伏扶贫成为金寨县脱贫攻坚群众增收重要途径之一。

第四节　光伏发电迎来"平价上网"时代

中国光伏发电发展速度迅猛，自 2015 年开始，中国光伏发电新增装机容量居世界首位，一直保持着高速增长的态势。2015 年 12 月 22 日，国家发展改革委发布《关于完善陆上风电光伏发电上网标杆电价政策的通知》（发改价格〔2015〕3044 号），总体下调了光伏电价的标杆电价。光伏发电标杆电价退坡制度的实施，引发了光伏发电项目的抢装潮，由于光伏发电成本的显著下降，电价退坡并未影响市场对光伏发电项目的投资热度。光伏电价退坡逐渐成为常态化，周期性机制，2015—2018 年国家发展改革委价格司分别四次下调了风电标杆上网电价，总体降价幅度约为每千瓦时 9 分，进一步鼓励通过市场化招标定价方式来确定中国可再生能源电力上网定价标准，可再生能源发电发展逐渐由政策补贴性驱动向市场化竞争方向过渡。

化石能源转换成电力需要两部分成本，一部分是开采成本，另一部分是应用成本，即把化石能源转换成电力的成本。可再生能源的优势在于没有开采成本，但自可再生能源发电技术诞生以来发电成本总体上较高。实现低成本可再生能源发电是可再生能源电力产业最核心的发展目标之一。

为了促进光伏发电技术的成本下降，中国出台一系列的政策予以引导。进入 21 世纪，通过扩大产业规模和加大技术创新投入，中国可再生能源产业对全球可再生能源发电成本的下降起到了至关重要的作用，做出了突出的贡献。以光伏组件为例，自 1976 年有商业化光伏组件价格记录以来，追溯 45 年的数据显示，光伏组价产量和成本大致保持着累计产量每增加一倍成本下降 20% 的关系。2010—2020 年，全球太阳能光伏发电的成本由 0.378 元/（千瓦·时）下降到 0.068 元/（千瓦·时），下降了约 82%。而中国光伏产品产业规模多年来保持着全球光伏市场 70% 左右的份额，中国制造对全球光伏发电成本下降的贡献可见一斑。

随着光伏发电成本的不断下降，光伏发电项目的"去补贴化"条件已经成熟。2019 年 1 月 7 日，国家发展改革委、国家能源局联合发布《关于积极推进风电、光伏无补贴平价上网有关工作的通知》（发改能源〔2019〕19 号），提出"开展平价上网项目和低价上网试点项目建设"。平价上网项目试点的实施，初步实现了全行业几代人追求的可再生能源发展重要目标，广义上讲，意味着可再生能源电力在中国幅员辽阔的土地上基本实现了

"成本上对于化石能源电力的可替代性"，是中国可再生能源发展过程中重要里程碑事件。

随着中国光伏产业的快速发展，可再生能源电价附加政策在实施过程中出现了不断扩大的缺口，可再生能源基金难于及时地覆盖可再生能源补贴的需求，出现了光伏发电项目补偿拖欠的现象。影响光伏发电项目的投资吸引力，威胁光伏产业健康，持续，快速地发展。为化解可再生能源附加体系面临的挑战，绿色电力证书政策、光伏平价上网政策以及可再生能源电力消纳保障机制等经济性政策相继出台。上述三项政策之间以绿色证书策略为核心纽带，通过政策组合方式，建立了可再生能源发展性的政策扶植新体系。

一、国家发展改革委下调光伏上网电价

截至 2015 年年底，中国光伏发电累计装机容量 4318 万千瓦，成为全球光伏发电装机容量最大的国家。其中，光伏电站 3712 万千瓦，分布式 606 万千瓦，年发电量 392 亿千瓦·时。2015 年新增装机容量 1513 万千瓦，完成了 2015 年度新增并网装机 1500 万千瓦的目标，占全球新增装机的 1/4 以上，占中国光伏电池组件年产量的 1/3，为中国光伏制造业提供了有效的市场支撑。

从依赖"上网电价补贴"向"去补贴化""平价上网"过渡是中国光伏产业发展政策重要的引导方向。为促进中国光伏行业高质量发展，能源主管部门结合行业发展实际情况，进一步调整完善了光伏产业规模管理体制、电价机制以及市场化运营机制等发展政策。

2015 年 12 月 22 日，国家发展改革委发布《关于完善陆上风电光伏发电上网标杆电价政策的通知》（发改价格〔2015〕3044 号）。文件规定，2016 年中国一类、二类、三类资源区的地面光伏电站标杆电价分别为 0.80 元/（千瓦·时）、0.88 元/（千瓦·时）和 0.98 元/（千瓦·时）。相比此前的标杆电价，本次对三类资源区电价分别下调了 10 分/（千瓦·时）、7 分/（千瓦·时）、2 分/（千瓦·时）。文件还明确，"2016 年 1 月 1 日以后备案并纳入年度规模管理的光伏发电项目，执行 2016 年光伏发电上网标杆电价。2016 年以前备案并纳入年度规模管理的光伏发电项目但于 2016 年 6 月 30 日以前仍未全部投运的，执行 2016 年上网标杆电价。"文件还规定以"630"为节点，在此之前并网成功的光伏项目，可以享受较高的电价。因此 2016 年上半年，中国光伏行业出现了全国范围内首次的"630"抢装潮。据中国光伏行业协会数据，2016 年上半年，全国光伏新增装机超过 20 吉瓦，2016 年全年光伏发电新增装机容量 34.54 吉瓦，超出了行业预期。中国光伏市场"630"抢装潮的出现，是光伏发电市场对光伏标杆电价退坡机制的正常回应。抢装潮的出现，体现了在当时光伏电价补贴的体系中，光伏发电项目对资本的吸引力。抢装潮的出现也引发了一些暂时性问题，比如短期内的光伏企业资金周转困难，以及因密集建设引发的光伏发电产品和电站质量隐患。

这些暂时性的问题，并没有掩盖光伏标杆电价退坡对光伏产业健康发展的积极意义。市场的反馈印证了在光伏标杆电价退坡的背景下，投资光伏发电产业还是"有利可图的"。主管部门进一步坚定了加快光伏补贴退坡早日实现光伏产业去补贴化的信心。光伏标杆电价退坡逐步走向"常态化，周期性"。

2016 年 12 月 26 日，国家发展改革委下发《关于调整光伏发电陆上风电标杆上网电价的通知》（发改价格〔2016〕2729 号），规定自 2017 年 1 月 1 日起执行。根据当时新能源产业技术进步和成本降低情况，降低 2017 年 1 月 1 日之后新建光伏发电标杆上网电价。光伏发电上网电价在当地燃煤机组标杆上网电价（含脱硫、脱硝、除尘电价）以内的部分，由当地省级电网结算；高出部分通过国家可再生能源发展基金予以补贴。国家发展改革委指出，"鼓励通过招标等市场化方式确定新能源电价"。相比 2016 年光伏上网标杆电价，2017 年一、二、三类资源区标杆电价分别下调了 0.15 元/（千瓦·时）、0.13 元/（千瓦·时）和 0.13 元/（千瓦·时），下调幅度有所扩大。通过加快补贴退坡，对光伏产业提出了进一步降本增效，降低光伏发电成本的要求。为推动中国光伏产业按预期计划实现"平价上网"又迈出了坚实的一步。

2018 年 5 月 31 日，国家发展改革委、财政部、国家能源局联合印发了《关于 2018 年光伏发电有关事项的通知》（发改能源〔2018〕823 号），提出完善光伏发电电价机制，加快光伏发电电价退坡，在发挥市场配置资源决定性作用、进一步加大市场化配置项目力度，规定各地不得以任何形式安排需国家补贴的普通电站建设，以电费补贴形式的光伏激励政策开始踩下了"急刹车"。

2019 年 1 月 7 日，国家发展改革委、国家能源局联合发布《关于积极推进风电、光伏无补贴平价上网有关工作的通知》（发改能源〔2019〕19 号），明确提出"十二条要求"，主要包括开展平价上网项目和低价上网试点项目建设；优化平价上网项目和低价上网项目投资环境；鼓励平价上网项目和低价上网项目通过绿证交易获得合理收益补偿；促进风电、光伏发电通过电力市场化交易无补贴发展；扎实推进本地消纳平价上网项目和低价上网项目建设；结合跨省跨区输电通道建设推进无补贴风电、光伏发电项目建设。

2019 年 4 月 10 日，国家能源局下发《关于推进风电、光伏发电无补贴平价上网项目建设的工作方案（征求意见稿）》，要求优先建设平价上网项目，严格落实平价上网项目的电力送出和消纳条件。在开展平价上网项目论证和确定 2019 年度第一批平价上网项目名单之前，各地区暂不组织需国家补贴的风电、光伏发电项目的竞争配置工作。具备建设风电、光伏发电平价上网项目条件的地区，应于 2019 年 4 月 25 日前报送 2019 年度第一批风电、光伏发电平价上网项目名单。2019 年 5 月 20 日报送结果公布，16 个省（自治区、直辖市）第一批拟建平价上网项目共计 250 个，总装机规模达 2076 万千瓦。

2019 年 4 月 12 日，国家能源局发布《关于 2019 年风电、光伏发电建设管理有关要求的通知（征求意见稿）》，要求优先建设平价上网风电、光伏发电项目。为引导新能源投资回归理性，推动光伏发电产业健康可持续发展，4 月 28 日，国家发展改革委印发《关于完善光伏发电上网电价机制有关问题的通知》，将集中式光伏电站上网标杆电价改为指导价，明确提出适当降低新增分布式光伏发电补贴标准，将纳入国家财政补贴范围的Ⅰ～Ⅲ类资源区新增集中式光伏电站指导电价❶分别确定为 0.4 元/（千瓦·时）、0.45 元/（千

---

❶ Ⅰ～Ⅲ类资源区新增集中式光伏电站指导电价场含税。

瓦·时）、0.55 元/（千瓦·时），相较于 2018 年分别下调了 0.1 元/（千瓦·时）、0.15 元/（千瓦·时）、0.15 元/（千瓦·时），降幅分别为 20%、25% 和 21.4%。采用"自发自用、余量上网"模式的工商业分布式光伏发电项目，全发电量补贴标准调整为每度 0.1 元；户用分布式光伏发电项目，全发电量补贴标准调整为每度 0.18 元。至此，执行 8 年的上网标杆电价成为历史。5 月 20 日，国家发展改革委办公厅、国家能源局综合司发布《关于公布 2019 年第一批风电、光伏发电平价上网项目的通知》（发改办能源〔2019〕594 号），宣布启动 2019 年平价上网光伏建设工作，这也标志着中国光伏产业进入由国家财政补贴到无补贴平价上网的过渡阶段。5 月 28 日，国家能源局发布《关于 2019 年风电、光伏发电项目建设有关事项的通知》（国能发新能〔2019〕49 号）提出推进建设不需要国家补贴执行燃煤标杆上网电价的风电、光伏发电平价上网试点项目，平价项目不受年度建设规模的限制；确保项目所发电量全额上网。该文件标志着可再生能源项目"平价上网"时代的正式开启，为"平价上网"的可再生能源项目明确了收益保证的政策框架，意味着可再生能源"补贴电价"时代即将逐渐告别历史舞台，是对中国风电、光伏产业在降本增效方面取得的成果的积极肯定。

中国光伏电价经历核准电价、特许权招标竞价的示范阶段、上网标杆电价、上网指导电价、平价上网试点项目、国家补贴竞价方式几个阶段之后，全额上网（集中式光伏电站、分布式）、自发自用分布式、户用光伏、扶贫项目等光伏上网电价的补贴从早期的平均 1.15 元，逐年降低到 2019 年的最低的 0.05 元/（千瓦·时）。截至 2019 年，光伏电价在售电侧已经低于一般工商业用电价格。

2019 年，受政策调整影响，中国市场对光伏产品的需求有所下滑。光伏发电产业进入新一轮的调整期，中国光伏上游制造业技术迭代加快，制造业整合加快，劣势企业被市场竞争淘汰，上游产业集中度进一步提高，大面积、高效电池成为主流，规模成本下降明显，企业竞争力加强，光伏产品产量未受国内市场需求的影响不降反增，进一步拉动光伏制造产业投资。国内光伏产业上游产品硅片、电池片、组件、逆变器等轮番降价，加强了光伏发电的成本竞争力，刺激了国际市场的需求。在中美贸易竞争加剧的背景下，中国光伏产业积极开发其他海外市场，光伏产品海外销量增幅明显。中国光伏产业在全球光伏发电市场中的竞争力进一步提升。

二、中国光伏发电出现弃光限电问题

中国光伏产业在快速发展过程中，逐渐出现弃光限电、利用率低的问题，影响了中国光伏产业的健康发展。2015 年，全国大多数地区光伏发电运行情况良好，全国全年平均利用小时数为 1133 小时，但西北部分地区出现了较为严重的弃光现象，甘肃全年平均利用小时数为 1061 小时，弃光率达 31%；新疆维吾尔自治区全年平均利用小时数为 1042 小时，弃光率达 26%。

2016 年，中国弃光现象进一步加剧。按照国家发展改革委、国家能源局提出的全额保障性收购要求，当年仅山西和黑龙江达到光伏发电最低保障收购年利用小时数要求，内

蒙古Ⅰ类资源区、新疆、甘肃、青海Ⅰ类资源区、宁夏、陕西、吉林、辽宁和河北等地区未达到要求，其中，新疆和甘肃实际利用小时数与最低保障收购年利用小时数偏差超过350小时。

弃光限电问题是一个全球性的问题，在任何快速发展的光伏电力市场都会出现。弃光限电问题是综合性的、动态变化的、区域性的问题。中国光伏发电项目率先从光照资源和土地资源相对充足的西部地区发展起来，但这些地区的电力消费较之东部经济发达地区较少，造成本地消纳难的现象，由于光伏发电项目短时内增长过快，形成了源网发展不协调状况，跨省跨区域电力送出基础设施运力和经验不足。随着新建光伏电站不断投产，旧的光伏电站的消纳问题还没有完全消纳，新的光伏电站的消纳问题又接踵而来，造成了西部地区弃光现象愈演愈烈的情况。东部地区经济发达，但可用于大规模地面光伏电站建设的土地资源相对紧张，同工商农业等物业共用土地的伴生性分布式光伏发电项目是东部地区光伏发电产业发展的主要方向，但同大型地面电站比，分布式光伏项目相对规模分散，涉及物权、工程、规划、环保等方面制约因素更加的复杂，分布式光伏项目开发总体复杂度高于大型地面电站，制约了分布式光伏项目的快速发展。此外，由于前期规划不到位，出现了分布式光伏项目发电自用率低，送出率过高的现象，增加了配电端电网管理难度，来自配电端并网、售电、消纳的挑战给电网公司和项目开发商带来了新困扰。无论是在发电侧还是用电侧，光伏发电项目的波动性、间歇性的特点都给电网稳定运行带来了全新的挑战，进而引发了较广泛的弃光限电现象。

针对弃光限电问题，国家能源主管部门采取堵疏结合的方式积极引导。一方面，在弃光现象突出的地区，对新建电站项目进行调控；另一方面，采取市场化交易等方式提高光伏应用消纳，鼓励各地提高可再生能源利用效率。经过几年的努力，弃光限电问题逐步缓解。

为解决可再生能源电力消纳问题，2017年11月8日，国家发展改革委、国家能源局印发了《解决弃水弃风弃光问题实施方案》（发改能源〔2017〕1942号），要求尽快采取有效措施解决弃水弃风弃光问题，提高可再生能源利用水平。

2018年10月30日，国家发展改革委、国家能源局印发《清洁能源消纳行动计划（2018—2020年）》的通知（发改能源规〔2018〕1575号）。《清洁能源消纳行动计划（2018—2020年）》明确了2018、2019、2020年，风电方面需确保全国平均利用率分别高于88%、90%，达到国际先进水平，弃风率分别低于12%、10%和控制在合理水平；光伏发电利用率高于95%，弃光率低于5%；全国水能利用率95%以上；全国大部分核电实现安全保障性消纳。2018年当年清洁能源消纳取得显著成效，2020年，全国弃光电量52.6亿千瓦·时[1]，平均弃光率由2015年的12.6%[2]大幅降低至2%。《清洁能源消纳行动计划（2018—2020年）》提出的全国2020年光伏利用率目标得以实现。

---

[1]《2020年度全国可再生能源电力发展监测评价报告》，国家能源局网站，2021年6月20日。
[2]《2015年度全国可再生能源电力发展监测评价报告》，国家能源局网站，2016年8月16日。

第五节　海洋能公共支撑服务系统建设

进入 21 世纪第 2 个 10 年，欧美等发达国家已经开展了海洋能海上试验与测试场的建设和示范运行工作，开发了公益性技术服务和评价体系，并在此基础上研究制定了部分海洋能标准。

中国在前期几十年发展积累的基础上，海洋能开发利用成果显著。在海洋潮流能发电、海洋波浪能发电方面，已经有百、千、万千瓦系列发电机组进行了海上试验与示范运行。然而由于当时相关国家与行业标准系列尚不完善，这些发电机组在设计、制造与试验过程中缺乏标准化的测试场和测试体系。为了适应中国海洋能快速发展的局面，中国在海洋能专项资金、国家科技支撑计划等支持下，开展了公益性的海洋能公共支撑服务系统建设。

随着中国海洋能开发利用技术的发展，在全国海洋能转换设备标准化技术委员会和海洋观测及海洋能源开发利用分技术委员会的统筹管理下，相关标准的制定工作开始提速。在海洋能资源调查与评价、海洋能开发利用关键技术研发及海洋能电站建设方面，将海洋能开发与利用过程中涉及的重复性、共性的事物转化为标准，并按其内在联系形成科学的有机整体，以推动海洋能开发与利用技术和产业化的有序、协调发展。中国在 20 世纪末发布了一项海洋能行业标准《海洋能源术语》（HY/T 045—1999）。进入 21 世纪后，在国家能源局、国家海洋局和国家标准化管理委员会的领导下，行业开展了一系列标准的研究和制定工作，"十二五"期间修订了十余项国家标准和行业标准，研究制定了海洋能开发利用标准体系，建立了海洋能开发利用技术术语数据库。

与此同时，中国在浙江省舟山市葫芦岛、珠海市大万山岛分别建设海洋潮流能与海洋波浪能发电试验场。这些工作的开展，满足了中国海洋能发展所需，为未来海洋能的大规模开发利用提供了保障。

一、海洋能标准体系建设与逐步完善

海洋能开发利用具有投资大、工程复杂、风险较高等特点，涉及海上工程建设、装置安装及维护等多个方面。随着越来越多的海洋能装置进入海试阶段，现场测试方法和测试技术的研究已成为装置性能评价乃至技术改进及定型的重要依据。海洋能标准的研究与制定，海上公共试验平台的建设，更是推动海洋能技术向标准化、产业化转化的关键环节。

2005 年，国家标准化管理委员会批准成立全国海洋标准化技术委员会，下设海洋观测及海洋能源开发利用分技术委员会。全国有关海洋能的分技术委员会调整为两个：全国海洋标准化技术委员会海域使用及海洋能开发利用分技术委员会和全国海洋能转换设备标准化技术委员会。2006 年 4 月，国家标准化管理委员会会同国家发展改革委等部门编制了《2005—2007 年资源节约与综合利用标准发展规划》；2008 年 11 月，国家标准化管理委员会会同国家发展改革委等部门编制了《2008—2010 年资源节约与综合利用标准发展规划》。两个规划共包含海洋能标准制修订项目十余项，海洋能开发利用标准的编制工作进入了全面开展的新时期。为了进一步完成国家标准的编制，国家标准委下拨资金支持了一批国家标准的研究工作。

为了跟踪研究海洋能国际标准，制定海洋能术语国家标准，统一海洋能开发利用领域中的概念和定义，从而促进海洋能技术和产业快速发展，在 2011 年度海洋能专项资金支持下，国家海洋标准计量中心牵头，国家海洋技术中心、哈尔滨工程大学、中国海洋大学等 9 家单位共同开展了"海洋能国际标准研究与基础标准制定"研究。项目完成了部分海洋能国际标准和发达国家标准的编译，编制了《海洋能开发利用标准体系》（HY/T 181—2015）1 项行业标准，出版了专著《海洋能开发利用词典》。

2013 年，哈尔滨大电机研究所受国家标准化管理委员会委托，参加了海洋能—波浪能、潮汐能和其他水流能转换设备技术委员会东京国际标准化会议。2014 年，全国海洋能转换设备标准化技术委员会成立，秘书处设在哈尔滨大电机研究所。2016 年 4 月 11—15 日，海洋能—波浪能、潮汐能和其他水流能转换设备技术委员会的年会在中国科学院广州能源研究所召开。会议期间，中外专家近 50 人赴珠海市大万山岛，考察了中国科学院广州能源研究所在国家海洋能专项资金支持下研建的大万山岛独立电力系统和 100 千瓦鹰式波浪能发电装置"万山号"的真实海况运行情况。

为了推进可再生能源法的落实和更好地完成国家标准委下达的海洋能国家标准制修订任务，国家海洋局科技司委派全国海洋标准化委员会和国家海洋技术中心编制了海洋能开发利用标准体系。财政部海洋能专项资金也支持国家海洋标准计量中心开展了"海洋能开发利用技术标准体系"建设研究。根据已完成的海洋可再生能源利用标准体系，中国海洋能开发利用拟制定标准共 226 项，其中通用基础标准 15 项、海洋能调查与评估标准 24 项、海洋能勘察与评价标准 20 项、海洋能发电技术标准 153 项、海洋能开发利用管理标准 14 项。截至 2019 年 6 月底，中国已发布 21 项海洋能国家标准及行业标准。其中，国家标准 12 项，行业标准 9 项。截至 2019 年年底，在编的国家标准有 10 项。

二、海洋能海上试验场建设

根据《海洋可再生能源发展纲要（2013—2016 年）》提出的"到 2016 年，分别建成具有公共试验测试泊位的波浪能、潮流能示范电站以及国家级海上试验场，为中国海洋能的产业化发展奠定坚实的技术基础和支撑保障"的总体发展目标，海洋能专项资金统筹安排了中国海洋能海上试验场建设发展规划，采取"总体设计、分步实施"的策略，分别在浙江省舟山地区建设国家潮流能海上试验场，在广东省珠海地区建设国家波浪能海上试验场，在山东威海地区建设国家浅海综合试验场。

浙江省潮流能资源十分丰富，占全国总量的 51%，而浙江省沿岸 96% 的潮流能资源又集中于舟山海域和杭州湾，这里是中国潮流能开发利用条件最为理想的地区。因此，国家潮流能海上试验场拟选址浙江舟山，针对潮流能发电装置实型样机开展实海况试验、测试和评价。2013 年，在海洋能专项资金支持下，三峡集团联合华东勘测设计研究院、国家海洋技术中心、水资源高效利用与工程安全国家工程研究中心、上海勘测设计研究院以及国家海洋局第二海洋研究所等单位开展了"浙江舟山潮流能示范工程总体设计"。2014年8月，该项目取得舟山市普陀区发展和改革局批复的关于开展示范项目相关前期工作的"小路条"。2015年4月2日，国家海洋局科技司在听取三峡公司的场址选择汇报后，最终明确场址选在普陀山岛和葫芦岛之间海域。2017年6月，建设项目取得地方政府主管部门核准，相继完成了勘测设计、土地征用等实际性进展。2018年4月，三峡集团与英国亚特兰蒂斯资源公司签订协议，由英国亚特兰蒂斯资源公司负责提供一台450千瓦潮流能机组工程设计，并由中船重工第七一二研究所和浙江大学负责制造。2020年4月16日，重670吨、总高度达38米的潮流能发电一体化设备完成安装。其中包括一台单机容量450千瓦潮流能机组和1座10千伏海上升压站。潮流能发电机组产生的电能，将通过升压后接入葫芦岛岸基集控中心，再由岸基集控中心接入国家电网，完成并网发电。该项目终期计划建设成规模2500千瓦的潮流能发电试验场。

珠海市大万山岛是中国海洋能资源最丰富的海域之一，大万山岛南侧波浪能资源丰富，四季分布均匀，海底平整，流速较低，与海岛其他用户的用海并无冲突，适合建造波浪能发电系统示范工程及波浪能海上试验场。2013年，在海洋能专项资金支持下，由南方电网综合能源有限公司联合广州能源研究所、华南理工大学等单位启动了大万山岛波浪能示范工程总体设计，主要任务包括：波浪能发电装置测试与示范需求分析、波浪能测试区示范区勘察选址、波浪能泊位设计（含泊位布局设计、锚泊系统设计和电缆路由设计）、输配电系统设计、装置监测与数据集成系统设计、运行保障系统设计、万山群岛波浪能发展规划编制等。根据规划，将建设600千瓦波浪能示范区和300千瓦测试区，其中，3个测试泊位预备有锚泊系统、交/直流电力接口、工作电源和通信光纤，能够满足多种类型的波浪能装置进行测试，该项目已于2017年通过验收。2017年，在海洋能专项资金支持下，中科院广州能源所、南网综合能源公司等单位在此基础上继续开展南海兆瓦级波浪能示范工程建设，在广东省珠海市大万山岛海域建造中国首个波浪能示范场，包括3台350千瓦鹰式波浪能装置以及1台50千瓦引进波浪能装置，成为对外集中展示中国波浪能技术开发、应用研究及并网运行的重要基地。截至2019年年底，已完成了示范场总体方案设计、波浪能装置结构设计、液压能量转换系统设计、海岛储能系统设计、示范场用海用地部分审批手续、岸基建造场地勘测等工作，正在开展波浪能装置建造等工作。

2010年，在海洋能专项资金支持下，国家海洋技术中心牵头开展了"波浪能、潮流能海上试验与测试场建设论证及工程设计"研究。项目完成了海洋能海上试验与测试场建设需求分析和总体功能设计，为后续的海洋能综合试验场及波浪能、潮流能试验场建设提供了技术依据。2018年7月30日，自然资源部批复国家海洋技术中心启动建设国家海洋综合试验场浅海试验场区（威海）。该试验场是公益性科技业务支撑平台，是中国海洋观测、监测和调查的仪器设备研发与业务化应用评价、海洋科学研究、促进高新技术成果转化及海洋可再生能源开发的重要试验平台，可以针对波浪能、潮流能发电装置模型或小比例尺样机开展实海况试验、测试和评价。2019年9月，由国家海洋技术中心自主设计建造的"国海试1"号试验平台成功布放在山东省威海市褚岛北部国家浅海综合试验场试验海域。该平台的成功布设，是国家浅海综合试验场建设的重要阶段性成果，标志着试验场仪器装备试验平台已具备基本运行能力，可对外承担试验任务与测试服务。该平台具备甲板机械、实验设施、信息传输等海洋仪器设备试验与测试条件，可装载潮流能发电机组开展测试试验。以"波浪能与潮流能独立电力系统综合测试技术"为基础，国家海洋技术中心完善了适用于中国海洋能发电装置现场测试与评价方法研究，成为国内首个具备波浪能和潮流能发电装置测试与评价的第三方团队。

三、海洋能装置测试系统建设与应用

2017年4月，国家海洋技术中心海洋动力环境实验室在海洋能专项资金、海洋公益性项目等支持下建成，该实验室拥有国内先进的多功能水池和风浪流生成水槽，可模拟最大波高0.6米，最大流速2米/秒，最大风速15米/秒，最大拖曳速度4米/秒，可在室内模拟风浪流耦合试验环境。实验室拥有国际先进的测量设备，具备海洋能发电装置与海洋观测/监测仪器设备研发各阶段性能试验的先进测量能力，是开放式、公益型的海洋能发电装置和海洋观测/监测仪器设备试验与测试平台。2018年4月，实验室完成了对中国科学院广州能源研究所研制的"第一代漂浮单浮体五边形后弯管振荡水柱发电样机"的测试，形成了国内首份海洋能发电装置室内测试报告。测试在多功能水池中进行，采用标准计量设备波高仪和高精度功率分析仪进行波浪参数与电信号的采集，测试过程与数据处理依据相关规范及试验方法进行，试验累计完成规则波72组工况，不规则波36组工况。截至2019年6月底，海洋环境动力实验室已为国内数十个海洋能研究团队提供了室内测试服务。

在2011年海洋能专项资金支持下，国家海洋技术中心完成了"波浪能与潮流能独立电力系统综合测试技术"研究，形成了海洋能发电综合测试系统工程样机。2017年4—6月，国家海洋技术中心在珠海大万山岛对"万山号"波浪能发电装置开展了现场测试。2017年11—12月，项目组在舟山秀山岛对"LHD潮流能发电装置"进行了一个多月现场测试，通过优化测试方案、设计搭建新的测试环境，提高了测量的精度、安全性和可靠性，实现了全天候连续测试。

第六节　全国碳排放权交易市场建立

2011年10月，国家发展改革委印发《关于开展碳排放权交易试点工作的通知》（发改办气候〔2011〕2601号），批准在北京市、天津市、上海市、重庆市、湖北省、广东省和深圳市开展碳排放权交易试点工作。2013年6月18日，深圳试点在全国7家试点省市中率先启动交易，其他试点也先后启动碳排放权交易。2013年11月12日，中国共产党第十八届中央委员会第三次全体会议通过的《中共中央关于全面深化改革若干重大问题

的决定》提出坚持使用资源付费和谁污染环境、谁破坏生态谁付费原则，逐步将资源税扩展到占用各种自然生态空间。

2014 年 9 月，国家发展改革委印发国务院批复的《国家应对气候变化规划（2014—2020年）》（发改气候〔2014〕2347 号）提出："加快建立全国碳排放交易市场"。12 月 26 日颁布《碳排放权交易管理暂行办法》，明确中国统一碳排放交易市场的基本框架。

2015 年 4 月，中共中央、国务院在《关于加快推进生态文明建设的意见》中明确建立节能量、碳排放权交易制度，深化交易试点，推动建立全国碳排放权交易市场。9 月，中共中央、国务院印发的《生态文明体制改革总体方案》中提出推行用能权和碳排放权交易制度。11 月 30 日，国家主席习近平在巴黎出席气候变化巴黎大会开幕式并发表题为《携手构建合作共赢、公平合理的气候变化治理机制》的重要讲话，讲话中指出"面向未来，中国将把生态文明建设作为"十三五"规划重要内容，落实"创新、协调、绿色、开放、共享"的发展理念，通过科技创新和体制机制创新，实施优化产业结构、构建低碳能源体系、发展绿色建筑和低碳交通、建立全国碳排放交易市场等一系列政策措施，形成人和自然和谐发展现代化建设新格局。2016 年 10 月，国务院印发《"十三五"控制温室气体排放工作方案》（国发〔2016〕61 号），出台《碳排放权交易管理条例》及有关实施细则，各地区、各部门根据职能分工制定有关配套管理办法，完善碳排放权交易法规体系，启动运行全国碳排放权交易市场。2016 年 12 月，国务院印发的《"十三五"节能减排综合工作方案》（国发〔2016〕74 号）中"建立和完善节能减排市场化机制"等部分内容提出：推进碳排放权交易，2017 年启动全国碳排放权交易市场。

一系列政策的出台对中国碳排放交易市场建立奠定了基础。

一、中国碳排放交易权市场建设正式启动

2017 年 12 月 18 日，国家发展改革委印发《全国碳排放权交易市场建设方案（发电行业）》（发改气候规〔2017〕2191 号），标志着中国碳排放交易体系完成了总体设计并正式启动，文件要求将发电行业作为首纳入行业，率先启动碳排放权交易。根据该建设方案，中国全国碳市场建设设计为三个阶段：2018 年为基础建设期，主要完成全国统一的数据报送、注册登记和交易系统建设；深入开展能力建设，提升各类主体参与能力和管理水平；开展碳市场管理制度建设。2019 年为模拟运行期，开展发电行业配额模拟交易，全面检验市场各要素环节的有效性和可靠性，强化市场风险预警与防控机制，完善碳市场管理制度和支撑体系。2020 年后为深化完善期（10 年左右时间），发电行业交易主体间开展配额现货交易、逐步扩大覆盖范围、丰富交易品种与方式并尽早完成 CCER 的纳入；2030 年以后进入成熟运行阶段：初始配额的有偿分配比例进一步提高，进一步增强碳金融产品的种类、市场规模等；加大国际合作的深度与广度。

2018 年 3 月 13 日，国务院机构改革方案发布，碳排放权交易主管部门由国家发展改革委调整为生态环境部。2018 年，中国碳排放强度比 2005 年下降 45.8%，非化石能源占一次能源消费比重达 14.3%，为实现"十三五"应对气候变化目标，落实到 2030 年的国家自主贡献奠定了坚实基础。2019 年 2 月 18 日，中共中央、国务院印发《粤港澳大湾区发展规划纲要》，提出支持广州建设绿色金融改革创新试验区，研究设立以碳排放为首个品种的创新型期货交易所。3 月 29 日，为规范碳排放权交易，加强对温室气体排放的控制和管理，推进生态文明建设，生态环境部发布了《碳排放权交易管理暂行条例（征求意见稿）》，这是全国碳市场建设，特别是碳交易立法迈出的重要一步，标志着全国碳市场立法工作和制度建设取得了重要进展，将为全国碳市场建设提供政策基础和法律保障。

2019 年 3 月，广东碳市场配额累计成交量突破亿吨大关，广东成为国内首个成交量突破亿吨的试点碳市场。全省电力、水泥、钢铁、石化、造纸、民航六个行业近 250 家大型企业纳入监管体系，发放配额总量超 4 亿吨。已成为总体规模排名全国第一的区域性碳市场，全球排名第三，仅次于欧盟和韩国碳市场。5 月底，全国碳市场试点配额累计成交 3.1 亿吨二氧化碳，累计成交额约 68 亿元。碳交易试点碳配额价格波动较大，且价格相对处于低位。9 月 25 日，生态环境部发文指出，将举办 8 期碳市场配额分配和管理系列培训班，并依据《2019 年发电行业重点排放单位（含自备电厂、热电联产）二氧化碳排放配额分配实施方案（试算版）》进行试算。12 月 23 日，为配合中国碳排放权交易的开展，财政部在官网公布了关于印发《碳排放权交易有关会计处理暂行规定》的通知。

截至 2019 年 12 月，纳入 7 个试点碳市场的排放企业和单位共有约 2900 多家，累计分配的碳排放配额总量约 62 亿吨。2019 年度七个试点碳市场共分配配额约 11.6 亿吨；完成线上配额交易量 2187 万吨，达成线上交易额 7.7 亿元；成交均价约为 35.3 元。七个试点碳市场陆续出台了碳排放权交易相关的新政策，对碳交易机制、监管机制、配额分配机制等进行了调整和完善，使其更科学合理。七个碳交易试点中，北京市、天津市、上海市、广东省和深圳市五个试点地区已经完成了六次履约，湖北和重庆地区已经完成了五次履约。2019 年，七个试点碳市场的线上成交价格存在较大差别，碳市场成交价格从 10 元/吨到 80 元/吨不等，七个试点碳市场日交易价格波动上存在一定差异，其中北京市、上海市、广东省出现了单日交易额超过 1000 万元的交易情况。

二、中国可再生能源绿色电力证书交易

2014 年 11 月 19 日，国务院发布《能源发展战略行动计划（2014—2020 年）》（国办发〔2014〕31 号）明确，着力优化能源结构，把发展清洁低碳能源作为调整能源结构的主攻方向。2017 年 1 月 18 日，国家发展改革委、财政部、国家能源局联合发布《关于试行可再生能源绿色电力证书核发及自愿认购交易制度的通知》（发改能源〔2017〕132 号），在全国范围内试行可再生能源绿色电力证书核发和自愿认购。旨在引导全社会绿色消费，促进清洁能源消纳利用，进一步完善风电、光伏发电的补贴机制。通知明确从 2017 年 7 月起，在全国范围内试行绿证自愿认购制度。

2017 年 6 月，国家可再生能源信息管理中心向 20 个可再生能源发电项目核发了中国首批绿色电力证书（简称绿证），为 2019 年 7 月 1 日起试行的绿证自愿认购交易创造前期条件。首批绿证核发共对 20 个新能源发电项目核发了 230 135 个绿证，绿证表征的上网

电量共 23 013.5 万千瓦·时，所获绿证项目主要分布于江苏、山东、河北、新疆等省份，合计装机容量 112.5 万千瓦。

2017 年 7 月 1 日，中国可再生能源绿色电力证书自愿认购交易正式开启。绿证资源认购交易实施以来认购量呈稳步增长态势，影响力不断提升。截至 2020 年 3 月 29 日，共有 2178 名认购者共认购了 37 341 个绿证。认购方既有中国新能源制造行业、政府机关、互联网企业、跨国用能企业及国际研究机构，也包括来自各行各业的社会大众。

中国绿证产品迅速衍生出众多产品，截至 2019 年 5 月，绿证认购平台上公开交易的产品达 670 种，其中风电类产品有 524 种，光伏类产品有 146 种。绿证产品单价在 128.6 元/个至 872.8 元/个之间不等，其中，风电类产品单价较低，最高价为 330 元/个，最低价为 128.6 元/个；光伏类产品单价较高，最高价为 872.8 元/个，最低价为 586.6 元/个。相比国际绿证价格平均水平，国内绿证价格高于国际同类产品的 10 倍以上，成本较高，加之绿证购买本身自愿消费属性，跨国公司在国内购买绿证的意愿尚不强烈。

第七节　国际交流与合作

2013 年，中国政府发起"一带一路"倡议以来，中国企业积极参与"走出去"进程，不断探索并实践"一带一路"的绿色发展。

伴随着中国国内可再生能源电力行业的健康发展，中国企业投资海外可再生能源项目的热情高涨，海外光伏和风电项目与投资取得了一定的成果，中国企业以股权投资形式参与的光伏和风电海外投资可控装机总容量均分别了超过 900 万千瓦（9 吉瓦）。足迹遍布南亚和东南亚、欧洲、大洋洲及拉丁美洲等可再生能源发达地区及新兴市场。

2011 年，国电龙源加拿大德芙林风电项目拉开了中国海外可再生能源绿地项目❶投资的序幕。中国企业在澳大利亚、南非、巴基斯坦等地先后完成了一系列风电绿地项目投资。

三峡集团、中广核、国家电投等企业在德国、英国、澳大利亚、巴西、墨西哥等国家参与了光伏和风电的海外项目并购业务。2018 年，三峡集团收购英国 95 万千瓦莫里（Moray）海上风电项目 10%股权、中广核收购瑞典 65 万千瓦北极陆上风电项目 75%股权、中广核收购巴西 103.7 万千瓦亚特兰大（Atlantic）风电项目资产。2019—2020 年间，中资企业参与了吉瓦级别海外项目投资，晶科中标阿联酋 117.7 万千瓦的苏威汉（Sweihan）光伏项目、210 万千瓦的迪哈夫拉（Al Dhafra）光伏项目，国家电投收购了墨西哥 81.8 万千瓦光伏项目资产、三峡集团收购了西班牙 57.2 万千瓦光伏项目资产。

为了进一步增强中国光伏产业国际竞争力，考虑到成本及贸易等因素，包括隆基绿能

---

❶ 绿地项目（Green field project）原意指拟建项目场址上还长有草，在投资，工程领域通常泛指还处于开发最初期的项目，通常诸如场址土地，项目可研，审批规划许可，环境评估等项目开发重要事项还没有落实。

科技股份有限公司、协鑫科技控股有限公司、晶科能源控股有限公司、晶澳太阳能科技股份有限公司、天合光能股份有限公司、阿特斯阳光电力集团有限公司、阳光电源股份有限公司等一批中国的光伏民营制造企业陆续在越南、马来西亚、泰国、土耳其、美国、巴西等国投资建厂，产能覆盖光伏制造全产业链，生产制造包括硅片、电池、组件、逆变器、玻璃、支架等产品。光伏产能投资以自建工厂为主。

中国可再生能源国际合作不仅局限于投资和贸易，在对外援助领域也取得了突出的成绩。对于最不发达国家和中低收入国家等国家和地区而言，发展可再生能源项目及产业所需的大量资金、技术和人才储备，这些国家自身财力难以支撑。如何因地制宜地发展可再生能源，实现低成本清洁电力供应，是中国可再生能源对外援助和国际发展合作的重点。进入 21 世纪，中国可再生能源对外援助和国际发展合作，资金总量与项目总量、援助内容及合作形式，以及其管理机制都经历了跨越式发展。中国可再生能源对外援助项目类型包括无偿援助，两优贷款和人力资源建设及技能培训。

2014 年，中国政府颁布了《国家应对气候变化规划（2014—2020）》，明确提出将在应对气候变化南南合作❶领域不断加码，并提出建立南南合作基金、扩大应对气候变化南南合作资金规模、鼓励技术和资金合作、推动中国应对气候变化方案走出去等举措。2015 年 9 月，中国国家主席习近平在访问美国和参加联合国大会期间，宣布设立中国气候变化南南合作基金，基金金额达 200 亿元人民币❷。2015 年 11 月，在联合国气候变化巴黎大会开幕式上，中国宣布将在 2016 年启动"十百千"计划，即在发展中国家开展 10 个低碳示范区、100 个减缓和适应气候变化项目及 1000 个应对气候变化培训名额的合作项目❸。

截至 2019 年，中国已经与多个发展中国家签署了气候变化南南合作谅解备忘录，举办了 45 期应对气候变化南南合作培训班，为 120 多个发展中国家培训应对气候变化领域官员、专家学者和技术人员 23，并和多个国家签订了合作建设低碳园区的意向。

随着中国可再生能源电力在技术发展，产业规模建设和电力市场应用方面取得了举世瞩目的成就，积累了丰富的实践经验，中国在可再生能源技术国际标准制定领域的话语权不断增加。在地热、海洋能等领域科研与项目开发的双边合作也不断取得进展。

一、政府间合作与国际合作重点工程增多

2013 年 9 月 23—27 日，应中国国家发展改革委邀请，英国能源和气候变化大臣爱德华·戴维访华。其间，双方签署了《中国国家能源局与英国能源与气候变化部关于加强能源领域合作的谅解备忘录》和《中国国家能源局和英国投资贸易署关于中英海上风电合作

---

❶ 南南合作，即发展中国家间的经济技术合作（因为发展中国家的地理位置大多位于南半球和北半球的南部，因而发展中国家间的经济技术合作被称为"南南合作"），是促进发展的国际多边合作不可或缺的重要组成部分。

❷ 《综述：国际社会点赞"中国气候变化南南合作基金"》，新华社，2015 年 10 月 14 日。

❸ 习近平：《携手构建合作共赢、公平合理的气候变化治理机制》，新华社，2015 年 12 月 1 日。

的谅解备忘录》，双方政府和企业代表召开了第二次中英能源对话。

2015 年 9 月，在联合国成立 70 周年系列峰会期间，习近平主席宣布 5 年内提供 "6 个 100" 项目支持，包括 100 个减贫项目、100 个农业合作项目、100 个促贸援助项目、100 个生态保护和应对气候变化项目、100 所医院和诊所、100 所学校和职业培训中心，帮助实施 100 个妇幼健康工程和 100 个快乐校园工程。根据有关国家能源资源禀赋，积极发展水电、太阳能、风电、核电、地热等电力产业，并支持建设输变电和配电网等项目。援助古巴太阳能电站项目总装机规模为 9000 千瓦（9 兆瓦），每年向电网输送 1285 万千瓦·时清洁能源电力，有效填补了当地电力缺口。中国与非洲可再生能源合作潜力巨大，据估算，大概有 1.5 万亿元的市场空间，中国准备和联合国在非洲建 450 个小电站，在 14 个国家兴建风电，在安哥拉兴建农村沼气等清洁能源项目。

中国和丹麦在能源和气候领域间的合作始于 2006 年。2017 年，丹麦能源署和中国国家节能中心签署了一份中丹试点项目协议，旨在将中国的区域供暖向更加高效、长远和综合的方向推进。同年，丹麦能源与气候部与中国国家能源局就开展 "海上风电合作项目" 达成了一致。该项目利用丹麦经验，协助中国相关机构制定海上风电相关战略、政策和解决方案，以实现中国对利用海上风能的长期目标。两国开展能源合作的其中一项重要成果是共同编写《中国可再生能源年度展望》。该报告为中国制定下一个可再生能源发展五年计划及中长期能源战略发展提供了重要数据和极富远见的解决方案。现如今，两国在能源和气候领域间的合作，旨在帮助中国实现到 2050 年每年碳排放减少 70 亿吨的目标。经济方面，江苏盐城射阳港与丹麦格雷诺港、曲博伦港结成友好港，丹麦保利泰克风电叶片防雷测试和叶片防雷防腐材料制造项目于 2020 年正式落户射阳港经济开发区，这是中丹合作的示范项目。

在绿色投资和金融方面，2016 年杭州 G20 峰会上，作为轮值主席国，中国首次将绿色金融作为 G20 峰会的重点议题，体现了中国推动经济向绿色转型的决心和大国担当。2018 年，在第五轮中国、德国政府磋商会议中，中德两国强调在加强能源装备领域交流合作，特别是风电、太阳能发电、储能、燃气轮机、先进电网、氢能等技术装备领域的合作。2018 年，中英绿色金融工作组联合发布了《"一带一路" 绿色投资原则》，将低碳和可持续发展议题纳入 "一带一路" 倡议，以提升投资环境和社会风险管理水平，进而推动 "一带一路" 投资的绿色化。美国著名智库——美国企业公共政策研究所发布的报告显示，从 2014 年到 2020 年，中国在 "一带一路" 项目中可再生能源投资占比大幅提升了近 40%，超过了化石能源投资。截至 2018 年年底，中国企业以股权投资形式参与建成的 1709 兆瓦风电、光伏项目可替代约 490 兆瓦的煤电装机。在建及计划新建的风电、光伏 10 913 兆瓦项目如全部投产，则可替代约 3157 兆瓦的煤电装机。总计约 12 622 兆瓦的风电、光伏装机可替代约 3647 兆瓦的煤电装机，每年可减少因燃煤发电排放的二氧化碳约 1500 万吨，如果按照风电和光伏发电 25 年项目生命周期计算，预计可减少 3.8 亿吨二氧化碳的排放。

二、南非德阿风电项目并网发电

2008 年以来，南非电力短缺现象凸显，制约了国民经济的发展。为了打破电力市场垄断，南非政府批准独立发电商（IPPs），允许私人企业和外资企业在南非投资开发可再生能源项目。

2009 年 6 月，由中国国家开发银行主导的中非基金到访国电集团，推荐南非风电项目以及南非穆利洛公司。2009 年 7 月，中国国电组织国际合作部、能源研究院和龙源电力等单位赴南非考察风电项目开发投资，走访南非有关政府部门。2009 年 9 月，龙源电力、中非基金和南非穆利洛公司三方在北京签署共同开发南非风电项目合作备忘录。确定未来合资公司的股比，龙源电力占 51%、中非基金占 16%、南非穆利洛公司占 33%（含南非当地居民公司 10%股份）。

2009 年 12 月，龙源电力南非项目筹建工作处成立，并立即开展了 6 个风电项目场址测风，财务测算等前期可行性研究工作。项目审批规划许可、环境评估以及工程总承包合同等项目开发工作同步进行。2011 年 6 月，6 个待开发项目中 5 个项目获得南非环境事务部的批准。

2010 年 6 月开始，龙源电力与合作伙伴（中非基金和南非穆利洛公司）启动了合资公司组建以及合资协议谈判工作。协议包括公司股比及资本金出资方式、银行融资方案、董事及管理层、股东会权利、公司决议程序、股息分配制度、退出机制、争议解决等一系列重大事项。2010 年 11 月 14 日，龙源电力与南非穆利洛公司、中非基金代表在南非开普敦草签了合资公司协议（因有个别条款还需要修改调整）。2011 年 8 月，南非政府发布招标文件，对电费结算方式及币种、融资条件、南非当地居民公司股比等规定进行了明确，原有的股东协议也因此进行了大幅度调整，2012 年 2 月合作三方达成一致并签约。

2011 年 8 月 3 日，南非能源部正式启动首轮可再生能源招标工作。龙源电力因投标联合体选用风机机型认证未达到招标，没有参与第一轮投标。2012 年 5 月 21 日，第二轮招标因龙源电力报价偏高未能中标。2013 年的第三轮投标前，因担心中标价过低影响项目收益，中非基金退出合作联合体。2013 年 10 月 29 日，龙源电力与当地合作伙伴联合体参与第三轮投标，在与法国电力集团、意大利国家电力公司等众多国际知名电力企业的竞争中胜出，成功中标德阿一期和德阿二期（北）风电项目，总装机容量 24.45 万千瓦，其中德阿一期是最高价中标。

南非项目中标到融资关闭历时 14 个月，于 2015 年 2 月 11 日正式融资关闭。德阿风电项目公司最终的股权结构是龙源电力南非公司占 60%，南非穆利洛公司占 20%，南非当地居民公司占 20%。2015 年 2 月下旬，南非国家风能协会授予德阿项目为"2014 年度优秀开发项目"。

2015 年 8 月 6 日，中国国电正式下达德阿两期项目的开工批复。2015 年 10 月，开始道路施工，标志着项目正式进入工程建设期。2017 年 10 月 31 日，历时两年时间，德阿两期项目同时进入商业化运行。2017 年 11 月 17 日，德阿工程举行了竣工典礼。德阿项目由龙源南非公司自主经营及运行维护。2017 年 10 月 31 日投产后，一直持续平稳运行，发电量高于预期，收益状况良好，电费回收及时，安全生产稳定。2018 年德阿风电场完成发电利用小时 3119.65 小时，年累计发电量 7.63 亿千瓦·时。

三、江苏东台海上风电项目并网发电

2021 年 11 月 20 日 12 时 56 分，国家能源集团国华投资江苏东台海上风电项目成功实现全容量并网发电。该项目总装机容量为 50 万千瓦，总投资约人民币 80 亿元，其中，国华投资持股 62.5%，法电新能源公司和法国电力集团（中国）投资公司共同持股 37.5%。外商直接投资超过 1.6 亿美元，是法国电力集团在中国非核电市场投资最高的项目。同时也是在海上风电"保电价" ❶背景下，国内首批全容量并网的海上风电项目之一。

项目由国华东台四期、国华东台五期组成，分别位于江苏省北条子泥海域和竹根沙海域。其中，东台四期装机容量 30 万千瓦，于 2019 年 12 月建成投产；东台五期装机 20 万千瓦，安装 50 台 4 兆瓦风力发电机组，于 2020 年 3 月开工建设，2021 年 6 月 30 日完成吊装。

东台五期项目离岸距离约 37 千米，所在海域具有典型的辐射沙洲地形特征，海床泥面标高较高，水深极浅，数台风机机位地处高滩位，是国内少有的具有离岸型潮间带特点的海上风电场，综合施工难度大。

该项目在全球范围首次采用单桩基础风电机组整体安装技术，采用了海上风力发电机组安装施工成套技术；海上风电全景监控与维护系统；海床频变区大直径单桩基础技术；海上升压站模块化集成化建造技术以及海床剧烈变动环境下 220 千伏海缆分段施工和现场接续技术。

项目投入运营后预计年发电量 13.9 亿千瓦·时，可满足 200 万居民的年用电需求，相当于节省标煤 44.19 万吨，减排二氧化碳 93.75 万吨、二氧化硫 1704 吨。该项目践行了国家"一带一路"倡议，推进了中欧能源合作，是中国首个中外合资海上风电项目。

四、中国主导发布"风力发电机组风轮叶片"国际标准

2019 年，中国已经研究制定风力机械标准 123 项，包括国家标准 83 项，行业标准 40 项。在研国际标准 1 项。其中，80% 的工作重点是并网型风电机组，同时也建立起比较完善的陆上风电机组标准化体系，让企业能够遵循标准进行生产、检测和认证。中国已初步建立风力机械领域标准化体系，涵盖大型并网风电机组、小型及风光互补风电机组、海上风电机组等方面的国家标准和行业标准。

2008 年，在中国风力机械标准化技术委员会牵头组织下，IEC 61400－5《风能发电系统　第 5 部分：风力发电机组风轮叶片》标准，工作组成立，参编单位近 20 个国家和地区。它是 IEC 关于风轮叶片设计、生产制造以及运输、吊装、运行维护的第一个标准，

---

❶ 海上风电"保电价"的背景是：2019 年 5 月 24 日，国家发展改革委《关于完善风电上网电价政策的通知》将陆上、海上风电标杆上网电价改为指导价，2019 年新核准近海风电指导价调整为每千瓦·时 0.8 元，2020 年调整为每千瓦·时 0.75 元。新核准近海风电项目通过竞争方式确定的上网电价，不得高于上述指导价。

同时也是由中国主持编制的风电行业第一个 IEC 国际标准。该标准于 2017 年 6 月定稿，
2020 年 7 月首版发布。

该标准的发布是中国自主创新成果最终上升为国际标准的成功案例，增强了中国风电
产业在国际风电市场规则制定的话语权，对中国风电产业进一步增强国际对话与交流，进
一步参与国际风电市场事务起到了促进作用。

五、中国光伏产业海外投资多样化

随着中国光伏产业不断发展壮大，为了进一步增强国际竞争力，拓展海外市场，中国
光伏产业海外投资形式呈现多元化发展趋势，海外投资建厂，光伏发电项目投资建设以及
金融服务等商业活动日渐频繁。

为了降低生产成本，规避贸易壁垒，满足光伏产品消费国进口要求，中国光伏制造企
业在马来西亚、泰国、越南等国积极建设配套齐全的海外生产基地，中国光伏制造产业的
国际竞争力进一步提升。随着中国海外组件厂形成规模化产能，中国光伏企业海外投资的
生产制造基地产能重点逐渐向上游硅片、电池片等环节延伸，形成了健全的海外配套产业
链，通过集约化，规模化发展进一步降低了产品的成本。中国光伏企业利用技术上的优势，
不断向海外输出优质产能，例如正泰在德国兴建了自动化水平高的光伏组件制造工厂；协
鑫集成在越南建设 PERC 高效电池产线。投资优惠政策及低人力资源成本使东南亚国家成
为中国光伏企业"海外建厂"的热点区域。根据中国光伏产业协会统计，中国已有 20 家
光伏企业通过合资、并购、投资等方式在海外布局产能，2018 年海外布局的电池片有效
产能达 12.2 吉瓦，组件有效产能达 18.1 吉瓦。

为了拓展海外光伏市场，中国光伏产业积极参与了新兴市场太阳能光伏项目的投资建
设。海外光伏项目投资与建设与国内市场光伏项目开发建设存在较大区别。在巴西和加拿
大，行政机构提出了同优惠政策相关联的新建光伏项目的本地化要求，巴西开发银行将融
资优惠政策同光伏组件本地化挂钩。马来西亚、阿联酋等国采用特许权的方式进行光伏发
电项目招标，项目招标单位通常会以最低价中标的形式授予光伏项目建设经营的特许权，
由项目业主同相关政府部门或电网公司等招标主体单位签订长期购电协议（PPA）。在巴
基斯坦、越南和泰国等国，行政部门确定一个基准收购电价，符合政策要求的、有资质的
投资人，可以直接向相关政府部门申请并批准该项目。

2018 年，丝路基金与沙特国际电力和水务公司、迪拜水电局共同投资的迪拜光热电
站项目成为当时全球规模最大的光热发电项目。阿联酋迪拜光热项目位于迪拜阿勒马克图
姆太阳能园，总投资 38.6 亿美元，装机容量达到 70 万千瓦（700 兆瓦），是当时全球规模
最大的光热电站。项目由三个装机为 20 万千瓦（200 兆瓦）的槽式电站和一个装机为 10
万千瓦（100 兆瓦）的塔式电站组成，其中 10 万千瓦（100 兆瓦）熔盐塔式电站塔高设计
为 260 米。2018 年 4 月 13 日，上海电气与 ACWAPower 公司❶在上海签订迪拜水电局光

---

❶ 一家沙特·阿拉伯能源发电及淡化水生产商。

热四期 70 万千瓦（700 兆瓦）电站项目总承包合同，中国工商银行、中国银行、中国农业银行三家中资国有银行参与了该项目的贷款融资。迪拜水电局光热四期 70 万千瓦（700 兆瓦）是中国践行"一带一路"倡议，推广中国制造，促进可再生能源领域国际合作的成功案例。

2019 年 9 月，中国电建集团承建的乌克兰 35 兆瓦、乌克兰 148 兆瓦光伏电站先后开工建设。9 月 1 日，乌克兰沙兰斯基 35 兆瓦光伏项目开工建设，该项目位于乌克兰西南边境、与匈牙利和罗马尼亚的三国交界处，规划装机容量 35 兆瓦，由 10 个方阵组成，组件采用 330 瓦多晶硅 104 720 块，SG3000-米 V-HV 箱逆变一体机 10 台，汇流箱 176 台。9 月 20 日，乌克兰 148 兆瓦光伏项目正式开工，该项目位于乌克兰敖德萨州与尼古拉耶夫州交界处，距离项目现场最近的村落普罗格列西夫卡约 1.1 千米，由阿尔法 19 兆瓦、贝塔 71.107 兆瓦、伽马 57.288 兆瓦光伏电站三个子项目组成，总装机容量为 147.739 兆瓦。

六、海外地热项目投入运营

处于"一带一路"沿线上的印度尼西亚，地处环太平洋地热带与地中海—喜马拉雅地热带的交叉口上，火山、地震极其活跃，是世界地热资源最丰富的国家，据估计地热资源发电潜力为 2800 万千瓦。2019 年，印度尼西亚地热发电装机容量已达到 213.3 万千瓦，位居世界第二，仅次于美国的 367.6 万千瓦。2014 年，印度尼西亚出台《地热法》后，积极推动地热电站的发展。为了吸引投资者，印度尼西亚财政部采取了对可再生能源投资的激励措施。中国 A 股上市公司浙江开山压缩机股份有限公司等多家公司均参与到印度尼西亚地热发电合作项目中。2016 年开始，浙江开山压缩机股份控股的可再生能源有限公司对印度尼西亚北苏门答腊省 Sorik Marapi 地热电站和东努沙登加拉的 Sokoria 地热电站进行开发建设。

Sorik Marapi 地热电站设计装机容量为 24 万千瓦，分五期实施。主要建设包括四个部分，第一部分是基础设施，包括道路、工作平台等，第二部分是地热井，包括生产井、回灌井和井口设施等，第三部分是发电设备，第四部分是输电、升压站等。在开发过程中，浙江开山压缩机股份创新性地使用"一井一站"的井口电站技术，相比传统大型中央电站，可以快速发电和滚动式开发，不需一次性投入巨额投资。电站和送出线路设计工作由华东电力设计院完成。设计地热电站的年利用小时数为 8300～8400 小时。2019 年 9 月 28 日，第一期 4.5 万千瓦地热机组投入商业运营，标志着"一井一站"模块化地热发电设备进行大规模地热开发获得了验证，"边投资、边建设、边运营、边收益"的地热开发商业模式成功运行。Sokoria 地热电站设计装机容量为 3 万千瓦，按计划进行建设中。

处于"一带一路"沿线上的肯尼亚，位于非洲东部，东非大裂谷纵贯南北，地热资源十分丰富。作为撒哈拉以南非洲经济基础较好的国家，肯尼亚经济发展迅猛，对电力需求量逐步增加。常规水力发电由于受季节和降雨的影响，干旱缺水期发电量严重不足，无法满足用电需求。2019 年，肯尼亚地热发电装机容量达到 86.1 万千瓦，位居世界第八，是地热装机容量增长最快的国家之一。肯尼亚国家统计局数据显示，2017 年，地热能发电首次成为该国第一大发电来源，占据肯尼亚总发电量的 45.9%。地热资源是不受季节影响的可再生清洁能源，地热能发电在肯尼亚电力部门扮演重要角色。在肯尼亚政府 2030 年远景规划中，将能源列为重点发展领域，将大力推进地热资源开发利用。

肯尼亚地热发电项目是为了落实中国国家主席习近平与肯尼亚总统达成的地热开发重要共识，中方企业参与肯尼亚地热能源项目发展，解决肯尼亚当地电力匮乏难题的高层次能源合作项目。2019 年 12 月 30 日，一期工程项目建议书通过会议评审。项目主要位于东非大裂谷地热资源丰富区域奥卡瑞地热田，拟建设地热电站。该项目是国家发展改革委中非产能合作重点项目，对中肯全面战略合作伙伴关系的建立有促进作用。

七、与多个国家开展海洋能双边合作

（一）中英海洋能技术交流与合作

中英海洋能技术交流与合作方面，在英国工程与自然研究理事会（Engineering and Physical Sciences Research Council，EPSRC）和牛顿基金的支持下，国家海洋技术中心、中国海洋大学、大连理工大学等国内海洋能科研机构与英国爱丁堡大学、牛津大学、普利茅斯大学、埃克塞特大学等 11 所著名高校共同开展合作研究，研究领域涉及波浪能、潮流能利用装置的水动力建模、物理模型试验、阵列化效应分析、结构可靠性及系统安全性等多个方面。

2015 年初，中英双方在大连举行首次研讨会，随后中国科技部与 EPSRC 签署了《中英海洋能发展联合研究计划 2015》，海洋能领域成为纳入双边政府间合作协议的合作任务。2017 年 7 月，国家自然科学基金委员会[1]、英国工程与自然科学研究理事会[2]和英国自然环境研究理事会[3]共同资助了中英国际合作重点研究基金项目"离岸浮动型集成化多用途平台关键问题研究"，旨在设计一套集海上风能—波浪能—太阳能发电系统、海水淡化、储能、养殖生产系统和智能管理于一体的开放式多功能海洋平台系统（MPP），为发展新一代近、远海低碳型产业装备、提高海洋自然资源获取与水产养殖的系统效率并降低建造成本奠定科学方法与技术基础。

2018 年 3 月 14—16 日，中方代表团参加了由英国工程与自然科学研究理事会、英国自然环境研究理事会在牛津大学联合举办的第一届中英海洋可再生能源合作研讨会。来自中英双方五个合作基金项目的参与方、英国离岸可再生能源领域的知名研究机构和大型企业以及相关高校的 30 余家单位 100 名代表参与。

2019 年 7 月 8—9 日，自然资源部国家海洋技术中心与中英海洋能联合研究计划（UK&CHN CORE）英方成员埃克塞特大学、牛津大学、帝国理工学院等在青岛联合举办第二届中英海洋可再生能源合作研讨会。会议期间，国家海洋技术中心与英国埃克塞特大学签署了共同建立中英海洋可再生能源联合中心的谅解合作备忘录，以此促进双方长期合

---

[1] 国家自然科学基金委员会：National Nature Science Foundation of China，简称 NSFC。

[2] 英国工程与自然科学研究理事会：Engineering and Physical Sciences Research Council，简称 EPSRC。

[3] 英国自然环境研究理事会：Natural Environment Research Council，简称 NERC。

作，进一步拓展合作内容及合作领域，筹划建立中英海洋能联合中心，共同推动中英两国海洋可再生能源的技术创新与研究合作。

2019年12月2日，英国驻华使馆、英国创新署海上能源促进中心、英国埃克塞特大学等到访国家海洋技术中心，对在现有合作基础上联合组建中英海洋可再生能源联合中心的有关事宜进行深入探讨与协商。

（二）中国与欧洲海洋能中心的交流与合作

中国与位于英国苏格兰北部奥克尼群岛的欧洲海洋能中心（The European Marine Energy Center Ltd，EMEC）也有深层次的交流与合作，该机构是国际知名的权威性海洋能发电装置测试及认证中心。国家海洋技术中心与EMEC在中国波浪能与潮流能海上试验场的建设、海洋能发电装置的实海况测试与性能评估、极端海洋环境条件下的发电装置可靠性与生存性评估以及大规模海洋能开发项目的环境影响评估等方面开展交流与合作。

2019年3月，中国海洋科学与技术试点国家实验室与欧洲海洋能中心签署协议，合作推进海洋能海上综合试验场建设。海洋能海上综合试验场包括两个近海测试场地，分别用于波浪能与潮流能装置测试，两者共用一个陆上变电站，每个测试场地将通过额定容量为200千瓦的海底电缆与陆上中控室连接。此次合作主要是邀请欧洲海洋能中心针对试验场的设计与技术规范提供支持，同时为试验场的规范化操作和测试提供技术指导。

（三）中韩海洋能技术交流与合作

在中韩海洋科学共同研究中心❶支持下，2018年10月22—23日，在浙江大学舟山校区举办了第一届中韩海洋能研讨会。来自韩国海洋科学技术院、韩国船舶与海洋工程研究所、自然资源部第一海洋研究所、浙江大学、国家海洋技术中心、东北师范大学等20多位代表参会，围绕海洋温差能、潮流能、波浪能等海洋能技术及政策进行了交流，并参观了浙大摘箬山岛潮流能示范基地。

2019年5月14—16日，第二届中韩海洋能研讨会在韩国济州国际会议中心举办，来自自然资源部第一海洋研究所、国家海洋技术中心、山东大学、浙江大学、韩国海洋科学技术研究院、韩国船舶与海洋工程研究所、圆光大学等20多位代表参会，围绕潮流能、波浪能、深海水利用进行了广泛交流，并参观了韩国南部发电国际风能控制中心和济州海洋能转换装置海上测试基地。会议期间，中韩双方国际能源署海洋能源系统代表还就推进国际能源署海洋能源系统温差能工作组合作研究进行了深入交流。

2019年10月9—12日，第三届中韩海洋能研讨会在青岛召开。此次会议由山东大学、自然资源部第一海洋研究所、韩国海洋科学技术院、中韩海洋科学共同研究中心共同主办，国家海洋技术中心、浙江大学海洋研究院、中国海洋大学、青岛海洋科学与技术试点国家实验室、中国可再生能源学会海洋能专业委员会协办。来自中韩两国科研院所及高校的70余名专家学者参加了此次会议。会议期间，两国专家分别以"波浪能、温差能、潮流

❶ 中韩海洋科学共同研究中心于1995年5月根据中韩两国科技合作协议在青岛成立，是在中国自然资源部和韩国海洋水产部等有关部门指导下的海洋科学合作与开发机构。

能、潮汐能"为主题作了报告，介绍各团队在海洋能领域的最新学术研究成果和技术应用心得以及下一步的研究计划，并进行了深入的讨论与交流。10月11日，与会代表参观了山东大学小型海洋物理环境模拟系统（MINI-MECS）、自然资源部第一海洋研究所海洋温差能试验室、青岛海洋科学与技术试点国家实验室。

（四）中国和西班牙海洋能技术交流与合作

2013年，国家海洋技术中心与西班牙TECNALIA研究与创新基金签署了合作备忘录，双方同意在海洋能海上试验场建设、海洋能装置测试评估服务等方面开展合作。

2014年11月，国家海洋技术中心在天津组织召开海洋能试验场研讨会，邀请了西班牙TECNALIA公司的海洋能专家就海洋能试验场建设及运行开展了交流。同时，会议还邀请了哈尔滨工程大学、河海大学、大连理工大学、中国海洋大学、中海石油（中国）有限公司北京研究院、中国长江三峡集团公司、东方电机厂等国内13家海洋能研发单位，共28位代表参会。会议对海洋能试验场设计、建设以及运行管理中的关键问题进行研讨。

2015年4月，TECNALIA在西班牙主办毕尔巴鄂海洋能源周，国家海洋局批准国家海洋技术中心组团考察 BiMEP❶试验场基础设施，并参观了穆特里库波浪能示范电站。2015年10月，在备忘录期满之际，双方续签了合作备忘录至2018年12月。

2017年3月27—31日，国家海洋技术中心与中科院广州能源所相关人员组团赴西班牙毕尔巴鄂参加毕尔巴鄂海洋能源周活动，并与西班牙BiMEP试验场相关负责人就"鹰式"波浪能装置在BiMEP试验的可行性进行了技术交流。

❶ BiMEP，即 Biscay Marine Energy Platform 的缩写，是一个开放的海洋标志区。

大 事 年 表

1921・台湾新竹县的罗国瑞在广东潮梅地区建成了中国第一个具有实际使用价值的混凝土瓦斯库，点燃了第一盏"中华"牌沼气灯。

1952・8 月 7 日，中央人民政府地质部成立。李四光任部长，地热和水文地质工作归地质部水文地质工程地质局主管。

1958・广东番禺建成了国内最大的农业沼气工程——番禺市桥沼气发电站，装机容量 44 千瓦。

・10 月，中国第一次潮汐发电会议召开，当时全国共建成小型潮汐电站 41 座，在建的有 88 座。

1959・9 月，中国科学院物理研究所半导体研究室研制出了首块硅单晶。

・地质部水文地质工程地质局编制了中国第一幅《全国矿泉分布图》。

1960・1 月，地质部地质力学研究所成立地热组。科研人员先后在大庆油田、江汉油田、开滦煤矿等地开展了探索性地热研究，探讨地热异常与石油和煤的赋存关系，试图用地热异常找矿。

1968・中国科学院物理研究所半导体研究室承担研制和生产"实践一号"卫星硅太阳能电池板的任务，7—11 月，完成太阳能电池的批量生产。

1969・江苏省长江水力发电科研组在南京长江大桥下进行水流发电试验。

1970・1 月，在李四光部长的倡导下，20 多个省、市、区开展了温泉资源调查和重点地区地热资源勘查。

・12 月 12 日，广东省丰顺县邓屋地热试验电站第一台 86 千瓦采用扩容法（闪蒸系统）发电试验机组发电成功。

・12 月 13 日，李四光部长发电祝贺地热发电成功。

1971・10 月 1 日，中国第一台双工质循环地热机组在河北省怀来县后郝窑发电成功，证明了双工质循环发电系统在技术上的可行性。

1972・3 月 10 日，应浙江省革委会要求，国家计委把江厦潮汐试验电站列入国家重要科研项目，初步规划电站规模 3300 千瓦，是中国最大的潮汐电站。

・7 月，浙江省绍兴粮油机械加工厂试制了 1 台 FD13 型 18 千瓦风电机组样机。该样机后经历拆迁、增容改造，运转至 1986 年 8 月。

1975・9 月，中央代表团参加庆祝西藏自治区成立十周年活动，听取了西藏电力工业建设汇报。代表团在给中央的汇报中，提出"把羊卓雍湖水电站列入长远规划，尽快建设羊八井地热电站"的建议。

1976 · 中国农业科学院内蒙古草原研究所与清华大学电力工程系、商都农牧机械厂合作，研制出自治区第一个定型并投入批量生产的风力发电机型——FD1.5 型 100W。

· 2—6 月，水利电力部和中国科学院联合召开全国首次地热发电工作会议，会议分两阶段举行。2 月在长沙召开第一阶段会议，6 月在拉萨召开第二阶段会议。会议作出《关于羊八井地热试验电站建设中的几个问题的决定》，计划将四川内江电厂（现为四川内江发电总厂）闲置的 2500 千瓦汽轮机组改装成 1000 千瓦汽轮机组，用于羊八井地热试验。

· 1976 年，中国科学院青藏高原综合科学考察队（下设地热组）对西藏全区地热进行实地普查，并出版《横断山区温泉志》和《西藏温泉志》，收录温泉 1655 处。

1977 · 9 月 30 日，中国大陆第一台兆瓦级地热发电机组——羊八井电站 1 号试验机组试运成功。

1978 · 3 月 17 日，何世钧潮流能发电原理样机初试成功，发电功率 5 千瓦，潮流发电的可行性得到证明。

· 5 月 18 日，钱学森在给气动中心科技部副部长韩志华的信中指出，应开展风力发电中的空气动力学研究。随后，中国空气动力研究与发展中心低速所成立了风能研究课题组，开始进行风能利用研究。

1979 · 1 月 20 日，国家科学技术委员会新能源专业组筹备组在北京成立。

· 9 月 6 日，中国太阳能学会在西安市成立。

1980 · 6 月，清华大学研究设计的Φ6 型 4 千瓦垂直轴风电机组安装于北京八达岭风力发电试验站。这是中国首台变极双速异步风电机组的并网运行。

1981 · 3 月，中国与联合国开发计划署合作开发的中国首座风力发电试验场——笠山风力发电试验场一期两台总装机 14 千瓦的风力发电机组正式投入试验运行，标志着中国风力发电开发和利用迈出了实质性的一步。

· 6 月，朱瑞兆、薛桁于撰写的《中国风能资源》在《太阳能学报》（1981 年第 2 期）发表，公布国家"六五"科学技术攻关项目"中国风能资源计算和区划"研究成果。

· 8 月 10—21 日，在肯尼亚首都内罗毕首次召开了联合国新能源和可再生能源会议，通过了《促进新能源和可再生能源的发展与利用的内罗毕行动纲领》。

· 9 月 4—9 日，中国风能利用学术讨论会在北京举行，这是中国首次举办的风能领域多学科协作、研讨和交流活动。

· 9 月，中国与联合国计划开发署（UNDP）签订"中国地热资源勘探、开发和利用协议"（CPR/81/011 项目），UNDP 与意大利政府无偿援助 300 万美元用于勘探、开发、利用羊八井地热田。

· 11 月，羊八井地热试验电站第一台国产 3000 千瓦汽轮发电机组并网发电。电厂总装机容量达 4000 千瓦，年发电量达 164 万千瓦时。同时，羊八井和拉萨市之间的 110 千伏高压输电线路也交付使用，拉萨居民开始用上了地热电。

1982 · 5 月，由福建省电力中心试验所、福建省机械研究所等单位联合设计，福州发电设备厂完成样机试制的 FDS21 型 55 千瓦风电机组,在福建平潭风力发电试验站并网运行。

· 11 月,羊八井地热试验电站第二台国产 3000 千瓦机组并网运行,电厂总装机容量达 7000 千瓦。

1983 · 12 月,中国科学院广州能源研究所研制成功新型航标灯用 BD101 型波浪能发电装置。

1984 · 9 月 28 日,国家领导人在《发展风力发电在内蒙古草原具有战略意义》中批示:在技术上好好对他们进行帮助,力争造出世界第一流的小型风力发电机来。自此,内蒙古掀起小风电机组开发利用的热潮。

· 12 月 31 日,国务院农村能源领导小组与机械部联合发文《关于成立风力机办公室的通知》(〔84〕机发函联字 2798 号),风力机办公室由机械工业部负责日常业务指导。

· 中国第一座离网光伏电站在甘肃省兰州市榆中县园子岔乡安装建成发电。

1985 · 7 月,"六五"科研攻关项目羊八井地热发电技术通过水利电力部和西藏自治区人民政府组织的技术鉴定。该项目荣获 1986 年度水利电力部科学进步一等奖,1987 年国家科技进步一等奖。

· 8 月 3—6 日,由中国太阳能学会举办的"国际太阳能、风能会议暨国际可再生能源展览会"在北京举行。这是中国首次举办的太阳能、风能领域的国际性会议。

· 9 月 2 日,国务院副总理李鹏赴西藏羊八井地热试验电厂视察和指导工作。

1986 · 5 月 1 日,中国首个示范性风电场在山东荣成马兰湾建成并网发电,标志着中国风力发电技术进入示范应用阶段。引进机安装 3 台从丹麦引进的维斯塔斯 55 千瓦风力发电机组,总装机容量为 165 千瓦。

1987 · 9 月,白沙口潮汐电站 5 号和 6 号机组并网发电,标志着中国第二大潮汐电站历时 17 年全部建成,总装机容量 960 千瓦。

1988 · 11 月,中国首台自主研制的 FD32-200 型风力发电机组在福建平潭岛风电场完成吊装,这是中国研制的第一台 200 千瓦风力发电机组。

· 8 月 21 日,中国农牧业机械公司在辽宁省丹东市召开"中国农机工业协会风力机械专业协会"成立大会。

· 10 月 24 日,新疆达坂城风电一场安装了丹麦柏纳斯公司 13 台 150 千瓦失速型风电机组与 1 台温康公司 100 千瓦机组,总装机容量 2050 千瓦,为亚洲第一。

1990 · 6 月 8 日,西藏阿里革吉县 10 千瓦光伏电站正式建成发电。这是中国第一座自行设计、安装的最大光伏电站,为中国边远地区光伏电站的建设开了先河。

· 7 月 14 日,能源部下达"八达岭风力发电试验站发展规划"的批复文件,投资 204.5 万元建立风力发电测试中心、情报信息中心。

· 7 月 25 日,中共中央总书记江泽民视察羊八井,听取了西藏地热开发利用情况的汇报。为地热试验电站题词"开发地热资源,造福西藏人民"。

- 10 月，由山东工业大学牵头，航空工业部 550 厂、山东省科学院、青岛大华机器厂等单位共同研制出 2 台 55 千瓦风电机组，该机组在山东省烟台市长岛县投入运行。
- 中国科学院广州能源研究所在广东省珠海市大万山岛研建 3 千瓦振荡水柱式波浪能发电装置，这是中国首个千瓦级波浪能发电装置。

1991
- 5 月 27—29 日，55 千瓦风电机组通过在长岛县召开的技术鉴定会鉴定。
- 6 月，能源部在北京召开全国风力发电建设规划会议，提出"九五"期间中国风电装机力争达到 100 万千瓦的目标。
- 8 月 14 日，经民政部批准，成立"中国农业机械工业协会"。"中国农机工业协会风力机械专业协会"更名为"中国农业机械工业协会风力机械分会"，隶属于"中国农业机械工业协会"。

1992
- 10 月 17 日，中国农业机械工业协会风力机械分会参加古巴哈瓦那第十届国际博览会，这是中国风力发电机组首次在拉丁美洲亮相。
- 11 月 14 日，中国首家专业风能开发公司——中国福霖风能开发公司成立。

1993
- 11 月，联合国开发计划署无偿援助项目——西藏那曲地热发电厂 1 兆瓦双工质循环地热发电机组并网发电。

1994
- 4 月 10 日，电力工业部制定《风力发电场并网运行管理规定（试行）》，这是中国制定的首个风电固定电价制度政策。
- 12 月 25 日，新疆达坂城风电场装机容量超过 1 万千瓦，成为中国首座万千瓦级风电场。

1995
- 1 月 5 日，国家计委、国家科委、国家经贸委印发《新能源和可再生能源发展纲要（1995—2010）》，提出 1996—2010 年新能源和可再生能源的发展目标及措施。
- 11 月 21 日，电力工业部下发《关于印发利用"双加"工程推动大型风电场建设及风电机组国产化工作意见的通知》（电水农〔1995〕707 号）。国家海洋技术中心在山东省青岛市小麦岛建成 8 千瓦重力摆式波浪能试验电站，这是中国首个摆式波浪能电站。

1996
- 3 月，国家计委推出"乘风计划"，目的是实现以市场换技术，高起点发展中国风力发电机制造业，支持中国风电场建设和大型风电机组的国产化。
- 7 月 15 日，机械工业部成立机械工业部风力发电机组国产化工作小组。
- 9 月，中国政府积极响应在全球无电地区推行"光电工程"倡议，由国家牵头制定"中国光明工程"计划。

1997
- 4 月，国家科委"八五"科技攻关项目"200 千瓦风力发电机组研制"首台样机在辽宁东岗风电场完成了 2000 小时无故障试运行。5 月 7 日，"中国光明工程"进入实施阶段，由中央拨款支持在边远地区大规模应用风能和太阳能的项目。

1998
- 6 月 1 日，由汕头市南方风能发展有限公司与荷兰国际能源集团公司合资建设的汕头丹南 24 兆瓦风力发电场投产发电。
- 9 月 28 日，世界上海拔最高、当时国内发电容量最大的独立光伏电站——西藏那曲安多县 100 千瓦级光伏电站建成送电。

· 10 月，中科院广州能源研究所研发的中国首台兆瓦级气化发电试验机组投产运行。

1999 · 1 月 12 日，国家发展计划委员会、科技部联合发布了《关于进一步支持可再生能源发展有关问题的通知》（计基础〔1999〕44 号），明确风电价格实行审批电价制度，上网电价由各地价格主管部门批准，报国家计划发展委员会备案。

2000 · 2 月 22 日，北京万电有限责任公司研制的中国第一台具有自主知识产权的 600 千瓦变桨距风电机组，安装于内蒙古辉腾锡勒风电场。

· 12 月 28 日，国家经贸委资源节约与综合利用司印发《"国债风电"项目实施方案》。

2001 · 3 月 6 日，科技部高新司组织专家组对"九五"国家重点科技攻关项目——大型风力发电系统关键技术的研究进行了国家验收。

2002 · 9 月，无锡尚德太阳能电力有限公司第一条 10 兆瓦太阳电池生产线正式投产，产能相当于此前四年间中国太阳电池产量的总和。

· 哈尔滨工程大学在国家"九五"科技攻关项目支持下，于浙江省舟山市岱山县龟山航门水道研建了"万向 1"70 千瓦潮流能试验电站，这是中国第一座漂浮式潮流能电站。当潮流流速范围 1.3~2.5 米/秒时，平均发电功率 20 千瓦。

2003 · 9 月，中国第一期风电特许权项目招投标，广东惠来石碑山项目由广东粤电集团有限公司中标［电价为 0.501 元/（千瓦·时）］；江苏如东项目由华睿投资集团中标［电价为 0.436 元/（千瓦·时）］。

· 9 月，经国务院批准，中国近海海洋综合调查与评价专项（简称"908 专项"）正式启动。

· 10 月 21—22 日，国家发展改革委在京召开了全国大型风电场建设前期工作会议，会议以国家发展改革委办公厅《关于开展全国大型风电场建设前期工作的通知》（发改办能源〔2003〕408 号）的精神为指导，对全国大型风电场建设前期工作内容、工作成果、工作要求及组织管理等进行了讨论，对下一步大型风电场建设前期工作进行了安排和部署。

· 12 月 19 日，由保定英利新能源有限公司承担建设的高科技产业化示范工程多晶硅太阳能电池及应用系统项目，通过国家验收并正式投产。

2004 · 1 月 19 日，中国第一台 12 对棒多晶硅高效节能大还原炉在中硅高科试验成功。

· 5 月 18 日，九宫山风电场开工建设，项目装机容量 1.36 万千瓦，总投资 1.6 亿元。该项目是湖北省第一个风电场及新能源示范项目，也是华中地区第一个风电场，被誉为"中国内陆第一风场"。2007 年 11 月，项目全部机组投产发电。

· 5 月 30 日，全国人大常委会委员长吴邦国考察了丹麦生物质发电厂和百安纳公司，并题词："推进清洁能源生物发电技术，增进中丹友谊"。

· 6 月 30 日，由国家发展改革委、科技部和外交部联合颁布的《清洁发展机制项目运行管理暂行办法》开始正式实施。

· 8 月，深圳国际园林花卉博览园 1 兆瓦并网光伏电站建成发电，该项目填补了中国在大型并网光伏电站设计和建设中的空白。

- 12 月 8 日，中国第一个风光互补发电系统在华能南澳风力发电场成功并网投入运行。

2005
- 2 月 16 日，历经各国 7 年谈判，《京都议定书》正式生效。
- 4 月，由金风科技研发的中国首台 1.2 兆瓦直驱永磁风力发电机组样机，在新疆达坂城风力发电场吊装就位，并进入调试运行阶段。
- 7 月 7 日，国能生物发电有限公司在北京市工商行政管理局登记注册，是国内第一家以生物发电为主营业务的专业公司。
- 8 月 31 日，由中国科学院电工研究所建设的西藏羊八井 100 千瓦并网光伏示范电站建成投产，这是中国第一座直接与高压并网的 100 千瓦光伏发电站。

2006
- 1 月 1 日，《中华人民共和国可再生能源法》正式实施。1 月 4 日，国家发展改革委以特急文下发《可再生能源发电价格和费用分摊管理试行办法》(发改价格〔2006〕7 号)，对风力发电、生物质发电（包括农林废弃物直接燃烧和气化发电、垃圾焚烧和垃圾填埋气发电、沼气发电）、太阳能发电、海洋能发电和地热能发电价格和费用分摊标准进行了规定。
- 4 月，华北电力大学率先建立了中国高校首个"风能与动力工程"本科专业。
- 6 月，由华锐风电生产的中国第一台国产化 1.5 兆瓦风电机组下线。
- 6 月 7 日，中丹政府合作项目"可再生能源——风能开发"正式启动。
- 10 月 2 日，大唐福建六鳌 30.6 兆瓦风电 CDM 项目成功获得联合国 EB 签发的 22.202 吨 CERs（经核证的减排量），成为中国可再生能源领域第一个获得签发的 CDM 项目，也是中国首个成功的单边 CDM 项目。
- 12 月 1 日，中国第一个国家级生物质发电示范项目——国能单县生物质发电有限公司正式投产，标志着中国生物质能发电事业实现了新的突破。

2007
- 3 月 31 日，由中硅高科承担的国家 863 攻关课题——24 对棒节能型多晶硅还原炉成套装置，通过科技部组织的专家验收。
- 4 月 26 日，大唐武威太阳能电站科技示范项目开工建设。该电站是甘肃省第一个兆瓦级太阳能光伏发电项目，也是中国第一个荒漠化太阳能并网发电项目。
- 6 月 4 日，由国家发展改革委可再生能源和新能源高技术产业化专项重点支持的中硅高科"1000 吨/年多晶硅高技术产业化扩建工程"的第一炉产品正式出炉。
- 6 月 18 日，中国首个风电特许权示范项目——江苏如东风电场二期工程 15 万千瓦建成发电。
- 7 月 16 日，中科院上海技术物理所自主研发的物理提纯法，产出 99.999 9% 以上纯度的太阳能电池硅产品，电耗和水耗分别只有"改良西门子工艺"的 1/3 和 1/10。
- 8 月 31 日，国家发展改革委印发《可再生能源中长期发展规划》(发改能源〔2007〕2174 号)。提出今后一个时期，中国可再生能源发展的重点是水能、生物质能、风能和太阳能。这是中国第一部专门针对可再生能源的发展规划。
- 10 月 13 日，中国第一台以小麦秆、玉米秆等黄色秸秆为燃料的生物质直燃发电机组——国能河南浚县项目 1×2.5 万千瓦机组一次并网成功，中国以小麦秆、玉米秆为燃料的黄色秸秆生物质直燃发电机组建设工作实现新突破。

- 11 月 3 日，由湘电风能生产的中国第一台具有自主知识产权的 2 兆瓦直驱永磁风力发电机在公司成功下线。
- 11 月 8 日，中国首台海上风电机组在渤海油田顺利投入运行。
- 12 月，中国出口光伏电池 1 吉瓦。

2008
- 3 月 3 日，国家发展改革委员会印发了《可再生能源发展"十一五"规划》（发改能源〔2008〕610 号）。
- 8 月，江西赛维 LDK 太阳能多晶硅片实际产能达到 1000 兆瓦，成为全球唯一一个进入太阳能光伏行业"G 瓦俱乐部"的企业。
- 10 月 29—31 日，第四届全球风能大会在北京召开，这是首次在发展中国家举办的风能大会。大会主题为"世界风能，赢在中国"。
- 12 月，中国的风电装机容量达到 1220 万千瓦，成为全球第四大风能市场。

2009
- 1 月 5 日，国家能源局组织召开全国海上风电工作会议，正式启动海上规划工作。
- 6 月 2 日，国家能源局在南通市组织召开"海上风电开发建设协调会"。
- 3 月，国家能源局实施了甘肃敦煌 10 兆瓦并网光伏发电特许权示范项目招标，确定电价为 1.09 元/（千瓦•时）。
- 3 月 23 日，财政部、住房城乡建设部发布《关于加快推进太阳能光电建筑应用的实施意见》，国家财政支持实施"太阳能屋顶计划"。
- 4 月 9 日，北京德青源沼气发电厂（2×1063 千瓦）成功并网发电。该项目在同类项目中为世界第三、亚洲第一。
- 7 月 20 日，国家发展和改革委员会发布了《关于完善风力发电上网电价政策的通知》（发改价格〔2009〕1906 号），对风力发电上网电价政策进行了完善。
- 7 月 21 日，财政部、科技部、国家能源局联合发布《关于实施金太阳示范工程的通知》。
- 8 月，西藏羊八井第一台 1 兆瓦螺杆膨胀机地热蒸汽发电机组通过 72 小时试验验收，正式移交生产，中国首台新型螺杆膨胀机地热发电设备投入商业示范应用。
- 8 月 8 日，位于甘肃省酒泉市的中国首座千万千瓦级风电基地一期 380 万千瓦工程正式开工。
- 11 月 13 日，财政部、科技部、国家能源局联合下发了《关于做好金太阳示范工程实施工作的通知》，要求加快实施金太阳示范工程。
- 12 月 26 日，十一届全国人大常委会第十二次会议表决通过《中华人民共和国可再生能源法（修正案）》，自 2010 年 4 月 1 日起施行。

2010
- 1 月 5 日，中国气象局公布中国首次风能资源详查和评价阶段性成果：中国陆上离地面 50 米高度达到 3 级以上风能资源的潜在开发量约 23.8 亿千瓦；5～25 米水深线以内近海区域、海平面以上 50 米高度可装机容量约 2 亿千瓦。

- 2月9日，国家能源局下发通知，要求各地申报海上风电特许权招标项目。
- 5月25日，温家宝总理对"关于加快我国西藏地热发电项目开发建设的报告"作重要批示，西藏的地热发电重新启动。
- 5月25日，装机容量位列亚洲第一的昆明石林太阳能光伏并网实验示范电站一期20兆瓦正式投产发电。
- 6月22日，国家能源局启动了第二批光伏电站特许权项目招标工作，招标总建设规模为28万千瓦，中标电价全部低于1元/（千瓦·时），中国光伏发电电价进入1元时代。
- 7月6日，中国首个海上风电场——上海东海大桥10万千瓦海上示范工程并网发电，该项目是中国自行设计和建造的第一个海上风电项目，标志着中国基本掌握了海上风电的工程建设技术。该项目也是亚洲首座大型海上风电场。
- 7月18日，国家发展改革委发布了《关于完善农林生物质发电价格政策的通知》（发改价格〔2010〕1579号），秸秆发电的上网电价统一提高至0.75元/（千瓦·时）。
- 9月，江苏海上风电特许权项目（100万千瓦）的成功招标，标志着中国海上风电建设已从试点逐步走向推广。
- 9月28日，龙源江苏如东32兆瓦潮间带试验风电场建成投产，这是具有标志性的产业链节点试验。
- 12月，中国风电装机总容量达到4473万千瓦，首次超过美国，跃居世界第一。

2011
- 7月，中国首台油田伴生地热水发电机组成功投运。该机组为双工质循环螺杆膨胀发电机组，装机容量为400千瓦。
- 7月24日，国家发展改革委颁布《关于完善太阳能光伏发电上网电价政策的通知》（发改价格〔2011〕1594号），制定全国统一的太阳能光伏发电标杆上网电价。
- 9月23日，由哈尔滨工程大学设计开发的"海明Ⅰ"小型潮流能试验电站在浙江省岱山县小门头水道进行了海试，这是中国自行研制的第一座长期示范运行的坐底式水平轴潮流能独立发电系统。
- 12月10日，中国首座分散式风电场——华能新能源定边狼尔沟风电分散式示范风电场并网调试。该项目装机容量9兆瓦，安装6台1.5兆瓦风电机组。
- 12月25日，世界规模最大，集风电、光伏发电、储能、智能输电于一体的新能源综合利用平台——首个风光储输示范工程一期在河北省张北县建成投产。

2012
- 7月6日，国家发展改革委发布了《可再生能源发展"十二五"规划》。
- 8月9日，由中国科学院电工研究所等单位联合设计、建设的北京延庆塔式光热实验示范电站首次发电成功，标志着中国太阳能热发电技术成为继美国、西班牙、以色列之后，世界上第四个掌握这一技术的国家。

2013
- 1月10日，国家能源局、财政部、国土资源部、住房和城乡建设部联合下发《关于促进地热能开发利用的指导意见》（国能新能〔2013〕48号）。
- 11月29日，蒙东扎鲁特旗风电供热项目正式投入运行，是国内风电供热面积最大的工程，为鲁北镇约 5 万余户居民提供清洁、稳定的风电供暖。

- 12 月 28 日，中国首个商业化运行的微电网示范项目——吐鲁番新能源城市微电网示范项目并网。

- 12 月，GB/T 29494—2013《小型垂直轴风力发电机组》国家标准发布实施，该项目获 2016 年"中国机械工业科学技术奖科技进步二等奖"。

2014 · 11 月 17 日，中国发电企业投资的第一个海外风力发电项目——龙源电力加拿大德芙林风电项目并网发电。

2015 · 2 月，中国风电装机规模突破 1 亿千瓦，提前 10 个月完成"十二五"规划目标，中国并网风电成为世界上第一个达到 1 亿千瓦的国家。

- 6 月，江厦潮汐试验电站 1 号机组增效扩容改造后成功并网。

- 6 月 29 日，龙源电力江苏如东海上风电 20 万千瓦示范项目 50 台单机 4 兆瓦风机全部并网发电，标志着国内单机容量最大的海上潮间带风电场建成投产。

- 9 月 20 日，由国家电投黄河上游水电开发有限责任公司建设的龙羊峡水光互补光伏电站二期 530 兆瓦项目全部并网发电。全球最大、总装机容量 850 兆瓦的龙羊峡水光互补电站建成。

- 11 月 1 日，亚洲首座海上升压站——中国广核集团如东 150 兆瓦海上风电场示范项目 110 千伏海上升压站建设成功。

2016 · 3 月 24 日，国家发展改革委印发《可再生能源发电全额保障性收购管理办法》的通知（发改能源〔2016〕625 号）。

- 5 月 27 日，国家发展改革委、国家能源局联合发布《关于做好风电、光伏发电全额保障性收购管理工作的通知》（发改能源〔2016〕1150 号）。

- 6 月 13 日，三峡集团，美国黑石集团、德国稳达风电公司在北京签署《关于德国海上风电项目投资合作协议》。

- 10 月 17 日，江苏响水近海风电场项目主体工程全部并网发电，该项目总装机容量 202 兆瓦，建成国内首座 220 千伏海上升压站，敷设国内首条 220 千伏海缆。

- 11 月 19 日，国家电投黄河上游水电开发有限责任公司百兆瓦太阳能发电实证基地全面建成。

- 12 月 10 日，国家发展改革委印发《可再生能源发展"十三五"规划》。

- 12 月 26 日，国家发展改革委发布了《关于调整光伏发电和陆上发电标杆上网电价的通知》（发改价格〔2016〕2729 号），降低光伏发电和陆上风电标杆上网电价，明确海上风电标杆上网电价。

2017 · 1 月 23 日，国家发展和改革委员会、国土资源部、国家能源局联合下发《地热能开发利用"十三五"规划》，这是中国首次颁布地热开发利用的专项规划。

- 3 月 30 日，中国北方地区首个海上风电项目——大连庄河 30 万千瓦海上风电项目开工建设。

- 4 月 21 日，中国首台 140 米高度 2.2 兆瓦全钢塔筒低风速机组在河南兰考完成吊装，标志着中国低风速风电开发迎来新的里程碑。

- 6月27日，全球首座模块式海上升压站——龙源电力江苏大丰海上风电场220千伏海上升压站成功安装。

- 9月27日，福清兴化湾海上风电样机试验场开始倒送电操作，标志着全球首个国际化大功率海上风电试验场进入调试运行阶段。

- 9月30日，华能集团江苏如东八仙角海上风电项目顺利完成240小时试运行，全面进入商业运营阶段，这是亚洲已建成的装机容量最大的海上风电项目。

- 10月23日，龙源电力福建莆田南日岛海上风电场一期项目首根"植入式"嵌岩单桩基础施工圆满完成，标志着世界海上风电领域"植入式"嵌岩单桩施工零的突破，实现了中国对所有海域地质施工技术方案全覆盖。

- 10月28日，龙源电力与振华集团合资建造的中国最大海上风电施工平台——"龙源振华3号"在江苏南通举行下水仪式。该平台在全球自升式风电安装平台中拥有最高的吊装高度。

- 10月31日，中国国电在非洲第一个，也是中国在非洲的第一个集投资、建设、运营为一体的风电项目——龙源电力南非德阿24.45万千瓦风电项目，一次性通过COD验收，实现并网发电。

- 11月3日，"广核1号"顺利完成下水环节，它是唯一一艘入籍中国船级社（CCS）的运维船。

- 11月30日，世界首个分体式海上升压站——龙源江苏大丰20万千瓦海上风电项目升压站建设成功。

- 12月6日，国家发展改革委发布了《关于促进生物质能供热发展的指导意见》（发改能源〔2017〕2123号）。

2018
- 3月31日，国电联合动力技术有限公司自主研发的300千瓦海洋潮流能发电机组在浙江舟山摘箬山岛并网发电并实现稳定运行。该机组具有世界先进水平的电动变桨技术，实现了双向海流能量高效捕获。

- 9月6日，西藏羊易地热电站一期16兆瓦双工质循环地热发电机组并网发电。

- 10月，中国科学院广州能源研究所研制的260千瓦可移动式多能互补平台"先导一号"在南海西沙永兴岛并网运行，它是国际上单体规模最大、发电效率较高的海上可移动式波浪能发电平台。

- 10月30日，国家发展改革委、国家能源局印发《清洁能源消纳行动计划（2018—2020年）》（发改能源规〔2018〕1575号）。

- 11月4日，江厦潮汐试验电站1号机组在海洋工程科学技术奖颁奖大会中荣获全国"优秀海洋工程"荣誉称号。

- 12月31日，由国家电投黄河上游水电开发有限责任公司建设的国内最大单体85万千瓦莫合风电场并网发电，成为世界上一次性并网容量最大的风电项目。

2019
- 1月7日，国家发展改革委、国家能源局联合发布《关于积极推进风电、光伏无补贴平价上网有关工作的通知》(发改能源〔2019〕19 号)。

- 4 月 28 日，国家发展改革委印发《关于完善光伏发电上网电价机制有关问题的通知》，执行了 8 年的上网标杆电价成为了历史。

- 5 月 10 日，国家发改委、国家能源局印发《关于建立健全可再生能源电力消纳保障机制的通知》，明确将按省级行政区域确定可再生能源电力消纳责任权重。

- 5 月 20 日，国家发展改革委办公厅、国家能源局综合司《关于公布 2019 年第一批风电、光伏发电平价上网项目的通知》(发改办能源〔2019〕594 号)，启动 2019 年平价上网光伏建设工作，标志着中国光伏产业进入由国家财政补贴到无补贴平价上网的过渡阶段。

- 5 月 28 日，国家能源局发布《关于 2019 年风电、光伏发电项目建设有关事项的通知》(国能发新能〔2019〕49 号)，标志着可再生能源项目"平价上网"时代的正式开启。

- 5 月 30 日，杭州江河水电科技有限公司承制的"300 千瓦水平轴自变距潮流发电机组"在浙江舟山摘箬山岛海域开展海试。

- 7 月 9 日，由国家电投投资建设的内蒙古"骏马"光伏电站成功通过吉尼斯世界纪录认证，成为世界上最大的光伏板图形电站。

- 8 月 28 日，上海市发改委发布《关于奉贤海上风电项目竞争配置评审结果的公示》，是中国首个海上风电竞价项目。

- 9 月 25 日，中国首台具有完全自主知识产权的 10 兆瓦海上风力发电机组在中国三峡福建海上风电国际产业园——东方电气风电有限公司福建生产基地顺利下线。该机组是亚洲功率等级最大、叶片最长的抗台风型海上风力发电机组。

- 10 月 28 日，国家级潮流能试验场建设项目——舟山潮流能发电示范工程的自稳型一体化平台一次性安装成功，它是中国首个具备公共测试和示范功能的公益性开放型国家级潮流能试验场。

2020
- 1 月 20 日，财政部、国家发展改革委、国家能源局印发了《关于促进非水可再生能源发电健康发展的若干意见》(财建〔2020〕4 号)，同时印发了《可再生能源电价附加补助资金管理办法》(财建〔2020〕5 号)，废止 2012 年 3 月 14 日印发的《可再生能源电价附加补助资金管理暂行办法》(财建〔2012〕102 号)。

- 6 月，IEC 61400-5《风能发电系统 第 5 部分：风力发电机组风轮叶片》正式发布实施，这是中国主持编制的风电行业第一个国际标准。

- 9 月 22 日，在第七十五届联合国大会一般性辩论上，国家主席习近平向全世界郑重宣布——中国"二氧化碳排放力争于 2030 年前达到峰值，努力争取 2060 年前实现碳中和"。

- 9 月 29 日，财政部、国家发展改革委、国家能源局联合印发了《关于促进非水可再生能源发电健康发展的若干意见》有关事项的补充通知(财建〔2020〕426 号)，确定各类项目全生命周期合理利用小时数。

附　　录

附录 A　中华人民共和国可再生能源法

（2005 年 2 月 28 日第十届全国人民代表大会常务委员会第十四次会议通过
根据 2009 年 12 月 26 日第十一届全国人民代表大会常务委员会第十二次会议《关
于修改〈中华人民共和国可再生能源法〉的决定》修正）

目　　录

第一章　总　　则

第一条　为了促进可再生能源的开发利用，增加能源供应，改善能源结构，保障能源安全，保护环境，实现经济社会的可持续发展，制定本法。

第二条　本法所称可再生能源，是指风能、太阳能、水能、生物质能、地热能、海洋能等非化石能源。

水力发电对本法的适用，由国务院能源主管部门规定，报国务院批准。

通过低效率炉灶直接燃烧方式利用秸秆、薪柴、粪便等，不适用本法。

第三条　本法适用于中华人民共和国领域和管辖的其他海域。

第四条　国家将可再生能源的开发利用列为能源发展的优先领域，通过制定可再生能源开发利用总量目标和采取相应措施，推动可再生能源市场的建立和发展。

国家鼓励各种所有制经济主体参与可再生能源的开发利用,依法保护可再生能源开发利用者的合法权益。

第五条　国务院能源主管部门对全国可再生能源的开发利用实施统一管理。国务院有关部门在各自的职责范围内负责有关的可再生能源开发利用管理工作。

县级以上地方人民政府管理能源工作的部门负责本行政区域内可再生能源开发利用的管理工作。县级以上地方人民政府有关部门在各自的职责范围内负责有关的可再生能源开发利用管理工作。

第二章　资源调查与发展规划

第六条　国务院能源主管部门负责组织和协调全国可再生能源资源的调查,并会同国务院有关部门组织制定资源调查的技术规范。

国务院有关部门在各自的职责范围内负责相关可再生能源资源的调查,调查结果报国务院能源主管部门汇总。

可再生能源资源的调查结果应当公布;但是,国家规定需要保密的内容除外。

第七条　国务院能源主管部门根据全国能源需求与可再生能源资源实际状况,制定全国可再生能源开发利用中长期总量目标,报国务院批准后执行,并予公布。

国务院能源主管部门根据前款规定的总量目标和省、自治区、直辖市经济发展与可再生能源资源实际状况,会同省、自治区、直辖市人民政府确定各行政区域可再生能源开发利用中长期目标,并予公布。

第八条　国务院能源主管部门会同国务院有关部门,根据全国可再生能源开发利用中长期总量目标和可再生能源技术发展状况,编制全国可再生能源开发利用规划,报国务院批准后实施。

国务院有关部门应当制定有利于促进全国可再生能源开发利用中长期总量目标实现的相关规划。

省、自治区、直辖市人民政府管理能源工作的部门会同本级人民政府有关部门,依据全国可再生能源开发利用规划和本行政区域可再生能源开发利用中长期目标,编制本行政区域可再生能源开发利用规划,经本级人民政府批准后,报国务院能源主管部门和国家电力监管机构备案,并组织实施。

经批准的规划应当公布;但是,国家规定需要保密的内容除外。

经批准的规划需要修改的,须经原批准机关批准。

第九条　编制可再生能源开发利用规划,应当遵循因地制宜、统筹兼顾、合理布局、有序发展的原则,对风能、太阳能、水能、生物质能、地热能、海洋能等可再生能源的开发利用作出统筹安排。规划内容应当包括发展目标、主要任务、区域布局、重点项目、实施进度、配套电网建设、服务体系和保障措施等。

组织编制机关应当征求有关单位、专家和公众的意见,进行科学论证。

第三章　产业指导与技术支持

第十条　国务院能源主管部门根据全国可再生能源开发利用规划,制定、公布可再生能源产业发展指导目录。

第十一条　国务院标准化行政主管部门应当制定、公布国家可再生能源电力的并网技术标准和其他需要在全国范围内统一技术要求的有关可再生能源技术和产品的国家标准。

对前款规定的国家标准中未作规定的技术要求,国务院有关部门可以制定相关的行业标准,并报国务院标准化行政主管部门备案。

第十二条　国家将可再生能源开发利用的科学技术研究和产业化发展列为科技发展与高技术产业发展的优先领域,纳入国家科技发展规划和高技术产业发展规划,并安排资金支持可再生能源开发利用的科学技术研究、应用示范和产业化发展,促进可再生能源开发利用的技术进步,降低可再生能源产品的生产成本,提高产品质量。

国务院教育行政部门应当将可再生能源知识和技术纳入普通教育、职业教育课程。

第四章　推　广　与　应　用

第十三条　国家鼓励和支持可再生能源并网发电。

建设可再生能源并网发电项目,应当依照法律和国务院的规定取得行政许可或者报送备案。

建设应当取得行政许可的可再生能源并网发电项目,有多人申请同一项目许可的,应当依法通过招标确定被许可人。

第十四条　国家实行可再生能源发电全额保障性收购制度。

国务院能源主管部门会同国家电力监管机构和国务院财政部门,按照全国可再生能源开发利用规划,确定在规划期内应当达到的可再生能源发电量占全部发电量的比重,制定电网企业优先调度和全额收购可再生能源发电的具体办法,并由国务院能源主管部门会同国家电力监管机构在年度中督促落实。

电网企业应当与按照可再生能源开发利用规划建设,依法取得行政许可或者报送备案的可再生能源发电企业签订并网协议,全额收购其电网覆盖范围内符合并网技术标准的可再生能源并网发电项目的上网电量。发电企业有义务配合电网企业保障电网安全。

电网企业应当加强电网建设,扩大可再生能源电力配置范围,发展和应用智能电网、储能等技术,完善电网运行管理,提高吸纳可再生能源电力的能力,为可再生能源发电提供上网服务。

第十五条　国家扶持在电网未覆盖的地区建设可再生能源独立电力系统,为当地生产和生活提供电力服务。

第十六条　国家鼓励清洁、高效地开发利用生物质燃料,鼓励发展能源作物。

利用生物质资源生产的燃气和热力,符合城市燃气管网、热力管网的入网技术标准的,经营燃气管网、热力管网的企业应当接收其入网。

国家鼓励生产和利用生物液体燃料。石油销售企业应当按照国务院能源主管部门或者省级人民政府的规定,将符合国家标准的生物液体燃料纳入其燃料销售体系。

第十七条 国家鼓励单位和个人安装和使用太阳能热水系统、太阳能供热采暖和制冷系统、太阳能光伏发电系统等太阳能利用系统。

国务院建设行政主管部门会同国务院有关部门制定太阳能利用系统与建筑结合的技术经济政策和技术规范。

房地产开发企业应当根据前款规定的技术规范,在建筑物的设计和施工中,为太阳能利用提供必备条件。

对已建成的建筑物,住户可以在不影响其质量与安全的前提下安装符合技术规范和产品标准的太阳能利用系统;但是,当事人另有约定的除外。

第十八条 国家鼓励和支持农村地区的可再生能源开发利用。

县级以上地方人民政府管理能源工作的部门会同有关部门,根据当地经济社会发展、生态保护和卫生综合治理需要等实际情况,制定农村地区可再生能源发展规划,因地制宜地推广应用沼气等生物质资源转化、户用太阳能、小型风能、小型水能等技术。

县级以上人民政府应当对农村地区的可再生能源利用项目提供财政支持。

第五章 价格管理与费用补偿

第十九条 可再生能源发电项目的上网电价,由国务院价格主管部门根据不同类型可再生能源发电的特点和不同地区的情况,按照有利于促进可再生能源开发利用和经济合理的原则确定,并根据可再生能源开发利用技术的发展适时调整。上网电价应当公布。

依照本法第十三条第三款规定实行招标的可再生能源发电项目的上网电价,按照中标确定的价格执行;但是,不得高于依照前款规定确定的同类可再生能源发电项目的上网电价水平。

第二十条 电网企业依照本法第十九条规定确定的上网电价收购可再生能源电量所发生的费用,高于按照常规能源发电平均上网电价计算所发生费用之间的差额,由在全国范围对销售电量征收可再生能源电价附加补偿。

第二十一条 电网企业为收购可再生能源电量而支付的合理的接网费用以及其他合理的相关费用,可以计入电网企业输电成本,并从销售电价中回收。

第二十二条 国家投资或者补贴建设的公共可再生能源独立电力系统的销售电价,执行同一地区分类销售电价,其合理的运行和管理费用超出销售电价的部分,依照本法第二十条的规定补偿。

第二十三条 进入城市管网的可再生能源热力和燃气的价格,按照有利于促进可再生能源开发利用和经济合理的原则,根据价格管理权限确定。

第六章　经济激励与监督措施

第二十四条　国家财政设立可再生能源发展基金,资金来源包括国家财政年度安排的专项资金和依法征收的可再生能源电价附加收入等。

可再生能源发展基金用于补偿本法第二十条、第二十二条规定的差额费用,并用于支持以下事项:

(一)可再生能源开发利用的科学技术研究、标准制定和示范工程;

(二)农村、牧区的可再生能源利用项目;

(三)偏远地区和海岛可再生能源独立电力系统建设;

(四)可再生能源的资源勘查、评价和相关信息系统建设;

(五)促进可再生能源开发利用设备的本地化生产。

本法第二十一条规定的接网费用以及其他相关费用,电网企业不能通过销售电价回收的,可以申请可再生能源发展基金补助。

可再生能源发展基金征收使用管理的具体办法,由国务院财政部门会同国务院能源、价格主管部门制定。

第二十五条　对列入国家可再生能源产业发展指导目录、符合信贷条件的可再生能源开发利用项目,金融机构可以提供有财政贴息的优惠贷款。

第二十六条　国家对列入可再生能源产业发展指导目录的项目给予税收优惠。具体办法由国务院规定。

第二十七条　电力企业应当真实、完整地记载和保存可再生能源发电的有关资料,并接受电力监管机构的检查和监督。

电力监管机构进行检查时,应当依照规定的程序进行,并为被检查单位保守商业秘密和其他秘密。

第七章　法　律　责　任

第二十八条　国务院能源主管部门和县级以上地方人民政府管理能源工作的部门和其他有关部门在可再生能源开发利用监督管理工作中,违反本法规定,有下列行为之一的,由本级人民政府或者上级人民政府有关部门责令改正,对负有责任的主管人员和其他直接责任人员依法给予行政处分;构成犯罪的,依法追究刑事责任:

(一)不依法作出行政许可决定的;

(二)发现违法行为不予查处的;

(三)有不依法履行监督管理职责的其他行为的。

第二十九条　违反本法第十四条规定,电网企业未按照规定完成收购可再生能源电量,造成可再生能源发电企业经济损失的,应当承担赔偿责任,并由国家电力监管机构责令限期改正；拒不改正的，处以可再生能源发电企业经济损失额一倍以下的罚款。

第三十条　违反本法第十六条第二款规定，经营燃气管网、热力管网的企业不准许符合入网技术标准的燃气、热力入网，造成燃气、热力生产企业经济损失的，应当承担赔偿责任，并由省级人民政府管理能源工作的部门责令限期改正；拒不改正的，处以燃气、热力生产企业经济损失额一倍以下的罚款。

第三十一条　违反本法第十六条第三款规定，石油销售企业未按照规定将符合国家标准的生物液体燃料纳入其燃料销售体系，造成生物液体燃料生产企业经济损失的，应当承担赔偿责任，并由国务院能源主管部门或者省级人民政府管理能源工作的部门责令限期改正；拒不改正的，处以生物液体燃料生产企业经济损失额一倍以下的罚款。

第八章　附　　则

第三十二条　本法中下列用语的含义：

（一）生物质能，是指利用自然界的植物、粪便以及城乡有机废物转化成的能源。

（二）可再生能源独立电力系统，是指不与电网连接的单独运行的可再生能源电力系统。

（三）能源作物，是指经专门种植，用以提供能源原料的草本和木本植物。

（四）生物液体燃料，是指利用生物质资源生产的甲醇、乙醇和生物柴油等液体燃料。

第三十三条　本法自 2006 年 1 月 1 日起施行。

附录 B　固定标杆电价变化情况（2009—2020 年）

附表 B.1　　中国陆上风电标杆电价/指导电价（元/kWh）变化情况

资源区	年份和电价						
	2009—2014	2015	2016—2017	2018	2019	2020	2021
Ⅰ 类	0.51	0.49	0.47	0.40	0.34	0.29	平价上网
Ⅱ 类	0.54	0.52	0.50	0.45	0.39	0.34	
Ⅲ 类	0.58	0.56	0.54	0.49	0.43	0.38	
Ⅳ 类	0.61	0.61	0.60	0.57	0.52	0.47	

附表 B.2　　　　中国海上风电上网电价（元/kWh）变化情况

资源区	年份和电价				
	2009—2014	2014—2019	2019 指导价	2020 指导价	2021
近海	特许权招标	0.85	0.80	0.75	不高于当年指导价
潮间带		0.75	不高于项目所在资源区陆上风电指导价		

索 引

Z

参 考 文 献

[1] 中国风力机图册. 中国空气动力学研究会，中国太阳能学会风能专业委员会. 农业机械编辑部，1983.

[2] 风电中国 30 年 [M]. 中国可再生能源学会风能专业委员会. 北京：中央文献出版社，2010.

[3] 王仲颖，等. 中国战略性新兴产业研究与发展 [J]. 风能. 北京：机械工业出版社，2013.

[4] 杜祥琬. 中国可再生能源发展战略研究丛书 [M]. 综合卷. 北京：中国电力出版社，2008.

[5] 于午铭. 于午铭风电论文集 [J]. 北京：中国电力出版社，2007.

[6] 李家春，贺德馨. 中国风能可持续发展之路 [M]. 北京：科学出版社，2018.

[7] 陈良康. 6 米 φ 型垂直轴风力发电机 [J]. 太阳能，1984（04）：9.

[8] 魏农. 积极开发风能 促进农业发展——全国风能利用学术讨论会简况 [J]. 农业工程技术，1984（05）：29.

[9] 熊尚义，徐任学. 中德再生能源合作项目概况 [J]. 太阳能，1985（04）：14－17.

[10] 中华人民共和国电力工业史 内蒙古卷 [M]. 北京：中国电力出版社，2006.

[11] 中华人民共和国电力工业史 浙江卷 [M]. 北京：中国电力出版社，2004.

[12] 中华人民共和国电力工业史 山东卷 [M]. 北京：中国电力出版社，2003.

[13] 中华人民共和国电力工业史 福建卷 [M]. 北京：中国电力出版社，2002.

[14] 郭金海. 再论《12 年科技发展远景规划》的制订与实施 [J]. 科技导报，2021，39（12）：51－64.

[15] 王义超，王新. 建国前后中国推广利用沼气技术的不同特点 [J]. 农业科技管理，2011，30（02）：32－36.

[16] 中国半导体研究的"拓荒者"——记 1979 年全国劳动模范、中国科学院院士王守武 [J]. 工会博览，2019（24）：43－46.

[17] 吴锡九，邓先灿. 50 年前中国第一只晶体管诞生侧记 [J]. 科技导报，2006，（11）：77－78.

[18] 王世江. 当代多晶硅产业发展概论 [M]. 北京：人民邮电出版社，2017.

[19] 陈宜元. 遨翔太空 银波长系——记我国长寿命试验卫星"实践一号" [J]. 中国空间科学技术，1988，（S1）：13－15.

[20] 孙岳军. 中国光伏产业竞争力现状与前景分析 [D]. 上海：复旦大学，2009.

[21] 娄伟. 中国可再生能源技术的发展（1949—2019）[J]. 科技导报，2019，37（18）：155－161.

[22] 王传崑. 海洋能知识讲座（5）我国海洋能技术的发展 [J]. 太阳能，2009（01）：22－25.

[23] 于士川. 乳山白沙口潮汐发电站效益显著 [J]. 水力发电，1988（02）：59.

[24] 彭辉，刘国贤，辛戈. 乳山：中国潮汐发电的"摇篮". 大众日报，2012.10.16.

[25] 王永田，高洪超，刘国贤. 踏访白沙口潮汐发电站. 齐鲁晚报，2007.

[26] 张淑萍，刘志恋. 玉环县水利大事记（1166—2006 年）. 玉环水利局综合档案室，2007.

［27］ 王传崑. 国内外海洋能技术的发展与展望［A］. 中国可再生能源学会. 中国可再生能源学会第八次全国代表大会暨可再生能源发展战略论坛论文集［C］. 中国可再生能源学会：中国可再生能源学会，2008：20.

［28］ 王世明，任万超，吕超. 海洋潮流能发电装置综述［J］. 海洋通报，2016，35（06）：601－608.

［29］ 梁贤光，高祥帆，蒋念东，冯满枝. 航标灯用波力发电装置［J］. 电工技术杂志，1988（07）：9－12.

［30］ 夏文彧. 中国利用沼气的历史考察和思考. 自然辩证法通讯，1988，10（4）：39－44.

［31］ 王义超. 中国沼气发展历史及研究成果述评. 农业考古，2012，3：266－269.

［32］ 广东省地下热能研究室，等. 佛山军桥40千瓦沼气试验电站技术小结. 建筑技术通讯（给水排水）. 1977，（02）：10－13.

［33］ 刘志江. 我国地热发电的现状与分析. 热力发电，1981，（3）：48－55.

［34］ 顿主佳. 世界屋脊上的一颗明珠. 北京：中国画报出版公司，1985.

［35］ 西藏水电厅地热工程处，水电部西安热工研究所，等. 羊八井地热发电技术科研成果总结报告［R］. 1985.

［36］ 刘殿功，吴方之，廖志杰. 羊八井地热电站研究. 北京：科学技术文献出版社，1986.

［37］ 中国能源研究会地热专委会. 第三次全国地热学术会议论文选集［M］. 1989.

［38］ 中国电机工程学会，西安热工研究所. 地热发电学术年会论文集［M］. 1990.

［39］ 刘时彬，吴方之. 西藏那曲热田及其地热电站. 新能源，1991，13（4）：32－36.

［40］ 中国能源研究会地热专业委员会，等. 中国西藏高温地热开发利用国际研讨会论文集. 北京：地质出版社，1993.

［41］ 刘志江，韩升良. 云南腾冲地热发电预可行性研究. 热力发电，1994，（2）：19－23，14.

［42］ 任湘，张振国，等. 中国地热发电现状与展望. 新能源，1995，17（1）：10－15.

［43］ 西藏自治区电力工业志编委会. 西藏自治区电力工业志. 北京：民族出版社，1995.

［44］ 中国地热专业委员会. "八五"国家重点科技攻关项目地热开发技术研究通过验收. 地热能，1996（3）：2－13.

［45］ 郑克棪，潘小平，董颖. 中国地热资源开发和保护——全国地热资源开发利用与保护考察研讨会论文集. 北京：地质出版社，2007.

［46］ 郑克棪，J. 劳莱士，等. 地热能的战略开发：2009年国际地热协会西太平洋分会地热研讨会论文集. 北京：地质出版社，2009.

［47］ 汪民，关凤峻，等. 中国地热大事记（1950—2010）. 北京：地质出版社，2010.

［48］ 汪民，关凤峻，等. 中国地热能：成就与展望. 北京：地质出版社，2010.

［49］ 廖志杰. 我国低碳地热发电的回顾与展望. 自然杂志，2011，33（2）：86－92.

［50］ 马伟斌，龚宇烈，等. 我国地热能开发利用现状与发展. 中国科学院院刊，2016，31（2）：199－207.

［51］ 罗承先. 世界地热发电开发新动向. 中外能源，2016，21（5）：21－28.

［52］ 庞忠和，罗霁，龚宇烈. 国内外地热产业发展现状与展望. 中国核工业，2017：47－50.

［53］ 自然资源部中国地质调查局，国家能源局新能源和可再生能源司，等. 中国地热能发展报告（2018）. 北京：中国石化出版社，2018.

［54］ 国网西藏电力有限公司羊八井地热发电公司. 西藏羊八井地热开发利用文集汇编——地热志

［M］. 2019.

［55］ 郑克棪. 地热：来自地下的热能. 北京：中国石化出版社，2019.

［56］ 郑克棪. 见证中国地热走向世界. 北京：地质出版社，2019.

［57］ 王永真，杨柳，等. 中国地热发电发展现状与面临的挑战. 国际石油经济，2019（27）：95－100.

［58］ 郑克棪，郑帆. 中国地热发电产业前景探讨. 中外能源，2020，25（11）：17－23.

［59］ 王贵玲，刘彦广，等. 中国地热资源现状及发展趋势. 地学前缘，27（1），2020.1：1－9.

［60］ 柯友根. 江厦潮汐试验电站志. 北京：中国电力出版社，2008.

［61］ 于士川. 乳山白沙口潮汐发电站效益显著. 水力发电，1988（02）：59.

［62］ 游亚戈. 我国海洋能进展. 中国科技成果，2007（016）：18－20.

［63］ 韩家新. 中国近海海洋：海洋可再生能源. 北京：海洋出版社，2015.

［64］ 罗续业，夏登文. 中国海洋能近海重点区资源特性与评估分析. 北京：海洋出版社，2017.

［65］ 国家海洋技术中心. 中国海洋能技术进展（2014）. 北京：海洋出版社，2014.

［66］ 国家海洋技术中心. 中国海洋能技术进展（2015）. 北京：海洋出版社，2015.

［67］ 国家海洋技术中心. 中国海洋能技术进展（2016）. 北京：海洋出版社，2016.

［68］ 国家海洋技术中心. 中国海洋能技术进展（2017）. 北京：海洋出版社，2017.

［69］ 国家海洋技术中心. 中国海洋能技术进展（2018）. 北京：海洋出版社，2018.

［70］ 彭伟，麻常雷，王海峰. 中国海洋能产业发展年度报告（2019）. 北京：海洋出版社，2019.

［71］ 刘伟民，麻常雷，凤云，等. 海洋可再生能源开发利用与技术进展. 海洋科学进展，2018，36（1）：1－18.

［72］ 陈凤云，刘伟民，彭景平. 海洋温差能发电技术的发展与展望. 绿色科技，2012（11）：246－248.

［73］ 张炫钊，张培栋. 国内外现行海洋能政策比较分析. 海洋经济，2018，8（01）：48－56.

［74］ 国家海洋局. 海洋可再生能源发展纲要（2013—2016年）. 中国海洋法学评论：中英文版，2014（1）：235－242.

［75］ 海山潮汐发电科技改造试验项目（一期）工程初步设计报告（报批稿）. 浙江省水利水电勘测设计院，2014.

［76］ 张亚群，盛松伟，游亚戈，王坤林，王振鹏. 波浪能发电技术应用发展现状及方向. 新能源进展，2019，7（04）：374－378.

［77］ 张亮，李新仲，耿敬，张学伟. 潮流能研究现状2013. 新能源进展，2013，1（01）：53－68.

［78］ 郑金海，张继生. 海洋能利用工程的研究进展与关键科技问题. 河海大学学报（自然科学版），2015，43（05）：450－455.

［79］ 史宏达，王传崑. 我国海洋能技术的进展与展望. 太阳能，2017（03）：30－37.

［80］ 刘延俊. 波浪能发电装置设计与制造. 北京：化学工业出版社，2019.

［81］ IRENA（2019），Future of Solar Photovoltaic：Deployment，investment，technology，grid integration and socio-economic aspects（A Global Energy Transformation：paper），International Renewable Energy Agency，Abu Dhabi.

［82］ Swanson，R.M.（2006），A vision for crystalline silicon photovoltaics. Prog. Photovolt：Res. Appl.，14：443－453.

《中国电力工业史 可再生能源发电卷》
主要编辑出版人员

责任编辑　王杏芸　丁　钊　王晓蕾　未翠霞
　　　　　刘　炽
设计负责　李东梅
封面设计　王红柳
正文设计　赵姗姗
责任校对　黄　蓓　郝军燕
责任印制　邹树群　杨晓东　单　玲